평론가, 각본가, 펑크 로커
...《도시가 걸어온다》(City Come A-Walkin')를 발표하며 사이버펑크 운동의 중심인물로 떠올랐고, 1999년에는 단편집 《검은 나비들》(Black Butterflies)로 브램 스토커 상을 받았다. <크로우(The Crow)>를 비롯한 영화, 드라마의 각본을 쓰기도 했다. 분야를 넘나들며 평생 80권이 넘는 책을 써왔지만, 억누를 수 없는 탐구심으로써 한 인물의 생애와 사상을 논픽션으로 담아낸 책은 구르지예프 평전이 유일하다.

옮긴이 김상훈

SF 및 환상문학 평론가이자 번역가. 필명은 강수백이다. '그리폰북스' '경계소설 선집' 'SF총서' '필립 K. 딕 걸작선' '미래의 문학' '조지 R. R. 마틴 걸작선'을 기획하고 번역했다. 주요 번역 작품으로는 테드 창의 《당신 인생의 이야기》《숨》, 그렉 이건의 《내가 행복한 이유》《쿼런틴》, 필립 K. 딕의 《화성의 타임슬립》《파머 엘드리치의 세 개의 성흔》《유빅》, 로저 젤라즈니의 《신들의 사회》《전도서에 바치는 장미》, 로버트 A. 하인라인의 《스타십 트루퍼스》, 조 홀드먼의 《영원한 전쟁》《헤밍웨이 위조사건》, 로버트 홀드스톡의 《미사고의 숲》, 크리스토퍼 프리스트의 《매혹》, 이언 뱅크스의 《말벌 공장》, 새뮤얼 딜레이니의 《바벨-17》, 콜린 윌슨의 《정신기생체》, 카를로스 카스타네다의 '돈 후앙의 가르침' 3부작 등이 있다.

디자인 변영욱

인간이라는
기계에
관하여

구르지예프 평전

존 셸리 지음 · 김상훈 옮김

GURDJIEFF

인간이라는
기계에
관하여

정신세계사

*An
Introduction
to His Life
and Ideas*

인간이라는 기계에 관하여

ⓒ 존 셜리, 2004

존 셜리 짓고, 김상훈 옮긴 것을 정신세계사 김우종이 2023년 4월 28일 처음 펴내다.
이현율과 배민경이 다듬고, 변영옥이 꾸미고, 한서지업사에서 종이를, 영신사에서 인쇄와 제본을,
하지혜가 책의 관리를 맡다. 정신세계사의 등록일자는 1978년 4월 25일(제2021-000333호),
주소는 03965 서울시 마포구 성산로4길 6 2층, 전화는 02-733-3134, 팩스는 02-733-3144이다.

2023년 4월 28일 펴낸 책(초판 제1쇄)

ISBN   978-89-357-0462-0 03110

• **홈페이지** mindbook.co.kr • **인터넷 카페** cafe.naver.com/mindbooky
• **유튜브** youtube.com/innerworld • **인스타그램** instagram.com/inner_world_publisher

제이컵 니들먼에게 깊은 감사를,

미치 호로위츠에게 확고한 감사를,

대니얼 던컨에게 아주 큰 감사를,

리처드 스몰리에게 유일무이한 감사를,

여러 단계에서 도움을 준 척 세인트 존에게 아주 특별한 사의를,

월트 드리스콜, 미키 설리, 리처드 샌더, 미치 라이언에게 심심한 사의를,

배리 슈어에게 감사를,

그리고 도표의 디지털 변환을 도맡아 처리해준

폴라 구랜에게 특별한 감사를 보낸다.

이 책을 지금은 고인이 된 아래 분들에게 바친다. 이들은 직접적으로,
또는 제자들을 통해서 집필 시의 직접적인 영감이 되어주었다.
내가 생전에 직접 만난 분들은 극소수이며,
그조차도 짧은 만남에 불과했지만,
그들 모두가 이 책에 활력을 불어넣어준
영감의 물결의 일부였다는 생각이 든다.

잔 드 살즈만

존 펜틀랜드

윌리엄 시걸

미셸 드 살즈만

A. L. 스테이블리

데이비드 랭뮤어

책 스무 권을 쓰는 것보다

차라리 마루를 제대로 닦는 것이

천 배는 더 가치 있는 행위다.

— 게오르기 이바노비치 구르지예프

차 례

머리말

딱히 이 책을 읽어야 할 이유를 대라면?

우선, 나는 왜 이런 책을 쓰게 되었을까? 글쟁이가 책을 쓰는 이유 랍시고 늘어놓는 이런저런 궁상맞은 동기들은 차치하더라도, 왜 하 필 지금 G. I. 구르지예프에 관한 입문서를 세상에 내놓는단 말인가?

일반 대중도 쉽게 접할 수 있도록 단순 명쾌한, 업데이트된 구르 지예프 소개서를 써야 한다는 일종의 절박감 — 아니면 적어도 필요 성 — 을 느꼈기 때문이리라. 구르지예프의 표현을 빌리자면, 21세 기를 살아가는 우리는 우리를 둘러싼 '상황의 무시무시함'(terror of the situation) 속에 푹 잠겨 있기 때문이다. 인류가 스스로의 폭력성을 제대로 의식하지도 못하고 몽유병에 걸린 상태에서 무자비한 폭력 을 행사한다는 사실을 곱씹어본다면, 누구든 엄청난 두려움을 느끼 게 되기 마련이다. 물론 인류는 언제나 이런 두려움과 함께 살아왔 고, 또 모든 세대는 그 세대의 고유한 위기와 마주치기 마련이지만, 21세기의 인류가 일종의 사회적인 임계치에 도달했다고 느끼는 사람들도 적지 않다. 이런 상황이 수도 없이 많은 사회적 인화점의 최신판에 불과할 가능성도 물론 있지만, 치명적인 연쇄반응이 이미 시작되었을 가능성 역시 무시할 수 없다. 인류가 살아온 세계가 예전부터 줄곧 파멸의 위험을 내포하고 있었다는 것은 사실이지만, 현재 우리가 직면한 위기는 세계화가 촉발한 각양각색의 위험 요소와 첨단화 일로를 걷고 있는 전쟁 테크놀러지 탓에 일찍이 유례를 볼 수 없을 정도로 심각한 것일 수 있다는 뜻이다. 만약 이런 위기 상황이 과거보다 훨씬 더 악화되었다고 한다면, 인간이 모든 수준에서 스스로를 이해해야 할 필요성 역시 그만큼 절실해졌다고 해야 할 것이다.

21세기의 라이프스타일은 거부당하는 것을 절대 용납하지 못하는 탐욕스러운 거인이나 다름없다. 엔터테인먼트 산업의 면도날처럼 날카로운 효율성과 그에 호응하는 형태로 비대해진 현대인의 욕망 탓에, 삶의 핵심에 있는 진정한 의미를 찾는 것은 예전보다 한층 더 어려워졌다. 제이컵 니들먼Jacob Needleman 교수가 《시간과 영혼》*에서 설파했듯이 말이다.

> 사실, 우리가 '진보'라고 부르는 모든 것들은 귀찮게 일일이 생각하지 않아도 어느 수준까지 우리의 움직임이나 감정을 작동시켜주는지에 의해 판가름된다. 진보의 효용성은 그것이 우리의 삶에 얼마나 많은 자동성自動性을 부여해주는지에 의해 결정된다는 뜻이다. 과거에 이른바 '사고思考' 내지 사고로 간주되던 작업

들조차도 이제는 기계들에 의해 행해지는 경우가 점점 더 늘고 있다. 이런 기계들은 우리를 해방시켜준다고 한다. 하지만 도대체 무엇을 위해서?

　단지 우리가 과학기술의 자궁 속으로 회귀해서 디지털 엔터테인먼트에 빠져 살 수 있도록 하기 위해서?

　사실 독자 여러분이 정확히 역사의 '어느 시점에서' 이 책을 읽는지는 중요하지 않다. 앞서 언급한 '상황의 무시무시함'은 우리 인류 입장에서는 어차피 영속적인 상태이기 때문이다. 이 책을 읽고 있는 독자가 어느 시대에 살고 있든 간에, 우리 인류가 개인적 신경증과 집단 정신병이 맞물린 패턴의 내부에 사로잡혀 잠에 취한 상태로 살아가고 있다는 것을 간파한 구르지예프의 가르침을 절실하게 필요로 하고 있다는 사실에는 변함이 없으므로.

　구르지예프의 목표는 (적어도 현대인의 관점에서는) 진정하게 새로운 행동에 나섬으로써 인류 사회 전체에 경종을 울리고, 그 종소리를 통해 사람들을 각성시키는 것이었기 때문이다. 그렇게 각성한 사람들이 같은 종소리를 내고 동일한 사고의 저류底流를 전달한다면, 궁극적으로는 충분히 많은 사람들이 각성할 것이고, 그 결과 인류 역사의 흐름 자체가 바뀔 것이다. 그러나 이런 과정은 우선 개개인이 각성해야 가능해지며, 대다수 사람들은 그 단계에서조차도 악전고투하게 되는 법이다. 그들이 힘겹게 각성하려는 이유는 물론 자기 영혼을 위해서다. 따라서 각성할 필요성을 느끼고, 각성에 대한 진지한 갈망을 품는 것은 필수 조건에 해당한다.

14

구르지예프의 사상에 관해서 본서보다 훨씬 더 알차고 해박한 책들이 존재한다는 점에는 의심의 여지가 없다. 구르지예프 본인의 저작들은 별도로 치더라도, P. D. 우스펜스키^{Ouspensky}가 쓴 《기적적인 것을 찾아서: 미지의 가르침의 단편들》*이 좋은 예이다. 그러나 매스 미디어의 늪에 빠져 허우적거리기 일쑤인 21세기인들에게는 적어도 남부끄럽지 않을 정도로는 정확하고 알기 쉽게 구르지예프의 가르침을 설명한 입문서가 필요하다는 것이 필자의 생각이다. 그런 연유로, 이 책이 독자들을 더 깊은 공부로 이끄는 계기가 되어주고, 진정한 희망으로까지 이어진다면 필자로서는 더 이상 바랄 바가 없다.

그래서, 구르지예프라는 인물에 관해 얘기하자면…?

그는 1866년에 (다른 설도 존재한다) 러시아령 아르메니아에서 그리스인 아버지와 아르메니아인 어머니 사이에서 태어났다. 게오르기 이바노비치 구르지예프^{George Ivanovich Gurdjieff}라는 이름으로 알려지게 될 이 청년은 훗날 삶과 죽음의 비밀을 밝히기 위한 구도의 여정에 나선다.

혹자는 구르지예프가 1949년에 파리에서 사망했을 무렵에는 마침내 이 목표를 달성한 상태였다고 주장한다. 그가 몇십 년 동안이나 아프가니스탄과 티베트와 인도를 위시한 중동과 아시아의 험지뿐만 아니라 튀르키예에서 아프리카까지 누비며 구도행을 이어간 것은 누구도 부정할 수 없는 명백한 사실이다. 구르지예프는 단순한

---

* 국내에서는 《위대한 가르침을 찾아서》, 《구르지예프의 길》 등의 제목으로 번역된 바 있다. 역주.

전설로 치부되던 오지의 수도원들을 직접 방문해 비밀에 싸인 영적 스승들과 접촉함으로써 영적인 오의奧義를 터득했다.

 이런 탐색의 비용을 대기 위해 구르지예프는 임시방편으로 이런저런 사업을 벌였고, 최면술사로도 일했고, 이국적인 양탄자를 수입하는 일에도 손을 댔으며, 한번은 파키르^fakir^**로 분장해서 사람들 앞에서 공연을 한 적조차 있었다. 그는 오지를 여행하면서 현지의 온갖 풍토병에 걸렸고, 그럴 때마다 고향으로 귀환해서 보통 사람이었다면 아예 죽거나 폐인이 되었을 병으로부터 가까스로 회복하는 일을 거듭했다. 그럼에도 진리를 알고 싶다는 그의 '열망'은 그로 하여금 모든 고난을 뚫고 앞으로 나아가게 하는 원동력을 제공했다. 구르지예프는 고슴도치처럼 무장한 현지 '유력자'들의 위협과 치열한 내전 상황에서도 살아남았으며, 러시아 혁명의 혼돈조차도 그의 구도행을 막지는 못했다. 그 과정에서 그는 세 번이나 총에 맞아 죽을 고비를 넘겼다고 술회했고, 세 번 모두 어디서 날아왔는지도 모를 유탄流彈에 맞았다는 사실에서 숨겨진 의미를 보았다.

 구르지예프가 젊은 시절에 했던 구도 여행에 관한 세세한 일화 대부분은 문서 기록이 거의 남아 있지 않고, 고로 논쟁의 소지가 있다. 한 가지 확실한 것은 구르지예프 본인과 그의 철학을 접한 수행자는 누구든 예외 없이 얼음물을 뒤집어쓴 듯한 엄청난 놀라움에 사로잡혔다는 점이다. 백 보 양보하더라도 구르지예프는 사람들에게 잊을 수 없는 강렬한 인상을 남겼고, 그 충격을 통해 그를 만난 사람들을

** 이적異蹟을 일으키는 것으로 알려진 이슬람 신비주의 고행자. 역주.

16

바람직한 각성으로 이끌었다.

구르지예프는 직접 터득한 비의秘義를 타인에게 가르치기 위해 인간의 가장 근본적인 딜레마를 재해석한 교육 방식을 고안해냈다. 그가 밝힌 일련의 비의들은 수학자이자 형이상학 철학자였던 P. D. 우스펜스키를 비롯한 식자識者들을 충격에 빠뜨렸다. 구르지예프의 가르침은 상세한 우주론과 심층 심리학과 인간 의식의 본질에 관한 새로운 해석을 망라했고, 그의 역사 수정주의적(historical revisionism) 설명은 인류와 형이상학의 역사를 이해하기 위한, 유례를 볼 수 없을 정도로 급진적인 접근법을 포함하고 있었다. 옥타브Octave와 인간과 우주의 관계를 나타내는 이론과 통합된 특수한 음악도 있었고, 영적으로 유익한 춤을 추기 위한 정교한 안무도 있었고, 의식을 고양하고 분열된 내면을 조화시키기 위한 특수한 방법론도 있었다. 서구의 과학적 방법론과 '동방의 지혜'를 시의적절하게 융합하는 그의 능력은 경악스러울 정도였다. 우스펜스키는《기적적인 것을 찾아서》에서 이렇게 술회하고 있다. "내가 가장 큰 흥미를 느낀 부분은 구르지예프가 설파하는 모든 가르침의 '연결성'이었다. 구르지예프의 가르침이 철학적이거나 과학적인 개념과는 달리 서로 분리되어 있지 않으며, 하나의 통일된 전체를 이루고 있다는 느낌을 나는 처음부터 이미 강하게 받고 있었다. 당시의 내 눈에는 그 조각들조차도 보이지 않았지만 말이다."

구르지예프에 의하면 인간 영혼의 성장과 유지를 위해서는 기본적으로 세 가지 '길'이 존재했다. 정신을 다스리는 '요기의 길'(the way of the yogi)과, 가슴을 다스리는 '수도승의 길'(the way of the monk)

과, 육체를 강조하는 '고행자의 길'(the way of the fakir)이었다. 구르지예프가 가르친 것은 그가 이따금 '제4의 길'(a fourth way)이라고 부르던 것이었는데, 이것은 앞의 세 가지 '길'에 새로운 수행 방식을 통합한 것이었다.

이 책에서 후술하겠지만, 구르지예프는 풍자 효과를 최대한 이용하고 제자들의 모든 거짓됨을 섬뜩할 정도로 정확하게 까발리는 실천적인 교육법에도 통달해 있었다. 그는 원한다면 얼마든지 평범함을 가장할 수 있었고, 그럼으로써 사교적이며 사회 통념에 맞는 인물을 연기할 수도 있었다. 구르지예프의 그런 측면에 관해서는 제자가 되고 싶다면서 그의 양탄자 가게를 방문한 악명높은 사기꾼의 일화가 유명한데, 한눈에 이 사내가 악당이라는 사실을 간파한 구르지예프는 줄곧 어리벙벙하고 둔한 장사꾼의 역할을 연기하면서 양탄자를 사라고 사내에게 끈질기게 권했을 뿐이었다. 결국 사기꾼은 자신을 구르지예프에게 보낸 사내의 장난에 당했다고 생각하며 가게를 떠났다고 한다. 제자들을 가르칠 때 구르지예프가 이따금 쓴 방법 중 하나는 인간 행동에 컴퓨터 프로그램처럼 각인되어 있는 전형적인 반응 기제들을 의도적으로 무시하는 것이었다. 예의나 표면적인 배려 따위를 생략하고 일종의 멍징하고 주의 깊은 침묵으로 그것을 대신한다든가, 평상시에 제자가 보일 법한 반사적인 반응을 아예 무효화하는 예리한 질문을 갑자기 던지는 식으로 말이다. 그런 식의 무의식적이고 반사적인 반응들은 타인을 대할 때도 우리가 안락한 잠에 빠져 있을 수 있도록 하기 위해서 생겨난 것이기 때문이다. 제자들은 자신이 그런 식의 자동적이며 그릇된 반응이 무의미해지는 장소에 와 있다는 사실을 퍼뜩 깨닫게 된다. 그리고 그릇된 반응을 보일 수 없게 되면, 그 뒤에 남는 것은 스스로의 '무無존재(nonbeing)'라는 빈 공간 속으로 추락하는 감각뿐이다. 수행자는 그런 통찰을 통해 스스로의 가식을 깨닫게 되는 것이다. 그리고 난생처음 그런 혼란을 겪는 과정에서 수행자는 진정한 자유를 순간적으로나마 경험하게 된다. 구르지예프의 이런 교수법은 다른 수행자들에게도 크나큰 영향을 끼쳤고, 다양한 형태로 계승되었다.

기실 20세기 이후 구르지예프만큼 깊고 넓은 영향을 끼친 은비학적 隱秘學(esoteric) 스승을 찾기는 힘들다. 영국의 비평가 겸 편집자이자 수필가인 A. R. 오리지Orage, 소설가 헨리 밀러Henry Miller, 건축가 프랭크 로이드 라이트Frank Lloyd Wright, 극작가 J. P. 프리스틀리Priestley, 작가인 진 투머Jean Toomer, 우크라이나 작곡가 토마스 드 하트만Thomas de Hartmann, 소설가 캐서린 맨스필드Katherine Mansfield, 영적 스승인 람 다스Ram Dass, 저술가 캐스린 흄Kathryn Hulme, 연극 무대를 혁신한 미술가 알렉산더 드 살즈만Alexandre de Salzmann과 피터 브룩Peter Brook, 수피교 스승인 이드리스 샤Idries Shah, 과학이론가 P. D. 우스펜스키를 위시해서, 고럼 먼슨Gorham Munson, 르네 도말René Daumal, 티모시 리어리Timothy Leary 같은 문화인들, 콜린 윌슨Colin Wilson, 찰스 타트Charles Tart, 라비 라빈드라Ravi Ravindra, 마이클 머피Michael Murphy, 제이컵 니들먼, 로버트 앤톤 윌슨Robert Anton Wilson 같은 현대의 문인들까지 구르지예프에게 강한 영향을 받았음을 자인하고 있다. 1960년대 사이키델릭 운동의 중심적 인물이었던 미국의 심리학자 티모시 리어리는 작가인 로버트 앤톤 윌슨의 《우주적 방아쇠》에 실린, 윌슨에게 보낸 편지에서 구르지예프에 대해 이렇게 술회하고 있다. "나는 그 어떤 스승의 가르침보다도 그의 지혜에 공감한다네." 구르지예프에 대한 리어리의 이런 언사는 아이러니하게 들릴지도 모른다. 구르지예프는 약물을 영적인 성장으로 가기 위한 방법으로 추천하지 않았기 때문이다.[*] 사실, 그 반대였다.

프리츠 피터스^{Fritz Peters}의 회고록 《신비주의자와의 여정》의 서문에서, 헨리 밀러는 구르지예프를 다음과 같이 평했다. "끊임없는 놀라움의 원천이자… 가장 비범한 존재였으며… 마스터, 구루, 스승이라고 불리기는 했지만 성인聖人과는 완전히 동떨어진 인물이었다…. 그리고 이따금 그는 숭고할 정도로 높은 경지에 올라 있었다."

구르지예프는 한 세대의 구도자들 모두에게 영향을 끼쳤고, 그런 '영적인' 지도자들 일부는 그의 가르침의 한 측면을 활용했을 뿐만 아니라 곧잘 왜곡하기까지 했다. 다양한 '자기 계발' 집단이나 강연 업자들이 구르지예프의 가르침을 거의 알아볼 수 없을 상태까지 희석시켜놓은 혼란스러운 주장을 펼쳤고, 프랜차이즈화한 현대의 어떤 '종교'들이나 컬트 집단들조차도 예외가 아니었다. 구르지예프가 도입한 9면형 도형인 에니어그램^{enneagram}을 기묘하게 변형시킨 이론들은 이른바 '성격 분석'을 다룬 책들에서도 곧잘 다루어진다.

더 일상적인 예를 들자면, 구르지예프의 가르침은 피터 머피^{Peter Murphy}와 케이트 부시^{Kate Bush}를 위시한 팝 음악 가수들이나 밴드 킹 크림슨^{King Crimson}의 작곡가 로버트 프립^{Robert Fripp}, 모던재즈의 전

---

* 하버드 대학교의 심리학 강사였던 리어리는 LSD를 위시한 환각성 약물의 연구에 종사했고, 인간 정신을 변용시키고 해방하는 수단으로서 환각제 사용을 적극 권장하다가 학계에서 추방되었다. 역주.

설 키스 자렛^{Keith Jarrett}에게도 큰 영향을 끼쳤다. 할리우드 영화 〈사랑의 블랙홀〉(Groundhog Day, 1993)은 구르지예프의 '자기 관찰'(self-observation)과 우스펜스키의 '영원한 반복'(eternal recurrence)을 비유로 쓴 기발한 우화처럼 보인다. 존 맥스웰 테일러^{John Maxwell Taylor}가 작업한 〈미친 지혜: 구르지예프의 삶과 전설〉*이라는 제목의 뮤지컬조차도 있다. 그러나 이런 창작물들 다수는 구르지예프의 본인의 가르침의 희미한 메아리에 지나지 않는다.

인터넷에서 구르지예프에 관한 정보가 제대로 정리된 곳은 내가 아는 한 구르지예프 웹사이트인 www.gurdjieff.org뿐이다.

구르지예프가 몸소 창립한, 수행자들을 위한 학교는 현재 '구르지예프 재단'(Gurdjieff Foundation)이라는 이름으로 불리고 있는데, 현대적인 개방성과 은비학파 특유의 전통적 비밀주의 사이에서 줄타기를 하고 있다는 인상을 준다. 개방적인 활동의 한 예로 잔 드 살즈만^{Jeanne de Salzmann}이 유명한 무대 및 영화감독인 피터 브룩과 협력해서 제작한 〈놀라운 사람들과의 만남〉**을 들 수 있는데, 이것은 구르지예프의 젊은 시절을 다룬 같은 제목의 반^半자서전을 영화화한 것이다. 구르지예프 재단은 이따금 그의 삶과 가르침과 수행법을 다룬 책을 출간하거나 반포하는 일에 주력하고 있다.

구르지예프의 가르침 중에서 가장 중요한 부분이 오로지 구두로만 전달된다는 점을 반드시 짚고 넘어갈 필요가 있다. 구르지예프 재단이 바로 그런 식의 교수법을 채택하고 있고, 파생적인 수행 집

---

* Crazy Wisdom: The Life and Legend of Gurdjieff
** Meetings with Remarkable Men, 1979

단들 중 괜찮은 축에 속하는 조직들, 이를테면 A. L. 스테이블리
Staveley가 오리건 주 오로라^{Aurora}에 설립한 투 리버스 팜^{Two Rivers Farm}이
라든지, 미국 전역에 산재한 나일랜드^{Nyland} 그룹 역시 마찬가지다.

나는 이런 곳들에서 쓰이는 수행법에 대해서 구체적으로 언급하
는 대신 주로 일반적인 맥락에서 구르지예프의 가르침을 논할 생각
인데, 그런 설명 역시 나 자신의 이해력이라는 제약 아래에 놓여 있
다는 점을 밝혀두겠다. 구르지예프의 가르침이 워낙 오해받기 쉽고,
악용되기도 쉽다는 점은 익히 알려진 사실이므로, 그의 가르침을 소
중히 여기는 사람들은 그것을 지키려고 하기 때문이다.

구르지예프 가르침의 가장 큰 특징으로 특유의 '견실함'을 들 수
있다. 그가 주창한 철학은 사람들에게 강력한 영향을 끼치며, 그가
지나간 수면 위에는 뚜렷한 파문이 남는다. 구르지예프라는 관념의
해일 앞에서 겉만 번드르르한 사상누각은 맥없이 무너져내리기 마
련이다.

어떤 식으로든 현실적인 힘을 내포한 형이상학적 개념들을 이해
하고 전달한다는 행위는 누구에게든 벅찬 일이다. 어떤 가르침이 난
해하면 난해할수록, 그 핍진성 역시 강해지는 것인지도 모른다. 손
쉽게 이해할 수 있는 '진리' 따위는 존재하지 않는다는 뜻이다. 적어
도 나는 그것을 최대한 정직하게 전달할 작정이다.

구르지예프의 가르침은 어떤 층위에서는 개념적으로 상당히 직
설적이며, 무정하게 느껴질 정도로 체계적이라는 인상을 주는 경우
도 종종 있다. 그러나 구르지예프 본인의 경우 '어떤 층위에서는'이
란 어정쩡한 표현은 성립하지 않는다. 구르지예프가 설파한 모든 개

넘은 그런 개념들의 총합이라 할 수 있는 '가르침' 전체와 공명하며, 카발라Kabbala에서 헤르메스 주의(Hemeticism)와 베단타Vedanta 철학을 망라하는 은비학적, 영적 전통과도 공명한다. 단편적인 형태로만 전달된 구르지예프적 개념조차도, 우스펜스키가 말했듯이, 그보다 큰 어떤 개념의 일부임은 명백해 보인다. 악보 기호가 음계의 존재를 시사하는 것처럼 말이다.

위에서 나는 '구르지예프의 가르침'이란 표현을 썼지만, 이 책의 부제는 '그의 삶과 견해들에 대한 소개*이다. 다른 영적 전통을 다룬 책이었다면 '견해(ideas)'라는 표현 대신에 '가르침(teaching)'이란 단어를 썼겠지만, 구르지예프의 수행법인 '워크Work'에서는 그가 우리에게 전해준 '견해'라는 표현 쪽이 더 많이 쓰이는 경향이 있다. 그리고 이것에는 그럴 만한 이유가 있다. '가르침'이란 단어는 그것을 전달받은 사람이 무조건적으로, 수동적으로 소화해야 하는 내용이라는 느낌을 줄 때가 너무 많다. 반면 철학 등에서 쓰이는 '견해'라는 표현에는 잠정적이고 회의적인 뉘앙스가 깃들어 있다. 마치 일단 '검토'를 거칠 필요가 있는 견해라는 식으로 말이다. 따라서 구르지예프의 견해들은 그것을 사용하는 사람들에 의해 '탐구될' 것이고, 구르지예프 본인이 말했듯이 그 진실성을 확증하기 위한 철저한 실험의 대상이 될 수도 있다. 어차피 그것들 대다수는 그런 방식으로 검토될 수 있는 것들이다. '견해'로서 말이다.

---

* An Introduction to His Life and Ideas

구르지예프가 설파한 견해들은 비전秘傳 중에서도 가장 은밀한 비전에 속한다고 해도 과언이 아니다. 그렇다고 해서 극도로 난해하다는 뜻은 아니다. 여기서 말하는 비전은 '난해하다'는 맥락에서 쓰이지 않았기 때문이다. 니는 단지 그의 견해가 세상에서 '계시' 내지는 '영성'으로 포장되어 팔리는 것들보다 훨씬 더 깊은 곳에 은폐되어 있는 진실의 일단을 제공하고 있을지도 모른다는 점을 강조하고 싶었을 뿐이다.

미셸 드 살즈만Michel de Salzmann은 이렇게 경고했다. 비전이 내포한 개념들을 이해할 수준에 도달하기 위해서는 "경험적이고 실제적인 수행이 필요하고, '지혜'의 일단을 조금씩 제공해주는 것은 바로 그런 수행이다… 어떤 관점에서 보면 비전 자체는 결코 의도적으로 감춰진 적이 없고, 단지 눈에 보이지 않을 뿐이다. 비전은 그 성질에 의해 자동적으로 보호받는 법이다. 적절한 내면의 준비 없이는 그 누구도 그것을 제대로 파악할 수 없기 때문이다."**

그런 연유로, 본서는 그런 비전적 진실의 일부에 대해서는 간접적인 접근법을 제공할 수 있을 뿐이다. 필자는 구르지예프의 생애에 관해 공개된 중요한 사건들의 윤곽을 묘사하고, 한 명의 인간이자 스승이었던 구르지예프에 관해 적어도 어느 정도는 참신한 관점을 제공할 생각이다. 그런 관점을 바탕으로 구르지예프 본인과 함께 일했던 몇몇 수행자들의 통찰 ─ 아직 하나의 책으로 엮인 적이 없는 ─ 을 한데 모으고, 그의 견해의 편린들을 독자들에게 ─ 가능하

** 《구르지예프: 주석판 서지목록》의 〈구르지예프 문헌에 대한 언급〉

다면, 누구든 음미할 수 있는 형태로 — 제공하는 것이 이 책의 목적이다. 이런 틀을 염두에 두고 구르지예프에 관해 정확하게 논할 경우 필요해지는 것은 성실함이다.

《웹스터의 뉴월드 사전》에 의하면 '성실한(sincere)'이라는 단어의 첫 번째 의미는 "정직하고 신뢰할 만하다"이다. 두 번째 의미로는 "겉모습과 실제 인격이 일치한다"라고 적혀 있다. 이 단어의 세 번째 정의이자 '오래된' 정의는 "불순하지 않은" 것을 의미하고, '순수 포도주'(sincere wine)라는 옛 영어의 표현은 바로 그런 정의에 입각한 것이다. 이 정의는 통일성 내지는 완전함을 시사하며, 한 걸음 더 나아가서 그보다 더 큰 무언가와의 관계성에 입각한 상대적인 '올바름'을 제시하고 있다.

진실을 얻으려고 고투하는 남자나 여자가 개폐식 차광판들이 달린 각등角燈의 차광판 하나를 여는 광경을 머리에 떠올려보라. 그럴 때 그 각등에서 흘러나오는 조그만 빛은 약간의 통찰을 제공한다.

나는 내가 가지고 있는 약간의 빛을 독자들과 공유할 작정이다. 사방에서 몰려오고 있는 무시무시한 어둠을 조금이라도 밝히기 위해.

제1장

우리가 있는 곳과 우리가 있고 싶어하는 곳

그런고로, 인간의 일상적 삶은 진정한 '자기'가 잠들어 있는 상
태에서 계속된다. 그런 잠으로부터의 각성 — 인간 진화의 단초
를 제공해줄 수 있는 — 을 가로막는 첫 번째 장애물은, 당사자
가 이런 상태를 자각하지 못한다는 점이다.

— 장 베스Jean Vaysse,

《각성을 향해: 구르지예프가 남긴 가르침에 대한 한 접근법》

나는 여전히 선명하게 기억한다….

내가 상당히 고독한 시골 소년이었을 무렵, 대자연은 그런 나를
자기 연민과 슬픔에서 벗어나게 해주는 믿음직한 친구였다. 그 과정
에서 나는 드물지만 특별히 강렬한 경험을 하는 경우도 있었다.

나는 곧잘 들판으로 갔고, 목초지 울타리를 넘기만 하면 체력이나
용기가 허락하는 한 어디로든 마음대로 갈 수 있다는 사실을 실감하
곤 했다. 나는 주위 세계가 주는 '개방감'에 도취되었고, 그럴 때면

순간적으로나마 자유로워진 기분을 맛볼 수 있었다. 나는 탐험자였고, 나를 둘러싼 세계는 가능성으로 가득 차 있는 것처럼 보였다. 주위 세계에 적극적으로 관여하면서, 그 안을 통과하는 느낌이라고나 할까. 나는 모터 내부에서 회전하는 전자석이었으며, 전기가 내 몸안을 흐르는 것을 느끼면서 더 많은 전기를 발전했다. 바깥 세계에서 무엇인가가 나를 향해 흘러들어왔다가 다시 흘러나가는 느낌. 그럴 때는 오로지 '지금 이 순간' 밖에는 없었고, 내가 그런 상태에 머물러 있는 한 영원한 현재만 존재했다. 오감조차도 평소보다 더 예민해졌다. 나는 지금도 머릿속에서 가을 들판의 상쾌한 공기를 맛볼수 있고, 지면에서 피어오르며 내 뺨과 손을 간지럽히는 엷은 안개의 감촉을 느낄 수 있다….

그러나 나는 그 이후의 삶에서 너무나도 많은 일들을 겪었음에도 불구하고, 그런 일들을 어린 시절 목초지에서 경험했던 것들만큼 뚜렷하게 기억할 수가 없다. 내 삶에 필시 중대한 영향을 끼쳤을 것이 틀림없는 일들조차도 이제는 흐릿하게밖에는 기억나지 않는 것이다. 훨씬 최근에 경험한 일들임에도 불구하고 말이다.

소년 시절의 기억이 선명한 것은, 성인이 된 후 겪은 (모호하게만 기억하고 있는) 사건들에 비해 당시의 나는 주위 상황을 더 깊이 자각하고 있었기 때문이라고 생각한다. 내가 소년일 때 경험한 '각성' 상태는 실제 가능성의 극히 일부에 불과하지만, 일단 그런 경험을 하고 난 뒤에는 왜 더 자주 그런 일이 일어나지 않는지 의아함을 느끼게 되기 마련이다.

그러면 자연스레 이런 의문이 떠오른다. 우리는 실제로는 얼마나

'뚜렷하게' 각성하고 있는 것일까? 의식意識이란 상대적인 것일까?

카를 구스타프 융Carl Gustav Jung은 우리가 사후死後에도 존속할 가능성은 현생에서 얼마나 진정하게 각성하고 있는지에 달려 있을지도 모른다고 말한 적이 있다. 나는 내가 어떤 식의 내세來世를 경험하든 간에, 어린 시절의 선명한 경험들은 줄곧 나와 함께 있어줄 것이고, 나의 존재의 일부로 남아 있을 것이라고 느낀다. 반면 성인이 된 후 건성건성 기억하는 흐릿한 순간들은 살아남지 못하겠지만 말이다.

얼마 전 차를 몰고 샌프란시스코로 가던 중에 베이브리지Bay Bridge에서 차들이 심하게 밀리는 통에 하릴없이 라디오에 귀를 기울인 적이 있다. 공영 라디오 방송국인 NPR에 주파수를 맞추자 남아공의 감옥에서 한동안 수감 생활을 했던 사내를 인터뷰하는 방송이 흘러나왔다. 그 사내는 몇 년 동안이나 창도 없는 감방에 갇혀 있었고, 벽이 가로막는 탓에 6미터 사방밖에는 볼 수 없었다고 했다. 눈에 들어오는 색채라고는 모두 잿빛이나 어두운 갈색뿐이었고, 사람들이 입은 옷조차도 예외가 아니었다. 날이 바뀌고 달이 바뀌어도, 이 사내가 본 색깔은 딱 이 두 가지뿐이었다. 선명한 색채가 워낙 희귀했던 탓에, 만약 그런 색깔을 한 실 한 가닥이 바람에 날아들어와서 간수의 제복 위에 떨어지는 광경을 보았다면, 마치 벼락을 맞은 듯한 엄청난 충격을 느꼈을 것이라고 했다. 한낱 실오라기일 뿐인데도 거의 압도당할 지경이 되는 이유는… 단지 그 색깔 탓이었다. 주위 환경에 비교적 민감한 사람들의 경우, 감옥은 외부 세계에 대한 그들의 관점을 여러 측면에서 변화시키는 법이다. 한동안 감옥에 갇혀 살다 보면 살아남기 위해 일종의 좀비가 되어버리는 것도 그런 변

28

화 중 하나다. 그러나 일단 출감한 뒤에는 온갖 색채와 느닷없는 자
유의 감각에 깜짝 놀라게 되고, 온갖 형태와 가능성으로 흘러넘치
는 세계에 압도당하게 된다. 오감이 혹사당할 정도로 엄청난 다양성
에 '충격'을 받고, 그 결과 '각성'을 하고, 감옥에 갇히기 전에는 못
보았던 것들을 '보게' 되는 것이다. 그는 외부 세계의 일반인들 쪽이
오히려 좀비처럼 보였다고 실토했다. 왜냐하면 그들은 주위 환경의
풍요로움을 전혀 자각하지 못하기 때문이다. 감옥에 갇혀 있었던 이
사내의 말에 의하면, 일반인들은 감옥 밖의 삶이 내포한 이른바 '윤
리적 분위기'에 대해서도 마치 잠들어 있는 것처럼 무감각했다. 나
는 그 사내가 말한 윤리적 분위기란 윤리적 가능성을 의미한다고 생
각한다. 소싯적에 광활한 들판을 앞에 둔 내가 어느 방향으로든 갈
수 있다고 느꼈던 것처럼, 하고 싶으면 어떤 일이든 할 수 있다는 감
각 말이다. 수인囚人으로서 감옥에 갇히지 않은 세계에서는 너무나도
많은 선택들이 존재한다. 그리고 그런 선택들 모두가 평소의 우리라
면 결코 생각하지 않는 윤리적인 결과를 내포하고 있는 것이다.

이 사내는 감옥에서 오랫동안 복역하다가 아무 예고도 없이 느닷
없이 석방되는 '충격적인'* 경험을 했는데, 이런 경험은 그로 하여
금 (한동안은) 인간의 전형적인 삶의 편린을 엿볼 수 있게 해주었다.
기계적이고, 잠에 빠져 있고, 맹목적인 삶을 말이다.

자기가 지금 이곳에 '존재한다'는 사실을 실감하는 경우가 종종
있다는 사실은 우리 모두 알고 있다. 주위를 둘러싼 세계가 훨씬 더

---

* 구르지예프는 제자들에게 이러한 '충격(shock)'을 주고자 평생 노력했다. 역주.

선명해지고, 내적으로도 외적으로도 모든 것의 아귀가 딱딱 맞아떨어지는 듯한 바로 그 느낌 말이다. 이런 각성의 순간은 첫 자식이 태어난 것을 보았을 때라든지, 어떤 크나큰 위험에서 살아남는 경우에 찾아온다. 그보다는 드물지만, 뚜렷한 이유 없이, 그야말로 마른 하늘에 날벼락이 치듯이 각성이 찾아오는 경우도 있다. 마치 하늘이 내린 선물처럼 말이다.

그러나 그런 각성의 순간은 오래 가지 못하고 순식간에 사라진다. 이런 경험을 한 사람은 다시 같은 경험을 하기를 희구하기 마련이고, 결핍 상태가 지속되면 우리는 삶과 그 주체인 자기 자신의 '불완전함'을 직감한다. 뭔가 이상하다는 느낌을 받는 것이다. 이 느낌은 일반적인 불안감보다 더 뿌리가 깊고, 우리가 지금보다 더 성공적인 삶을 살 수 있고 더 행복해질 수 있고 더 똑똑해지고 더 많은 사랑을 받아야 마땅하다는 식의 평범한 욕구 이상의 것이며, 우리는 지금보다 더 '나은' 존재이어야 하고 지금보다 더 '유의미한' 방식으로 살아가야 옳다는 어떤 인식에 가깝다.

그렇다! 의미! 딱히 꼬집어 말하기 힘든 이런 인식을 결여한 인간의 삶은 의미가 있다고 하기 힘들다. 그리고 우리는 이런 의미가 인간의 상상력에서 나온 단순한 환영幻影이 아니라는 사실을 직감적으로 알고 있다. 음악에 귀를 기울이거나 미술 작품을 감상할 때, 또는 우리가 사랑하는 사람들과 진정한 교감의 시간을 가질 때, 우리는 삶에 의미가 있음을 직감한다. 그 의미가 무엇인지를 뚜렷하게 설명하지는 못해도 말이다. 우리는 그것이 무엇인지 확언하지는 못해도, 그것이 존재한다는 사실은 알고 있다.

뭔가 결여되어 있다는 이런 감각은 우리의 삶 전체에 영향을 끼치며, 삶의 불공평함과 잔혹함은 그 사실을 한층 더 강조한다. 음주 운전자의 차에 치여 전신이 마비된 사내는 자신의 삶에서 무엇인가가 결락缺落되었음을 실감하는 법이다. 그리고 여기서 결락된 것은 단지 신체의 자유뿐만이 아니다. 그가 당한 사고에는 아무런 의미도, 정당성도 없기 때문이다. 이제 그는 그를 둘러싼 모든 것이 무의미하게 우발적이라고 느낄 것이다. 전쟁과 기아와 질병과 박해로 인해 고통받는 사람들은 이런 고통에 도대체 무슨 의미가 있는지 자문하고, 뭔가 다른 것이, 삶의 가혹하고 명백하게 무작위한 양태로부터 그들을 구원해줄 수 있는 무엇인가가 존재하지 않는지 고민하게 되기 마련이다.

이런 사람들과는 달리, 삶의 고난이 찾아오기도 전에 스스로 그것을 만들어내는 사람들도 있다. 이들은 자멸적인 성향을 가진 사람들이며, 곧잘 도박이나 마약이나 섹스나 알코올 중독에 빠지곤 한다. 혹은 현대 사회 특유의 번지르르한 물건, 이를테면 스포츠카나 명품 옷이나 젊고 매력적인 배우자 따위에 강박적으로 집착하기도 한다. 이런 사람들은 결혼 생활뿐만 아니라 자신의 삶을 스스로 짓밟기 마련이다. 또 어떤 종류의 사람들은 삶의 여유를 희생하는 한이 있더라도 특권적인 직위를 얻으려고 고투하고, 일의 노예가 된 나머지 결국은 소나 말과 다르지 않은 존재가 되어버린다. 이들 모두가 자기들이 택한 진로가 잘못되었다는 사실을 알지만, 깊은 회오悔悟에 시달리면서도 그런 행동을 멈추지 못한다. 그러면서 그들은 자문한다. '도대체 왜?' 왜 나는 스스로의 행동을 통제하지 못하는 것일까?

군이 극단적인 예를 들 필요는 없다. 자기 삶을 정말로 통제하고 있지는 않다는 사실을 자각하는 진실의 순간은 누구에게나 찾아오는 법이다. 아무 생각도 없이 습관적으로 행동한다든지, 자기도 모르게 심술을 부리다가 퍼뜩 위화감을 느낀 적은 없는가? 사도 바울은 "내가 원하는 선은 내가 행하지 아니하고"라고 말했다.[*] 우리는 물질적으로 완전히 충족될 수 있을지도 모르지만, 왜 그럴 경우에도 자신이 공허하고 불완전하다는 느낌을 받는 것일까?

인간에게 이런 결락감은 거의 보편적이라고 해도 무방하다. 그들을 자유롭게 해줄 의미가, 더 큰 진리가 존재하는 것을 느끼지만, 그것이 무엇인지 꼬집어 말할 수 없다는 사실에서 오는 초조감 말이다.

물론 이런 식의 사색은 새로운 것이 아니다. 구약성서에 등장하는 욥은 자신이 왜 그토록 많은 고통을 받아야 하느냐고 반문한다. 그러자 신은 욥과 천상의 왕좌 사이에는 거대한 존재의 저울이 가로놓여 있으며, 그 저울 위에서 욥이 있어야 할 자리는 순종과 의무이지 반항이 아님을 욥에게 알린다. 신에게는 그럴 만한 이유가 있지만, 일개 인간에 불과한 욥은 그것을 이해 못 한다고 말이다.

그러나 고대에는 만물에 관해 전혀 다른 수준의 통찰을 견지했던 사람들도 있었다. 혹독한 삶에 기인한 깊은 고립감에 시달렸고, 인간이 그 뿌리로부터 단절되고 상속권을 박탈당하고 하늘에서 땅으로 떨어졌다는 결락감에 천착했던 사람들이.

그들은 그노시스Gnosis, 즉 영적 지식(靈知)을 추구하는 영지주의

---

[*] 로마서 7장 19절

자들이었다. 일부 그노시스 교파는 구약성서의 '창조주'이자 '질투하는 신'을 물질 세계를 창조한 조물주 — 데미우르고스 알다바오트demiurge Ialdabaoth — 로 지칭하며 부정했다. 영지주의자들은 구약성서의 이 폭군이야말로 허영과 맹목적인 욕망에 사로잡혀 지고의 신적 존재인 '절대(The Absolute)' 아래에서 몰래 결함투성이의 물질 세계를 창조해서 그 안에 인류를 가둔 장본인이라고 믿었다. 물질 세계의 끔찍한 상태를 본 소피아Sophia — 지혜를 상징하는 여성 원리 — 는 지고의 존재로부터 일으킨 불꽃들을 인간들 내부로 보냈고, 그 덕에 인간은 이 불꽃에 숨을 불어넣어 진정한 영적 불을 일으키는 것이 가능해졌다. 그런 연유로, 인간은 이 신성한 불빛을 따라감으로써 음침하고 거짓된 신 알다바오트가 인간을 지배하기 위해 창조한 악의 천사들인 아르콘Archon들 사이를 지나 지고한 '절대'와 재결합할 수 있는 것이다. 인간이 지고한 '절대'로 돌아가서 재결합하기 위해서는 그노시스를 함양할 필요가 있는데, 그러기 위해서는 존재 전체를 써서 '보는' 특수한 영시靈視를 통해 거짓 자아 — 자기 중심벽癖 — 로부터 탈피하는 과정을 거쳐야 한다. 이 과정은 영적인 감수성을 개방하고 지각적 이원주의를 해소함으로써, 도마 복음*에 쓰여 있듯이 "남성을 여성으로, 여성을 남성으로" 만들어주고, 궁극적으로는 인간을 다시 완전한 존재로 만들어준다. 파편적인 상태를 강요당하고 있는 인류는 이 타락한 물질계에 갇혀 있지만, 그노시스를 통해 다시 완전하고 정제된 존재로 거듭난다면 영적 상승을 통해

---

* 1945년에 나그함마디 문서의 일부로 발견된 신약성서 외전. 역주.

'절대'와의 재결합이라는 환희를 맛볼 수 있을 것이다.

이집트 신화 역시 산산조각 난 '신'에 관해 언급하고 있는데, 이 신은 우주적 중개자를 통해 하나로 복구되어야만 다시 별들 사이로 복귀할 수 있다고 한다. 유대教의 카발라 신비주의도 '불꽃' 내지는 미묘한 영적 빛에 대해 언급하고 있으며, 성자들은 이것들을 '수확함으로써' 지고의 빛인 신에게 되돌려놓는다고 한다. 이 과정은 예키다yechidah라고 불린다. 예키다는 영혼의 고차와 저차 층위를 통합하고, 물질계를 신과 다시 잇는 행위를 의미하며, 이런 일은 오로지 각성한 인간에 의해서만 행해질 수 있다.

기원전 400년에서 600년 사이에, 고타마라는 이름의 젊은 왕자가 몰래 아버지의 궁전에서 빠져나와 인간 세상을 둘러보았고 현세가 악몽과도 같은 고통으로 점철되어 있다는 사실을 깨달았다. 어떻게 해서 이런 일이 일어났는지를 이해하기 위해 고투하는 과정에서 그는 '깨달은 자'를 의미하는 붓다라고 불리게 되었다. 호두 한 알에, 아니 보리수 잎사귀 하나에 담길 만큼 요점만 얘기하자면, 붓다는 인간의 모든 고통은 통제되지 않은 욕망에서 비롯되었음을 간파했다. 욕망이라는 무거운 짐은, 우리 주위에 충만해 있지만 닿을락 말락 하면서도 닿지 않는 지복至福의 경지로부터 우리를 추락하게 만들었다. 인간이 욕망의 허망함을 간파하고 진정한 자기를 되찾지 못하는 것은 그들이 일종의 백주몽白晝夢 상태에서 살아가고 있기 때문이라고 붓다는 설파했다. 그 결과 인간은 응당 그들의 고향이자 원천인 고차의 편재심遍在心이 제공하는 열반의 경지로 돌아가서 궁극적인 평안을 찾지 못하고 현세에 묶여 있는 것이다.

기독교의 전승에 의하면 인간은 신의 은총을 잃고 에덴동산에서 추방당했다고 한다. 잃어버린 은총을 되찾으려면 인간은 오로지 중개자 — 예수 그리스도, 즉 기름 부음을 받은 자이자 하늘의 왕국으로 통하는 일종의 살아 있는 다리로서 기능하는 존재 — 에게 적극적으로 스스로를 내맡기는 수밖에 없다. 기원전 3세기경에 살았던 기독교 신비주의자 오리게네스^{Origenes} 같은 인물은, 구약성서의 창세기에서 묘사된 사람의 타락은 사람이 자신의 욕망 — 동물적인 측면 내지는 에고 — 을 스스로와 동일시한 나머지 고차의 '진정한 자기' 내지 비^{非}자아의 자유를 잃은 상태를 우화적으로 표현한 것이라고 보았다.

《코르푸스 헤르메티쿰》 또는 《헤르메티카》라고 불리는 신비적인 고전 문헌은 1세기와 3세기 사이에 알렉산드리아의 그리스-이집트계 수행자들에 의해 쓰인 것으로 추정된다. "전 우주를 마치 독립적인 존재처럼 방랑하는 인간의 모든 영혼은 그 원천인 단 하나의 영혼에서 왔으며… (물질 세계에 갇혀) 스스로에 대해 무지한 인간의 정신은 추악하고 비참한 육체의 노예가 된다. 인간에게 육체란 무거운 짐과 마찬가지이며, 인간은 육체에 명령하는 것이 아니라 육체에게 명령받는 존재다."

전 세계의 전설과 영적 전통에서도 유사한 패턴이 되풀이된다. 인간은 응당 있어야 할 위치에서 벗어나 있지만 그곳으로 가는 '길'이 존재한다는 보편적인 인식을, 해당 전통 고유의 상징들을 통해 표현하는 식으로 말이다. 우리는 생득적인 권리를 박탈당했고, 당연히 우리의 것이어야 할 훨씬 더 장려한 고향으로부터 단절되어 있지만,

그것을 찾아낼 수 있는 방법은 틀림없이 존재한다. 이따금 그런 고차적인 장소에서 누군가가 우리를 향해 손을 뻗치고, 우리를 끌어올리려는 것을 느끼는 경우조차 있지만, 이런 식의 영적인 상승을 성사시키려면 당사자인 인간 역시 자기 본분을 다해야 한다. 성 아우구스티누스Augustine가 말했듯이, "신은 바람을 일으켜주지만 닻을 올리는 것은 인간의 몫"이기 때문이다.

신에게 '회귀하려고' 노력하는 경우, 대다수 사람들은 기성 종교의 엄격한 규율을 (적절한 종교 의식과 기도 따위를 곁들여서) 지키며 경건하게 살아가는 것만으로도 충분하다고 느낄지 모르겠다.

그러나 그 이상을 희구하는 사람들도 있다. 이들은 들릴락 말락 하게 자신을 소환하는 어떤 소리를 듣고, 내적인 동요에 빠져 갈등하곤 한다. 소년 시절에도 '호기심이라는 성가신 벌레'에게 시달렸던 구르지예프처럼 말이다. 그리고 이 '성가신 벌레'들은 구르지예프로 하여금 해답을 찾기 위한 일련의 탐색에 나서게 만들었다. "진실이란 무엇인가? (진실이란) 책에 쓰여 있는, 선생들에게 배운 지식을 의미하는 것일까, 아니면 내가 현실에서 언제나 맞닥뜨리는 이런저런 사실일까?"*

구르지예프와 마찬가지로 어떤 이들은 이렇게 자문할 것이다. 창조와 단절을 이야기하는 태곳적 신화들이 정말로 의미하는 바는 무엇일까? 우리 인간에게 결여되어 있는 것은 구체적으로 무엇일까? 다시 완전해지고, 다시 결합하고, 지금은 사라져버린 인간의 생득적

---

* 《놀라운 사람들과의 만남》

인 권리를 에워싼 수수께끼를 꿰뚫어 보려면 어떻게 해야 할까?

우주에서의 우리 위치를 정말로 이해하려면 우리는 어떤 행동에 나서야 할까? 자각함으로써 완전한 존재가 되려면 무엇이 필요할까?

위대한 스승들은 몇십 세기에 걸쳐 이런 질문에 대한 해답을 내놓았다. 이들 모두가 우리에게 특유의 수행 방식을, 특별한 '길'을 제공해주었다. 그러나 시대가 바뀌면 그 시대에 맞는 영적 스승이 필요해지는 듯하다. 자신만만한 듯해 보이면서도 어찌할 바를 모르는 현대인은 지성의 한 측면을 계발함으로써 어느 정도 실제적인 가치가 있는 과학적 연구법이라는 새로운 수단을 얻었다. 어떤 사람들의 경우 이것은 미망迷妄의 안개를 떨쳐내고, 고차의 현실이 실제로 존재한다면 순수한 논리를 통해 가차 없이 그것을 탐구하려는 결의로 이어졌다. 과학적 추론은 궁극적인 현실을 탐구하기 위한 '서양' 과학과 철학의 도구다. 그러나 이런 접근법은 불완전한 것처럼 보인다. 과학은 현실의 탐구에 기여할 수 있지만, 결코 완벽하지는 않기 때문이다. 탐구 과정에서 우리는 과학만으로는 넘을 수 없는 심연深淵과 조우하게 되기 마련이고, 그 심연을 넘기 위해서는 직관적이며 내면 탐구에 특화된 '동양'의 영적 탐구가 필요해지기 마련이다.

현대가 필요로 하는 것은 바로 이 두 가지 탐구 방식을 겸비한 스승이다. 분석과 직관을 동시에 구사하고, 질과 양을 아우를 수 있는.

구르지예프는 바로 이런 의미에서 이상적인 스승이었다. 마치 현대가 요구하는 포괄적인 가르침을 우리에게 전해주기 위해 하늘이 내린 스승이 아닌가 하는 생각이 들 정도로.

구르지예프의 가르침이 우리가 누구인지를 알려준다는 점은 확실하다. 그는 수행의 수단을 얻으려고 하기 전에, 인간이란 어떤 존재이며 어떤 상태에 놓여 있는지를 직시할 것을 우리에게 요구하기 때문이다.

자기 인식과 인간으로서의 성장 가능성 사이에 관계가 있다는 것은 주지의 사실이다. 현대의 심리요법은 적어도 원칙적으로는 자신의 동기를 발견하고 내직 자기를 이해하기 위한 수단이다. 그 과정에서 스스로에 대한 유익한 통찰을 얻고 인생이 완전히 바뀐 사람들에 관한 얘기를 들어본 적이 있을 것이다. 그런 일은 극히 드물게 일어난다는 것이 문제이지만.

그러나 그런 일이 정말로 일어난다면, 바꿔 말해서 자기 인식이 사람을 변하게 할 수 있다면, 그런 사실이야말로 어둡고 잔혹한 세계를 밝혀주는 한 줄기 강렬한 빛이라고 할 수 있지 않을까? 그런 과정을 정말로 실행으로 옮길 수 있는 방법이, 우리를 훨씬 더 심오한 종류의 자기 인식으로 인도해줄 '길'이 있다고 가정해보자. 그 '길'은 전 세계를 변화시킬 수도 있지 않을까? 사람들이 진정한 자기를 정말로 직시할 수 있을 수준까지 각성해서 진정으로 자기 자신을 이해한다면, 더 높고 깊은 의식 상태에서 의사 결정에 임할 수 있을 것이다. 그런 사람들은 편견이나 격렬한 충동 따위에 사로잡혀 행동할 가능성이 작다.

그런 목표를 달성하기 위해서는 우선 인간 의식의 상대성 — 더 정확하게 말하자면 부분적인 결핍 상태 — 에 관해 이해할 필요가 있다.

우선 너 자신을 보라!

구르지예프의 젊은 시절에 관해 얘기하기 전에, 우리가 어떤 존재인지에 관한 (그리고 어떤 존재가 아닌지에 관한) 구르지예프의 개념 두 가지를 간략하게 소개함으로써 발판을 마련해보겠다. 《법구경》에 기록된 붓다의 말을 살펴보자.

> 부주의한 무리 가운데서 주의를 기울이고,
> 잠든 무리 가운데서 깨어 있는 현자는,
> 빠른 말이 느린 말을 앞지르듯이 달려 나아갈 뿐이다.

"잠든 무리 가운데서 깨어 있는"이라는 표현은 마치 이 현자가 잠든 무리에 둘러싸인 상태에서 유일하게 깨어 있는 인물이라는 얘기처럼 들린다. 기실 고타마 붓다가 정각자正覺者라고 불린다는 사실은 그가 진정하게 각성한 거의 '유일한' 인물이었다는 사실을 시사한다. 우리가 충분히 각성하고 있지 않다는 주장은 드물지 않으며, 특히 '영성'에 관심이 있는 사람들에게는 더욱 익숙하다. 환각 물질을 써서 실험을 해본 사람들도 종종 의식의 상대성을 직접 경험했다고 주장하곤 한다. 그러나 인간이 빠져든 잠에 관한 구르지예프의 설명은 그보다 훨씬 더 도발적이다.

구르지예프 본인이 우스펜스키에게 담담하게 밝혔듯이, 자신이 깨어 있다고 생각하는 사람들은 사실 잠들어 있다. 인간은 몽유병 환자처럼 일생을 살아간다. 그들은 대부분 잠에 빠진 채로 살다가 죽고, 기껏해야 언뜻언뜻 순간적인 반半각성 상태에 도달할 뿐이다.

혹시 당신만은 다른 사람보다 더 깨어 있다고 생각하는가? 십중팔구 다른 사람들 못지않게 깊이 잠들어 있을 게 뻔하다.

이에 관한 구르지예프의 의견은 직설적이다.

> 현대인의 가장 큰 특징은 '전일성(unity)의 결여'라네. 당사자가 자기 자신의 일부로 간주하고 싶어하는 특성, 이를테면 '명료한 의식'이라든지 '자유의지', '항구적인 에고 또는 자기ㅁㄹ', '뭔가를 정말로 실행할 수 있는 능력' 따위는 사실 흔적조차도 찾아보기 힘들다고 해야겠지. 현대인이라는 존재가 결여하고 있는 모든 것을 한마디로 정의해주는 가장 중요한 특징이 '잠'이라고 한다면 자네는 놀랄지도 모르겠군. 하지만 현대인은 잠든 채로 살아간다네. 잠든 채로 태어나서, 잠든 채로 죽는 거지…. 지금은 그렇게 잠들어 있는 인간이 도대체 어떤 '지식'을 얻을 수 있는지에 관해서만 생각하게. 이 생각을 염두에 두고 '잠'이야말로 우리라는 존재의 가장 중요한 특성이라는 사실을 떠올린다면, 그 즉시 자네도 뚜렷하게 알아차릴 수 있을 거야. 인간이 정말로 지식을 얻기를 원한다면, 우선 그런 잠에서 어떻게 깨어나야 할지부터 생각해야 한다는 사실을 말이야.[*]

평소의 우리가 일상을 영위하며 빠져 있는 잠은 다음과 같은 식으로 생각해볼 수 있다. 산책을 나간다든지 볼일을 보기 위해 익숙한

---

[*] 《기적적인 것을 찾아서》

길을 걸어갈 경우, 우리는 우리가 출발했고 도착했다는 사실은 인지해도, 걸으면서 지나왔던 길에 대해서는 상세하게 기억하지 못하는 경우가 대부분이다. 그런 길을 걸으면서 우리는 '자동 조종'(automatic pilot) 상태에 있었기 때문이다. 걸어다니거나 차를 운전하거나 집 안청소를 할 때 우리는 이런 '자동 조종' 상태에 진입하기 마련이다. 그럴 때 우리의 주의력은 일종의 정신적 되새김질을 하는 데 쓰이고 있다. 머릿속으로 자기만의 막연한 환상 따위를 되새김질하면서 일상생활을 영위하는 식으로.

하지만 이렇게 생각해보라….

상술한 자동 조종 상태는 위에서 예로 든 일들의 반복적인 성질상 눈에 잘 띄었을 뿐이고, 우리가 사실상 '대부분의 시간'을 자동 조종 상태로 보내고 있다고 한다면? 내가 이 글을 쓰고, 독자인 당신이 이 글을 읽고 있는 바로 이 순간에도 말이다. 당신의 의식을 마비시키고, 진정한 자기로부터 차단하는 '잠'이라는 상태가 우리가 상상하는 것보다 훨씬 더 큰 범위에 걸쳐 있다면?

구르지예프의 말이 사실이라면, 인간은 이런 백주몽에 빠져 있는 상태에서도 격류가 흐르는 강 위에 번쩍거리는 강철제 교각을 건설할 수 있다는 얘기가 된다. 설계도를 그리고, 자금을 모으고, 작업원들을 고용하고, 2년 가까이 모든 작업을 주의 깊게 감독함으로써 상당히 질이 높고 우수한 교각을 만드는 데 성공했다고 해도… 그동안 줄곧 '잠들어' 있었다는 얘기다. 물론 밤에 침대에 누워서 잘 때와 동일한 수준의 잠에 빠져 있다는 얘긴 아니다. 구르지예프에 의하면 인간의 의식에는 여러 층위가 존재하지만, 우리의 삶 전체를 통괄한다는 그 '잠'은 우리가 거의 의식하지도 못하는 우리 자신의 어떤 측면들에까지 미치고 있다.

인간의 진짜 정신 상태란 어떤 것일까? 사지가 마비되고, 남은 감각 대부분은 머릿속에 존재하는 인물을 상상해보자. 이 기묘한 인물의 몸은 태어난 이래 줄곧 그로부터 숨겨져 있었던 것인지도 모른다. 아래를 내려다볼 수 없는 데다가 사지까지 마비된 상태이기 때문에, 자기 팔다리가 그곳에 존재한다는 사실조차도 아예 모르는 것이다. 게다가 그는 태어날 때부터 장님이다. 따라서 소리를 들을 수 있고, 후각과 촉감과 미각도 가지고 있으므로 의사소통을 하는 것은 가능하지만, 자신의 몸 대부분을 느끼지 못한다. 만약 그가 느끼지 못하는 사지가 존재하고, 그가 못 보는 광경이 존재한다는 사실을 누군가가 알려주지 않는다면, 그는 자신에게 주어진 것만이 모든 것이라고 지레짐작할지도 모른다. 만약 누군가가 그 사실에 의문을 제기한다면, 그는 오로지 그가 접근할 수 있는 것들만이 존재한다고 소리높여 선언할 가능성조차 있다. 그 밖의 가능성은 생각하는 것조차 두렵기 때문이다. 그러나 그런 인물조차도 발휘 못 한 잠재력이 존재한다는 끈질긴 의구심을 본능적으로 느끼기 마련이다. 어떤 식으로든 벽을 뚫기만 하면 지금 그에게 주어진 것보다 훨씬 더 방대한 세계가 기다리고 있다는 사실을 말이다.

우리 역시 본능적으로 그런 끈질긴 의구심을 느끼고 있다. 타고난 적성은 차치하더라도, 사람들은 왜 제트기 조종사가 되어 곡예비행을 하거나 맨손으로 깎아지른 절벽을 등반하는 일에 그토록 정열을 불태우는 것일까? 왜 우리는 새로운 눈요깃거리나 '최신' 유행 따위에 매료되는 것일까? 광고주들은 왜 우리를 향해 "신상품 출시!"라고 소리높여 알리는 것일까? 아마 위험한 스포츠와 최신 유행이 제공하는 것은 근본적으로 동일한 감각인지도 모른다. 그런 식의 전율(frisson)을 통해 우리가 무의식적으로 감지하는 결핍된 부분을 미약하게나마 모방하고, 그 순간만은 자신이 깨어 있고 존재한다는 생생한 '실존'의 감각을 대리 체험한다고나 할까. 현대인 특유의 이런 집착은 잃어버린 유산을 조금이라도 되찾아보려는 헛된 시도의 일환으로 보아야 할지도 모른다.

사람은 나이를 먹으면 마치 시간이 '더 빨리 흐르는' 것처럼 느끼기 마련이다. 그들은 눈 깜짝할 새에 몇 년이라는 세월이 흘러갔다는 사실을 퍼뜩 깨닫고 불안에 사로잡히고, 노년이 자신을 향해 돌진해오는 것처럼 느낀다. 어린 시절 느꼈던 시간 감각과는 완전히 딴판이라고 할 수 있다. 구르지예프에 의하면 어린 시절에는 사람이 더 '본질'에 가까우며, 입력된 자극에 자동적으로 반응하는 인간 특유의 심리적 기제도 아직은 완전히 자리 잡지는 않은 상태라고 한다. 자동적인 반응 중 일부는 이로운 것들이며, 살아가며 일하기 위해서 꼭 필요한 기술이다. 그러나 그런 과정에서 프로그램에 가까운 형태의 반응을 축적하는 '경향'이 독자적인 생명력을 얻는 것은 피할 수 없다. 더 정확하게 말하자면, 그런 경향은 응당 우리의 것이어야 할 생명력을 우리에게서 앗아간다. 우리는 무수히 많은 방식을 써서 '자동 조종' 상태를 유지한다. 그런 상태의 우리는 정말로 존재한다기보다는 일종의 백주몽 속에서 표류하며 모호하게 존재하거나, 불안감에 사로잡혀 초조해할 뿐이다. 이런 자동 조종 상태를 오

43

래 유지하면 유지할수록 시간이 더 '빨리' 흐르는 것처럼 느끼게 되기 마련이다. 꿈속에서 살아가는 동안 우리는 시간의 흐름에 의식적으로 참여하지 않기 때문이다. 우리는 그런 식으로 삶을 허비하고, 자동적 반응이라는 이름의 컨베이어 벨트에 실린 채로 정처 없이 흘러갈 뿐이다. 그리고 그 컨베이어 벨트 끝에서는 용광로가 우리를 기다리고 있다.

얼마 전 나는 뭔가 할 일이 있어서 우리 집 뜰을 거닐고 있었는데, 머릿속으로는 내 직업이라든지 그 밖의 일들에 관해 두서없는 생각을 하고 있었다. 그러던 중에 퍼뜩 제정신으로 돌아왔는데 (제정신으로 돌아온 것은 예전에도 의식적으로 그런 시도를 한 적이 몇 번 있었기 때문이다) 그러자마자 나는 두서없는 생각에서 의도적으로 한 걸음 뒤로 물러나서 백주몽을 꾸는 것을 중지하고, 주위를 둘러보려고 했다. 그러면서 방금까지 내가 빠져 있었던 몽유병 같은 상태를 자세히 들여다보려고 했고, 순간적이나마 그것을 직시할 수 있었다.

이렇게 해서 나는 아까 내가 빠져 있던 정신 상태와 현재의 선명하고 약간 더 각성한 상태를 대조해볼 수 있었다. 나의 예전 상태는 지금은 마치 '터널'처럼 느껴졌다. 색채라고는 흐릿한 불빛 몇 개밖에 없는, 어둑어둑한 터널이라고나 할까. 그 터널의 어렴풋한 벽에는 내가 생각하고 있던 사람들과 내가 채우고 싶어 안달하던 욕구들이 뒤죽박죽으로 엮여 있었다. 끊임없이 변화하는 탓에 메스꺼움을 유발하는, 지각知覺의 벽지라고나 할까. 마치 조금 전까지만 해도 티베트인들이 '배고픈 유령'이라고 부르는 존재가 되어 나만의 바르도

bardo[*] 상태에 빠져 있었던 듯한 느낌이었다. 그때 나는 정말로 살아 있는 상태라고는 할 수 없었으니까 말이다. 나는 그 터널 속을 몽유병 환자처럼 걷고 있었지만, 그 밖으로 빠져나온 지금은 주위를 둘러보고, 내가 어디 와 있는지를 쉽게 파악할 수 있었다. 나는 초가을의 맑게 갠 날, 우리 집 뜰에 서 있었다. 나를 둘러싼 환경의 세부가 새로운 3차원적 실체를 갖추고 튀어나오는 듯한 감각. 아롱아롱한 햇볕과 선명한 협죽도꽃과 발밑에서 바스러지는 리본 모양의 낙엽. 뜰 한쪽에 쳐진 엄청나게 큰 거미줄이 햇살을 받고 반짝인다. 공중에서 꿀벌들이 웅웅거리는 소리, 복잡하게 반복되는 새들의 울음소리, 살며시 몰려오는 향기로운 공기, 내 몸의 감각, 이 모든 것들속에서 선명하게 작동하는 오감…. 그 밖에도 엄청나게 많은 것들을 느낄 수 있었다. 이것들 모두가 내 주위에, 나의 내부에 있었지만, 조금 전까지만 해도 나는 그런 사실을 전혀 자각하지 못했던 것이다. 나는 오감을 풍성하게 채워주는, 살아서 약동하는 뜰을 걷고 있었지만, 두서없는 연상의 흐름에서 애서 빠져나와 주위에 있던 것들로 주의를 돌리고 그것들을 그냥 있는 그대로 받아들이기 전까지는 그런 사실을 전혀 눈치채지 못했다.

이렇게 주위를 자각하려는 노력을 하기 전에, 나는 몸이 하라는대로 그냥 걷고 있었지만 그 '몸 안에' 있지는 않았다. 그러나 적어도 각성이 찾아왔던 그 순간, 나는 실제로 내 '몸 안에' 있었다.

그 경험은 선명했을뿐더러 해방의 기쁨까지 가져왔다. 무너진 광

산 안에 갇혀 있다가 마침내 지상으로 나온 듯한 기분을 잠시 느꼈을 정도였다. 비좁은 감옥에서 풀려난 느낌, 갑자기 자유로워지고, 탁 트인 공간으로 나온 듯한 느낌이라고나 할까. 가장 놀라웠던 것은 이런 엄청난 해방감이 '손을 뻗치면 닿는 곳에' 줄곧 존재하고 있었다는 사실이었다.

다음 순간, 집 안에 있던 아내가 전화가 왔다면서 나를 불렀다. 나는 전화를 받았고, 그러자마자 상대방과의 통화에 정신이 팔렸고… 다시 빠르게 잠에 빠져들었다. 나는 집 주위를 돌아다니고, 컴퓨터를 조작하고, 다시 전화 통화를 했지만…

깊은 잠에 빠져 있었다.

의식의 여러 상태에 관한 개요

심리학자이자 철학자였던 윌리엄 제임스William James는 이렇게 말했다. "따라서 나는 이렇게 결론하지 않을 수가 없다…. 깨어 있는 인간의 통상적인 의식, 우리가 합리적 의식이라고 부르는 것은 의식의 여러 유형 중 하나에 불과하며, 그 주위에는 얇디얇은 가림막들로 분리된 전혀 다른 종류의 잠재적인 의식 형태들이 존재한다고 말이다."**

인간 의식의 기본적 층위들에 관해 구르지예프는 다음과 같이 간략하게 정리했다.

우선 우리가 밤에 취하는 수면은 의식의 가장 낮은 상태이다. 이것은 수동적인 상태이며, 여기서 꾸는 꿈은 우리의 통제를 벗어나서

** 《종교적 경험의 다양성》 제16장 〈신비주의〉

자체적인 논리에 의해 작동한다. 인간은 이 건강한 수면 상태에서 삶의 많은 부분을 보낸다. 이런 식의 필수적인 수면은 에너지를 회복시켜주고, 피로에 의해 몸에 쌓인 노폐물을 정화해준다. 이런 수면의 가장 깊은 형태에 빠진 인간은 본질적이고 원초적인 존재 상태에 안주한다.

두 번째 의식 상태, 수면에서 한 단계 위의 상태는 통상적인 각성 상태다. 이 상태에서 우리는 밖을 돌아다니면서 이런저런 일을 한다. 이때 외부 자극을 받으면 우리는 학습과 본능에 각인된 프로그램을 따라 재빨리 반응하지만, 이런 식의 각성은 침대에서 세상모르고 자고 있을 때에 비하면 그나마 각성한 상태라는 뜻일 뿐이다. 이런 상태를 그저 '상대적인 각성 상태' 중 하나로 뚜렷하게 인식하는 것은 처음에는 쉽지 않다. 어느 정도 의식이 깨어 있을 때 스스로의 상태를 적극적으로 관찰하는 습관이 생기기 전에는 말이다. 그러나 일단 그런 관측에 성공한 사람은, 그 결과를 보고 깜짝 놀라게 되기 마련이다.

만약 만취한 채로 밤거리를 헤매던 어떤 사람이 굳게 잠긴 남의 집 현관문 앞에서 쓰러진다면, 이미 집에 도착했다고 착각했기 때문일 수도 있다. 그러나 정말로 귀가하려면 그는 일단 술에서 깬 다음 자신이 아직 집에 도착하지 않았다는 사실을 자각해야 한다. 그러기 전까지는 남의 집 현관 앞의 차가운 돌계단 위에서 추적추적 내리는 비에 다리를 적시며 앉아 있는 수밖에 없는 것이다. 이와 비슷한 맥락에서, 우리가 그나마 조금이라도 각성한 상태에 도달하기 위해서는, 자신이 아직 그 단계에도 도달하지 못했다는 사실을 자각할 필요가 있다.

구르지예프는 《기적적인 것을 찾아서》에서 이렇게 술회하고 있다. "의식의 세 번째 상태란 '자기 기억하기'(self-remembering)이며, 이것은 '자기 의식'(self-consciousness) 또는 '자기 존재 의식'(consciousness of one's being)이라고도 불린다."

구르지예프에 의하면 우리가 스스로를 자각하고 있다는 잘못된 확신이야말로 '자기 의식'으로 가는 길을 가로막는 첫 번째의 거대한 장애물이다.

여기서 한 가지 확실하게 짚고 넘어가야 할 부분은, '자기 의식'은 상술한 일상적인 각성 상태보다 한 단계 더 높은 의식 상태라는 점이다.

이 세 번째 의식 상태는 단순한 자기 성찰이라든지 예민하게 스스로를 자각하고 있는 상태 따위와는 전혀 다르다. 실제로는 자기 자신을 향한 주의력이 끊임없이 정제되고 있는 상태, 온화하지만 무엇이든 섣불리 판단하지 않으며, 눈 하나 까딱 않고 주위 환경을 자각하고 있는 상태를 가리키기 때문이다. 이상적인 '자기 기억하기'란 주의력 대부분을 내면으로 돌림으로써 이루어지는 지속적이며 솔직한 자기 평가이며, '감정적 중심'의 고차적인 작용을 수반한다. (이 부분에 대해서는 나중에 더 언급하겠다.) 이와 관련해서 영지주의 문서인 도마 복음은 다음과 같이 술회하고 있다. "예수께서 가라사대, '너희가 자신을 알면 너희도 알게 될 것이니라. 그리하면 너희는 너희가 살아 있는 하나님 아버지의 자식이라는 것을 깨닫게 되리라. 그러나 너희가 너희 자신을 알지 못한다면, 너희는 가난함 속에서 살게 되리라. 그리고 그 가난함은 바로 너희이니라.'"

상술한 '자기 기억하기'는 구르지예프의 수행법인 '워크'에서는 필수 불가결한 개념이다. 그러나 이 용어는 구르지예프의 여러 후계자들에 의해 조금씩 다른 뉘앙스를 가진 개념으로 확산되었다. 산스크리트어의 다르마^dharma(法)라는 단어가 이런저런 전통에서 각기 다른 의미로 쓰이는 것처럼 말이다. 그러나 우스펜스키의 《기적적인 것을 찾아서》에서 언급되는 가장 기본적인 '자기 기억하기'는 백주몽이나 정신적 되새김질이나 모호함 등을 배제하고 오롯이 자기 자신으로서만 존재하는 상태를 의미하는 것처럼 보인다. 첨언하자면 그런 상태에 놓인 사람은 자기 자신을 관찰하고, 느끼고, 무슨 일이 일어나든 간에 '의식적으로' 판단하려고 노력한다. 그것이야말로 '진정한 나'(real I)를 '기억하는' 행위이며, 수행자는 그런 과정을 거쳐야만 비로소 자동적인 자기를 초월할 수 있는 것이다. 이 용어는 가르치는 스승이 누구인가에 따라서도 깊이의 수준이 달라지는 경향이 있으며, 통상적인 마음 챙김에서부터 심오한 내적 통합까지 망라한다.

'자기 기억하기'를 달성하는 수단 중 하나는 주의력 분할(divided attention)이다. 우스펜스키는 쌍촉 화살표로 이것을 표현했는데, 이것은 수행자가 외부 세계에 계속 주의력을 쏟는 것과 동시에 차분하게 자기 내면을 주시하고 있는 상태를 가리킨다. (도표 1 참조.)

도표 1

**보통 우리의 능동적인 주의력은 아래의 화살표가 보여주듯이
주로 외부 세계를 향해 있다.**

나 ⟶ 우리 외부의 삶

**그러나 '자기 관찰하기'를 통해 능동적인 주의력은 아래의 쌍촉 화살표처럼
외부를 향하는 동시에 우리 자신을 향한다.**

나 ⟷ 우리 외부의 삶

네 번째 상태이자 가장 고차의 의식 상태는 '객관적 의식'(objective consciousness)이다. 이 의식 상태에서 우리는 사물의 여과되지 않은 참된 모습을 보고, 훨씬 넓은 스펙트럼의 생명 에너지를 감지한다. 네 번째 상태는 말로 표현할 수 없는 계제에 해당하며, 다양한 장소에서 다양한 이름으로 불리지만 아무래도 가장 많이 쓰이는 표현은 '깨달음(enlightenment)'인 듯하다. 우리 대다수는 극히 일시적으로만 이런 상태를 경험할 수 있다. 깨달음에 잠깐 접하더라도 그것을 완전히 파악하지 못하는 이유는 당사자가 그런 상태에 충분히 몰입해 있지 않기 때문이다. 자기 힘으로 깨달음에 도달하지 않는 이상, 보통 사람에게는 그런 수준의 이해를 지속시킬 수 있는 영적인 능력이 없다.

이에 관해 구르지예프는 이렇게 설명한다. "인간의 네 번째 의식 상태는 평소와는 완전히 다른 존재의 양태에 속해 있으며, 내적인

성장과 길고 힘든 자기 수행을 통해서만 달성할 수 있다."

이 인용문에 포함된 '자기 수행'(work on oneself)은 앞으로도 이 책에서 여러 번 고찰의 대상이 될 표현이다. '워크'라는 특유의 용어는 바로 여기서 나온 것이며, 구르지예프의 가르침을 실제로 현실에 응용하기 위한 수행 방식을 가리킨다.

네 번째의 가장 높은 의식 상태가 오랜 자기 수행을 통해서만 달성 가능한 것이라면, 세 번째 의식 상태의 경우는 우리 삶의 가장 자연스러운 방식이 되어야 '마땅하다.' 사람은 스스로에 대해 닫힌 존재여서는 안 된다. 인간의 존재 방식은 당사자에 의해 투명하게 인식되어야 마땅하기 때문이다. 그러나 현실은 전혀 그렇지 못해서, 우리 중 절대다수는 습관적으로 흐리멍덩하고 파편적인 상태에 머물러 있다. 이런 파편적 상태의 일부는 어린 시절 부모의 훈육을 통해 형성된 주관성에서 비롯된 것이며, 나머지는 인간 사회라는 거대한 최면술사에 의해 형성된 것이다.

그렇다면 우리 인간은 실제로는 어떤 존재일까? 구르지예프식 수행법을 가르치는 어떤 스승은 "내 주의력이 있는 곳에 바로 '나'라는 존재가 있다"라고 즐겨 말하곤 했다. 만약 내 주의력이 예의 백주몽과 완전히 일체화해서 불안감, 분노, 허영심, 야심 등의 통상적인 의식 상태를 경험한다면, 바로 '그것'이 우리다. 야심에 취해 백주몽을 꾸는 사람이나, 분노와 불안에 사로잡힌 사람은 가장 흔히 볼 수 있는 '나'의 두 양태다. 그러나 그런 '나'를 유지하기 위해 허비되는 주의력의 일부를 (자기 변화라는 궁극적인 목적 달성을 위해) 자기 관찰에 투자한다면, 바로 그 주의력이 '나'가 된다.

인간은 자기 관찰을 하는 동안에는 자기 변화의 뜰을 거니는 의식적인 관찰자가 될 수 있다.

자기 관찰에 나선 우리는 스스로에 관해 무엇을 알아낼 수 있을까? 십중팔구 낯선 행동 패턴을 발견하고 깜짝 놀랄 것이다. 우리의 기계적인 부분, 잠, 이기심 따위를 은폐하는 눈가리개인 '완충제(buffers)'를 개재하지 않은 상태에서 스스로를 직시할 경우, 우리는 우리의 '동일시(identification)' 과정을 가감 없이 볼 수 있기 때문이다. 여기서 말하는 동일시란 정체성의 투사 따위를 의미하는 것이 아니며 사실은 그 반대에 가깝다. 왜냐하면 구르지예프가 말하는 동일시란 감정적 반응, 특히 분노나 억울함이나 두려움 같은 부정적인 감정에 사로잡힘으로써 당사자와 그 감정이 '아예 하나가 되어버리는' 현상을 의미하기 때문이다. 그 결과 우리는 객관성을 완전히 상실하게 된다. 이런 현상은 광신적 믿음의 경우처럼 극단적일 수도 있고, 자기 연민처럼 흔하고 평범한 상태를 가리킬 때도 있다. 동일시는 두려움에서 비롯되는 경우가 대부분이다. 거절이나 실패나 고뇌 따위를 두려워한 나머지, 인간은 어떤 감정이나 생각에 몰입함으로써 그 두려움을 '안전하게' 잊을 수 있기 때문이다.

냉정하고 초연하게 '나'를 직시한다면, 우리가 달리 어떤 존재가 될 수 있는지를 깨달을 수 있다. 그럼으로써 진정한 자유를 향한 첫걸음을 내딛는 것이다.

구르지예프의 사전에서는 능동적인 자기 관찰을 통해 스스로를 있는 그대로 보는 순간들을 '인상(impression)'이라고 지칭한다. 개개의 '인상'은 반드시 부정적일 필요는 없으며, 단지 우리 자신의 가감 없는 참모습 ─ 좋든, 나쁘든, 냉담하든 간에 ─ 의 일부일 뿐이다. 주의력을 동원해서 찍은 자기 정신의 스냅숏이라고나 할까. 그리고 그것은… 양식糧食이기도 하다! 구르지예프는 우리 내부의 영혼은 우리의 존재를 '결정화하기(crystallize)' 위해 몇 가지 종류의 특별한 양식을 필요로 한다고 가르쳤다. 그리고 인간이 인간으로서 존재하기 위해 반드시 필요한 그런 양식 중 하나가 바로 '인상'이다. 객관적인 '인상 획득'(taking impressions)의 순간들은 글자 그대로 우리 영혼의 양식이 된다.

좋은 맛 중 어떤 것은 입에 쓰다

도마 복음은 이렇게 말하고 있다. "예수께서 가라사대, '구하는 자는 찾을 때까지 구함을 그치지 말지어다. 찾았을 때 그는 고뇌할 것이다. 고뇌할 때 그는 경이할 것이니, 그리하여 그는 모든 것을 지배하게 되리라.'" 바꿔 말해서, 진실은 고뇌를 동반하는 경우가 많다.

필자 본인의 경험에 의하면, 삶의 성질에 관한 어떤 일반화가 매우 듣기 좋고 심리적으로도 자기 입맛에 딱 맞는다면, 그런 일반화는 아마 진실과는 동떨어져 있다고 봐도 된다. 물론 모든 진실이 음울하고 끔찍하다거나, 인간의 삶에서 진짜 기쁨이나 희소식 따위가 아예 존재하지 않는다는 뜻은 아니다. 살아가면서 기쁨을 느끼거나 희소식을 듣는 것은 드문 일이 아니니까 말이다. 그러나 삶에 관한 어떤 언명이 싸구려 향수처럼 코를 찌르는 달콤한 냄새를 풍긴다면, 그 언명은 사실이 아니거나 적어도 모호하고 너무 단순한 생각일 공산이 크다.

　인간이 직면한 난관을 떠올리면 처음에는 누구나 의기소침하기 마련이다. 인간이 줄곧 백주몽 속에서 살아간다는 사실을 받아들인다면 말이다. 그러나 잠에 관한 진실은 잠에서 깨어날 수 있는 가능성도 내포하고 있다. 생각만 해도 고양감이 솟구치는 가능성을.

　구르지예프를 처음 접하는 사람들에게 그의 견해 다수는 충격적으로 다가올 것이다. 특히 그것들에 대한 구르지예프의 설명이 얼마나 단호하고 '암울'한지를 깨닫는다면 말이다. 그러나 인간이 경험하는 삶의 질에 관해 생각해보라. 진정한 삶은 경이롭고 기적으로 가득 차 있지만 그와 동시에 복잡하고, 도전적이고, 위험하고, 때로는 가혹하며, 언제나 가차 없기 마련이다. 그랜드 캐니언의 경관은 실로 장려하지만, 무턱대고 그 안에 발을 들여놓는 사람에게는 치명적이다. 사실 그랜드 캐니언의 가혹한 아름다움의 일부는 바로 그 가혹함에서 온다고 할 수 있다.

　그리고 이 장에서 언급될 구르지예프의 두 번째 견해, 즉 '인간은 기계다'라는 견해 역시 가혹하기는 마찬가지다.

　구르지예프는 사고나 행동을 위시한 인간의 반응은 완전히 기계적이라고 가르쳤다. 우스펜스키의 《기적적인 것을 찾아서》에는 러시아의 어느 카페에 앉아 있던 구르지예프가 거리에 찬 군중을 가리키며 "저기 보이는 사람들은 모두 기계에 불과하다네"라고 말했다고 기록되어 있다.

　이 얘기를 들은 우스펜스키는 처음에는 충격을 받았다. "하지만 우린 완전히 기계는 아니잖습니까." 그는 항변했다. "예술, 시, 철학… 이런 것들은 단순히 기계적인 걸 초월한 활동이 틀림없으니까요."

"아냐." 구르지예프는 단호하게 말했다. 그것들 역시 모두 기계적인 활동에 불과하고, 역사상의 이른바 '위대한 업적'들도 그와 다르지 않다고 말이다. "인간은 기계라네. 인간의 모든 업적, 행동, 언사, 생각, 감정, 신념, 의견, 습관은 외부의 영향에 의해 만들어졌고, 외부의 인상들에 의해 빚어진 것들이야. 인간은 자체적으로는 그 어떤 생각도, 행동도 만들어내지 못해."

이 말이 사실이라면, 인류 역사의 대부분은 작용(action)의 역사가 아니라 반작용(reaction)의 역사이며, 자발적인 행동(doing)이 아닌 기계적인 반응(response)의 역사라는 끔찍한 결론이 나온다. 인류의 역사는 잘못으로 점철된 희극인 동시에 비극이며, 그 암울함을 그나마 경감해주는 것은 영감과 독창성에서 유래한 극소수의 간헐적이고 발작적인 행위들뿐이다. 지금까지 인생을 살아오면서 우리가 내렸다고 생각하는 결정은 실제로는 외부 자극에 단순히 '반응한' 것에 지나지 않는다. 아무리 신중하게 계획을 짜서 결정했다고 해도 말이다. (암울할 거라고 나는 경고했다!) 인간은 이런 기계적인 프로그래밍을 극복할 수 있다. 하지만 그러기 위해서는 우선 인간이라는 기계를 '이해할' 필요가 있다.

물론 모든 인간은 명백하게 기계적인 기능들을 가지고 있다. 심장을 뛰게 하고, 숨을 쉬게 하는 몸의 자율 기능이라든지, 신경계의 생체 분자적 활동의 결과인 반사 반응 따위가 대표적이다. 그러나 구르지예프는 인류가 기계의 수준을 '넘어섰다고' 간주하는 것들조차도 여전히 기계적인 것에 불과하다고 주장했다. 결국 우리들 대다수는 자신이 기계 이상의 존재라고 생각하면서 스스로를 기만하고 있다는 얘기다. 인간은 아주 세세한 것에 이르기까지 기계적인 행동의 노예나 마찬가지다. 인간은 큰 맥락에서 볼 때 자기가 한 행동에 책임이 없다. 왜냐하면 그들은 기계이기 때문이다. 현실적으로는 그들에게 책임을 지우는 수밖에 없지만, 구르지예프는 그가 '진정한 세계'(real world)라고 부르는 곳에서는 인간에게 정말로 책임을 지울 수가 없다고 말했다. 그러니까, 그들이 '진정한' 인간 — 또는 진정한 크리스천 — 이 되기 전에는 말이다. 지금 우리들 대다수는 아직 따옴표를 뗄 자격이 없는, '이를테면 인간'에 불과하다.

구르지예프의 관점에서 보면 어떤 의미에서 우리는 완전하게 존재하지 않는다. 기계적인 인간에게 결정적으로 결여되어 있는 것은 '진정한 나'(real I)이며, 모든 인간의 내면에 존재하는 구약성서의 '스스로 있는 나'(I am)*와의 적절한 관계 맺음이다. 상술한 '스스로 있는 나'는 우리 내부에 겨자씨처럼 미세한 초기 상태로 존재한다. 실제로 세계를 경험하는 것은 바로 이 무구無垢한 의식의 핵심이며, 이것은 반응하지 않고 주관적으로 판단하지도 않으며 있는 그대로를 본다. 그리고 우리에게 이 '스스로 있는 나'는 신이라고 불리는 의식의 바다에 이는 파도와도 같은 것이다. 이것은 우리를 고차원으로 이어주는 선천적이며 잠재적인 원동력이다. 그러나 우리는 이 내면의 눈에 완전히 연결되어 있지는 않다. 우리는 '진정한 나'와 결합함으로써 그 인도를 받는 것을 가능케 하는 '존재력'(real Being)을 가지고 있지 않기 때문이다. 우리는 존재력의 절대 부족에 시달린다. 그

---

* 출애굽기 3장 14절. 역주.

리고 이 존재력은 우리가 충분히 각성하고 있을 때마다, 우리가 진정하게 우리 자신일 때마다, 그 상태를 양식 삼아 자란다. 이런 존재력의 축적은 궁극적으로는 내면의 통합으로 이어진다.

그러나 우리들 대다수는 통합되지 않고 파편화된 상태에 놓여 있다. 통합되어 있는 대신 우리는 수많은 '조그만 나'(little I)들을 가지고 있는데, 이것들은 우리의 행동을 자동적으로 통제하는 우리 자신의 파편이다. 예를 들자면 파편적인 '나'는 일이 잘되면 쾌활해지고, 일이 잘 안 풀리면 뚱해지는 식으로 단순하게 반응한다. 그러나 '진정한 나'를 실재화할 수 있을 만큼 충분한 존재력을 가진 인간 — 즉 '객관적 논리'를 구사할 수 있는 인간 — 은 좋든 나쁘든 자기 주위에서 일어나는 모든 일을 진정한 초연함, 내적 자유, 이해를 통해 있는 그대로 받아들인다.

우리들 대다수는 그 정도로 확고하게 존재하지는 않는다. 충분히 현존現存하지 않고, 애당초 그런 '현존성'을 가능케 하는 내적, 외적 주의력을 발휘할 수 있는 능력을 완전히 각성시키지 못했기 때문이다. 따라서 우리는 완전하게 기능하는 인간이 아니라 투박하고 조잡하게 상호작용하는 인간 파편들의 집합에 불과하다. 바꿔 말해서, 우리는 제대로 '존재하지 않는다.'

17세기의 위대한 철학자 바뤼흐 스피노자Baruch Spinoza의 말을 음미해보라.

우리는 여러 방식으로 외부 요인들에 의해 놀아난다. 우리는 맞바람에 의해 발생한 파도처럼 요동치고, 그럼에도 그 사실을

의식하지 못한다…. 왜냐하면 무지한 인간은 외부 요인에 의해
다양하게 교란될 뿐만 아니라 진정한 정신의 만족감을 향유하
지 못하기 때문이다. 게다가 그런 인간은 자기 자신과 신과 사
물들을 거의 의식하지도 못한다…. 현자의 경우… 그 정신은
거의 흔들리지 않는다. 현자는 모종의 영원한 필요성에 의해
자기 자신과 신과 사물을 뚜렷하게 의식하며, 결코 그러기를
멈추지 않는다.[*]

스피노자는 코르도바의 모세스(Moses ben Jacob Cordovero)와 모세
스 마이모니데스Moses Maimonides의 신비주의 철학을 숙지하고 있었는
데, 이 두 사람의 견해는 어떤 측면에서는 구르지예프의 견해와도
일맥상통한다.

일상적인 사건들에 대해 우리가 보이는 통상적인 반응들은 우리
가 '자기 자신'이라고 생각하는 존재의 진정한 표현인 것처럼 보일
지도 모르지만, 그렇게 느끼는 것은 단지 우리가 그런 반응들에 사
로잡혀 있기 때문이다. 만약 누군가가 취객 옆에서 폭죽에 불을 붙
인다면 그 취객의 시선은 그 폭죽이 쏟아내는 불꽃에 못 박히기 마
련이다. 우리는 우리 인격과 세계가 상호작용하는 과정에서 튕기는
불꽃들에 대해 습관적으로 주의력을 기울이고 있으며(사실 '허비한다'
는 표현이 더 정확하다), 이것은 우리 육체의 입맛과 욕구를 만족시키려
는 피상적인 자기[르]의 필요성에 의한 것이다.

---

[*] 《철학 이야기》 제4장

어느 성공한 사업가와 그의 여동생 이야기를 예로 들어보자. 이 사업가는 자기도 사업에서 큰 성공을 거뒀다고 오빠 앞에서 우쭐대는 여동생을 내심 짜증스럽게 느끼고 있다. 사업가는 여동생의 그런 언행이 오빠인 그를 향한 열등감의 발로이고, 자기도 성공할 수 있다는 사실을 인정받고 싶어하는 단순한 욕구에서 나왔다는 사실에는 아예 주의를 기울이지 않는다. 단지 짜증스러울 뿐이다. '무슨 허영심이 저리도 많길래 별것도 아닌 일을 저렇게 자랑하지?' 그러나 사업가 본인도 둘째가라면 서러울 정도로 허영심이 많은 인물이었다. 만약 사업가가 자기 자신을 면밀하게 관찰했다면 그런 사실을 자각할 수 있었을 것이다. '자기 관찰'은 이런 식의 아이러니로 가득 차 있기 마련이다. 사업가와 그의 '진정한 나' 사이에 가로놓인 '완충제' ─ 마비된 감정과 현실 부정으로 이루어진 ─ 가 사업가 자신의 옹졸함을 직시하는 것을 가로막고 있는 것이다. 사업가는 여동생에 대해 그가 보인 반응이 자신의 진짜 감정이라고 지레짐작하지만, 그것은 방어적 인격이 보인 피상적인 반응에 불과하다. 이 사건에서 그가 느낀 감정은 폭죽이 쉭쉭거린 것에 불과하고, 그의 내면에서 우러나온 실제 감정이 아니다. '감정적 중심'이 활성화된 '진정한 나'라면 여동생에게 되레 동정심을 느꼈을 것이다.

우리가 우리의 총체성 ─ 우리의 가능성, 우리의 본질, 우리의 심리적 기제 ─ 의 편린을 잠시라도 엿볼 수 있다면, 슬라이드 쇼의 사진처럼 돌고 도는 평소의 '나'들은 '진정한 나'에 비하면 뭐랄까, 단순한 슬라이드 쇼에 불과하다는 사실을 깨달을 것이다. 그러면 우리는 스스로의 인격이 보여주는 사소한 반응들과 옹졸함이 정말로 진정한 자신인가에 대해 확신할 수 없게 된다. 비로소 눈을 돌려 슬라이드 영사기 뒤에 서 있는 사람을 보게 될지도 모른다.

구르지예프는 인간 심리의 주된 측면들을 말과 마차와 마부에 비유하기를 즐겼다. 이 마부는 보통 잠들어 있거나 취해 있으므로, 마차는 말이 가고 싶어하는 곳을 향해 가든가, 아니면 마부 대신 말고삐를 잡은 승객들의 일시적인 변덕에 따라 여기저기로 갈 수 있다.

참된 의사결정 과정에서 정작 당사자인 우리가 빠져 있다는 사실이 야기하는 가장 큰 비극은, (구르지예프의 표현을 빌리자면) 그 어떤 '작은 나'도 '빚더미'에 오를 수 있다는 점으로 귀결된다. '작은 나'에 의해 이런 식으로 남발된 '약속 어음'을 나중에 결제해야 하는 것은 또 다른 '나'이지만, 결제일이 오면 우리는 보통 고개를 절레절레 흔들며 도대체 어떻게 이런 빚을 지게 되었는지 의아해하기 마련이다. 물론 여기서 구르지예프는 비유적인 표현을 쓰고 있을 뿐이지만, 때로는 글자 그대로 약속 어음을 남발한 탓에 빚더미에 오르는 사태도 벌어진다. 어떤 사내가 라스베이거스로 가서 가진 돈을 탕진했다고 가정해보자. 도박에 중독된 이 사내의 일시적인 '나'는 신용카드를 한 번 긁기만 하면 카지노 칩으로 환전해주는 기계로 간다. 이런 식으로 이 사내는 몇만 달러의 빚을 지게 되고, 그 결과 집을 잃는다. 이런 일은 현실에서 흔하디흔하게 일어난다. 나중에 이 사내는 도대체 자신이 어떻게 그런 짓을 했는지 의아해하며 고개를 절레절레 흔들고, "그때 난 제정신이 아니었어"라고 말할지도 모른다. 그리고 이 사내의 말은 옳다. 그는 제정신이 아니었을 뿐만 아니라, 그가 한 말은 그가 상상하는 것 이상으로 진실에 근접해 있기 때문이다.

어떤 여성이 어떤 바람둥이의 입에 발린 말에 혹했다고 치자. 그녀의 본질적 자기는 이 매력적인 남자는 신용할 수 없고 애당초 그녀에게 맞는 남자가 아니라고 경고한다. 마음속 깊은 곳에서 그녀는 상대 남자에게 '문제'가 있음을 직감한 것이다. 하지만 이 남자는 표면적으로는 이 여성의 기분을 좋게 하므로 그녀는 이 직감을 억누르는 쪽을 택한다. 그래서 이 여성은 바람둥이 남자와 결혼하고, 바로 그런 행위를 통해 상술한 약속 어음에 자기 이름을 서명하는 것이다. 그리고 얼마 지나지도 않아 남자는 고압적이고 게으르며 아내에 대한 폭력도 불사하는 비열한 본색을 드러냄으로써 그녀의 삶을 비참하게 만든다. 그녀 자신이 그 선택에 임할 때 정말로 그 자리에 '있었고', '제정신'이었다면, 결코 이런 놈팡이와 결혼하는 일은 없었을 것이다.

"사람은 작고 우발적인 '나'들이 발행한 약속 어음을 결제하는 것으로 인생 전체를 보내는 경우가 대부분이다"라고 구르지예프는 말했다. 너무나도 옳은 말이다! 그러나 진정한 개인성을 발달시킬 경우에는 단지 의사 결정 능력만 개선되는 것이 아니라, 진정한 각성의 가능성이 펼쳐진다.

잠에 빠져 있다는 사실을 지적받을 경우, 우리는 그 사실을 자각하려고 노력하게 된다. 그런 잠을 '보는(see)' 방법을 통해서 말이다. 그 상태를 정말로 직시할 수 있을 때까지는 잠에서 깨어나기가 불가능하다. 우리 자신의 기계적인 행동을 관찰할 때, 우리는 의식적인 주의력의 빛으로 우리가 보이는 반응의 기계적 측면을 탐조등처럼 비춰 보고 감정적, 지적, 본능적 자동인형인 우리를 움직이는 메커니즘의 존재를 감지한다. 이런 과정을 거친 뒤에야 비로소 우리는 그런 기계적 행동의 부정적 측면들로부터 우리를 해방시켜줄 자기 변화의 과정을 시작할 수 있다.

그러나 무엇인가가 우리가 각성하는 것을 역동적으로 방해하고 있다. 잠은 우리의 기계 같은 프로그램을 보호하고, 그것을 의식적으로 통제하려는 우리 시도를 방해한다. 우리가 잠깐이나마 각성하면, 우리의 기계적 프로그램은 우리를 기절시켜서 다시 몽유병과 유사한 상태로 되돌려놓는다. 마치 이 지성을 결여한 기계적인 '그것'이 살아남기 위해서 꿈을 무기 삼아 우리와 싸우고 있는 듯한 느낌이다.

구르지예프는 우스펜스키에게 기계 이상의 단계에 있는 사람들도 존재하기는 하지만 극소수라고 단언했다. "자네가 보는 모든 사람, 자네가 아는 모든 사람, 자네가 앞으로 알게 될 모든 사람은 기계라네. 외부 영향력에 완전히 사로잡힌 상태로 인형처럼 움직이고 있는 진짜 기계란 말일세…. 그들은 기계로서 태어나서 기계로서 죽지…. 바로 지금, 우리가 이렇게 대화를 나누고 있는 이 순간에도, 몇백만 명에 달하는 기계들이 서로를 절멸시키려고 싸우고 있잖나. 그런 자들이 서로 다를 거라고 생각하나?"

기계의 삶에 사로잡힌 우리는 전쟁을 하기 시작한다. 잠들어 있는 우리는 몽유병 상태에서 그런 전쟁들을 치르고… 끔찍한 만행을 저지른다.

어느 날 필자는 케이블에서 방영하는 어떤 TV 쇼를 보았는데, 이 쇼의 참가자들은 직접 만든 원격조작식의 조그만 '살인로봇'(killbot)

들을 조그만 로봇 검투사용 링에 출전시켜 서로 싸우도록 했다. 나는 채널을 돌렸고, 그러자마자 현실에서 인간들 사이에서 벌어지고 있는 전쟁에 관한 CNN의 최신 뉴스가 떴다. 적과 싸우라는 프로그램에 순종하며 치열하게 싸우고 있는 군대들에 관한 뉴스 말이다. 이따금 아이러니의 요정이 텔레비전 편성표까지 장악하고 있는 것은 아닌가 하는 생각이 든다.

잠든 상태로 기계적인 프로그램에 따라 움직이는 우리는 어느 정도 안온함을 누릴 수 있다. 심지어 구르지예프는 "각성은 괴롭다"라고 단언한 적조차 있다. 가슴을 뛰게 만드는 생생함과, 예전에는 접근을 거부당한 새로운 에너지들과 관여할 수 있는 능력이 증가함에도 불구하고, '진정한' 각성은 초기 단계에서는 매우 버거운 과정이다. 따라서 우리들 대다수가 그냥 잠들어 있는 쪽을 택하는 것은 전혀 놀라운 일이 아니다.

자기 관찰을 통해 우리는 잠에서 깨어날 수 있을 뿐만 아니라, 우리 내면에는 에너지 교환 및 변환을 위해 국지화된 기제들이 한데 모여 있다고 주장한 구르지예프의 정당성을 확인할 수 있다. 바꿔 말해서 우리는 '지적 중심', '감정적 중심', '본능적-동적(육체적) 중심'이라는 '세 개의 중심을 가진 존재'(three-centered being)이며, 각 중심들은 각기 다른 질을 가진 에너지들을 각기 다른 강도로 제어한다. 각 '중심'에는 그것을 움직이는 원동력이 되는 고유의 '양식糧食'이 있으며, 각 '중심'은 일정량의 자동적인 행동을 하도록 프로그램되어 있다. 또한 각 '중심'은 다시 고차와 저차의 기능들로 나뉜다.

어느 한 '중심'이나 다른 '중심'에 속하는 전형적인 행동을 관찰할 경우, 그런 관찰에 더 많은 주의력을 할애해서 능동적으로 참여한다면, 우리는 스스로의 '중심'들을 조화시킴으로써 극적인 결과를 얻을 수 있다. 이 부분에 관해서는 5장에서 자세히 얘기하겠다.

우리는 꿈속에서 깨어나려고 고투한다

우리가 잠들어 있는 기계적인 존재라는 구르지예프의 지적이 어떤 모호한 은유가 아닌 엄혹한 사실이라는 점은 아무리 강조해도 지나치지 않다. 이 지적은 글자 그대로 받아들여야 한다. 그러나 이런 잠과 각성에는 그 깊이에 따른 층위가 존재한다. 우스펜스키가 《인간의 잠재적 진화의 심리학》에서 언급했듯이, 일상에서 우리는 꿈에 빠진 채로 살아간다. "꿈들은 태양이 내뿜는 눈부신 빛 탓에 별들과 달이 안 보이는 것과 마찬가지로 우리 눈에는 보이지 않는다. 그러나 꿈들은 여전히 자기 자리에 있고, 대부분의 경우 우리의 모든 사고와 감정과 행동을 지배한다. 때로는 당사자가 그 순간 실제로 지각하는 것들보다 훨씬 더 많은 것들을." 이런 구속복을 입은 듯한 상태임에도 불구하고, 우리 내면의 어떤 것은 우리가 잠들어 있다는 사실을 감지하고, 이따금 그 잠에서 깨려고 몸부림친다. 구르지예프의 가르침을 들어본 적도 없는 경우에도 우리는 뭔가 잘못되었다는 사실을 눈치채곤 한다. 삶을 비추는 불빛이 너무 약하며, 우리가 눈에 보이지 않는 마부들에 의해 조종되고 있다는 사실을 말이다. 우리가 놓인 상황을 불완전하게나마 의식함으로써 생겨나는 이런 식의 무의식적인 불안감은 예술, 특히 연극과 영화를 통해 자주 표현된다.

새뮤얼 베케트^{Samuel Bechett}의 희곡을 예로 들어보자. 베케트의 무시
무시하고 엄혹한 연극 무대에서 사람들은 '연옥의 고리'에서 헤어나
지 못하고 악몽 같은 시나리오를 되풀이하며, 그들 모두가 강박적인
정신 상태라는 덫에 빠져 있는 것처럼 보인다. 그들은 스스로의 존
엄을 지키기 위해 악전고투하며, 조금이라도 개인성을 유지해보려
고 한다. 베케트의 짧은 연극 〈파국(Catastrophe)〉에서는 무자비할 정
도로 오만하고 지배적인 '연출가'와 그의 조수가 무대 위에서 얼어
붙어 있는 늙고 남루한 '주인공'의 모습을 세부까지 샅샅이 연출한
다. 그러나 마지막 장면에서 이 노인은 연출가의 지시에 '반하는' 행
동을 한다. 고개를 들어올리고, 관객들을 올려다보는 것이다. 이것
은 외부의 힘들에 의해 거의 완전하게 통제받고 있는 주인공이 그
나마 할 수 있었던 아주 조그만 반항이었다. 자기 연극들을 '오브제
^{objects}'라고 부른 베케트는 아마 그것들에 영적인 의미까지 부여하지
는 않았을 것이다. 그러나 그는 자신의 연극을 통해 인간이 놓인 상
황을 거듭해서 통렬하게 표현했다. 덫에 옭아매인 상태에서 기계적
으로 행동하며, 자신이 이해하지 못하는 연옥에서 빠져나오려고 몸
부림치는 인간의 모습을 말이다.

　대중적 인기를 끈 영화도 구르지예프적인 주제와 공명하는 경우
가 많다. SF 영화 〈매트릭스^{The Matrix}〉는 전 세계의 인류가 잠든 상태
에서 꿈꾸고 있으며, 기계들의 노예가 되어 있고, 궁극적으로는 기
계들과도 구분할 수 없는 존재라는 사실을 발견하는 한 사내에 관한
얘기다. 그 밖의 수많은 영화들 역시 같은 진실을 설파하고 있다. 이
것들 다수가 근년에 제작되었다는 사실을 생각하면 마치 최근 들어

특히 사람들의 잠이 교란되기라도 한 것이 아닐까 하는 생각이 들 정도인데, 그 시의적절함과 의도성을 감안하면 마치 무의식적인 영화 '운동'의 일부가 되어버리지 않았나 하는 생각이 들 정도다. 내가 특히 염두에 두고 있는 작품들은 〈아메리칸 뷰티American Beauty〉, 〈파이트 클럽Fight Club〉, 〈다크 시티Dark City〉, 〈엑시스텐즈eXistenZ〉, 〈멀홀랜드 드라이브Mulholland Drive〉, 〈더 트루먼 쇼The Truman Show〉, 〈바닐라 스카이Vanilla Sky〉, 〈웨이킹 라이프Waking Life〉, 그리고 〈시몬Simone〉이다.

앨런 볼Alan Ball이 각본을 쓴 〈아메리칸 뷰티〉는 원망과 고립감으로 마비되고, 현대인의 삶이라는 중심이 없는 미로에서 길을 잃어버린 어떤 해체 가정의 이야기다. 케빈 스페이시가 연기하는 주인공은 아무래 애를 써도 소원해진 아내와 제대로 의사소통을 하지 못하고, 같은 집에 살고 있는 딸과도 대화하지 못한다. 그러던 중에 옆집으로 이사 온, 대마초를 파는 젊은 보헤미안 — 일상적인 세계에 깃든 본질적인 시각적 아름다움에 집착하는 그의 행동은 가히 지각知覺의 모험이라고 할 만한 것이다 — 을 알게 되고, 그 과정에서 심기일전해서 중산계급의 삭막한 삶에서 벗어나려고 결심한다. 주인공은 자신이 잠들어 있었으며, 에어컨과 푹신한 융단의 안락함에 빠진 나머지 외부와 완전히 차단된 인공적이고 비참한 삶을 몽유병 환자처럼 살아왔다는 사실을 깨닫는다. 각성한 사람에게는 선택의 가능성이 있으며, 살아 있는 매 순간 순간마다 거의 무한하게 많은 탈출 경로가 존재한다는 사실을 그는 망각하고 있었던 것이다.

데이비드 핀처David Fincher의 〈파이트 클럽〉에서 뭔가 진짜 경험을 하기를 희구하는 등장인물들은 불치병 치유 모임에 나가서 그들이 느끼지도 못하는 감정을 대리 체험하려고 한다. 그들은 그 정도로는 만족하지 못하고, 무딜 대로 무뎌진 감성을 일신하기 위해 '파이트 클럽'을 결성한다. 이 클럽은 보통 사람들끼리 몰래 만나 맨주먹으로 서로를 두들겨 팸으로써 단지 그런 대결이 가져다주는 '현실감'을 맛보기 위한 곳이었다. 영화는 이들이 소비주의와 기업의 경쟁문화로 인해 병들고, 가식과 스타 숭배와 공허한 오락으로 인해 아둔해진 사회의 산물임을 암시하고 있으며, 싸워서 극복해야 할 대상은 일종의 몽유병 내지는 최면 상태임을 당사자들도 자각하고 있다. 설령 죽도록 두들겨 맞더라도 말이다.

알렉스 프로야스^Alex Proyas 감독의 〈다크 시티〉는 일종의 누아르 판타지이자 영지주의적 우화이며(나는 감독 본인에게 이 영화는 영지주의적 우화가 아니냐고 물었고, 그는 그렇다고 대답했다), 끊임없이 변화하는 대도시 안에서 진실과 정체성을 찾아 헤매는 사내에 관한 이야기다. 주인공은 이 도시가 어떤 사악한 존재들이 불길하며 불가사의한 목적을 이루기 위해 만들어낸, 도시 모양을 한 살아 있는 무대임을 깨닫는다. 이 모든 것은 꿈일 수도 있고, 꿈이 아닐 수도 있지만 말이다.

데이비드 크로넨버그^David Cronenberg의 〈엑시스텐즈〉는 가상현실 비디오게임에 관한 이야기이며, SF 작가인 필립 K. 딕^Philip K. Dick의 영향을 받은 다른 수많은 영화처럼, 관객으로 하여금 어디서 현실이 끝나고 어디서 게임이 시작되는지를 되묻게 한다. 이 영화에서 환상과 현실은 필연적으로 중첩되며, 그 배경에서는 컬트를 방불케 하는 반쯤게임 혁명가들이 암약하고, 이 게임의 참가자들은 무엇이 현실인지를 자문한다. 만약 이 게임이 '게임 속의 게임'이라면….

데이비드 린치David Lynch의 〈멀홀랜드 드라이브〉는 자기 영혼 내지는 정체성을 로스앤젤레스라는 거대 도시가 내포한 사악한 힘들에 의해 도둑맞은 어떤 여배우에 관한 이야기이다. (LA의 영화 산업에서 일해본 경험이 있는 사람이라면 사악 운운하는 부분에 대해서는 굳이 설득할 필요조차 없으리라.) 자신의 진정한 본질을 찾기 위한 그녀의 불가사의한 여정은… 결국은 꿈이었던 것처럼 보인다.

〈트루먼 쇼〉의 주인공을 연기하는 짐 캐리Jim Carrey는 자신이 가짜 현실 속에서 살고 있다는 사실을 깨닫는다. 글자 그대로 현실 같은 무대를 마련해서 30년 가까이 그를 오락거리로 이용했던 사람들에게 속아서 말이다. 그는 세트장의 벽을 찾아내서 진짜 세계로 탈출하고, 대본과는 다르게 그가 실제로 사랑하게 된 여성을 찾아내야 한다.

캐머런 크로Cameron Crowe의 〈바닐라 스카이〉는 스페인의 스릴러 영화에서 영감을 얻었다. 이 영화의 영웅적인 주인공 톰 크루즈Tom Cruise는 그가 경험하는 악몽과도 같은 현실은 실은 날조된 것이며, 정교한 컴퓨터 애니메이션 정보를 극저온 냉동장치 내부에 보존된 그의 뇌를 향해 직접 전달하는 방식으로 만들어졌다는 사실을 점진적으로 깨닫는다. 그는 각성하는 쪽을 택하고, 어두운 미래의 진짜 세계를 직시한다. 냉동보관 회사가 그에게 제공한 몇 세기 분량의 개선된 꿈을 받아들이는 대신 말이다.

리처드 링클레이터Richard Linklater의 〈웨이킹 라이프〉는 종래의 영화 촬영 기법과 애니메이션을 완벽하게 융합시킨 혁신적인 걸작이다. 이 영화의 주인공이 경험하는 복잡한 꿈은 그가 꿈속에서 조우하는 잡다한 지적 이단아들과의 심오한 철학적 대화를 제공하는 것처럼 보인다. 그러나 그런 꿈에서 깨어났다고 확신할 때마다, 주인공은 자신이 또다시 꿈을 꾸고 있다는 사실을 깨닫는다.

앤드루 니콜Andrew Niccol의 〈시몬〉은 인간 배우들에게 절망한 영화감독이 컴퓨터로 '시몬'이라는 이상적인 미녀 배우를 만들어낸다는 내용의 코미디 영화다. 그녀는 위대한 여배우들의 최상의 특질을 모조리 갖추도록 프로그램된 존재이다. 관객은 그런 그녀와 사랑에 빠지고, 감독이 진상을 털어놓았을 때조차도 그녀가 현실 존재가 아니라는 사실을 받아들이기를 거부한다. 글로벌한 규모의 허상을 기꺼이 받아들이려고 하는 대중을 통렬하게 비꼬는 대목은 이 영화의 백미다.

최근 들어 현실 자체에 의문을 제기하는 내용의 영화들이 놀라울 정도로 많이 제작되었으며, 이것들 모두가 불길한 흑막과 산업화된 세계의 대중 의식에 만연한 일종의 몽유병적인 혼란의 존재를 시사하고 있다는 사실은, 현대인을 둘러싼 상황에 관한 일종의 합의에서 발생한 뚜렷한 문화적 흐름 — 설령 그것이 아무리 무계획적이라고 해도 — 을 형성하고 있는 것처럼 보인다. 〈매트릭스〉를 필두로, 그와 동일한 주제를 가진 그 많은 영화들을 통해서 도대체 우리는 스스로에게 무슨 얘기를 하고 싶은 걸까?

상술한 영화감독들은 구르지예프의 가르침에 관해 의도적으로 언급하고 있지는 않다. 아예 그를 모를 가능성조차 있지만, 어떤 측면에서는 그들 모두가 구르지예프의 몇몇 견해를 긍정하고 있는 것처럼 보인다. 예술가들은 스스로 지각한 인간의 조건을 표현하는 법이다. 그리고 그런 지각을 통해 이들 사이에서는 어떤 합의가 도출되고 있는 것처럼 보인다. 인류는 잠들어 있고, 기계적이며, 구속되어 있고, 파편화되어 있다는 합의가.

그러나 극작가 베케트나 여러 영화감독들과는 달리, 구르지예프는 우리에게 희망을 제공해준다. 암울한 현실에서 탈출할 수 있는 가능성을.

그리고 그런 '길'을 우리에게 보여주기 전에, 그는 그것을 자기 힘으로 직접 찾아내야 했다.

제2장

놀라운 사람을 만나다

사람이라는 이름으로 불릴 자격이 있고 하늘의 도움을 기대할 수
있는 존재란 자신에게 맡겨진 늑대와 양 둘 다를 온전히 보존할
능력이 있는 덕에 이미 그에 상응한 정보를 획득한 존재뿐이다.

— 구르지예프,

《놀라운 사람들과의 만남》에 인용된 고대의 격언

우스펜스키는《기적적인 것을 찾아서》에서 이렇게 술회하고 있다.

나는 검은 콧수염을 기르고 날카로운 눈매를 한 동양적인 용모
의 사내를 보았다. 나를 가장 놀라게 한 것은 이 사내가 이 장소
와 분위기에 전혀 어울리지 않는 변장을 하고 있다는 인상을 풍
긴다는 점이었다… 마치 인도의 귀족이나 아랍의 족장 같은 얼
굴로… 검은 외투와 벨벳 옷깃과 검은 중산모 차림으로 그 조촐
한 카페에 앉아 있는 모습은, 기이하고 뜻밖이며 거의 불안감을

유발할 정도로 어색하게 변장한 사내라는 느낌을 주었다.

캐스린 흄은 《발견되지 않은 땅》에서 이렇게 술회하고 있다. "우리는 그가 앉은 탁자 앞에 서서 그기 고개를 들기를 기다렸다. 그는 영겁처럼 느껴진 오랜 시간 동안 우리를 기다리게 했다가, 마침내 천천히 고개를 들더니 내가 그때까지 본 것 중 가장 아름다운 눈으로 나를 응시했다. 찌푸린, 조금 화난 눈빛이기는 했지만 말이다. 나는 말했다. '실례합니다, 무슈… 혹시 구르지예프 씨인가요?'"

W. P. 패터슨[Patterson]의 《밧줄의 여성들》*에서 솔리타 솔라노[Solita Solano]는 이렇게 말하고 있다. "반신반인과도 같은 인물을 상상하고 있었지만… 가무잡잡한 이 '기묘한' 사내에게서는 엄청나게 큰 눈과 강렬한 눈빛을 제외하면 그 어떤 비범함도 찾아볼 수 없었다…. 그는 내 옆자리에 앉아서 떠듬떠듬한 영어로 두 시간 동안이나 중얼거렸는데… 나는 그가 별로 마음에 들지 않는다는 결론을 내렸다. 그후 몇 년이 흘러갔다. 내가 비참함의 극에 달해 있던 1934년의 가을, 나는 내가 오랫동안 그를 다시 만날 날이 오기를 고대했으며 그가 나를 기다리고 있다는 사실을 갑자기 깨달았다."

A. L. 스테이블리는 《구르지예프의 추억》에서 이렇게 말하고 있다. "그의 주시注視가 우리를 향해 있다는 사실을 알 수 있었다. 우리들 각자에게 말이다. 그리고 그의 주시에는 그 무엇도 놓치지 않는,

---

* 1930년대에 구르지예프가 파리에서 가르치던 여성 수행자 그룹의 명칭이며, 실제로는 그냥 '밧줄'이라고 불렸다. 여기서 밧줄은 산악 등반 시의 밧줄처럼 서로를 끌어 올리고 보호하는 행위를 상징한다. 역주.

가차 없는 자애로움이 깃들어 있었다…. 우리는 그를 중심으로 둥글게 둘러앉아 예의 기묘한 고차高次 의식 상태에서 그에게 주목했다. 내 마음의 일부는 자유롭고, 경쾌해진 느낌조차 들었지만, 다른 일부는 이미 알고 있는 익숙하고 안전한 상태로 돌아가고 싶어서 꿈틀거리고, 몸부림치고 있었다고나 할까. 매우 불안한 느낌이었다. 모든 것이 예측 불가능했기 때문이다."

존 베넷John Bennett은 자서전인 《목격자》(Witness)에서 이렇게 술회했다.

구르지예프는 9시 반이나 되어서야 나타났다. 그는 전혀 당혹스러운 기색을 보이지 않고 그를 기다리고 있던 대공大公에게 튀르키예어로 인사했는데, 교양 있는 오스만 튀르크어와 상스러운 동방의 사투리를 뒤섞은 듯한 기묘한 악센트였다. 자기 소개를 했을 때 나는 일찍이 본 적이 없을 정도로 기묘한 눈을 마주 보고 있었다. 구르지예프의 눈은 너무나도 특이해서, 혹시 무슨 빛에 의한 착시 현상이 아닐까 하는 생각이 들었을 정도였다…. 그는 위로 한껏 말려올라간 길고 검은 콧수염을 기르고 있었고… 머리는 삭발한 상태였다. 키는 작았지만 아주 강건해 보이는 몸을 가지고 있었다…. 나는 구르지예프가 그를 만난 모든 사람에게 각기 전혀 다른 인상을 주는 특이한 성질을 가지고 있다는 사실을 깨달았다.

구르지예프는 실제로는 어떤 인물이었을까?

놀랄 정도로 희귀한 인물이었다고 해야 할 것이다. 그 누구와도 비교할 수 없는 인물이었다. 그의 수행 방식은 사람들을 불안하게 만들었고, 때로는 충격적이기까지 했다. 그가 영적 스승이었다는 점에는 거의 의심의 여지가 없지만, 그는 그런 특별한 성취를 이룬 극소수의 인물들 중에서도 지극히 특이한 유형의 인물이었다. 구르지예프는 지극히 세련된 유머 감각과 풍자 능력을 갖추고 있었다. 영적 스승이 유머를 다용하는 예가 아예 존재하지 않는 것은 아니지만, 구르지예프처럼 신랄한 아이러니를 구사하는 경우는 극히 드물다. 몇몇 사람들의 말에 의하면 그는 짜증스럽다 못해 사람의 속을 뒤집고 환장하게 만들 때가 있었지만, 대부분의 경우는 뚜렷한 이유가 있어서 의도적으로 그랬다고 믿을 만한 충분한 증거가 있다. 그는 진정한 고차원의 '트릭스터trickster'*였다. (물론 그도 인간인 이상 다른 사람에게 실수를 하는 경우가 전혀 없다고는 할 수 없었다.) 구르지예프는 온갖 모순을 포용하는 존재였다. 익살맞았고, 아낌없이 관대했고, 가차 없이 실용적이었으며, 본인이 원할 때는 상스러워질 수도 있었고… 그와 동시에 지적인 거인이기도 했다. 곧잘 제자들을 닦아세우는 것처럼 보일 때도 자주 있었고, 그럴 때는 그들이 프랑스어로 메르드merde, 즉 '똥'이나 다름없는 저급한 존재라는 사실을 대놓고 알리는 일도 주저하지 않았다. 왜냐하면 그들은 꿈속에서 살면서 아무생각도 없이 흐느적거리고, 악취를 풍기며 삶을 허비하고 있었기 때문이다. 그러면서도 그는 상상을 초월할 정도로 상냥해질 수도 있

---

* 도덕이나 관습을 무시하는 장난꾸러기 존재들의 총칭으로, 각종 신화와 민담에서 보인다. 상당한 수준의 지성과 비전적 앎을 갖추고 있으며 이를 활용해 평범한 관습적 행위나 규칙을 깨버린다. 역주.

었다. 구르지예프는 지극히 경건했던 동시에 극악할 정도로 불손했다. 엄청나게 긍휼할 수도 있었고, 그럴 때는 긍휼심을 전신에서 글자 그대로 '발산하는(emanate)' 것처럼 보였다고 한다. 그는 전 세계를 누빈 여행가였고, 작곡가였고, 안무가였고, (필요할 경우에는) 유능한 비즈니스맨이었고, 치유가였다. 《놀라운 사람들과의 만남》과, 비견할 책이 없을 정도로 위대한 《비엘제붑이 손자에게 들려주는 이야기》를 쓴 저술가이기도 했다. 방대한 우화적 신화 구조를 갖춘 후자는 완전히 독자적인 문학 형태라고 할 수 있다. (그가 아니라면 누가 그런 책을 쓸 엄두를 냈을까!) 구르지예프는 '음식'에 관해서도 독자적인 관점을 가지고 있었다. 그는 일용할 양식이라는 맥락에서의 음식조차도 우주와 세계에 의식적으로 참여하는 방식 중 하나로 보았고, 요리에 관해서는 거의 은비학적인 지식을 가지고 있었다. 음식을 먹는 것도 좋아했는데, 좀 과하게 그러는 경우도 있었다. 아르마냑(프랑스 가스코뉴산 브랜디의 일종)과 페퍼 보드카(고추 등의 향신료를 담근 보드카)도 즐겨 마셨는데, 위대한 현자이지만 명백하게 속물적이었던 크리슈나무르티Krishnamurti는 구르지예프를 만난 뒤에 콧방귀를 뀌며 이렇게 말했다고 한다. "세상에, '담배'를 피우더라고!"

이 모든 대조적인 특징들이, 구르지예프라는 지극히 개성적인 인물 내부에서 어떤 식으로든 조화를 이뤘던 것이다.

구르지예프라는 성은 그가 태어났을 때 주어졌던 그리스 성인 기오르기아데스Giorgiades의 러시아어 변형이다. 러시아어로 그의 정식 성명은 게오르기 이바노비치 구르지예프였다. 제자인 토마스 드 하트만에 의하면 구르지예프의 그룹에 있던 러시아인들은 그들에게 익숙한 게오르기바니치Georgeivanich라는 이름으로 그를 불렀다고 한다.

구르지예프의 생년월일에 관해서는 여러 설이 있지만, 구르지예프 본인의 말에 의하면 1866년 1월 13일이고, 적어도 여권 하나에 의하면 이것은 사실이다. (그는 모순된 정보가 적힌 여권을 수도 없이 가지고 있었다!) 젊은 시절 일어났던 역사적 사건에 대한 구르지예프 자신의 술회도 이 주장에 무게를 실어주는 대목이다. 다른 문헌들에 의하면 그보다 몇 년 뒤에 태어났다는 설도 있는데, 이런 사실은 구르지예프의 삶을 둘러싼 수많은 불확실성의 한 예이기도 하다.

그러나 반쯤은 자전적인 《놀라운 사람들과의 만남》의 내용은 아마 사실과 비유가 뒤섞여 있음에도 불구하고 진실성이 담겨 있으며, 특히 어린 시절에 관해서는 사실을 있는 그대로 묘사했다는 인상을 준다. 그런 연유로 지금부터 이 기록과, 그의 삶에 관해 나보다 더 자세히 연구한 전기 작가들과 제자들이 남긴 기록을 토대로 그의 생애를 열거해보겠다.

구르지예프는 러시아인들과 아르메니아인들이 모여 사는 작은 도시인 알렉산드로폴Alexandropol에서 다수의 소와 양을 소유한 부유한 목축업자이자 그리스인인 요아나스 기오르기아데스Ioannas Giorgiades의 아들로 태어났다. 구르지예프의 어머니는 아르메니아인이었다. 그가 맏아들이었고, 아래로는 여동생 안나 이바노브나Anna Ivanovna와 소피 이바노브나Sophie Ivanovna, 그리고 남동생인 드미트리Dmitri가 있었다.

알렉산드로폴은 국경 수비대가 주둔하는 도시였고, 구르지예프의 전기 작가인 제임스 무어 James Moore 가 쓴 《구르지예프: 신화의 해부》에 의하면, "튀르키예와 러시아 사이의 국경을 방어하기 위한 도시였으며, 높게 쌓은 성벽과 보루와 포대들은 아득한 옛날부터 내려오는 분쟁과 전쟁과 강제 이주의 기억을 떠올리게 하는" 것이었다.

병력 주둔과 병력 이동이 일상다반사였던 알렉산드로폴과 튀르키예의 국경 도시 카르스 Kars 사이에서 벌어진 튀르키예와 러시아의 분쟁은 어린 구르지예프에게 큰 인상을 남겼을 것이다. 자신의 세상이 '포위당한' 듯한 느낌을 받았어도 이상할 것이 없고, 나중에 어른이 되어 직접 목격한 무력 분쟁은 이런 인상을 한층 더 강화했다.

기오르기아데스 가※는 가부장적인 가문이었고, 아마 이 지역의 전통이었겠지만 구르지예프의 아버지는 단순한 목축업자가 아니라 영웅담과 전설을 구전하는 전통적 음유시인인 아쇼크 ashok 의 일원으로 여가 시간을 보내기도 했다. 구르지예프는 셰에라자드 Scheherazade 가 들려주는 《천일야화》 이야기를 자주 인용하곤 했는데, 그중 일부는 그의 아버지에게서 처음 들었던 것이 틀림없다. 그는 길가메시 Gilgamesh 영웅담과 전설상의 현자인 나스레딘 Nassr-Eddin 이야기 ― 구르지예프는 훗날 새로운 나스레딘 이야기를 몸소 창작하기까지 했다 ― 를 들었고, 절름발이 목수이자 천재 발명가인 무스타파 Mustapha 이야기도 많이 들었다. 특히 무스타파 이야기는 충분한 독창성만 있으면 어떤 문제든 간에 적극적인 해결법을 찾아낼 수 있다는 믿음을 어린 구르지예프의 마음에 심어놓았고, 훗날 이것은 방랑하는 진리의 탐구자 구르지예프를 규정하는 특성으로까지 승화된다.

《놀라운 사람들과의 만남》에 의하면 아버지는 어린 아들에게 아들이 두려워하는 생물들을 손으로 만질 것을 강요했다고 한다. 그의 아내나 딸들은 질겁했지만, 지렁이나 그 밖의 벌레들을 아들의 침대에 가져다놓음으로써 혐오스러운 생물에 대한 '면역력'을 길러주려고까지 했다. 아마 자기 뒤를 이을 맏아들 게오르기를 강해지도록 단련하려는 목적이었으리라. 어린아이들이 가장 꿀잠에 빠져 있는 시간인 꼭두새벽에 아들을 두들겨 깨우는 일도 다반사였다. 캅카스 지방의 혹독한 겨울 날씨에도 불구하고 아버지는 어린 구르지예프더러 집 밖으로 나가서 옷을 벗고 우물에서 찬물을 뒤집어쓰라고 명령했고, 그런 다음에는 차가운 새벽 공기 속에서 벌거벗은 채로 맨발로 달리게 했다. 만약 그런 명령에 반항했다면?《놀라운 사람들과의 만남》에 의하면, 아버지는 평소 지극히 다정다감하게 아들을 사랑했음에도 가차 없이 벌을 내리곤 했다. "훗날 나는 그런 아버지를 회고하며 전심전력으로 그에게 감사하곤 했다. 그런 혹독한 단련을 받지 않았더라면, 내가 나중에 전 세계를 여행하며 마주쳤던 온갖 장애물과 난관을 결코 극복하지 못했을 터이기 때문이다."

어린 게오르기는 곧 아버지의 본을 받아들여 맨몸에 와 닿는 차가운 새벽 공기보다 훨씬 더 큰 난관을 극복할 수 있는 올바른 방법을 터득했다. 그러나 게오르기가 일곱 살이었을 때 기오르기아데스 가족은 더 복잡한 난관에 봉착했다. 가축 전염병이 기오르기아데스 가의 가축들을 단 한 마리도 남기지 않고 전멸시켜버렸던 것이다. 구르지예프의 아버지는 전통 방식에 따라 동료들의 가축들까지 함께 방목하고 있었으므로, 그는 동료들의 죽은 가축들까지 변상해야 할 처지에 놓였다. 구르지예프의 아버지는 워낙 정직한 사내였기 때문에 저축한 돈과 그 밖의 재산까지 모두 팔아서 그 비용을 댔다. 그 결과 기오르기아데스 가족은 극빈 상황으로까지 몰렸다.

그러자 요아나스 기오르기아데스는 고개를 세차게 젓고, 심호흡을 한 뒤에 그나마 남아 있었던 마지막 재산까지 팔아치웠고, 그 돈으로 목공소를 열었다.

기오르기아데스 가족은 근사한 저택에서 그보다 훨씬 더 누추한 집으로 이사했다. 기오르기아데스는 인심이 후하기로는 비할 사람이 없었지만 장사 수완은 별 볼 일 없었다. 목재소는 파리를 날렸고, 이따금 들어오는 조각 의뢰나 목수 일로 근근이 생계를 유지할 수 있는 정도였다.

게오르기 기오르기아데스, 즉 어린 시절의 구르지예프는 또래 아이들과 마찬가지로 장난치기를 좋아하는 말썽꾸러기였다. 하지만 그는 피붙이들과 매우 가까웠고, 특히 할머니가 임종 시에 한 충고는 그에게 강렬한 — 아마 영속적인 — 영향을 끼쳤다. 그녀는 손자에게 이렇게 말했다고 한다. "앞으로 살아가면서 절대로 다른 사람들처럼 살지 말아라. 학교 다니는 것 빼고는 아무 일도 하지 말든지, 아니면 아무도 하지 않는 일을 하렴."

장례식에서 어린 구르지예프는 이 충고를 그대로 실행에 옮겼다. 생뚱맞은 노래를 부르며 할머니의 무덤 주위에서 춤을 췄던 것이다. 다른 문상객들이 이런 태도를 좋게 보았을 리 만무하지만, 이 행동이야말로 훗날 일종의 영적인 급진주의로 발전하게 될 특유의 비정통적인 태도의 첫 번째 걸음이자, 위대한 상징적 소설인 《비엘제붑이 손자에게 들려주는 이야기》의 주인공인 비엘제붑*의 조형으로 이어지는 단초였을지도 모른다. 구르지예프는 악마주의자가 아니었지만, 통상적인 흐름을 거슬러 올라감으로써 마치 중력을 거스르듯이 말도 안 되게 높은 곳으로 흘러가는 '또 다른 강'으로 향할 운명이었다. 구르지예프는 악마적이진 않더라도 옛 속담에서 인간이 '양'과 더불어 내포하고 있는 '늑대'의 에너지를 체화한 듯한 강력한 의지력으로 스스로의 삶을 일궈나갔다.

1877년에 러시아 황제(차르)인 니콜라이 2세Tsar Nicholas Ⅱ는 악명높은, '저주받은' 술탄 압둘하미드 2세Abdul Hamid Ⅱ의 군세에 대항하기 위해 기독교도인 아르메니아인 장군 로리스-밀리코프Loris-Melikov가 지휘하는 군을 파견했다. 6개월 후, 알렉산드로폴의 교회 종들이 일제히 울리며 튀르키예군의 패퇴를 축하했다. 차르의 군대는 산지의 오래된 도시 카르스를 함락시키고 다시 러시아 제국의 일부로 편입시키는 데 성공했다.

구르지예프의 삼촌은 카르스에서 장사를 하고 있었다. 알렉산드로폴에서는 더 이상 먹고 살기 힘들겠다고 판단한 기오르기아데스 일가는 수복된 카르스에서 새 출발을 하려는 희망을 품고 길에 나선 다언어多言語 빈민들의 무리에 합류했다. 이들 중 기독교도인을 자처하는 사람들의 비율이 갑자기 불어난 것은 말할 나위도 없다.

당시 열한 살 소년이었던 구르지예프는 춥고 황량한 고산지대의

---

* 비엘제붑Beelzebub 또는 바알제붑은 옛 팔레스타인 지방의 오래된 신 이름이며, 구약 및 신약 성서에서는 유대인들의 적인 필리스틴(블레셋) 인들의 거짓된 신이자 악마, 마귀들의 수장으로 곧잘 언급되는 존재다. 베엘제불Beelzebul이나 벨제뷔트Belzebuth라고 표기되기도 한다. 역주.

십자로로 쏟아져 들어온 사람들의 다채로운 민족 구성에 매료되었
다. 그러나 카르스로 왔어도 물질적으로는 크게 나아진 것이 없었
다. 셋째 여동생이 태어나면서 식솔이 한 명 더 늘어난 데다가, 카르
스에서도 장사로 먹고살기 빠듯한 것은 매한가지였기 때문이다.

어린 구르지예프는 러시아 정부가 세운 공립 학교에 입학했지만
워낙 머리가 비상했던 덕에 공부는 식은 죽 먹기나 마찬가지였다.
그는 남는 시간에 가장인 아버지의 목수 일을 돕는 한편, 직접 만든
필통과 장난감 따위를 학우들에게 팔아서 가계에 보탰다.

구르지예프의 《놀라운 사람들과의 만남》*은 실제로 놀라운 사람
들을 중심으로 구성되어 있다. 그 점을 제외하면 딱히 일관된 구조
는 없고, 순차적이지도 않다. 이 책에서 구르지예프가 예로 든 놀라
운 사람들은 모두 '뭔가 특별한 것'을 가지고 있거나 발견한 사람들
이다. 그런 특별한 것들은 구르지예프 내부에서 진실의 한 측면으로
서 확고하게 응집되었고, 결국 그는 친구들과 동료들로 이루어진 수
행 그룹을 이끌고 문제의 진실을 적극적으로 찾아나서게 된다. '진
리의 탐구자들'(the Seekers of Truth)이라고 명명된 이 그룹은 숨겨진
지식을 찾기를 갈망하는 사람들로 이루어진 느슨한 조직이었고, 구
성원들은 각자의 자산과 정보를 한데 모으는 식으로 협력하며 때로
는 원정대를 구성해서 오지 여행에 나서곤 했다.

---

* 사실 이 책은 '만물 일체'(All and Everything)라고 명명된 장대한 3부작 중 두 번째 책에 해당한다. 첫
번째는 《비엘제붑이 손자에게 들려주는 이야기》, 세 번째는 《삶이란 오직 '내가 나'일 때만 진정한 것
이 된다》이다.

　구르지예프는 고대와 현대의 책을 가리지 않고 섭렵한 다독가였던 데다가 여러 성지를 직접 방문하기도 했지만, 그가 원하는 진정한 이해를 얻기 위해서 상술한 '특별한 것'을 가진 사람들, 즉 자기 자신의 이런저런 측면을 어떤 식으로든 발달시킨 사람들을 직접 만나는 쪽을 택했다. 책에 무슨 지식이 실려 있든 간에, 지식 이상의 무언가를 얻으려면 반드시 사람을 통해야 한다는 신념을 따랐다고나 할까. 구르지예프의 아버지를 예로 들자면, 전통적인 의미의 교육은 받지 않았어도 부분적으로는 아쇼크 구전 시인의 원초적인 (때로는 대홍수 이전으로까지 거슬러 올라가는) 영창咏唱에서 솎아낸 지혜를 알고 있었을 뿐만 아니라, 힘든 시절에 한층 더 빛을 발하는 뭔가 '특별한 것'을 지니고 있었다. "나는 아버지의 모든 언행에 깃들어 있었던 장엄하기까지 한 침착함과 초연함을 아직도 기억한다. 잇따른 불행을 겪으면서도… 그는 낙담하지 않았고, 그 어떤 것에도 연연하지 않았으며, 내적으로도 언제나 자유롭고 자연스러운 평소의 자신을 유지하고 있었다."

　이런 내적 상태, 무슨 일이 일어나든 간에 초연하면서도 자유로운 이런 태도는 구르지예프 아버지의 개인성의 고유한 특성이었고, 아들인 구르지예프도 자기 내면에 존재하는 그것을 느끼고 있었다. 이런 태도는 구르지예프 본인의 일부가 되었고, 궁극적으로는 그의 가르침의 일부가 되었다.

　구르지예프 본인은 자기 아버지에 관해 얘기할 때 이 '개인성(individuality)'이라는 표현을 특정한 방식으로 사용하고 있다. 개인성이란 구르지예프에게는 특별한 성질이었다. 그가 말하는 개인성이란 아인 랜드$^{Ayn\ Rand}$*의 이기적인 개인주의가 아니라 우주적 맥락에서 바라본 개인성을 의미하며, 인간이 본래 의도된 대로의 삶을 충족하는 것을 가리킨다. 영적으로 구체적인 설명은 주어지지 않았지만, 이런 목표를 달성하기 위해서는 수행자는 가면을 벗고 '본질'을 드러낼 것을 요구받는다. (물론 적절한 목적을 위해 의도적으로 쓰는 가면은 예외이다.) 구르지예프는 아버지의 타고난 본질과, 그것에 수반된 완전히 계발된 개인성에 큰 감명을 받았다. 훗날 그가 만난 놀라운 사람들이 내포한 개인성에 감명을 받았던 것처럼 말이다.

그러나 구르지예프는 인간의 좀더 신비적인 성질 쪽에도 관심이 있었다. 카르스로 이사했던 시기에 그는 카르파티아^{Carpathia} 집시 가족을 따라다니며 한 주 가까이 가출했다가 아버지에게 혼이 난 적이 있었다. 그가 가출한 이유는 멋진 말들을 몰며 마음 내키는 대로 살아가는 집시들의 자유로운 삶에 매료되었기 때문이지만, 그와 동시에 눈에 보이지 않는 것을 '보는' 일종의 영능력을 계발한 집시들에게 큰 호기심을 느꼈기 때문이었다. 소년 시절부터 이미 신비적이고, '초자연적'이라고 불리는 것들에 끌리고 있었던 것이다.

《놀라운 사람들과의 만남》에 의하면 어린 게오르기는 이따금 아버지를 따라 아쇼크 음유시인들의 경연에 갔다고 한다. 이 음유시인들은 튀르키예와 페르시아 같은 먼 지역뿐만 아니라 그보다 더 먼 캅카스나 투르키스탄에서 와서 시를 짓고 민화와 전설을 암송하는 솜씨를 피력했다. 구르지예프의 아버지와 마찬가지로 아쇼크들

---

* 러시아 출신 미국 작가, 극작가, 철학자. 극단적인 개인주의와 자유를 옹호하는 자유의지주의 (libertarianism) 우파의 형성에 큰 영향을 끼쳤다. 역주.

은 "현대인의 눈에는 놀랍고 경탄스럽게 보일 정도의 기억력과 기민한 마음"을 가지고 있었다. 경연에 참가한 음유시인이 영적 또는 철학적인 질문이나 고대 전승의 상징에 관한 질문을 글자 그대로 '노래하면', 다른 시인이 뒤르크-나타르의 공통 언어로 지은 즉흥시로 그에 대답하는 식이었다. 이런 경연은 며칠에서 몇 주까지 계속되었고, 뛰어난 시인에게는 상으로 가축이나 양탄자나 그 밖의 귀중품들이 주어졌다. 피터 브룩 감독의 어떤 영화에는 바로 그런 식의 경연을 인상적으로 극화한 장면이 있는데, 이 장면에는 현재는 거의 사라져버린 이 예술 형태를 통해 태곳적부터 내려오는 무엇인가를 감지하고 거의 외경심에 가까운 감정을 느끼는 젊은 구르지예프의 모습이 담겨 있다.

고향에서 구르지예프의 아버지는 카르스 주위에서 열리는 집회로 종종 초대되어 사람들에게 옛날애기를 해주고 길가메시 영웅담을 포함한 태곳적 전설을 읊어주곤 했다. 길가메시 이야기는 《놀라운 사람들과의 만남》에서 이렇게 인용된다.

길가메시여, 지금부터 말해주마.

신들의 슬픈 비밀에 관해.

그들이 과거에 한곳에 모여서,

어떻게 슈루팍Shuruppak의 땅에 홍수를 내리려고 결심했는지를…

그런 다음 시인은 우바라-투트Ubara-Tut라는 인물이 신의 명령을 받는 광경을 묘사하고 있다. "배를 한 척 건조해서 친지들을 태우고,

네가 원하는 새와 짐승들도 함께 실으라…."

구르지예프의 아버지는 이 전설은 수메르인들의 것이고 아마 구약성서의 대홍수 이야기의 기원이며, 우바라-투트는 구약성서의 등장인물인 노아의 기반이 되었다고 믿고 있었다.

구약성서의 대홍수 이야기는 성서보다 훨씬 더 오래된 것이며, 아틀란티스는 실제로 존재했고, 태곳적에는 이마스툰Imastun 결사라고 불리는 현자와 점성술사의 집단이 지구 전체를 돌아다니며 "각기 다른 장소에서 천공天空의 현상을 관찰하고" 트랜스 상태에 빠진 무녀巫女(pythoness)들을 통해 서로와의 텔레파시적 접촉을 유지했다는 이야기를 구르지예프는 아버지에게서 직접 들었다…. 이런 다채로운 단서들이 훗날 구르지예프가 확신한 사실 ― 고대인들 일부는 역사에서 사라진 위대한 비밀 지식을 가지고 있었다는 ― 의 실마리가 되었다는 점을 추측하는 것은 힘들지 않다. 그리고 그런 이야기를 들으면서 구르지예프의 내부에서는 장래의 위대한 목표가 어렴풋하게나마 형태를 갖추기 시작했을지도 모른다. 그런 태곳적의 비밀, 대홍수에 잠겨버리고 '인간의 추락'에 의해 소실된 위대한 지식의 잔재를 찾아내는 것은 가능하며, 그것을 하나의 통합된 지식으로 짜맞추면 비밀 속의 비밀, 비전秘傳 속의 비전을 찾아내는 것이 가능하다는 신념 말이다.

현대의 학자들 다수도 교육을 받지 못했던 목축업자이자 목수였던 구르지예프의 의견 ― 길가메시 신화는 구약성서의 대홍수 이야기의 씨앗이 되었다는 ― 에 동의할 것이다. 그러나 딘 보르시Dean

Borsh라는 인물은 이 의견에 동의하지 않았다. 당연했다. 요아나스 기오르기아데스의 좋은 친구이기도 했던 그는 사제, 그것도 카르스의 군 성당의 주임 사제였고, 현지의 러시아 정교회에서는 가장 고위의 성직자였기 때문이다.

70세에 달한 보르시 신부는 호리호리하고 섬약했지만 이런 외견 뒤에는 상당한 영적 능력을 갖춘 인물이 자리 잡고 있었다. 주임 사제는 넉넉한 보수를 받으므로 호화롭고 안락한 거처에 살 수도 있었지만, 휘하의 사제들과는 달리 그는 성당 안에 있는 검소한 방에서 사는 쪽을 택했다. 보르시 신부는 모든 여가 시간을 천문학과 화학과 의학을 위시한 과학 연구와 음악, 특히 성가聖歌를 작곡하는 데 할애했는데, 구르지예프에 의하면 보르시의 성가는 러시아 정교회의 고전이 되었다고 한다.

보르시 신부는 친구인 기오르기아데스의 누추한 집을 방문해서 몇 시간 동안이나 토론과 추측을 즐기곤 했다. 보르시는 친구의 맏아들인 게오르기에게서 격려할 가치가 있는 특출한 재능을 보았고, 구르지예프의 개인적인 교사들 중 한 명이 되었다. 보르시는 어린 구르지예프가 아주 훌륭한 목소리 — 구르지예프가 골초가 되기 전의 일이다 — 를 가지고 있다는 사실을 알아차렸을 수도 있다. 얼마 지나지 않아 게오르기 기오르기아데스는 카르스 성당 소년 성가대의 명예로운 일원으로 받아들여졌기 때문이다.

이따금 철학적인 측면에서 의견이 충돌할 때도 있었지만, 보르시 신부와 구르지예프의 아버지는 막역한 친구 사이였다. 이 사실은 특히 흥미로운데, 구르지예프의 아버지는 대다수의 성직자는 아무 쓸모도 없는 밥도둑이라고 확신하고 있었고, '사제복은 그걸 입은 멍청이를 감추기 위한 것'이라는 지론을 가지고 있었기 때문이다. "신앙을 잃고 싶거든 신부와 사귀는 게 가장 빠르다"고까지 공언했을 정도였다.

현지 사제들의 우두머리가 왜 이런 투덜이 회의주의자의 산속 목공소까지 찾아와서 몇 시간이나 머무르곤 했던 것일까? 보르시 신부가 계속 찾아온 것을 감안하면 구르지예프의 아버지에게는 뭔가 범상치 않은 점이 있었던 것이 틀림없다.

그리고 그런 범상치 않은 점을 인정하고, 천직인 성직자의 편견을 초월하면서까지 그랬던 보르시 본인도 구르지예프가 말하는 '놀라운 사람들' 중 한 명이었으리라. 이런 사실을 감안하면, 우주가 언젠가 구르지예프의 몫이 될 임무에 '필수적인 정보'를 내려주기 위해 어린 시절의 그에게 보르시를 보낸 것이 아닐까 하는 상상을 하지 않을 수가 없을 정도다.

보르시 신부는 목회자는 모름지기 자신이 맡은 어린 양들의 몸과 영혼 양쪽을 돌봐줘야 한다는 신념의 소유자였다. 그런고로 사제는 의사여야 했다. 그리고 의사가 환자를 정말로 도우려면 환자의 영혼을 들여다볼 수 있는 수단을 가지고 있어야 한다는 것이 그의 지론이었다. 따라서 사제는 그가 맡은 교구의 주민들이 어떤 육체적인 질병에 시달리는지도 알고 있어야 했다. 그리고 보르시는 구르지예프에게서 완벽한 사제가 될 수 있는 잠재력을 보았다. 구르지예프는 과학적인 분석력과 영적인 예민함을 겸비하고 있는 젊은이였기 때문이다. 사실 구르지예프가 훗날 사람들의 몸과 영혼을 치유하는 일에 나섰다는 사실을 감안하면 놀라운 통찰력이라고 할 수 있다. 구르지예프는 훗날 여기에 세 번째 요소인 마음을 덧붙인다. 나중에도 언급하겠지만 구르지예프는 인간에게는 '세 개의 머리'가 있으며, 그런고로 '세 개의 중심을 가진 존재'라고 보았기 때문이다. 세 가지 중심이란 지적 중심, 본능적-동적(육체적) 중심, 그리고 감정적 중심을 가리킨다. 이 세 범주는 각기 다른 뚜렷한 기능들로 분할될 수 있지만, 이 세 중심 사이의 상호 작용이 조화를 이루지 않는다면 인간은 불완전하고, 생득적으로 가능한 발전을 이룰 수도 없다. 보르시 신부와 마찬가지로 구르지예프는 인간이 더 높은 상태로 오르기 위해서는 '완전성'이 필요하다는 점을 강조했다.

정교회 신부라는 신분에 어울리지 않게 보르시는 기독교가 성립하기 이전에 살았던 현자들에 의해 밝혀진 고대의 '위대한 법칙'(Great Laws)의 신봉자였다. 이런 위대한 지식의 한 예로 인간의 '유형(types)'을 바탕으로 결혼하게 될 남녀 사이의 궁합을 점치는 기술이 있는데, 이 고대의 지혜에 반쯤해 혼인 관계를 맺는 남녀는 늦든 빠르든 파국을 맞게 된다는 식이다.

보르시 신부가 어린 구르지예프에게 정교회의 전통적인 신비적 지식을 부여했는지의 여부는 알려져 있지 않다. 이 지식은 마음의 기도인 '헤시카즘hesychasm'을 중심으로 이루어지며, 수행자는 마음속 깊은 곳에서 이 기도문을 만트라처럼 되풀이해 읊고, 마음의 중심을 열고 신적인 충동에 대한 특수한 '감수성'을 함양한다. 구르지예프는 보르시 신부를 위시한 다른 신비주의자들로부터 이 수행법을 터득했을 공산이 크다. 훗날 그는 그리스의 아토스Athos 산에 있는 동방 정교회의 수도원에 원류를 둔 헤시카즘파의 수행법에 대해 자세히 언급했기 때문이다.

어린 게오르기에게 '통마늘 대가리'라는 애칭을 붙여주고, 그의 특출난 장래성을 감안해서 학교를 그만두고 자신과 다른 사제들에게 개인 교습을 받도록 주선한 사람은 다름 아닌 보르시 신부였다. 이것은 당시에도 매우 특별한 처우였으므로, 보르시가 어린 구르지예프에게서 뭔가 범상치 않은 재능을 감지한 것은 틀림없다.

기적적인 것들의 편린을 엿보다

10대 시절의 구르지예프는 어디를 둘러보든 눈에 들어오는 세계의 이분법적인 양상에 거의 편집증적으로 집착하고 있었다. 어떤 사람들은 기독교 정교회야말로 궁극적인 진실을 가지고 있다고 주장했지만, 그의 주위에는 이슬람을 위시한 다른 종교들도 많았고, 그것들 모두가 정교회와는 상반되는 자기들만의 '궁극적인 진실'을 가지고 있었기 때문이다. 그렇다면 정교회 신자들의 주장을 단지 동포라는 이유 하나만으로 믿어야 할까?

구르지예프는 세계와 자연과 삶의 의미에 관해서 통상적인 교육을 받기는 했다. 그와 동시에, 그런 것과는 상반되는 해석들이 있다는 사실을 아버지와 보르시 신부와 자체적인 관찰을 통해 알고 있었지만 말이다.

그런고로, 신과 삶의 의미에 관해서 온갖 모순된 주장이 횡행한다는 사실은 일찌감치 깨닫고 있었다. 특히 삶에 대해서는 모든 사람의 주장이 달랐다. 이를테면 사후의 생에 관해 정교회 사제들에게 질문하면 죽은 사람의 영혼은 천국이나 지옥으로 보내어진다는 답을 얻었다. 그러나 과학자에게 같은 질문을 하면 영혼 따위는 존재하지 않는다는 대답이 돌아왔다. 정작 구르지예프가 강령술 시연회에서 직접 목격한 것은 그 어느 쪽에도 해당하지 않는 현상이었다. (그러나 구르지예프는 심령주의를 신봉하지는 않았고, 《비엘제붑이 손자에게 들려주는 이야기》에서는 강령술을 조롱하기까지 한다.) 구르지예프가 정말로 좋아하던 할머니가 세상을 뜬 지 얼마 되지도 않아 사랑하는 맏누이까지 죽은 탓에, 죽음이라는 거대한 의문은 그의 마음을 잡고 놓아주지 않았다.

《놀라운 사람들과의 만남》에 의하면 1882년 구르지예프는 야수처럼 킁킁거리며 먹잇감을 찾아 헤매는 '혼돈'에 너무나도 가까이 간 탓에 죽음이라는 의문에 대한 해답을 너무 일찍 얻을 뻔했다고 한다. 당시 그는 친구들과 함께 과자를 먹고 노닥거리려고 종탑으로 갔다. 10대 특유의 깃털처럼 무의미하면서도 바위처럼 무거운 대화를 나누기 위해서 말이다. 카르펜코Karpenko라는 친구도 함께였다. 카르펜코는 하필 구르지예프가 좋아하던 소녀와 사랑에 빠져 있었다. 문제의 소녀는 내숭스러운 태도로 두 소년을 대했고, 이들 사이의 경쟁을 은근히 부추겼다. 이런 상황은 두 소년 사이의 노골적인 다툼으로 이어졌고, 결국 그들은 그 나이대에만 가능한 부조리한 낭만에 도취된 나머지 목숨을 건 결투만이 유일한 해결책이라는 결론에 도달했다. 하지만 어떤 결투를 해야 할까? 동무 하나가 위험을 무릅쓸 수 있는 용기를 증명해 보이면 어떻겠냐고 제안했다. 근처에 군의 포 사격장 하나가 있었는데, 소년들은 가끔 그곳에서 포탄 탄

피를 주워와서 고물상에게 팔곤 했다. 결투를 할 소년들이 그곳으로 가서 포탄 구덩이 안에서 함께 누워 몸을 숨기고, 포격이 시작되는 것을 기다리면 어떨까? 마지막에 살아남는 쪽이 그 소녀를 차지하기로 하고, 모든 것을 운명에 맡기는 것이다.

두 소년은 기꺼이 이 제안에 찬동했다. 젊은 카르펜코와 구르지예프는 동트기 직전의 야음을 틈타 차이Chai 강가의 포 사격장으로 숨어들었고, 포탄 구덩이 안에 나란히 누워서 기다렸다. 이윽고 포격이 시작되었고, 표적에 미치지 못한 포탄들이 그들 주위에서 잇달아 터지기 시작했다.

겨우 10대 중반밖에 안 되는 소년이 억지로 용기를 내서 포 사격장에 누워 있는 광경을 상상해보라. 주위에서 잇달아 작렬하며 지축을 뒤흔드는 포탄이 만약 한 발이라도 근처에 떨어진다면 소년은 시뻘건 고깃덩어리가 될 운명이었다. 우레 같은 폭발의 화염과 코를 찌르는 화약과 연기 냄새…. 포격은 끊임없이 계속되며 급기야는 온 사방을 삼켰고, 운명의 포탄은 언제라도 그를 포착할 수 있었다….

최초의 망연자실함이 스러지자 젊은 구르지예프는 공포와 이 자리에서 움직이지 않음으로써 스스로의 용기를 증명하고 싶다는 욕구 사이의 '논리적인 대립'이 불러일으킨 격렬한 갈등을 맛보았다. 그는 이 두 감정이 서로에게 반발하다가 이윽고 그의 내부에서 하나로 섞이는 것처럼 느꼈다. 그 결과, 단 몇 분 동안에 1년치는 족히 될 온갖 상념과 경험을 경험했다고 구르지예프는 술회했다. 내면의 이런 격렬한 갈등은 '나라는 존재 전체의 감각'을 수반하고 있었다. 그러자 이 극렬한 인식의 당사자인 자기 자신이 지금 존재의 위기에 처해 있고, 곧 소멸해버릴지도 모른다는 자각이 몰려왔다.

곧 이런 엄청난 심적 부담은 체념으로 바뀌었고… 급기야는 잠이 찾아왔다. 잠에서 깨어나 보니 포 사격은 끝나 있었고, 구르지예프는 멀쩡했다. 그러나 그의 라이벌은 꼼짝도 안 하고 누워 있었다. 한순간 가슴이 철렁했지만, 카르펜코는 부상을 입기는 했어도 살아 있었다. 그와 친구들은 다친 소년을 외과의사에게 데려가준 다음 귀가했다.

병원 침대에서 눈을 뜬 카르펜코는 주위를 둘러보았고, 구르지예프가 살아 있다는 사실을 확인하고 미소를 떠올렸다. "그때 나의 내부에서 뭔가 움직이는 것을 느꼈다." 구르지예프는 이렇게 술회하고 있다. "회한과 연민의 정이 갑자기 솟구치며 나를 압도했다. 그 순간부터 나는 카르펜코를 형제나 다름없는 존재로 느끼기 시작했다."

그렇다면 그들이 사랑하던 소녀는? 그녀를 향한 두 소년의 사랑은 "갑자기 증발해버렸다." 보통 '사랑'이라는 이름으로 불리는 것보다 더 중요한 무엇인가가 드러났기 때문이다.

《놀라운 사람들과의 만남》에 기록된 일화들의 일부는 여러 사건들을 하나로 합쳤거나 구르지예프가 지어낸 우화인 것처럼 보이지만, 대다수는 실화 특유의 진실미를 띠고 있으며, 포 사격장에서 벌어진 결투 이야기도 여기에 해당한다.

그날 아침 포 사격장에서 구르지예프는 그의 내부에 숨겨져 있는 가능성들의 편린을 목격했다. 평소의 자신보다 더 선명한 삶의 감각을, 존재감을 느끼는 것이 가능하고, 그의 내면에서는 그가 상상했던 것보다 훨씬 더 많은 일들이 벌어지고 있다는 사실을 깨달았던 것이다. 구르지예프는 이런 경험을 한 덕에 살다 보면 겪게 될 여러 난관에 대한 객관적인 관점을 얻었다고 술회했다. 그 이래 그는 사소한 문제에 죽자사자 매달리는 식으로 에너지를 낭비하는 행위가 얼마나 쓸데없는 짓인지를 자각했다. 그는 포탄이 작렬하는 포 사격장에서 겁에 질린 채로 웅크리고 있던 중에 삶과 죽음의 순간을 경험했고, 그것들을 그의 내면에 손님으로 받아들이는 데 성공했기 때문이다.

두려움에 사로잡힌 채로 사는 사람들에게 더 큰 동정심을 느끼는 것도 가능해졌고, 새로운 차원의 객관성 — 인간 특유의 '동일시' 과정에 휩쓸리지 않고 초연한 태도를 유지할 수 있는 능력 — 을 획득했다. 포 사격장에서 구르지예프가 두려움과 자기 자신을 완전히 '동일시했더라면' 패닉에 못 이겨 무작정 뛰쳐나갔다가 죽음을 맞이했을 것이다. 그런 그가 구원받은 것은 오로지 그 자신의 '이성(reason)'이 작동했기 때문이었다. 그리고 이런 종류의 이성은 어느 정도는 죽음의 위기라는 극단적인 상황에 의해 각성했던 것일 수도 있다. 그런 연유로, 그는 아무리 큰 두려움이 몰려오더라도 그것을 견디고, 온정신을 유지할 수 있다는 사실을 배웠다. 그리고 이런 자각은 오랜 세월이 지난 후 그의 내부에서 만개하게 될 완전무결한 초연함의 씨앗이 되었다.

《법구경》 역시 같은 종류의 깨달음을 묘사하고 있다.

> 항상 애쓰고 부지런하며
> 의지와 자제로써 견디는 현자는

어떤 홍수에도 휩쓸리지 않는

섬을 쌓노라.

그러나 그 어떤 사람도 죽음과 그 뒤에 오는 것 ─ 그게 무엇이든 간에 ─ 의 문제를 오랫동안 잊고 있을 수는 없는 법이다. 세월이 흘러 '진리의 탐구자'가 된 구르지예프는 이 문제에 대한 세간의 의견을 체계적으로 총합한 일종의 합의안을 얻기 위해 그가 만난 모든 사람들에게 '정형화된 질문'을 던지기로 했다. 성인이 된 후 고향 집을 방문했을 때 구르지예프는 퍼뜩 생각나기라도 한 듯이 아버지에게 같은 질문 ─ 특히 사후의 삶에 대해서 ─ 을 했다. 아버지는 (《놀라운 사람들과의 만남》에 인용된 바에 의하면) 이렇게 대답했다. "영혼이… 사후에도 '독립적으로 존재하면서' 윤회한다는 생각을 나는 믿지 않는다. 하지만…" 그는 이렇게 덧붙였다. "'무엇'인가가 형성되는 경우는 있겠지. 특히 '모종의 경험을 획득한' 특수한 부류의 사람들이 죽었을 경우에는 말이다." 아버지의 말에 의하면 이 '무엇'인가는 인간이 죽었을 때도 분해되지 않는 또 다른 육체를 의미했다. 심령적, 우주적, 육체적인 과정들 사이에서 이루어지는 모종의 협업을 통해 형성된 이 육체는 '훨씬 더 정제된 물질성'을 갖추고 있으며, 죽기 전에도 후에도 '그것을 둘러싼 모종의 행위들'에 의해 영향을 받는 특성을 가지고 있다고 했다.

구르지예프의 아버지는 '사후에도 독립적으로 존재하는 영혼'을 믿지 않는다고 대답했다. 이것은 아마 죽은 인간의 영혼이 어떤 상위의 영혼 속으로 해체되면서(또는 통합되면서) 개인성을 잃는다는 사실을 시사한 것인지도 모른다. 이것은 영혼의 존재를 '부인한' 것과는 다르다.

그러나 요아나스 게오르기아데스는 사후에도 진정한 독립성 — 고차의 영혼과 조화를 이루지만 상대적으로 독립된 별개의 자기 — 을 유지하고 싶어하는 영혼은 '모종의 경험'을 추구할 것이라고 믿었다. 바꿔 말해서, 그런 영혼은 '자기 수행'을 통해서 더 영속적인 몸을 만들어내려고 할 것이다. 불교의 밀교, 그리고 이슬람교의 수피 전통 등은 이런 의도적인 수행에 의해 만들어지는 '빛의 몸'에 대해 언급하고 있는데, 이 몸은 죽음을 극복하고 자유라는 특권을 누리는 수단이 될 수 있다. 중세 철학자인 모세스 마이모니데스를 비롯한 현자들도 죽음에서 독자적으로 살아남을 수 있는 영혼은 우선 살아 있을 때 의식적으로 만들어져야 한다고 말했다.

바뤼흐 스피노자도 비슷한 맥락에서 사후의 인간 정신에 관해 언급한 적이 있다. "영혼의 일부는 영원히 남는다." 그러면서 스피노자는 '이성'으로 영혼을 완벽하게 단련한다면 상술한 '일부' 이상의 것을 남길 수 있을지도 모른다고 암시했다.

구르지예프의 아버지가 순전히 자기 생각만으로 이런 교의教義에 도달했을 가능성은 거의 없어 보인다. 아마 그는 그가 서사시의 형태로 읊곤 했던 고대의 전승에서 내밀하게 이런 결론을 끌어냈든가, 아니면 다른 아쇼크 음유시인들에게서 구전으로 전해 들은 지식 — 훗날 구르지예프가 탐구하게 될 태곳적 가르침에서 유래한 — 을 밝혔던 것인지도 모른다.

전통적인 지혜와 젊은 구르지예프가 경험한 현실 사이의 괴리는 때로는 표면적인 믿음과 실제 믿음 사이의 차이에서 비롯된 경우가 종종 있었다. 구르지예프의 가정교사 자격으로 파견된 젊은 사제인 보가체프스키^{Bogachevsky}의 경우가 바로 거기 해당한다. 도덕률에는 몇천 년에 달하는 사람들의 삶에 의해 빚어진 '객관적인' 도덕률과, '주관적인' 도덕률이 있다고 구르지예프에게 가르친 사람은 다름 아닌 보가체프스키 신부였다. 살면서 객관적인 도덕률을 조우하는 일은 극히 드물다. 주관적 도덕률은 도처에서 찾아볼 수 있지만, 아이러니하게도 주관적 도덕률의 가장 큰 특징은 그 가변성에 있다. 이를테면 미국 유타 주 대부분의 지역에서 모르몬 교도들은 일부일처제를 고수하고 있지만, 일부 지역에서는 드러내놓고 일부다처제를 옹호하고 있다. 자유주의의 산실인 캘리포니아 주 버클리에 자리잡은 많은 가정에서 베트남전 징병에 응하는 청년은 제국주의자들의 비겁한 주구走狗라고 비난받았다. 그러나 근처에 있는 다른 공동체에서는 징병을 기피하는 쪽이 비겁자로 간주되었다. 이 모든 도덕률의 차이는 결국 어디서, 누구의 돌봄을 받고 자랐는지에 달려 있는 것이다. 그러나 보가체프스키는 양심에서 생겨나는 객관적인 도덕률도 존재한다고 말했다. 진정한 양심은 어디서든 똑같기 때문이다. 사람들이 그 사실을 자각한다면 말이다.

구르지예프가 보가체프스키의 일화나 《비엘제붑이 손자에게 들려주는 이야기》를 통해 언급한 '양심(conscience)'은 이따금 우리의 마음을 경고하듯이 콕콕 찌르는 죄책감이 아니라 존재의 한 상태를 가리킨다. 이런 '양심'은 고차 의식의 기능 중 하나이며, 내면에 존재하는 더 높은 것에 대한 연결성에 기반을 두고 있다. 수행에 의해 이

'양심'이 일단 자리를 잡으면 그것은 어떤 상황에서도 결코 틀리지 않는 안내자가 되어준다. '양심'은 잠이라는 감옥에서 인간을 탈옥시켜줄 지렛대의 받침점이기도 하다고 구르지예프는 가르쳤다.

에블리시Evlissi 신부 ─ 보가체프스키는 훗날 이 이름으로 불리게 된다 ─ 의 가르침은 기독교의 통상적인 도덕률은 그 밖의 전통들과 마찬가지로 주관적이라는 사실을 시사한다. 그리고 보가체프스키를 구르지예프의 스승으로 파견한 사람이 보르시 주임 사제였다는 점을 감안하면… 그는 이 가르침이 젊은 구르지예프에게 전달되리라는 사실을 알고 있었는지도 모른다. 구르지예프에 의하면 에블리시 신부는 훗날 교회를 떠나 "사해死海 기슭에서 그리 멀리 떨어지지 않은 곳에 자리 잡은" 은비학 교단인 '에세네 형제단'(Essene Brotherhood) 수도원장의 조수가 되었다. 일각에서는 에세네 교단이야말로 예수가 사람들 앞에 모습을 드러내기 전에 수행을 쌓았던 곳이라고 추정한다. 구르지예프는《비엘제붑이 손자에게 들려주는 이야기》에서 심오한 원原기독교적 가르침을 제공하는 곳으로 이 교단을 묘사하고 있다.

에블리시 신부가 "우리의 성스러운 스승 예수 그리스도가 우리 모두가 살아가기를 원했던 삶을 살 수 있었던" 극소수의 사람들 중 하나였다는 구르지예프의 술회는 특기할 만하다. 그는 에블리시가 보통 유대 신비주의의 일파로 간주되는 에세네 교단에 합류한 후에도 여전히 기독교도로 남아 있었다고 시사하는 것처럼 보인다. 그러니까, 기독교를 원래 의도되었던 형태로 신봉하는 기독교도였다는 뜻이다. '우리의 성스러운 스승'이라는 표현을 쓴 짧은 대목만 보아도 구르지예프가 예수를 깊게 경배하고 있었다는 사실을 알 수 있다.

사실이면서도 모순되는 것들

젊은 구르지예프는 일반적인 '상식'과 모순되는 사실들을 거듭해서 목격했고, 시간이 흐를수록 양자 사이의 괴리는 점점 더 심화되는 것처럼 보였다. 예지 능력 따위를 발휘한다는 천리안들을 예로 들자면, 과학은 그들을 사기로 간주하고, 종교는 그들을 요술사로 매도하고, 일반 서민들은 그들을 유능한 조력자로 보고 열렬하게 신봉하는 경향이 있다. 그리고 이 관점들은 서로 모순된다. 용하다는 점쟁이들과 '영능력자'들 대다수는 물론 사기꾼이지만, 구르지예프가 만난 천리안들 중에는 진짜 능력을 가진 사람들도 있었던 것처럼 보인다. 시도 때도 없이 몸을 씰룩거리는 버릇이 있는 에엉–아쇼크 마르디로스Eoung-Ashokh Mardiross라는 이름의 반쯤 미친 영능력자는, 구르지예프의 고모의 부탁을 받고 두 개의 양초 불 사이에서 자기 엄지손톱을 응시하며 트랜스 상태에 빠졌고, 그녀의 조카가 어떤 날에 다칠 운명이라고 예언했다. 그리고 그날이 되자 젊은 게오르기는 사냥을 하다가 사고로 정말로 부상을 입었던 것이다.

구르지예프는 이런 식의 불온한 이상異常 현상과 수없이 조우했다. 죽은 사내가 일어나서 걷기 시작하는 광경을 목격한 적도 있고, 성스러운 그림이라든지 샘물로 병자들이 기적적으로 치유되는 것도 여러 번 보았고, 기우祈雨 기도를 하자 기적적으로 비가 쏟아지는 것도 보았다. 이런 사건들을 도대체 어떻게 설명해야 할까?

어느 날, 포플러 숲의 나무 밑에 앉아서 주문받은 목수 일을 하고 있던 게오르기는 근처에서 나는 비명 소리를 들었다. 비명 소리가 난 곳으로 가 보니 예지디^{Yezidi} 족族 소년 하나가 땅 위에 그려놓은 원 한복판에서 울고 있었다. 예지디 족이 아닌 다른 아이들은 곁에서 그 소년을 비웃고 있었다. 원 안에 있는 소년은 묘한 동작으로 원 밖으로 나오려고 했지만 원 안에 갇혀 있는 것처럼 보였다. 아이들은 자기들이 땅 위에 원을 그려놓았고, 이 소년은 예지디 족이기 때문에 원을 지우지 않으면 밖으로 나오지 못한다고 설명했다. 젊은 구르지예프가 소년을 풀어주려고 땅 위의 원을 지워주자 소년은 부리나케 도망쳤다.

예지디 족은 대대로 아라라트^{Ararat} 산 기슭에 사는 어떤 부족이었다. 구르지예프는 소년이 보인 행동이 부족원들 모두에게도 해당한다는 사실을 알아냈다. 예지디 족 주위에 원을 그리면 "자기 자유의 사로는 절대로 원 밖으로 도망칠 수 없다"고 구르지예프는 술회했다.

그날 포플러 숲에 있던 사람들 중 예지디 족 소년이 왜 그런 식으로 행동했는지 궁금해한 사람은 구르지예프가 유일했다. 젊은 구르지예프만이 그 이유를 찾아내려고 결심했던 것이다. 이 일화에서도 우리는 그의 근본적인 성향 하나를 볼 수 있다. 어떤 수수께끼와 조우하면 적당한 설명만으로는 결코 만족하지 않고, 끈질기게 해답을 찾으려는 경향 말이다.

젊은 구르지예프는 이 현상에 관해 뭔가 알고 있을지도 모를 관리나 사제나 의사 등 그와 친분이 있는 모든 어른에게 가서 질문했다. 그가 들은 대답 중 가장 나았던 것은 '히스테리 증세'였다. 당시 구르지예프는 폭넓은 독서를 통해 신경 병리학 분야에 관해 이미 숙지하고 있었기 때문에 히스테리증이 무엇인지도 잘 알고 있었다. 그러나 그는 단순한 '히스테리'라는 단어만으로는 예지디 족이 원에 갇히는 현상을 완전히 설명하지 못한다고 느끼고 있었다. 그런 히스테리 증세를 일으키는 실제 원인은 무엇일까?

구르지예프는 이 의문을 결코 잊지 않았고, 가능할 때마다 그것을 풀어보려고 했다. 훗날 그가 시도했던 실험에서, 땅 위에 그린 완전한 원 밖으로 예지디 족 노파를 억지로 끌어내기 위해서는 두 명의 힘센 남자가 필요하다는 사실이 판명되었다. 그 직후 노파는 강직증 발작을 일으켰다. 강직 상태는 꼬박 하루 동안 계속되었는데, 이 상태는 같은 부족의 제관祭官들이 노파 앞에서 모종의 주문을 외운 뒤에야 풀렸다고 한다.

훗날 구르지예프는 이런 연구와 특정 수도원들에서 받은 가르침과 그 자신의 마음속에서 일어나는 활동에 대한 투철한 관찰을 바탕으로 인간의 심리적 성질에 관한 확고한 견해를 형성하기에 이른다. 그는 인간의 기계적 행동방식을 확인했고, 스스로에게 '각인된'(구르지예프가 즐겨 쓴 비유를 인용하자면 구식 축음기용 원통형 레코드에 바늘로 소리 정보를 기록하듯 새겨놓은) 명령을 따르려는 인간의 심리적 경향을 뚜렷하게 부각시켰다. 레코드와 유사하게, 우리 자신 안에 프로그램된 일련의 반응 역시 어린 시절의 조건화와 경험에 의해 각인된다. 아이들의 장난 대상이 되었던 예지디 족 소년의 일화는 구르지예프의 이런 심리학적 분석 체계에 대한 초기의 실마리를 제공했을지도 모른다.

그러나 구르지예프는 심리학만으로는 만족하지 않았다. 독자적인 연구였든, 은비학적인 비전을 전수받아 했던 연구의 결과였든 간에, 그는 심리학을 형이상학과 신체 내부의 에너지 이동에 관한 연구에 결부시키는 방향으로 나아간다.

탐색을 어떻게 시작해야 할까?

청년 시절의 구르지예프는 탐구욕의 화신이었고, 직접 목격한 이상異常 현상들은 그런 경향을 한층 더 심화시켰다. 사고하는 인간이라면 누구든 갖기 마련인 근본적인 질문들도 그의 뇌리를 떠나지 않았다. 삶에는 의미가 있는가? 애당초 인간이란 생물은 왜 존재하는가? 창조주는 존재하는 것일까? 우리는 왜 고통을 겪어야 하는가? 전쟁은 왜 일어나는가? 인간의 진정한 존재 목적과 운명은 무엇이며, 죽은 뒤에는 어떤 일이 일어나는가?

구르지예프는 이런 의문들의 해답을 얻기를 희구했고 그것을 자기 삶의 목표로 삼았다. 그러나 현대인들의 지식만으로는 만족스러운 해답을 얻을 수 없었기 때문에 그는 다른 방법을 써서라도 해답을 얻으려고 결심했고, 두 개의 주된 접근법을 채택했다. 첫째, 과거에 구르지예프와 같은 의문을 품고 진정한 해답을 찾아낸 사람들이 틀림없이 존재했을 것이다. 오랜 인류의 역사를 감안하면 그런 사람들이 없는 쪽이 더 이상하니까 말이다. 그리고 그런 해답을 찾아낸 사람들 일부는 흔적이나, 메시지나, 후세 사람들을 위해 '레고미니즘legominism', 즉 암호화된 비전秘傳을 남겼을 것이다. 그들 중 일부는 그런 가르침을 전하기 위한 교단을 설립했을 수도 있고, 그런 교단들 일부는 지금도 여전히 존재할 가능성이 있다. 구르지예프는 일종의 원초적인 계시 내지는 인류의 예지叡智의 총합을 의미하는 일종의 플레로마pleroma가 존재하며, 기존 종교는 그런 가르침의 파편화되고 열화한 버전에 불과할지도 모른다고 추측했다. 그리고 그런 최초의 원초적인 가르친에는 속세의 과학이 아직 도달하지 못한 인간 발달의 과학이 포함되어 있었을 공산이 크다. 그렇다면 그런 원초적 가르침을 복원하는 것도 가능하지 않을까? 구르지예프는 그런 사라진 예지와 그 예지를 지켜온 사람들을 찾아 나서겠다고 결심했다. 그들이 지금도 존재한다면 말이다.

적어도 해답의 일부를 알아낼 수 있는 또 하나의 방법은 과학적 방법론에 입각한 실험이었다. 구르지예프와 그 동료들은 많은 실험을 시행했고, 기록에 의하면 구르지예프는 결코 실험을 멈춘 적이 없었다.

게오르기 이바노비치 구르지예프만큼이나 이 위대한 이중의 위업을 이룰 준비가 되어 있었던 사람은 없었다. 1924년 뉴욕 시에서 구르지예프는 과거사를 회고하던 중 '물질적 문제'에 관해 언급하면서 실험 비용과, 궁극적으로는 그의 협회를 창립하기 위한 자금을 어떻게 모았는지를 설명했다. (이 대목은 《놀라운 사람들과의 만남》의 후기에 기록되어 있다.) 구르지예프가 태어나서 청년이 될 때까지 그의 아버지는 절름발이 목수 무스타파 이야기와 '다른 집요한 (훈육) 과정'들을 통해서… 언제나 뭔가 새로운 것을 만들어내려고 하는 '억누를 수 없는 충동'을 그의 내면에 각인했다. 구르지예프는 아버지와 다른 교사들로부터 다양한 손재주와 기술을 배웠지만, 그의 아버지는 아들이 어떤 기술에 어느 정도 숙달하고 그것을 마음에 들어하는 기색을 보이는 즉시 완전히 다른 기술을 배우도록 강요했던 것이다. 다양한 기술에 익숙해지는 것만으로는 충분하지 않고, 새로운 도전에 직면할 경우 발생하는 그 어떤 난관의 해결에도 과감하게 임할 준비가 되어 있어야 한다는 것이 그 이유였다. 이런 훈육 방식은 구르지예프의 내면에 "일종의 주관적인 특질을 형성했고, 그것은 궁극적으로는 직업을 계속 바꾸고 싶다는 충동의 형태로 고착되었다." 그래서 그는 온갖 직업을 전전했고, 언제나 자기가 택한 직업의 오의를 습득하려고 열의를 불태웠다. 그 덕에 그는 "모든 배움의 진정한 본질을 각각 파악할 수 있었으며… 현대인들이 떠받드는 이른바 암기 교육이 불가피하게 야기하는 허섭스레기나 다름없는 공허한 지식의 집적에 불과한 것들을 떠맡지 않을 수 있었다."

독자는 여기서 구르지예프 특유의 강퍅함의 일단을 엿볼 수 있다. 교육 시스템 전체를 허섭스레기 더미나 다름없는 것이라며 일도양단해버리는 대목에서 말이다. 속세의 제도나 기관 중 구르지예프가 경멸하지 않았던 것은 극소수였다. 그는 언제나 비판적인 아웃사이더였다. 그러나 그 자신은 교조적인 종교 기관, 범용한 기존 과학계 따위야말로 진정한 '외부(outside)'라고 강조했다. 정말로 상궤를 벗어난 존재는 다름 아닌 그들이었기 때문이다. 그는 '정상적인' 인간이란 그가 '재도입한' 원초적이며 훨씬 더 정통적인 교육 과정에 의거해서 교육받은 인간이라고 주장했다. 구르지예프는 '진정한 세계'에 관해서도 즐겨 언급했다. 이 가혹한 세계는 엄밀하게 정의된, 가차 없는 우주적 법칙들의 절대적인 지배하에 있는 장소를 의미하며, 이곳에서는 인간의 망상적인 허영이 얼마나 허황된 것인지 낱낱이 밝혀진다. 구르지예프의 이런 견해는 신지학의 추종자들이나 뉴에이지 장사꾼들이 홍보 수단으로 즐겨 이용하는 '고차 차원'(higher planes)의 무지갯빛으로 채색된 '영성'과도 거리가 멀었다. 현대 세계에서 살아가는 인간은 비정상적일 뿐만 아니라, 몽유병적이고 기계적인 '비현실(unreality)' 속에서 정처 없이 헤매고 있기 때문이다. 구르지예프는 이런 인간들을 "보도를 적시는 비처럼" 부인할 수 없는 현실로 되돌려놓고 싶었을 뿐이었다. 그가 말하는 '진정한 세계'의 은비학적 측면은 역설적이게도 '물질적인' 것과 에너지와 관련된 수행 양쪽을 포함하며, 우리 자신의 기계적인 본질과 우리가 신이라고 부르는 존재의 정점에서 우리를 향해 흘러내리는 창조의 흐름들에 관한 것이다.

한 가지 흥미로운 부분은 구르지예프가 '물질적 문제'에서 묘사한 성인 시절의 부득이한 경제 활동이다. 돈이 떨어지면 그는 임기응변의 (곧잘 기발한) 재주를 발휘해서 필요한 돈을 염출했고, 그렇게 번 돈은 언제나 진리 탐구를 위한 자금으로 썼다. 성인이 된 그가 은비학적 진리를 찾아 중동 지역을 누비던 중 자금이 떨어졌을 때의 일화는 그 좋은 예다. 탐구를 재개하기 전에 자금을 모을 필요가 있었던 구르지예프는 어느 노천 시장에서 간단한 녹음 장치와 원통형 레코드가 딸린 중고 에디슨 축음기를 발견했다. 그 지역 사람들 대다수는 그런 물건을 본 적도 없었고, 어떻게 쓰는지도 몰랐다. 구르지예프는 '에디슨 원통'에 노래와 자극적인 이야기 따위를 녹음한 다음 그런 기계가 아예 알려져 있지도 않은 오지의 소읍까지 가서 노점을 냈다. 그 노점에서 그는 현지 통화로 '한두 푼'을 받고 헤드폰에서 흘러나오는 노래나 이야기를 손님들에게 들려주었다. 곧 그의 노점 앞에는 긴 줄이 생겼고, 그는 종일 거의 아무 일도 하지 않고 돈을 쓸어 담았다. 자금이 넉넉해지자마자 그는 다른 작업에 착수했다.

구르지예프는 진리의 탐구를 계속하기 위해 필요한 거금을 염출하는 방법을 누가 먼저 찾아낼지를 두고 친구 한 명과 내기를 했다. 구르지예프는 아버지가 그의 내부에 심어준 바로 그 기술들을 활용해서 또 다른 노점을 냈고, 직접 고안한 광고 전단을 뿌렸다. 전단에는 그의 '순회 만물 수선소'(The Universal Traveling Workshop)로 오면 모든 물건, 특히 수리 불가능한 것으로 간주되는 물건을 무조건 고칠 수 있다는 광고가 실려 있었다. 그리고 구르지예프의 노점으로 온 사람들이 수리를 맡긴 물건들은 대부분은 소유자들이 (해당 물건의 사용법을 아예 모르는 탓에) 부서졌다고 '지레짐작한' 것들이거나, 거의 부서지지 않은 것들이었다. 구르지예프는 한 번 흘끗 보는 것만으로도 해당 물건의 작동 원리를 꿰뚫어 보고 금세 수리를 마쳤고, 만약 손님이 충분히 부유하며 응분의 대가를 치를 만한 인물인 것처럼 보이면 이따금 터무니없이 비싼 수리비를 청구하곤 했다.

훗날 구르지예프는 다양한 기술의 획득을 가능케 해준 아버지의 접근법을 영적인 탐색에도 응용하게 된다. 그는 영적 가르침을 간직한 수많은 유파 내부로(그리고 책 내부로) 진입해서, 그곳에 존재하는 '본질적인' 가르침을 캐내고 획득하는 법에 숙달되어 있었다. 그는 이런 방식에 더할 나위 없이 적합한 성장 배경을 가지고 있었던 데다가, 바로 그 덕에 가르침을 내려주는 유파와 스스로를 '동일시하게' 함으로써 수행자를 옭아매기 일쑤인 기계적인 도그마의 덫에 빠지지 않을 수 있었다. 그런 다음 그는 하나 또는 그 이상의 가르침에서 필요한 측면들을 자유롭게 선택하고 그것들을 연결함으로써 숨겨진 '길'에서 결락되어 있는 공백 부분을 채웠고, 그 결과 모든 표면적 모순들을 해소해줄 원초적인 가르침을 복원할 수 있었던 것이다.

1915년에 구르지예프는 대부분의 은비학 유파는 전문화되어 있다고 우스펜스키에게 말한 적이 있다. 어떤 유파는 철학에, 어떤 유파는 이론에 특화되어 있으며, 이들 모두가 넓은 지역에 걸쳐 분포되어 있지만 종합적인 가르침을 주는 학교나 교단 따위는 현대에 남아 있지 않다는 얘기였다. 따라서 가르침의 전체상을 얻기 위해서는 한 유파에서 수집한 정보를 다른 유파의 그것과 대조 분석해보는 수밖에 없었다. 구르지예프는 동료 '진리의 탐구자'들이 특정 유파들과의 접촉을 통해 수집해서 공유한 정보를 바탕으로 연구를 계속했다. 그러던 중 그는 마침내 일반적인 은비학 유파보다 훨씬 더 많은 가르침을 내포한 은비학 교단을 발견했다. 이 교단은 그가 원했던 '종합적인 학교'는 아니었지만, 그를 더 깊은 연구로 이끄는 중요한 계기가 되어주었다.

구르지예프는 불타는 듯한 진리 탐구의 열망에 이끌려 그가 공언한 목표인 사라진 가르침의 복원을 위해 끈질기게 나아갔다. 향후 몇십 년에 걸쳐 그는 잔존하는 수행 집단이나 그런 집단들의 흔적을 찾아 중동과 러시아, 아프리카, 인도, 티베트를 누비며 기지와 고난으로 점철된 탐색을 계속한다. 어떤 기록에 의하면 그런 그의 발걸음은 솔로몬 제도까지 미쳤다고 한다. 그 과정에서 구르지예프가 예의 원초적 가르침의 흔적을 찾은 것은 확실하다. 그뿐 아니라 그는 '은비학적 배움의 보물 창고'에 상당하는 것까지 발견했는데, 이것에는 그가 '학교들의 학교'라고 부른 것이 포함되어 있었다….

제3장

탐색을 시작하다

너는 삶에서 딱 네가 준 것만큼 받는다는 사실을 알게 될 것이다. 너의 삶은 너라는 존재를 비추는 거울이기 때문이다. 너는 수동적이고, 맹목적이며, 요구하기만 할 뿐이다. 너는 아무 의무감도 느끼지 않고 모든 것을 손에 넣으며, 모든 것을 받아들인다. 세상과 삶에 대한 너의 태도는 요구하고 획득할 수 있는 권리를 가진 사람의 그것이며, 대가를 치르거나 뭔가를 벌 필요가 없는 사람의 그것이다. 네가 단지 너이기 때문에, 모든 것은 당연히 자기 것이라고 굳게 믿고 있다! 너의 맹목성은 모두 여기서 나온다! 너는 이런 사실들을 전혀 인식하지 못하기 때문이다.

— 잔 드 살즈만,

《구르지예프와 그의 가르침에 관한 에세이와 고찰》의 〈첫 번째 입문 의식〉

사랑하는 아들이 생계 수단으로 삼겠다는데, 교회 권력에 대한 반감 따위가 무에 대수란 말인가? 구르지예프의 부친은 아들이 티플리스^{Tifils}(트빌리시^{Tbilisi}의 옛 이름)에 있는 조지아 신학교에 입학해서 공부하기를 희망했다. 사제가 되면 적어도 봉급이 나오고 매일 먹을 양식과 거처가 보장되기 때문이다. 1883년, 열일곱 살의 게오르기 기오르기아데스는 고향을 떠나 러시아령 조지아의 수도 티플리스로 갔다. 그러나 일단 티플리스에 도착한 그는 무미건조하기 짝이 없는 신학교의 분위기를 도저히 견딜 수가 없었다. 그래서 그는 신학교에서 뛰쳐나와 홀로 세상 밖으로 나왔다.

독립해서 성인이 된 구르지예프가 처음 얻은 직업은 무엇이었을까? 흑해와 카스피해를 잇는 캅카스 종단열차의 화부^{火夫}였다. 그는 잠시 이 일을 그만두었다가 다시 취직하는 일을 되풀이했다. 짬이 날 때는 사나이네^{Sanaine} 수도원으로 가서 동방 정교회의 유명한 스승인 예블람피오스^{Yevlampios} 신부 밑에서 신학 공부를 했다고 한다. 때로는 아르메니아의 성스러운 도시인 에치미아진^{Echmiadzin}으로 순례를 가곤 했다. 그의 진정한 목적은 언제나 그런 곳들에 있었고, 언제나 그의 옷소매를 끌어당겼다.

티플리스는 외잡스러운 암시장과 퇴폐적인 장소들이 널린 도시였고, 젊은 구르지예프도 유혹에 빠지지 않으려면 상당한 노력을 경주했어야 했을 것이다. 건강한 젊은이인 그는 티플리스의 바람둥이 여자들과 어울려 '실험'을 해보고, 비도덕적인 밤 생활에 현혹되었을 수도 있었기 때문이다. 그러나 그가 두 명의 절친한 친구들 ─ 장래에 동료 '진리의 탐구자'가 될 ─ 을 처음 만난 곳도 이곳이었다. 구르지예프는 이들이 아이소르^{Aisor} 족[*] 출신의 아브람 옐로프^{Abram Yelov}
와 아르메니아인인 사르키스 포고시안^{Sarkis Pogossian}이었다고 술회하
고 있다.

이 세 사람은 더 잘 알고, 이해하고, 세계의 현실과 자기들의 영혼
을 더 깊이 들여다보고 싶은 욕구를 공유하고 있었다. 신학교를 졸
업한 포고시안은 사제가 될 수 있었지만 구르지예프의 경우와 마찬
가지로 삶의 모순이 유발한 내적인 갈등과 의문을 해소하지 못했고,
다른 직업 쪽에 더 관심을 느끼고 있었다. 포고시안은 물리적인 것,
기계 — 외적인 것뿐만이 아니라 내적인 것들을 포함한 — 에 매료되
었고, 구르지예프처럼 화부로 일하다가 나중에는 유능한 자물쇠 직
공이 되었다. 옐로프는 학자였지만 서점에서 책을 팔았는데, 이것은
결코 안이한 마음으로 택한 직업이 아니었다. 매일 책을 다루는 덕
에 그는 과거의 예지에 접할 수 있었고, 종종 '잊혀진 전통이 기록된
기이한 서적'들을 읽을 수 있었던 것이다. 이 세 명의 젊은이들 중
한 명은 사물의 물리적인 성질에 집중하고, 다른 한 명의 관심이 지
적인 것을 중심으로 돌아간 것은 결코 우연이 아니었다. 이 두 사람
은 마치 구르지예프의 가르침에서 언급된 인간의 세 유형 중 두 가
지를 의인화한 듯한 인상을 주며, 구르지예프 역시 그 점을 넌지시
강조하고 있다. 첫 번째 유형의 인간은 자신의 '동적 중심', 바꿔 말
해서 자신의 육체적-본능적 성질을 중심으로 돌아가며, 두 번째 유
형의 인간은 감정을 중심으로 움직인다. (이 이야기에서 구르지예프 본인

---

[*] 아시리아인의 후예로 알려진 부족.

은 이 두 번째 유형에 해당할까?) 세 번째 유형의 인간은 지적인 것을 중심으로 움직이는 인간이다. 어느 한 유형이 다른 유형에 비해 우월하다거나 하는 일은 없고, 단지 삶에 대한 방향성이 다를 뿐이다. 인간 1과 2와 3은 상술한 성질에 입각해서 반응한다. 구르지예프는 모두 일곱 개의 인간 유형을 제시했는데, 네 번째 유형의 인간은 상술한 인간 유형 1, 2, 3에 비해 어떤 의미에서는 더 완전하고, 고차적이다. 유형 5의 인간은 유형 4보다 더 통합되어 있고 몇몇 측면에서 더 고차적이다. 인간의 유형은 이런 식으로 가장 높은 곳에 있는 유형 7까지 계속된다.

이런 식의 범주 나누기는 인간이라는 존재가 세 개의 중심을 가지고 있다는 구르지예프의 주장과 정확하게 일치한다. 우리 모두가 세 개의 '정신(minds)'을 가지고 있으며, 각 정신은 사고와 감정과 육체를 고유한 방식에 따라 관할한다.

'정상적인' 인간은 이 세 중심이 균형을 이루고 조화된 상태에 있다. 그리고 '인류의 타락', 즉 인간이 천상에서 지상의 존재로 실추한 이래 '정상적인' 인간은 거의 없었다….

어떤 방법으로 근원적인 가르침을 탐구할지를 결정하기 전, 구르지예프의 목표는 좀더 보편적이었다. 새로 사귄 이 두 친구에게 그는 "지구상에서 일어나는 생의 과정과… 인간의 삶의 목적"을 그런 맥락에서 이해하는 것을 목표로 삼겠다고 얘기했기 때문이다.

그리고 구르지예프는 이 목표를 달성하기 위해 오직 과학을 통해서 알아낼 수 있는 것보다 더 많은 것을 이해하고 싶어했다. 물론 과학적 방법론이 귀중하며 매혹적이기까지 하다는 점은 그도 인정하고 있었다. 일반적으로 말해서 과학적 연구 성과가 충분히 축적된다면 지구상의 생명을 움직이는 기제의 세부를 어느 정도 이해하는 것이 가능하고, 그런 생물학적 기제에서 인간이 점유하는 위치도 알아낼 수 있기 때문이다. 그러나 과학은 '어떻게'의 일부를 설명하는 것에 불과했고, '왜'라는 질문에 대답해주지는 않았다. 과학 연구의 성과는 궁극적인 의미를 내포하고 있지는 않고, 스스로 밝혀낸 세부와 전 우주 사이의 관계도 밝히지 못한다. 게다가 구르지예프에게 지극히 타당한 현실의 일부였던 영적인 자기$_{비르}$에 관해서는 일언반구도 없다.

구르지예프의 자전적인 고백에 포함된 위의 목표는 수많은 의미로 공명하고 있다. 구르지예프의 '워크'에서, 또 그의 삶에서, 특정 목표 내지는 소망을 가진다는 행위 — 하나의 의문의 형태로 구현된 — 의 중요성은 아무리 강조해도 지나침이 없다. 그의 저서와 제자들이 입으로 전하는 전통에 의하면, '살아 있는' 의문의 추구는 영적인 탐구를 이어가기 위한 필수적인 행위다. 이런 의문은 당사자의 마음속에서, 수학자가 공식을 유도하기 위해 칠판에 써넣는 첫 번째 방정식만큼이나 정확하게 정의되어야 한다. 이런 식으로 의문을 설정한다는 행위는 부분적으로는 구르지예프가 말하는 '의도'의 해석과도 관련이 있으며, '워크'의 맥락에서는 수정처럼 명쾌한 개념을 마치 정신적인 깃발처럼 눈앞에 꽂아둔 이상적인 상태를 가리킨다. 이것은 달성하고 싶은 목표가 정확하게 무엇인지를 파악하기 위한 행위이며, 당사자는 가급적 오랫동안 그런 상태를 유지할 것을 요구받는다. 그보다 더 깊이 들어가자면 그가 말하는 '의도(intention)'란 일종의 유익한 '의지(willing)' — 전 존재를 써서 느끼며, 해당 존재 내부를 흐르는 에너지들에 의해 조명되는 — 의 발로인 것처럼 보인다. 구르지예프의 '워크'를 가르치는 스승 중 한 명이 말했듯이, "살아 있는 의문은 사람을 변화시키는" 법이다.

이런 식으로 완전히 파악된 의문은 생명력을 획득한다. 이런 종류의 명징한 요구 내지 의문에는 대우주에서 소우주까지를 포괄하는 의미의 층層이 존재한다.

그렇다면 당신은 어떤 의문을 가지고 있는가? 당신의 목적은 무엇인가? 당신은… 무엇을 희망하는가?

탐구자 구르지예프의 모험

1885년에 구르지예프는 몇몇 수피(이슬람교 신비주의) 교파들의 수도승들과 함께 수행을 하기 위해 콘스탄티노플 — 현재의 이스탄불 — 을 방문했다. 그곳에서 그가 알아낸 것들은 흥미롭기는 했지만 불완전해 보였다. 구르지예프가 파샤pasha(튀르키예 정부의 고위직에 대한 경칭)의 아들인 에킴 베이Ekim Bey를 만난 것은 콘스탄티노플에 체류 중이었을 때의 일이었다. 구르지예프는 에킴 베이의 은인이나 마찬가지였다. 에킴이 실수로 고가의 보석으로 장식된 귀중한 묵주를 바다에 떨어뜨린 것을 본 젊은 구르지예프는 생명의 위험을 무릅쓰고 여러 번 바다에 뛰어들었고, 탁한 해저를 손으로 훑어서 기어이 묵주를 건져내는 데 성공했다. 그는 그것을 비싸게 팔 수도 있었지만 그러는 대신 소유주에게 돌려주었고, 사례금조차도 거절했다…. 그러자마자, 파샤의 저택 현관에서 픽 쓰러졌지만 말이다. 에킴 베이는 구르지예프가 건강을 되찾을 때까지 자기 집에서 간호해주었고, 금세 막역한 친구 사이가 되었다.

몇 년이 지난 후, 캅카스 지방의 도시인 수람^Suram에 체류 중인 구르지예프에게 의사가 된 에킴 베이와 고향 친구인 카르펜코, 포고시안, 옐로프가 찾아왔다.

젊은 시절의 일화를 피력할 때, 구르지예프는 자기 자신을 웃음거리로 만드는 일도 주저하지 않았고,《놀라운 사람들과의 만남》에서는 특유의 다채로운 표현을 써서 그와 그의 친구들이 '온갖 돈키호테적 야망'에 사로잡혀 있었으며, 에킴 베이는 불운하게도 '우리의 광기'에 휘말려 되지도 않는 망상에 사로잡힌 것이라고 술회하고 있다.

젊은 구르지예프와 친구들은 이따금 고도古都 아니^Ani를 방문해서, 고즈넉한 폐허에서 찾아낸 양피지나 다 부스러진 책들을 들여다보며 고대인들의 수수께끼를 풀어보려고 시도했다. 구르지예프와 포고시안이 오래전에 버려진 수도원 독방의 다 무너져가는 벽감 안에서 아르메니아어로 쓰인 오래된 양피지를 찾아낸 것은 1886년 무렵의 일이었다. 그중 하나는 사르멍 형제단(Sarmoung Brotherhood)이라고 불리는 신비주의 교단에 관해 넌지시 언급하고 있었다. 이것은 7세기경 '우르미아^Urmia와 쿠르디스탄^Kurdistan 사이 어딘가'에 존재했지만, 이 교단이 처음 결성된 곳은 고대 바빌론이었다.

그 양피지 문서에는 이 교단이 바빌론 이전, 대홍수 이전에 존재했던 문명의 은비학파들로 이어지는 연결 고리임을 시사하는 대목들이 있었다. 두 사람은 예전에도《메르카바트^Merkhavat의 서書》에서 사르멍 교단에 관한 언급을 읽은 적이 있었다. 구르지예프가 언급한

'메르카바트'란 유대 신비주의 카발라의 핵심적인 초기 문헌인 메르카바 문서들을 의미했을 공산이 크다. 구르지예프는 《놀라운 사람들과의 만남》에서 다음처럼 말하고 있다. "이 교파는 위대한 지식을 소유하고 있었고, 그 지식에는 숨겨진 비밀이 수없이 포함되어 있었다고 전해진다." 이에 촉발된 구르지예프는 이 교파를 찾아내서, 그것에 포함된 가르침을 알아내겠다고 다짐했다. 이 목표는 지구와 우주에서의 생명의 진정한 의미를 탐구한다는 그의 주된 의도를 실천하기 위한 수단이 되어줄 것이었다.

구르지예프와 포고시안은 양피지에 적힌 역사적 언급을 바탕으로 사르멍 교단이 아시리아인의 후손이며 현대에는 전 세계에 흩어져 살고 있는 아이소르인들에 의해 창설되었다고 추정했다. 구르지예프는 아이소르인들이 그리스도의 신성을 인정하지 않는 네스토리우스Nestorius 교파와 관련이 있는 것처럼 묘사하고 있다.

두 젊은이는 문제의 사르멍 교단의 수도원이 여전히 이라크 북부의 도시인 모술Mosul에서 사흘 더 가면 있는 '우르미아와 쿠르디스탄 사이의 어딘가'에 존재할지도 모른다고 추측했다. 그렇다면 직접 그 지역으로 가서 그 교파를 찾아내서 입문한다면 어떨까?

하지만 여행 비용이 문제였다. 임기응변으로 필요한 자금을 조달하는 구르지예프의 재능에 대해서는 앞서 이미 언급한 적이 있다. 구르지예프는 이슬람교 고행자인 파키르로 분장하고 친구 한 명의 도움을 얻어 전혀 기적적이지 않은 엉터리 '기적'을 행하는 방법으로 자금을 조달한 적이 있다고 《놀라운 사람들과의 만남》에서 밝히고 있는데, 물론 그가 구경꾼들 앞에서 행한 것은 단지 볼거리에 불과했다. 덫을 써서 생포한 참새들의 털을 조금 자르고 노란색 물감으로 칠해서 '미국산 카나리아'라며 팔아치운 무용담도 같은 책에 실려 있다. 혹자는 이 인상적인 일화를 예로 들며 구르지예프의 불성실함을 공격한 적도 있지만, 소수의 참새들이 불편을 겪은 것을 제외하면 이런 사소한 장난으로 인해 해를 입은 사람은 아무도 없었다는 사실을 간과하면 안 된다.

자기 입으로 자랑하듯이 밝힌 일화 중에는 다음과 같은 것도 있고, 이 경우에도 해를 입은 사람은 아무도 없었다. 그는 철로가 부설될 예정인 이런저런 소읍을 찾아가서 현지의 관리들에게 바로 그곳이 후보지로 고려되고 있다고 말했고, 소정의 수수료를 그에게 준다면 실제로 철도가 지나가도록 해주겠다고 약속했다. 물론 철로 부설은 이미 확정된 뒤였고, 결코 빈한하다고는 할 수 없는 현지 관리들은 필요도 없는 뇌물을 그에게 지불했다. 그러나 그들이 낸 돈은 결코 헛되이 쓰이지 않았다. 그 돈은 구르지예프의 진리 탐구를 위해 쓰였기 때문이다.

이런 일화를 읽으면서 분개하며 콧방귀를 뀌는 독자들도 있겠고, 구르지예프의 못 말리는 지략에 감탄하는 독자들도 있겠지만, 자신이 그런 속임수를 쓸 능력을 가지고 있다는 사실을 털어놓은 구르지예프의 (역설적인) 정직함만은 인정하는 수밖에 없다. 이른바 영적인 스승을 자처하는 사람들 다수는 회고록이나 전기에서 스스로를 완벽하게 순수한 마음을 가진 살아 있는 성자처럼 묘사하는 경우가 태반이기 때문이다. 그러나 자신의 과거에는 전혀 흠결이 없다고 진지한 어조로 고백했다는 바로 그 사실로 인해, 그들은 자신이 현실과는 동떨어진 가짜 성자임을 고백한 것이나 마찬가지다.

구르지예프는 그가 고백한 일화들 이상의 인물이다. 그는 인류가 '현 상황에 대한 공포'에 사로잡혀 있다고 말했다. 인류는 잠에 빠진 세계, '전쟁'이라고 불리는 정신병적이고 무의식적인 폭력의 발작을 일으키는 경향을 가진, 객관적인 '양심'을 결여한 세계에 갇혀 있기 때문이다. 그런 세계의 일반적인 흐름에 반하는 목표나 소망을 가진 사람이 탐색을 계속하려면, 부정적인 영향이라는 폭포수에 줄곧 저항하면서 하류에서 상류로 거슬러 올라가야 한다. 그런 여행을 하는 과정에서 구르지예프가 마술쇼를 벌이고, 참새 몇 마리를 색칠하고, 또 몇몇 관리들의 탐욕을 역으로 이용함으로써 삶의 진짜 의미를 알아내려고 했다면, 그것은 충분히 그럴 가치가 있는 일이었다. 그런 여정을 이어가면서도 구르지예프는 정말로 중요한 것들을 존중하도록 하는 '양심'의 인도를 받고 있었기 때문이다.

이런 일화들을 독자들에게 밝힘으로써 구르지예프는 진정한 구도자는 진리로 이어지는 위험천만한 길을 주파하기 위해서는 결연한 의지와 뛰어난 지략을 겸비하고 있어야 한다고 시사하는 것처럼 보인다.

마침내 이 원정의 자금을 마련할 수단을 찾아낸 것은 포고시안이었다. 아르메니아 보호 협회가 중동으로 특사들을 보내서 먼 곳에 사는 아르메니아 성직자들과 연락을 취하고 싶어한다는 소문을 듣고 왔기 때문이다. 구르지예프와 포고시안은 교묘한 언변을 구사해서 이 임무를 수행할 전령으로 취직하는 데 성공했고, 협회로부터 '상당한 액수의 러시아와 튀르키예와 페르시아 돈, 그리고 다수의 소개 편지'를 위임받았다. 구르지예프 일행은 산읍山邑인 카흐즈만Kaghyshman을 거쳐 동쪽을 향했다. 여행을 하면서 그들은 기회가 올 때마다 소개 편지를 배달하며 자금을 내준 사람들에 대한 의무를 수행했지만, 그보다 더 중요한 목적을 달성하는 데 방해가 되는 경우에는 '주저하지 않고 그 의무를 포기했다.' 일행은 위험한 오지를 답파하면서 수없는 모험을 했는데, 안전을 위해서 진짜 국적을 감추고 신분을 위장하는 것은 필수적이었다. 구르지예프는 장년에 걸쳐 이런 능력을 예술의 경지까지 승화시켰고, 자기 자신을 아이르인, 방랑하는 유대인, 튀르키예인, 러시아인, 캅카스의 타타르인, 몽골인, 카스피해 연안에서 온 불교도 등의 다채로운 신분으로 활동했다.

그가 이런 식의 기만의 달인이 된 데는 실제적인 이유가 있었다. 특히 수피나 아이소르 교단과 접촉할 때는 그들과 '동류同類'인 것처럼 보여야 했는데, 일부 교단들은 염탐꾼들을 공공연하게 살해하는 관습으로 악명이 높았으니 이상한 일은 아니었다. 구르지예프에 의하면 그런 식으로 기웃거리다가 잡힌 두 명의 영국 탐험가들을 산 채로 가죽을 벗겨 죽인 적도 있었다고 한다.

그러나 그가 기만을 강조했다는 사실은 《놀라운 사람들과의 만남》이 단순한 회고록 이상의 것이라는 점을 밝혀주는 예 중 하나일 수도 있다. 구르지예프는 '세계에 있지만 거기 속해 있지는 않은' 상태에 관심이 있었다. 그가 옹호한 '겉모습 유지'(outer considering) 능력이란 모름지기 비전의 탐구자라면 인생의 온갖 질곡을 겪으면서도 타인의 기대에 부응하는 인물상을 (물론, 온당한 범위 내에서) 유지해야 하며, 그러는 동시에 '동일시'로부터 자유로워야 한다는 마음 가짐을 의미한다. 신분을 위장한 구르지예프와 포고시안은 현자가 내포한, 숨겨진 조화로운 내면을 감싸고 있는 겉모습을 상징한다. 세속에 물든 것처럼 보이는 데르비시^{dervish}(이슬람 신비주의 수행자)의 내면이 순수한 것처럼 말이다.

일행이 사르멍 수도원이 있을지도 모를 지역으로 가던 중, 튀르 키예와의 국경 지대에 있는 '아락스^{Arax} 강을 건넌 지 정확히 두 달째 되는 날에' 포고시안이 노란 팔랑가^{phalanga} 거미에게 물렸다. 타란툴라를 닮은 이 거미는 성인도 물리면 사망할 정도로 강한 독을 가지고 있었다. 구르지예프는 친구의 목숨을 구하기 위해 응급 수술을 행했지만, 물린 부위의 살을 너무 많이 도려낸 탓에 포고시안은 당분간은 걷지도 못하는 상태가 되었다.

구르지예프는 근처 마을에서 소달구지를 빌려 섬망 상태에 빠진 포고시안을 편지 배달 목록에 있던 아르메니아인 신부의 거처로 운반했다. 일행은 한 달 가까이 그곳에 머무르며 고열에 시달리며 제대로 걷지도 못하는 포고시안이 건강을 되찾을 때까지 간호했다. 구르지예프는 그들을 맞아준 신부가 고대의 지도 한 장을 가지고 있다는 사실을 알아냈다…. 과거에 정체를 알 수 없는 러시아인 대공이 거금을 들여서 사려고 했던 지도라고 했다.

구르지예프에게 설득당해서 지도를 보여준 아르메니아인 신부는 자신이 이 젊은이의 '겉모습 유지' 능력을 얼마나 한계에 몰아넣었는지 꿈에도 몰랐을 것이다. 구르지예프는 갑자기 몰려오는 흥분을 감추기 위해 악전고투해야 했을 정도였다. 그 지도는 '사막 이전의 이집트', 즉 대다수의 학자들이 알고 있는 파라오 문명보다 훨씬 전에, 이집트의 국토가 아직 사막이 아니었을 정도로 까마득한 태곳적에 존재했던 이집트 문명의 지도였던 것이다.

이 고대의 보물을 단지 베끼는 허가를 받기 위해 문제의 러시아 대공은 거금을 지불했지만, 구르지예프가 가진 돈으로는 턱도 없었다. 그래서 어느 날 신부가 집을 비운 틈을 타서 구르지예프는 지도가 숨겨져 있던 궤를 몰래 열고 그 지도를 베꼈다. 그런 다음 지도를 원래 있던 곳에 되돌려놓았다. 그는 지도를 베낀 뒤에 원본을 훔칠 수 있었고, 다른 곳으로 가서 큰돈을 받고 팔 수도 있었다. 그러나 그는 지도를 베꼈을 뿐이었고 훔치지는 않았다.

젊은 구르지예프는 이 발견에 너무나도 흥분한 탓에 아예 이집트 현지로 가서 이 태곳적 문명의 베일을 벗겨내려고 결심했다. 사르멍 교단에 관한 조사는 훗날을 기약하고 말이다.

그들은 술집에서 벌어진 싸움에서 궁지에 몰린 어떤 선원을 도와준 적이 있는데, 이 사실에 감사한 선원이 이집트로 가는 공짜 배편을 제공해주었다. 그러나 포고시안은 항해 중 선상 생활에 너무나도 큰 매력을 느낀 나머지 길을 바꿔 아예 그 배의 기관사가 되려고 결심했다. 물질 세계의 기계류에 대한 애착이 되살아났던 것이다. 포고시안은 훗날 선박업계의 실력자로서 크게 성공을 거두고 백만장자가 되었다.

구르지예프는 그가 이집트에 가서 무엇을 했는지에 대해서는 자세히 설명하지 않았다. 단지 피라미드와 스핑크스에 큰 흥미를 느끼고 이집트 유적을 보러오는 사람들을 위한 안내자가 되었다고 기록

해놓았을 뿐이다. 그가 두 명의 '놀라운 사람들'을 만난 것도 안내자로 고용되었을 때의 일이었다. 스크리들로프Skridlov 교수와 그보다 더 나이를 먹은 유리 루보베드스키Yuri Lubovedsky 대공이었는데, 후자는 곧 구르지예프의 막역한 친구가 되었다. 루보베드스키 대공이 '사막 이전의 이집트' 지도를 사려고 했던 대공과 동일 인물임을 구르지예프가 알아차리는 데는 얼마 걸리지 않았다.

이 부유한 대공은 사랑하는 아내가 아이를 낳다가 죽은 후 세속적인 즐거움에 대한 흥미를 완전히 잃었다. 영매를 통해 죽은 아내와의 접촉을 시도하다가 신지학회와 은비학에 심취했던 적도 있었지만, 이제는 더 심오한 영적인 진실을 탐구하며 여생을 보내고 있었다.

1888년에서 1889년 사이에 구르지예프는 대공과 함께 사막 이전의 이집트의 존재를 확인하려고 테베Thebes를 탐험했다. 상술한 스크리들로프 교수와 함께 수단과 아비니시아Abyssinia, 그리고 이라크에 남아 있는 바빌론 유적을 탐험한 적도 있었다. 훗날 구르지예프는 바빌론의 유적에서 느낀 영적인 진동에 관해 경건하게 언급했고, 그곳에서 정제된 에너지들이 자아내는 항구적인 존재감을 느꼈다고 고백했다.

지식의 탐구자 구르지예프는 경건한 무슬림으로 위장하고 메카와 메디나 양쪽에 침투한 적도 있었다. 동물을 제물로 바치는 행위에 대해 그가 강한 거부감을 가지게 된 것은 아마 이때였을 것이다. 훗날 그는 《비엘제붑이 손자에게 들려주는 이야기》에서 성지에서 이루어지는 과도하게 상업화된 도살에 대해 혹독하게 비판했다.

콘스탄티노플로 돌아온 구르지예프는 대공을 통해 놀라운 '여성'
과 조우한다. 비트비츠카야^{Vitvitskaia}라는 이름의 이 아름다운 여성은
가세가 기운 뒤에 살아남기 위해 늙은 호색한들의 첩이 되었고, 그
뒤에는 어떤 부도덕한 의사를 위해 일하며 일종의 미끼 역할을 수행
하고 있었다. 고독한 사내들에게 은근슬쩍 추파를 던져 환자로 끌어
들이는 역할이었다.

루보베드스키 대공이 비트비츠카야를 처음 만난 것은 그녀가 한
눈에 부유해 보이는 어떤 사내와 함께 알렉산드리아를 여행하던 중
의 일이었다. 루보베드스키는 그녀의 동행자의 정체가 백인 노예를
다루는 노예상이라는 사실을 알아차렸다. 노예상은 그런 사실을 전
혀 모르는 비트비츠카야를 팔아치워서 강제로 매춘에 종사하게 할
작정이었다. 루보베드스키는 그런 그녀를 노예상으로부터 구출해
서 중앙 러시아에 있는 자신의 영지로 보냈고, 그곳에 사는 자기 여
동생을 돌보라고 지시했다. 영적 탐구자였던 대공과 그의 여동생은
'자기를 변화시키는' 수행법에 대해 어느 정도 알고 있었고, 이들의
은혜를 입은 비트비츠카야는 전심전력을 다해 이 수행에 임했다. 그
결과 '타락한 여자'였던 그녀는, 구르지예프의 말을 빌리자면, 모든
여성의 이상^{理想}이라고 할 만한 존재가 되었다. 구르지예프와 친분
을 쌓은 다른 사람들과 마찬가지로, 그녀도 수행 그룹인 '진리의 탐
구자들' 중 한 명이 되었다.

'진리의 탐구자들' 중에서 복잡한 과거를 가진 사람은 비트비츠
카야 한 명이 아니었다. 구르지예프는 솔로비예프^{Soloviev}라는 이름의
부랑자와 친구가 되었고, 그를 악취가 풍기는 뒷골목에서 구걸을 하

는 알코올중독자의 삶에서 구해주었다. 솔로비예프도 비트비츠카야와 마찬가지로 명징하고 헌신적인 '탐구자'로 변신했고, 나중에는 온갖 중독성 약물에 통달한 전문가가 되었다. 이 문제를 깊게 연구함으로써 그 본질을 이해하고, 자유로워질 수 있었던 것이다.

'워크'에 의한 자기 변혁이 알코올이나 마약 중독자들의 생명줄이 되고, 혼돈으로 점철된 그들의 삶에서 유일한 희망을 제공하는 경우가 종종 있다. 그런 사람들은 다른 '탐구자'들보다 더 강한 동기를 가지고 있을 때가 많다. 이미 밑바닥을 경험했기에, 그것으로부터 자유로워질 수 있는 유일한 방법은 느리더라도 착실하게 높은 곳을 향해 가는 선택밖에는 없다는 사실을 절감하고 있는 것이다.

비트비츠카야에 대해 나는 아주 짧게 언급했을 뿐이지만, 구르지예프가 그녀에 대해 밝힌 여러 일화는 워낙 생생하고 세부적이기 때문에 은유가 아닌 실존 인물이라는 점에는 의심의 여지가 없다. 그러나 그녀가 특별히 흥미를 가졌던 분야들 중 하나는 우연하게도 구르지예프의 중요한 견해와 일치한다…. 이렇듯 구르지예프의 회고록에 등장하는 모든 인물은 실존 인물이든 아니든 간에 한 가지 이상의 목적을 수행하고 있다. 비트비츠카야는 독학으로 자성한 일종의 자연과학자였다. 그와 동시에 유능한 음악가이기도 했던 그녀는 음악 — 그리고 그것을 이루는 진동 자체 — 이 공기와 청자들의 내면에서 특별한 상태를 불러일으키는 방식에 관심을 가지고 있었다.

비트비츠카야는 음의 진동 — 그리고 그 연장선상에 있는 온갖 종류의 진동 — 은 인간을 포함한 생물의 내적 상태에 모종의 자동적인 효과를 끼친다는 가설을 내놓았다. 그녀는 음의 진동이 어떤 영향을 끼치는지를 알아보기 위해 사람들을 대상으로 무해한 실험을 하기 시작했다. 그녀는 어떤 곡이나 연속적인 음을 공기압과 다른 인자를 제어한 방 안에서 특정 타입의 피험자들에게 들려줌으로써 '그들 모두에게서 웃음, 울음, 악의, 친절함 따위의 감정을 자유자재로 끌어내는 일'에 성공했다. 투르키스탄의 어떤 이름 없는 수도원에서 비트비츠카야와 구르지예프를 위시한 수행자 일행은 어떤 특별한 원칙에 의해 만들어진 '단조로운 음악'을 들은 적이 있었는데, 그들 모두가 흐느끼고 싶은 기분을 느꼈다고 한다. 인종도 성향도 다양한 수행자들이 모두 같은 반응을 보였던 것이다.

하지만 어떻게? 그 수도원의 수도사들은 어떻게 그런 동일한 반응을 이끌어낼 수 있었던 것일까? 단지 음악이 슬퍼서 그랬던 것은 결코 아니었고, 특정한 진동들을 결합함으로써 마치 청자의 내면 어딘가를 자극한 듯한 느낌에 가까웠다고 구르지예프는 술회하고 있다. 감정을 관할하는 어떤 내적인 중심이, 어떤 미지의 법칙에 따라 특정 반응을 보이도록 설계된 것은 아닐까? 비트비츠카야는 이 현상의 규명에 집착하기 시작했다. 그녀는 잠도 식사도 거르면서 연구에 열중했고, 이 수수께끼를 이해하지 못하는 자신의 무능함이 야속했던 나머지 자기 손가락을 깨물어서 거의 절단할 뻔했던 적도 있었다.

구르지예프는 에블리시 신부에게 들었던 얘기를 그녀에게 해주었다. 에세네파의 신비주의자들은 고대의 히브리 음악을 연주함으로써 '반 시간 만에 식물을 쑥쑥 자라게' 할 수 있었다는 얘기를 말이다. 이 얘기를 들은 비트비츠카야는 더 실험을 하고 싶은, 불타는 듯한 욕구에 사로잡혔다. 구르지예프는 그녀의 성격과 지식에 대한 편

집중적인 욕구에 큰 감명을 받은 듯하다. 비트비츠카야는 산전수전을 겪으면서도 연구를 계속했고, 오랜 세월이 흐른 후 폐렴으로 사망했다. 구르지예프는 그런 그녀의 죽음에 대해 큰 슬픔을 느낀 듯하다. 그러나 처음 그녀를 만났을 때는 이유 모를 적대감에 사로잡혔다고 그는 기술하고 있다. 이유를 알 수 없는 증오와 연민이 뒤섞인 감정이었는데, 아마 그녀의 비도덕적인 과거 탓이었는지도 모른다. 구르지예프는 남자보다 여자를 더 엄하게 판단하는 문화에서 자랐고, 당시에는 그도 그런 편견을 완전히 떨쳐내지 못한 상태였기 때문이다. 시간이 흐른 뒤에는 구르지예프도 그런 조건반사적 반응에서 탈피해서 비트비츠카야의 본질을 볼 수 있었고, 그녀의 내적인 삶의 편린을 일별함으로써 그녀에 대한 평가를 완전히 바꿨다. 이렇듯 사람이 처음 보이는 자동적인 반응은 오해를 불러일으키고 피상적인 경우가 많다. 그리고 그런 반응은 '진정한 나'가 아닌 '작은 나'의 산물일 공산이 크다.

비트비츠카야의 일화에서는 한 가지 주제가 되풀이해서 나타난다. 구르지예프는 여러 대목에서 내적 진리를 꿰뚫어 보려는 열에 들뜬 듯한, 강박적인 충동을 묘사하고 있다. 이 충동은 구르지예프 본인, 비트비츠카야, 루보베드스키, 소설의 등장인물인 비엘제붑의 손자 모두의 내부에 존재한다. 구르지예프는 이런 욕구를 음미할 가치가 있는 것으로 간주하고, 때로는 숭배하기까지 했다. 이 욕구는 우리를 매료하는 내면의 어떤 충동, '고차'의 자기와 공명하며 그것을 탐구하도록 우리를 유도하는 욕구인 것처럼 보인다.

비트비츠카야의 일화는 그보다 좀더 중심적인 주제인 외부 영향력의 중대성에 대한 언급도 포함하고 있다. 사람은 외부의 힘으로부터 끊임없이 영향을 받고 있는데, 이런 힘은 인간의 역사라든지 대인관계처럼 총체적인 것과 그보다 더 미묘한 정신적인 진동 양쪽을 포함한다. 인간에게 영향을 주는 힘들의 일부는 행성 층위에서 발현하는데, 구르지예프는 이것이야말로 전쟁을 위시한 인간의 수많은 자동적 반응들의 (유일하지는 않지만 근원적인) 원인 중 하나라고 주장했다. 이런 행성적 힘들은 태양계의 다양한 천체들과 항성들부터 오지만, 구르지예프가 그런 힘들의 연구가 현재 '점성학'이라고 불리는 것과 같은 것이라고 시사했던 적은 한 번도 없다.

훗날 몇몇 제자들과 산책을 하던 구르지예프가 일부러 지팡이를 떨어뜨린 적이 있다. 한 제자는 즉시 허리를 굽혀 그것을 주우려고 했다. 다른 제자는 구르지예프의 걸음을 가로막지 않으려고 주저했고, 또 다른 제자는 구르지예프가 의도적으로 그랬다면 여기서 그것을 주워야 할지 말지를 고민했다. 구르지예프는 제자들이 보인 반응의 차이를 지적하며 이것이 실제의 '점성학'에 상응하는 작용을 보여주는 작은 예라고 말했다. 제자들의 본질적인 인격의 차이 ─ 어머니 자궁 속에 있을 때 '행성적 영향'들을 포함한 다양한 요인들의 영향에 노출됨으로써 형성된 ─ 가 그들의 행동을 규정했다는 뜻이다. 제2차 세계대전 중에 열렸던 회합에서 구르지예프와 제자들의 대화를 기록한 사본이 미 의회 도서관에 보존되어 있는데, 그 사본에 이 견해와 관련된 대목이 있다. 구르지예프는 수행의 벽에 부딪힌 어떤 제자에게 이렇게 말했다. "자네가 일으킨 것이 아닌 우주적 현상이 자네의 수행을 방해하고 있는 걸세. 따라서 지금 자네가 할

정답

수 있는 일이라고는 삶이 좀더 조용해지면 다시 수행에 매진하겠다
고 다짐하는 것밖에는 없어." 구르지예프의 대답은 (종래의 점성학의
견해는 차치하더라도) 행성적 영향들이 우리의 삶에 모종의 전반적인
영향을 끼친다는 점을 시사하고 있다.

그러나 어떤 진동적 영향들은 수행에 도움이 된다. 구르지예프에
의하면 그중 일부는 국지적인 것이지만, 인간이 마음을 열고 적극적
으로 받아들일 경우 훨씬 더 높은 존재의 차원에서 오는 힘의 도움
을 받을 수도 있다. 그런 고차의 영향들은 우리에게 특정한 영향을
끼치는데, 그 영향은 낮은 차원들에서 오는 조대^{粗大}한 충동들 못지
않게 특정적이다.

구르지예프의 프랑스인 제자이자 의사였던 미셸 콩주^{Michel Conge}에
의하면, 구르지예프가 스스로에게 부과한 궁극적인 임무는 사람들
을 각성시켜서 고차의 세계들로부터 오는 숭고한 우주적 영향들의
도관^{導管}으로서 기능하게 하는 것이었다고 한다. 그런다면 그들은
모종의 에너지의 흐름을 전달함으로써 균형을 복구할 수 있고, 궁극
적으로는 인류를 구원할 수 있기 때문이다. 세계를 구할 수 있는 지
성적인 에너지의 흐름으로 말이다.

구르지예프는 '그레이트 게임'에 참가했을까?

구르지예프의 전기 작가인 제임스 무어는 《구르지예프: 신화의
해부》에서 1890년에서 1893년 사이 그가 평소 자주 여행했던 동방
과는 전혀 다른 지역을 방문했다는 사실을 지적하고 있다. 이 시기
에 구르지예프는 스위스에 들른 다음 로마로 갔고, 그곳에서 아르메

니아인들의 생존권과 영토권을 획득하기 위해 투쟁 중인 아르메니아 사회혁명당의 정치 특사로 활동했다. 이 경우에도 구르지예프는 목적을 위한 수단으로 이 역할을 맡았을 공산이 크다. 그는 스위스와 이탈리아의 정교회를 통해 여러 은비학적 전통의 관계자들, 이를테면 장미십자회원이라든지 이런저런 기독교 신비주의자들과 마법사들, 카발리스트 등과 접촉할 수 있었기 때문이다. 그러나 상술한 '사회주의 혁명당'을 위한 구르지예프의 활동은 구르지예프의 경력에서도 수수께끼로 간주된다.

구르지예프가 그리스를 위시한 여러 장소에서 혁명적인 정치 활동에 종사했다는 증거는 여럿 존재한다. 그런 반면, 훗날 그는 러시아 황제(차르) 니콜라이 2세를 위해 일하는 첩보원으로 일했을 공산이 크다. 은비학 저술가인 존 베넷은 구르지예프의 첩보 활동을 상세히 기록한 서류를 보았다고 말한 적도 있다. 어떤 시점에서 구르지예프는 영국 입국을 거부당한 적도 있는데, 이것은 그가 과거에 대영제국과 러시아 제국 사이에서 대륙의 패권을 두고 벌어지던 이른바 '그레이트 게임the Great Game'에 차르의 첩보원으로 참가해서 인도와 티베트에서 영국 이익에 반하는 행동을 했다는 혐의를 받고 있었던 탓이었다. 한쪽에서는 혁명을 위해, 다른 한쪽에서는 제정帝政을 위해 일한 구르지예프의 이런 모순된 행동을 어떻게 설명해야 할까?

모순이 맞다. 그리고 구르지예프의 개인사에서 이런 식의 모순은 놀랄 일이 아니었다. 만약 그가 정치적인 성향을 가지고 있었다면 최소한 왕조나 금권정치에 대한 아무 생각 없는 순종과는 거리가 먼 것이었을 것으로 추정된다. 그러나 그의 최고 걸작인《비엘제붑

이 손자에게 들려주는 이야기》와 미완성으로 끝난 그의 마지막 책인
《삶이란 오직 '내가 나'일 때만 진정한 것이 된다》에서, 구르지예프
는 인간이 만든 정부의 관행들뿐만 아니라 정치적 '운동'과 독선적
인 사회적 추세에 대해서도 가감 없는 혐오감을 드러내고 있다. 우
스펜스키의 《기적적인 것을 찾아서》에서, 구르지예프는 "만약 충분
한 수의 전쟁을 막고 싶은 사람들이 정말로 한데 모인다면, 그들은
우선 자기들과 의견을 달리하는 사람들을 상대로 전쟁을 벌일 것이
다"라는 가차 없는 아이러니를 피력했다. 그는 무자비한 총구銃口의
권력을 가진 '권력자들'을 신랄하기 짝이 없는 어조로 비웃었고, 또
이런 어조로 갈팡질팡하다 못해 치명적이기까지 한 몽유 상태에 사
로잡혀 있는 한 인간의 계획이나 인간의 사회에는 아무런 희망도 없
음을 역설했던 것이다. 잠에서 깨어나려면 인간의 정치적인 집단 활
동 — 그것이 혁명적이든 보수적이든 간에 — 과의 '동일시'에서 벗
어나야 한다는 그의 주장은 단 한 번도 흔들린 적이 없었다. 카이사
르의 것은 카이사르에게 돌리는 게 맞지만* 내면의 주의력은 항상
고차적인 것을 향해 있어야 한다. 플라톤은 말했다. "진정한 존재 양
태에 마음을 집중하고 있는 인물은 속인들의 사소한 일들을 부감하
거나, 질투심이나 적대감에 사로잡혀 그들과 다툴 시간 여유 따위는
없다. 그런 인물의 눈은 영구불변의 법칙들에 못 박혀 있기 마련이
고, 모든 법칙은 서로에 대해 해를 끼치거나 해를 입는 대신 이성에
따라 질서정연하게 움직이고 있기 때문이다." 미 의회 도서관에 보

---

* 누가복음 20장 25절. "카이사르의 것은 카이사르에게 돌리고 하느님의 것은 하느님께 돌려라." 역
주.

관되어 있는, 제2차 세계대전 이후에 열린 회합의 기록에 있는 구르지예프의 의견은 한층 더 직설적이다. "모든 것에 대한 열쇠는 초연함이다. 자기 자신이라는 존재를 자각하고, 스스로의 개인성을 항구적으로 자각하는 것이야말로 우리의 목표다. 이 감각은 지적인 방법으로는 표현할 수 없다. 왜냐하면 그것은 유기적인 감각이며, 다른 사람들과 함께 있을 때 자신을 그들과 독립한 존재로 만들어주는 것이기 때문이다."[**]

그러나 구르지예프의 영적인 신념은 사회적인 파급력과도 무관하지 않았다. 1920년대에 저명한 저술가이자 구르지예프의 소개자였던 A. R. 오리지는 그가 지지하는 개혁 이론인 '사회 신용론'에 관해 구르지예프 앞에서 열변을 토한 적이 있었다. 그러자 구르지예프는 그런 일에 신경을 쓰는 대신 인류를 각성시키는 쪽에 집중하라고 대꾸했다고 한다. 인류의 각성이 실현되지 않는 한 그 어떤 유의미한 사회 변혁도 가능하지 않기 때문이다. 기계적 상태에 고정된 인간은 항구적인 평화를 이룩할 수 있을 정도로 원만한 의사소통을 할 수 있는 능력이 없다. 따라서 충분히 많은 수의 사람들이 각성한 뒤에야 진짜 의사소통이 가능해지고, 그에 걸맞은 세계 평화의 가능성도 논할 수 있다는 논리다.

구르지예프가 차르의 첩보원으로 고용되었고, 나중에는 혁명가 집단의 요원이 된 것이 사실이라면, 아마 그가 평소 주장하던 대로 그를 고용한 조직들이 요구한 임무를 '완수했을' 것이다. 그러나 그

[**] 《어둠 속의 목소리》

런 경우에도 구르지예프의 주요 동기는 그들의 루블과 드라크마와 스위스 지폐와 연줄을 이용해서 숨겨진 지식을 발굴할 가능성이 있는 장소들에 접근하는 것이었을 공산이 크다.

구르지예프의 모든 원정이 영적인 결실을 맺은 것은 아니었다. 구르지예프가 오리지에게 밝힌 바에 의하면, 블라바츠키^{Blavatsky} 부인의 책들을 읽고 신지학에 심취한 구르지예프는 스물한 살의 나이에 인도를 여행하며 그녀가 언급한 장소들을 찾아나섰는데, 결국 그런 장소들은 존재하지 않는다는 사실을 알아내고 좌절했다고 한다. 그러나 이 여행을 통해 그는 상당한 경험을 쌓았고, 소중한 교훈 — 타인의 기이한 주장을 곧이곧대로 받아들이지 말라는 — 을 하나 얻었다. 그러나 20대 초반의 미숙한 젊은이 혼자서 당시의 인도를 여행한다는 것은 진이 빠지는 힘든 경험이었을 것이다.

구르지예프의 가장 중요한 탐색이 이루어진 것은 1894년과 1904년 사이의 시기였다. 당시의 그는 충분한 경험을 통해 성숙해져 있었고, 어느 정도의 교활함도 겸비하고 있었다. 그 덕에 그의 노력은 결실을 맺게 된다.

찾고 또 찾으라, 그러면 찾게 되리니

1895년경, 구르지예프와 그의 친구들은 '진리의 탐구자들' 협회를 결성했다. "온갖 전문가들이 포함된 그룹이었다." 그는 훗날 이렇게 술회했다. "모든 구성원이 특정 주제에 관해 상당히 많은 연구를 한 상태였다. 나중에 함께 모였을 때, 우리는 우리가 알아낸 모든 정보를 취합했다." '진리의 탐구자들'은 단독으로 또는 무리를 지어 실험을 하고 탐험에 나섰고, 이 소규모 협회의 이름이 명확하게 규정하고 있는 공통의 목적을 위해 모든 결과를 공유했다.

그러나 1896년에 크레타 섬에서 전설의 이마스툰 결사의 흔적을 찾아 나섰을 때 구르지예프는 혼자였다. 그때 그가 그리스의 민족주의적인 '스파르타쿠스주의' 조직인 에티니키 에테리아Ethniki Etaireia의 활동에 편승했다는 것은 명백해 보인다. 크레타 섬의 스파키아Sfakia 지역에서 일어난 그리스인들의 무장봉기에 휘말린 구르지예프는 그의 삶에서 그를 맞춘 — 본인의 표현을 빌리자면 요술처럼 그의 몸을 '푹' 뚫고 들어온 — 세 발의 유탄 중 첫 번째를 맞고 부상을 입는다. (생전에 구르지예프는 각각 다른 시기에 한 발씩 도합 세 발의 유탄을 맞았다.) 이 세 경우 모두 그에게 '거의 치명적인' 상처를 입혔다. 그때마다 그의 몸은 쇠약해졌고, 그 탓에 이런저런 풍토병에 감염되어 생사를 헤맸다. 구르지예프는 특유의 신랄한 어조로 현지의 잡균들이 "나를 방문해서 나의 몸 안에서 잔치를 벌였다"고 술회하고 있는데, 그가 걸린 풍토병은 그 유명하고 희귀하다는 쿠르디스탄 괴혈병에서, 그 못지않게 유명한 아르메니아 이질과 희귀하기 짝이 없는 아슈하바트 베딩카Ashkhabadian bedinka, 보카리안 말라리아Bokharian malaria, 티베트 수종, 발루치스탄Baluchistan 이질을 위시한 온갖 질병을 망라했고, 이것들은 그의 몸에 '사라지지 않는 명함'을 남겼다.

그러나 여느 때처럼 내면 세계의 강박관념에 의해 기력을 유지할 수 있었던 구르지예프는 불굴의 투지를 발휘했고, 1897년에는 '진리의 탐구자들'과 함께 투르키스탄과 이란 서북부의 타브리즈Tabriz를 거쳐 바그다드까지 갔다.

이 원정에서 그들은 페르시아의 어떤 데르비시에 관한 소문을 여러 번 들었는데, 구르지예프를 위시한 탐구자들은 그를 찾아내려고 굳게 결심했다. 굳은 결심이 필요했던 것은 틀림없었다. 일행은 원래 예정했던 여정에서 벗어나 13일 동안이나 목동의 오두막이나 토굴과 다를 바가 없는 움집 따위에서 밤잠을 청하며 고생해야 했기 때문이다.

이런 고생을 한 끝에 마침내 발견한 데르비시는 누더기를 걸치고 햇살을 가려주는 나무 아래에서 맨발로 책상다리를 하고 앉아 있었다. 나이 든 수행자는 처음에는 아무 반응도 보이지 않다가, 일행이 얼마나 멀리서 힘들게 이곳으로 왔는지를 듣고는 대화에 응했다. 그들은 함께 음식을 먹었다. 구르지예프는 요기의 전통적인 식사법에 따라 음식을 먹었다. 당시 상대적으로 경험이 적었던 그는 몇몇 인도 요기들의 영향을 받고 있었고, 그 가르침에 따라 '모든 규칙에 따라 철저하게 씹은 뒤에야 작은 조각을 삼키는' 식으로 천천히 음식을 먹었다.

수행자는 구르지예프에게 왜 그런 식으로 음식을 씹느냐고 물었다. 구르지예프는 이것이 위대한 요기들에게 배운 적절한 취식取食 방식이라고 자랑하듯이 대답했다.

노인은 고개를 가로젓더니 애석하다는 듯이 중얼거렸다. "아무것도 모르면서 타인을 왕국의 문으로 인도하려고 하는 자는 신에 의해 죽음을 맞으리라."

나이 든 현자는 구르지예프가 잘못 배운 탓에 완전히 그릇된 방식으로 음식을 먹고 있으며, 음식은 조금만 씹어서 덩어리째 삼켜야

지, 그러지 않는다면 위가 쪼그라든다고 설명했다. 그는 요기들의 호흡법은 이 과도한 씹기보다 한층 더 나쁘고, '현대의 교파들'이 가르치는 모든 '인공적인 호흡법'들은 오히려 해가 된다고 역설했다.

그런 다음 노인은 '복잡한 기계 장치'로서의 인간 육체에 대해 언급하며 '모든 조그만 나사와 모든 조그만 핀'에 이르는 부품들에 대해 모르는 채로 기계를 건드린다면 되레 해가 될 공산이 크다고 설명했다.

숨겨진 지식에 대한 구르지예프의 평소 생각은 여기서 완전히 뒤집혔다. 페르시아의 데르비시를 만나기 전까지만 해도 그는 대부분의 '영적 스승'들이 자기 가르침에 대해 숙지하고 있다고 믿고 있었다. 그래서 지금까지 그는 아무 의심도 하지 않고 엄청난 양의 요가적 정크푸드를 먹어 치웠고, 간간이 영양분이 있는 음식을 섭취하는 식으로 살아왔던 것이다. 그러나 지금 그는 설득력이 있고 일관적인 노인의 의견이 옳다고 느꼈다. 그렇다면 지금까지 그가 따랐던 취식법이나 호흡법은 잘못되었을 뿐만 아니라, 그의 탐구 방식에도 문제가 있다는 얘기가 된다. 진위를 가릴 안목이 없었던 것이 문제였다.

구르지예프가 쓴 《비엘제붑이 손자에게 들려주는 이야기》에서 주인공 비엘제붑은 자기 손자와의 대화에서 지상의 불교가 전하는 가르침은 (제한적이나마 순수함을 유지하고 있는 몇몇 예외적인 경우를 제외하면) 애석하게도 왜곡된 경우가 너무 많다고 지적했다. 히말라야 산맥의 외딴 수도원을 방문한 비엘제붑은 그곳에 자리 잡은 불교의 한 분파의 수행자들이 마치 관을 세워둔 것처럼 보이는 길고 가느다란 움막 안에 스스로를 가두고 그곳에서 여생을 보낸다는 사실 — 아마 욕망을 극복하기 위해 — 을 알고 경악한다. 구르지예프는 본래의 가르침이 그런 식으로 왜곡된 현상을 두고 "사악하다"고 평하곤 했는데, 비좁은 오두막에 스스로를 감금하는 수도승들의 이야기는 영적인 가르침이 전달되면서 필연적으로 겪을 수밖에 없는 열화劣化 과정을 극화한 것이라고 할 수 있다. 이 이야기와 페르시아 수행자의 일화를 통해 우리는 기성 종교와 수행법들에 대한 구르지예프의 태도가 한층 더 회의적으로 (때로는 조금 냉소적인 느낌이 들 정도로) 변화했다는 사실을 알 수 있다. 방송국이 송신한 신호를 제대로 수신하기 위해서는 신중한 선별 과정을 거쳐 철저하게 잡음을 제거할 필요가 있다는 교훈을 얻었다고나 할까.

나이 든 페르시아 수행자와의 만남에 관한 일화에서는 구르지예프의 총체적인 가르침 특유의 요소를 더 많이 찾아볼 수 있으며, 그런 경향은 특히 생물의 '기계적' 속성을 강조하는 부분에서 두드러진다. 인간의 기계성에 대해 구르지예프는 두 가지 관점을 채택하고 있다. 한쪽 관점은 인간은 '그릇된' 방식으로 기계적이며, 그런 인간이 자유로워지고 각성하려면 심리적인 기계성을 극복해야 한다고 주장한다. 반면 다른 관점에서 보면, 인간은 본디 기계다. 인간이라는 생명체는 복잡하고 부드러운 기계이며, 이 기계를 물리적인 의미에서, 또 그것이 내포한 복잡한 잠재력이라는 측면에서 이해하려면, 우리는 인간의 저차적인 기계적 측면을 이해할 필요가 있다. 어떤 의미에서 우리는 우리의 기계성을 초월할 필요가 있고, 다른 의미에서는 그것을 받아들이고 좋은 상태로 유지할 필요가 있는 것이다.

소년 시절 구르지예프는 장래에 '전문 기술자'가 되고 싶다는 야심을 가지고 있었고, 그런 그의 글이나 가르침이 일관되게 기술 연구의 양상을 띠고 있는 것은 결코 우연이 아니다. 개인의 죽음에서 살아남을 수 있는 영혼을 만들어내기 위해 여러 '에너지'와 '존재의 양식들'(being-foods)*을 변환하는 과정에 관해 얘기할 때조차도 구르지예프의 설명은 기술 지향적이다. 이런 에너지 변환 과정을 구르지예프가 아닌 다른 사람이 얘기했다면 초자연적인 주장으로 받아들여졌을 것이다. 반면 구르지예프의 가르침에서 이것은 고차원의 자연주의로 승화된다. 구르지예프에게 모든 것은 물질이고, 눈에 보이지 않는 세계조차도 물질의 한 형태였으며, 우주의 모든 것은 명확하게 정의된 법칙에 따라 작동한다. 이 법칙들 대부분은 우리에게는 미지의 것들이지만, 뉴턴 역학 못지않게 확고하게 존재한다.

그럼에도 우주의 고차원 영역들을 대하는 구르지예프의 태도는 경건했다. 구르지예프에게 우리의 내부와 위에 존재하는 우주라는 '기계'는 어느 지점부터는 정치精緻하게 진동하면서 기계적이라는 단순한 표현을 완전히 초월하고, 인간의 힘으로는 형언 불가능한 지고의 경지에 도달하는 것이었기 때문이다. 기본적이라고 할 수 있는 법칙은 소수 존재하지만, 지구 층위에서 시작해서 궁극의 시원始原인 '절대'의 경지로 다가갈수록 우리를 제한하는 그런 '법칙'의 수는 점점 줄어들며, 더 큰 자유가 주어지고 순수하게 신적인 지성도 증대한다. 모든 것을 포괄하는 이 고차원에서는 법칙들의 수 자체가 줄어드는 고로, 물리 법칙조차 완화될지도 모른다. 따라서 시스템과

---

* 구르지예프는 세 종류의 양식이 있다고 보았다. 첫째는 일반적인 음식, 둘째는 공기, 셋째는 감각 기관들을 통해 들어오는 인상들(impressions)이다. 역주.

자연법칙을 분석적으로 음미하면서도, 구르지예프는 모든 것을 과학으로 환원하는 과학주의의 노예였던 적이 한 번도 없었고, 《비엘제붑이 손자에게 들려주는 이야기》에서는 관습에 얽매인 구태의연한 과학자들을 조롱하기까지 한다.

아무튼 구르지예프는 과학적 방법에 매력을 느낀 듯하고, 은비학의 영역에까지 그것을 (가급적 최대한) 응용하려고 노력했다. 훗날 그가 즐겨 언급한 경구 중 하나는 오직 분석적인 마음을 가진 사람만이 그의 '학교(Institute)'에서 일할 수 있다는 것이었다. 그는 제자들에게 실험을 하라고 촉구했다. 무모한 실험이 아니라 신중하게 계획된 절차를 통해 무엇이 진실이며 무엇이 진실이 아닌지를 알아내고, 무엇이 망상이고 무엇이 현실인지를 확인하라고 말이다. "본인이 직접 확인할 수 없는 것은 아예 믿지 말라."

은비학적 지식을 샅샅이 조사해서, 과학적 방법을 통해 체계적으로 — 그리고 논리적으로 — 확인할 필요가 있다는 구르지예프의 태도는 영적 스승들의 일반적인 유형과는 동떨어진 것이다. 인간의 성질을 기계적인 것으로 보는 관점 역시 마찬가지다.

그리고 상술한 페르시아 데르비시의 특징은 과학적이며 기술적인 서구의 관점과 동방의 영적 지혜의 완벽한 조합을 의인화한 것처럼 보인다.

《놀라운 사람들과의 만남》에 포함된 대다수 일화들과 마찬가지로 이 페르시아 수행자의 이야기는 우화일 가능성이 있다. 자기 관찰을 통해 탐구자는 '인상 획득'(ingest impressions) — 탐구자의 진짜 행동과 내적인 반응들의 관찰 — 을 수행해야 하며, 이런 관찰 결과를 반추하는 대신 '단박에 씹어 한꺼번에 삼킴으로써' 새로운 자기 이해의 일환으로 소화시켜야 한다는 뜻이다.

음식은 덩어리째 삼키라는 수행자의 기묘한 충고를 통해서, 구르지예프는 분석이나 자기 성찰을 거치지 않고 '인상'이라는 양식(food)을 획득하는 과정을 비유적으로 표현했을 수 있다. 수행자는 바로 이런 방법을 통해 냉정하고 객관적으로 스스로를 바라봄으로써 영적인 성장을 이룰 수 있기 때문이다. 구르지예프는 이런 객관적인 '인상'들이 글자 그대로 일종의 음식이라고 가르쳤다.

구르지예프와 그의 동료들은 나이 든 수행자와 오랫동안 얘기를 나눈 다음, 그에게 감사의 말을 고하고 원래의 여정으로 복귀했다. 그들이 희구하는 진리의 별을 따라서.

사르멍 교단

구르지예프의 주된 전기 작가 두 사람[*]에 의하면, 구르지예프가 러시아 제국의 첩보원이 된 것은 1890년대 중반에서 후반의 일이었다. 차르의 이익을 위해 (더 중요한 것은 물론 구르지예프 자신의 목표 달성이었지만) 신분을 위장하고 티베트에 부임한 구르지예프는 티베트의 관리 한 명과 호혜적인 친분을 쌓았다. 그 관리는 아그완 도르지예프Agwhan Dordjieff였을 공산이 크다.

그러나 가장 중대한 사건은 1898년에 일어났다. 구르지예프가 마침내 사르멍 교단을 찾아냈던 것이다. 뉴 부카라New Bukhara에 있던 구

---

[*] 방대하지만 들쑥날쑥한 느낌을 주는 제임스 웹James Webb의 《조화로운 서클》(The Harmonious Circle)은 제임스 무어의 《구르지예프: 신화의 해부》보다 먼저 출간되었다.

르지예프를 만나 사르멍 교단의 구성원을 만났다고 고한 것은 그의 친구이자 데르비시였던 보가-에딘$^{Bogga-Eddin}$이었다.

나이 든 사르멍 교단의 데르비시는 구르지예프 애기를 들은 적이 있다고 보가-에딘에게 말했다. 물론 구르지예프는 그 즉시 이 나이 든 데르비시와의 만남을 추진했고, 그와 동료 '진리의 탐구자'인 솔로비예프가 사르멍 교단의 수도원을 방문할 수 있는 소개서를 얻어 냈다.

말에 탄 네 명의 카라-키르기스$^{Kara-Khirgiz}$(현재의 키르기스스탄)인 기수들이 예니-히사르$^{Yeni-Hissar}$ 요새의 폐허에서 구르지예프와 솔로비예프를 맞이했다. 카라-키르기스인들은 수도원으로 가는 길을 볼 수 없도록 바시크^{bashliks}라고 불리는 두건을 두 탐구자의 머리에 뒤집어 씌운 다음 (이것은 그들이 수도원에 체류해도 좋다는 허가를 얻지 못할 경우에 대비한 것이었다) 말에 태웠고, 투르키스탄의 산악지대를 누비는 긴 여정을 시작했다.

구르지예프와 솔로비예프는 컴컴한 밤이 되어 야영할 때만 두건을 벗고 있어도 좋다는 허락을 받았다. 말을 타고 길을 가던 중에 벗은 것은 딱 두 번뿐이었다. 그중 한 번은 다 썩어가는 판자를 밧줄로 엮어 만든 좁다란 출렁다리를 건너기 위해서 온 정신을 집중할 필요가 있었기 때문인데, 할리우드 영화였다면 건너는 중에 한쪽 끝이 끊어지는 통에 불운한 주인공은 악어가 득시글거리는 강 위에서 대롱대롱 매달린 채로 절벽을 기어올라야 했을 것이다. 구르지예프는 당장이라도 끊어질 듯이 삐걱거리는 낡은 출렁다리 하나에 의지해서 현기증을 유발할 정도로 깊은 심연 위를 가로지르면서 심장이 몇을 듯한 느낌을 맛보아야 했다.

이런 우여곡절을 거쳐 구르지예프와 솔로비예프는 마침내 사르멍 교단의 수도원에 도착했다. 어떤 협곡의 폭포 옆에 자리 잡은, 요새를 방불케 하는 꾸밈없는 건물이었지만 일종의 황량한 아름다움을 간직하고 있었다. 수도원 관계자들은 구르지예프와 솔로비예프를 친절하게 맞이했다. 두 사람은 간소하지만 안락한 방을 하나씩 배정받고, 간소하면서도 좋은 음식을 제공받았지만, 처음에는 그냥 무시당하는 것에 가까웠다. 그러나 수도원을 마음대로 돌아다니며 구경해도 좋다는 허락을 받았는데, 이것은 그 자체로서 이례적이라고 할 수 있는 조치였다.

일부 해설가들은 구르지예프가 묘사한 사르멍 수도원이 완전한 우화이거나, 아니면 그가 방문한 적이 있는 다양한 수도원들을 하나로 융합시켜서 그 자신이 설립하고 싶은 '학교'의 모델을 제시한 것이라고 주장한다. 그러나 이 수도원으로 가는 여정이나 수도원 자체에 관한 구르지예프의 묘사는 무시하기 힘든 핍진성이 깃들어 있다. 수도원으로 가는 도중 두건을 잠깐 벗었을 때, 길가에 늘어선 높다란 비석들에 매달린 알록달록한 번기幡旗와 짐승 꼬리가 펄럭이는 광경을 본 기억. 어느 노파가 솔로비예프를 향해 수도원을 떠나면 안 된다고 손짓으로 경고하는 것처럼 보였지만, 알고 보니 따뜻한 우유를 마시러 오라고 권한 것에 불과했다는 일화. 폭포 주위를 에워싼 소리와 정적의 완벽한 조화. 이런 식의 세부 묘사를 읽어보면, 독자는 구르지예프가 정말로 그런 장소에 갔다는 인상을 받지 않을 수가 없다. 그곳이 실제로는 뭐라고 불렸던 간에 말이다.

사르멍 수도원에 도착한 지 사흘째 되는 날 아침, 어떤 소년이 놀라운 소식이 담긴 지인의 쪽지를 가지고 왔다. 그 쪽지를 보낸 지인은 다름 아닌 루보베드스키 대공 본인이었는데, 지난 2년 동안 구르지예프와는 연락이 끊겨 있던 상태였다. 먼저 이 수도원으로 온 루보베드스키는 최근 한쪽 발의 감염증으로 인해 (이런 세부 역시 진실미가 있다) 앓아누워 있었는데, 구르지예프가 와서 정말 기쁘다는 내용이었다. 루보베드스키는 특히 구르지예프가 자신의 옛 친구들의 소개를 받고 사르멍 수도원을 발견한 것이 아니라는 사실에 기뻐했다. "그간 자네도 잠들어 있지 않았다는 사실을 증명하기 때문이라네."

구르지예프는 그 즉시 옛 동지를 만나러 갔다. 루보베드스키는 자신이 절망과 좌절로 인해 무력감에 빠져 있었을 때 어떤 데르비시를 만났다고 구르지예프에게 술회했다. 늙수그레하지만 정확한 나이를 가늠할 수 없는 이 데르비시는 겸손했지만 일종의 텔레파시를 통해 루보베드스키의 내면을 샅샅이 파헤치는 것처럼 보였고, 루보베드스키가 지금까지 수행해온 45년간의 탐구는 '마음의 욕구가 가슴의 욕구가 되지 못한 탓에' 헛되다고 단언했다. 이것은 인간의 두 중심의 동시적이고 조화로운 기능을 지향하는 구르지예프의 고전적인 수행법이기도 하다.

2주 후 구르지예프와 솔로비예프는 '수도원의 일상적인 삶 속으로 들어와도 좋다는' 허락을 받았다. 그들의 안내자는 나이가 약 275세에 달한다는 노인이었다. 수도원 경내는 세 개의 뜰로 나뉘어 있었다. 바깥쪽 뜰은 구르지예프와 솔로비예프가 머물고 있는 건물이 있는 곳이었고, 두 번째 뜰에는 중간 단계의 수행자들이 머물고 있었다. 가장 안쪽의 세 번째 뜰에는 '마치 사원처럼 보이는' 커다란 건물이 있었다. 여기서 우리는 구르지예프가 '사원'이라고 하지 않고 '마치 사원처럼 보인다'고 했다는 점에 주목할 필요가 있다. 바꿔 말해서 이 수도원이 존재하는 목적은 종교 자체는 아니지만 종교와 어느 정도는 공통되는 점이 있었다는 뜻이다.

옆쪽에 하나 있는 뜰은 '여성의 뜰'이라고 불렸는데, 그곳에서는 젊은 무도舞蹈 여승들이 신성한 춤을 배우고 있었다. 두 번째와 세 번째 뜰에 사는 수행자들은 하루에 두 번 이곳에 모여 여승들이 사르멍의 신성 음악에 맞춰 신성무神聖舞를 추는 광경을 감상했다. 여승들은 어릴 때부터 몇천 년간 이어져 내려오는 춤들을 습득하는데, 이 춤 하나하나는 (그것에 담긴 상징체계를 해독할 수 있는 사람에게는) 대홍수 이전의 선인들이 부호의 형태로 각인해놓은 이런저런 진리가 담긴 일종의 복잡한 신체적 수기手旗 신호에 해당한다고 했다.

구르지예프는 젊은 여승들을 훈련시키는 데 쓰이는 기구도 묘사하고 있다. 사람 키보다 높은 기둥에서 특별히 절삭한 일곱 개의 '가지(branches)'들이 튀어나온 물건이었는데, 각 가지 역시 일곱 부분으로 나뉘어 있었다. 이 장치의 일부에는 수납장 안에 따로 보관되어 있는 금속판들에 각인된 특수한 상징에 조응하는 상징들이 새겨져 있었다. 가지들을 미리 정해진 위치로 움직임으로써 그 앞에 선 젊은 여승들은 특정 자세 — 그런 자세 하나하나가 태곳적의 지혜를 후대에 전할 목적으로 부호화된 레고미니즘legominism이다 — 를 취하게 되고, 그것이 제2의 천성이 될 때까지 몇 시간 동안이나 그런 자세를 유지하는 방식이었다. 일곱 부분으로 나뉜 일곱 개의 가지라는 묘사는 본서 5장에서 탐구하게 될 구르지예프의 '7의 법칙'이 묘사하는 옥타브의 단계들을 연상케 한다.

여승들의 신성한 춤을 본 구르지예프는 그 정교함과 완벽함에 경탄했다. 훗날 구르지예프는 이런 춤들과 다양한 수행 집단들의 수도원에서 볼 수 있는 다른 종류의 춤들을 본떠 그만의 특이하고 난이도가 높은 신성무를 고안했고, 그가 세운 '학교'에서 가르쳤다. 구르지예프 재단은 지금도 이 춤을 가르치고 있는데, 이것은 '무브먼트 Movements' 또는 '구르지예프 무브먼트'라고 불린다. (영화판《놀라운 사람들과의 만남》의 사르멍 교단 관련 장면에서 정통적인 '무브먼트'의 예를 볼 수 있다.)

《놀라운 사람들과의 만남》에 의하면 어느 날 루보베드스키 대공은 그가 앞으로 3년밖에는 살지 못하리라는 사실을 수도원의 시크 sheikh(지도자)에게서 들었다고 구르지예프에게 고백했다. 시크는 일종의 예지 능력을 통해 그 사실을 알았다고 했다. 불과 3년밖에는 살날이 남지 않은 루보베드스키는 히말라야 산맥의 북쪽 사면에 있는 다른 수도원으로 가서 집중적으로 내면 수행을 하라는 조언을 들었다.

그래서 루보베드스키는 대상隊商과 함께 출발했다. 구르지예프는 절친인 대공과의 이별을 슬퍼했다. 그 이래 두 사람이 다시 만나는 일은 없었다. 그러나 구르지예프는 루보베드스키의 선택이 옳았음을 의심하지 않았다. 대공은 그에게 작별을 고하며 "그토록 많은 가능성들을 내 손에 쥐고도 허송세월을 했지만, 이번에는 그걸 만회할 수 있을지도 모르겠군"이라고 말했기 때문이다.

이것은 구르지예프가 남긴 글 여러 곳에서 볼 수 있는 경고다. 우리가 얼마 남지 않은 귀중한 시간을 허비하고 있다는 자각에서 오는 절박감 말이다. 인간은 지금보다 훨씬 더 높은 존재가 되고, 심지어는 죽음을 극복할 가능성조차 있는데, 절대다수는 그런 잠재력을 현실화할 수 있는 수행을 하지 않는다.

구르지예프의 사르멍 수도원 이야기에는 비유적인 상징도 포함되어 있을 공산이 크다. 그는 눈가리개를 한 채로 안내자들에게 목숨을 맡기고 위험천만한 길을 따라 수도원으로 가야 했다. 영적 가르침을 얻으려면 안내자의 존재는 필수적이며, 초기에 수행자는 (비유적으로 말해서) 거의 '장님이나 다름없는' 맹목적인 상태에서 인도받는 법이다. 훗날 구르지예프의 제자가 된 지성인 오리지는 글자 그대로 아무 쓸모도 없는 도랑을 파라는 스승의 지시를 받았지만, 한동안은 자기가 왜 그런 일을 해야 하는지 이해하지 못했다. 시간이 흐른 뒤에는 마침내 그 의미를 터득할 수 있었지만, 그럴 수 있을 때까지는 맹목적으로 스승의 지시에 따르는 수밖에 없었던 것이다.

사르멍 수도원으로 가는 길에 심연을 가로질러야 했을 때 구르지예프는 눈가리개를 떼어낼 수 있었다. 심연 자체도 강력한 은비학적 상징이며, 종종 허영의 소멸과 관련해서 언급된다. 수행자는 위험천만해 보이는 길에서 자발적으로 에고를 포기하고, 죽음의 균열을 가로지르면서도 굳건한 믿음을 유지해야 한다. 그러나 이 시점부터는 탐구자는 스스로를 인도해야 한다. 눈가리개를 떼어낸 탐구자를 인도하는 것은 외부 지시가 아닌 '그 자신의 자각의식'이기 때문이다. 그러나 밧줄과 판자를 엮어 만든 출렁다리를 건넌다는 행위는 위험천만한 것이고, 한 번이라도 발을 헛디디면 아래로 추락하게 된다. 따라서 그의 자각의식은 날카롭게 연마되어 있어야 한다. 살아서 심연을 넘으려면 '진정으로 주의를 기울일' 필요가 있는 것이다.

사르멍 수도원을 이루는 세 개의 뜰은 영적 가르침에서 말하는 세 개의 원에 상응한다. 바깥에 면한 원을 의미하는 외원外圓(exoteric circle), 그보다 안쪽으로 들어간 곳에 있는 중원中圓(mesoteric circle), 그리고 가장 안쪽에 있는 비전 전수자들의 거처인 비원秘圓(esoteric circle)이다. 구르지예프는 처음에는 바깥쪽 뜰의 건물에 머물렀고, 그다음에는 그보다 안쪽에 있는 두 번째 뜰로 들어갔다. 수행자가 밖에서 안을 향해 들어가는 것처럼 말이다. 교회 같은 일반적인 영적 집단과 그 가르침은 외적(exoteric)이지만, 눈썰미가 있다면 기독교의 일부 종파 내부에서도 내적(esoteric)인 비전秘傳에 해당하는 전통을 찾아볼 수 있다. 이슬람교와 불교 전통의 경우도 마찬가지라서, 사원과 기도 등의 외면적인 요소들을 내세운 종파가 있는 한편, 극소수에게만 전수되는 은밀한 밀교적 전통도 존재한다.

아마 구르지예프는 비전에 해당하는 가르침의 일부를 외부에 공개한 것인지도 모르지만, 대부분의 내적 가르침은 여전히 특별한 장소에서 구전으로만 전달된다.

마지막으로, 루보베드스키 대공 자신과 사르멍 교단의 데르비시와의 만남에 관한 일화가 있다. 데르비시는 대공에게 "전 존재를 써서 자기 자신이 정말로 텅 비어 있다는 사실을 느끼라"고 충고했다고 한다.

우선 "전 존재를 써서 느낀다"는 대목인데, 이 표현만으로도 구르지예프의 '워크'를 많은 부분 요약할 수 있다고 해도 과언이 아니다. 그런 다음 자기 자신이 정말로 텅 비어 있다는 사실을 느끼는 행위 — 구르지예프 본인의 표현을 빌리자면 '자신의 무無 전부'를 감지하는 행위 — 는 수행자가 반드시 밟아야 하는 매우 중요한 단계다. 항아리를 가득 채우려면 우선 그것이 비어 있다는 사실을 알아야 하고, '워크'에서 '아는' 것은 채우는 행위의 발단이 되기 때문이다. 비어 있음이 진정하고 항구적인 존재를 창조하기 위한 시작임을 냉철하게 감지하는 것이다.

이 접근법은 구르지예프 수행법의 전형이라 할 수 있다. 자신이라는 존재의 일부 이상을 써서 원함으로써, 바꿔 말해서, 그런 의도를 가질 수 있도록 소원함으로써 세 중심 중 하나를 더 작동시키는 것이다. 그리고 대공의 경우는 그런 의도를 마음뿐만 아니라 가슴으로도 느끼는 것이 특히 중요했다.

죽마 타고 폭풍 넘기: 고비 사막과 그 너머에서

이런 경험을 한 후 같은 해에 구르지예프와 '진리의 탐구자들'은 대상로隊商路를 따라 고비 사막을 가로지르기로 했다. 대부분 사막의 모래 아래에 묻혀 있다고 알려진 고대 도시의 잔재를 찾아보기 위해서였다. 일단 그곳을 찾아내면 '탐구자들'의 일원이자 고고학자인 스크리들로프 교수의 지도를 받으며 시험적인 발굴을 해볼 예정이었다. 구르지예프는 결국 실패로 끝난 이 탐험에 관해《놀라운 사람들과의 만남》에서 언급하고 있는데, 그의 묘사가 실제로 있었던 여행 또는 여행들에 개략적으로나마 기반한 것임은 의문의 여지가 없다. 솔로비예프의 기묘한 죽음을 위시한 여러 세부적 일화에는 진실미가 깃들어 있기 때문이다. 그럼에도 이 사건에 관해 논한 구르지예프의 진짜 목표는 비유를 통한 가르침의 전수인 것처럼 보인다.

고비 사막을 횡단하려면 극복 불가능해 보이는 온갖 난관에 대처할 필요가 있었다. 오랜 시간을 들여 원거리를 주파해야 하지만, 충분한 식량을 지참하는 일조차 쉽지 않았다. 탐험대의 각 멤버는 자기 전공을 살려 이런저런 제안을 내놓았다. 광산 기사인 카르펜코는 고비 사막의 모래에는 몇천 년에 걸쳐 바람에 날려온 식물질植物質이 이산화규소 성분과 섞인 채로 퇴적되어 있으므로, 식량이 고갈되는 비상 상황에서는 그것을 추출해서 먹을 수 있다고 주장했다.

다른 멤버인 사리-오글리Sari-Ogli 박사는 고비 사막의 사나운 모래폭풍에서 살아남는 수단을 고안했다. 그는 특수한 죽마竹馬를 제막해서, 강풍을 맞으면서 발이 푹푹 빠지는 깊은 모래 위를 걷는 연습을 했다. 그런 죽마를 딛고 있으면, 저고도에서 모래폭풍이 몰아치더라도 탐험대원들은 폭풍이 닿지 않는 높은 곳에서 느긋하게 그것을 내려다보며 이동할 수 있다는 논리였다.

탐험대는 죽마로도 쓸 수 있고 운반용 들것의 뼈대로도 쓸 수 있도록 고안된 긴 장대를 여러 개 휴대하고 있었다. 그들은 죽마를 써서 걷는 연습을 한 다음 "마치 고대 왕들의 거창한 행차처럼 열을 이룬 들것들을 끌고, 양과 염소 울음소리, 개가 짖는 소리, 말과 당나귀들의 시끄러운 울음소리의 배웅을 받으며" 출발했다. "우리의 쾌활한 노랫소리도 오랫동안 울려 퍼졌다."*

그들은 사막 한복판에서 야영을 하기 위해 멈춰 섰고, 음식을 마련하고 "도살한 양의 뼈를 우려낸 국물로 티베트 차를 끓였다."

그런 뒤에 재앙이 엄습했다. 열정적인 사냥꾼이었던 솔로비예프가 야생 낙타 무리를 발견하고 한 마리 잡겠다며 라이플을 들고 사냥에 나섰던 것이다. 그러나 그는 돌아오지 않았다. 일행은 수색에 나섰다가 한참 뒤에 솔로비예프의 시체를 발견했다. 야생 낙타에게 물려 목이 반쯤 떨어져 나간 상태였다.

일행은 동료의 느닷없는 죽음으로 인해 큰 비탄에 빠졌고, 도저히 탐험을 이어갈 기력을 불러일으킬 수 없었다. 목적지에 도착하기 직전이었음에도 그들은 원정을 중지했다.

구르지예프는 인간이 섭취하는 모든 것은 (인지적인 '인상 획득'에서 우리가 호흡하는 공기에 깃든 미묘한 에너지들까지 포함해서) 어떤 의미에서는 글자 그대로 음식이라고 가르쳤다. 요한복음 6장 27절에 "썩어 없어지는 양식을 위해 일하지 말고 영생하도록 있는 양식을 위하여 일하라"고 나와 있듯이 말이다.

탐험대가 모래로 음식을 대용하고 죽마를 타고 이동한다는 대목이 상식적인 관점에서 얼마나 비현실적인지를 감안한다면, 구르지예프는 이 고비 사막의 비유에서 허풍이라는 조미료를 뿌린, 진리라는 이름의 요리를 독자들에게 제공하고 있는 것으로 해석해도 될 것

* 《놀라운 사람들과의 만남》

이다.

그러나 이 이야기는 구르지예프의 관점에서는 진실이다. 우리가 그것을 해독할 수만 있다면 말이다.

고비 사막 원정의 목적은 숨겨진 도시를, 모래땅에 묻혀 있는 사라진 문명의 진실 — 비밀스러운 지식의 상징 — 을 찾아내는 것이었다. 땅속에 묻혀 있는 비밀스러운 지식을 찾아내려면 어떻게 해야할까? 지식을 얻으려는 모든 탐구자는 원정에 나서야 한다. 설령 이 '원정'이 집에서 책들에 둘러싸인 채로 행하는 탐험이고, 그 책들에 담긴 영적 가르침이라는 개념의 지형을 누비며 이루어진다고 해도 말이다. 이 원정에 나선 탐구자는 길고 힘든 여정을 주파해야 하므로, 결코 단념하는 일이 있어서는 안 된다. '무슨 일이 일어나든 간에' 말이다.

고비 원정대의 구성원들에게는 각자의 전문 분야가 있었고, 개중에는 타고난 재능으로 원정 전반에 도움을 준 사람들도 있었다. 은비학 유파가 개개의 부분을 합쳐서 특별한 조건들의 총체인 게슈탈트Gestalt를 만들어냄으로써 숨겨진 지식을 쫓는 '여정'을 가능케 한다는 맥락에서, 원정대의 구성원들은 하나의 완전한 '학교'를 형성한다.

그렇다면 죽마는? 우리는 삶에서 우리를 엄습하는 크고 작은 폭풍과 스스로를 '동일시할' 필요가 없다. 우리는 속세의 혼란을, 즉 '모래폭풍'을 극복할 수 있고, 신중하며 균형 잡힌 일종의 초연함을 통해 우리의 객관적인 '양심'과의 접촉을 유지할 수 있다. 모래폭풍 위에서 죽마를 탄 채로 균형을 잡고 있는 사람은 '속세에 있지만 그 일부는 아닌' 상태를 유지함으로써 삶의 모래폭풍으로부터 해방될 수 있는 것이다.

어떤 여정에서도 장애물들은 나타나기 마련이다. 구르지예프는 우리를 원래 길에서 벗어나게 만드는 그런 장애물들이 '법칙적인' 필연성에 의거해서 출현한다고 설파했다. 후술할 '7의 법칙'에 따라서 말이다.

그리고 고비 원정에서도 이 법칙대로 장애물은 필연적으로 출현했다. 야생 낙타의 무리가 원정대 앞을 가로지르고, 원정대의 중심 인물이 스스로의 열정에 굴복한다는 형태로. 언제나 자기를 '기억해야' 한다는 사실을 잊은 솔로비예프는 길에서 벗어나 홀로 사막으로 들어갔고, 그곳에서 그의 열정의 대상이었던 야생 낙타에게 물려서 죽었다. 그리고 원정대는 이 사실에 낙담한 나머지 그와 함께 죽었다. 바꿔 말해서, 진리를 탐색하려는 원동력은 원래 길에서 벗어났고, 옥타브 안에서 뚜렷한 상승을 이루지도 못했던 것이다.

구르지예프의 유쾌할 정도로 황당무계한 고비 원정 이야기는 그가 유력인사들로 이루어진 청중 앞에서 했던 다른 이야기를 떠올리게 한다. 구르지예프가 낯빛도 바꾸지 않고 직접 목격했다고 주장한 이야기는 다음과 같다. 그가 방문했던 오지에 깎아지른 듯한 절벽으로 둘러싸인 엄청나게 깊은 협곡이 하나 있었는데, 사람은 도저히 내려갈 수 없는 협곡 바닥에는 다이아몬드 원석들이 널려 있었다. 구르지예프는 똑똑한 현지인들이 그 다이아몬드를 손에 넣기 위해 날고기를 협곡 바닥에 던져놓고, 훈련을 받은 콘도르들을 협곡 바닥으로 보내서 날고기를 가져오게 하는 광경을 목격했는데, 새들이 움

켜쥐고 온 고기에는 다이아몬드 원석들이 달라붙어 있었다는 내용
이었다. 융통성과는 거리가 멀었던 청중은 구르지예프의 이런 농담
을 들어도 전혀 즐거워하는 기색이 없었다. 구르지예프 본인은 아마
그들의 고루함에 도전하는 것을 내심 즐겼겠지만 말이다.

이 이야기는 여러 방식으로 해석이 가능하고, 그중 하나는 다음
과 같다. 콘도르는 죽음의 상징이다. 구르지예프는 제자들에게 사람
은 언젠가는 반드시 죽는다는 사실을 언제나 염두에 두고 있으라고
종종 촉구했다. '자기 관찰'과 자각의식의 획득을 성공시키기 위한
강력한 동기를 부여할 필요가 있었기 때문이다. 너무 늦기 전에 말
이다. 메멘토 모리. 죽음을 기억함으로써 우리는 싫든 좋든 '워크'를
수행한다. 그리고 그런 '워크'를 통해서 우리 내부의 무엇인가는 마
치 다이아몬드가 결정화하듯이 결실을 맺고, 그 결과 영적인 진리라
는 다이아몬드를 얻을 수 있는 것이다.

물론 이런 우화의 경우, 모든 수준에서 이런 식의 은비학적 해석
이 가능하도록 의도된 것은 아닐지도 모른다. 그럼에도 이런 이야기
가 세부적 상징까지 딱딱 들어맞는 것처럼 보인다는 사실은 특기할
만하다. 마치 진정하게 유의미한 우화는 만물과 결부된 자체적인 생
명력을 가지고 공명한다는 사실을 증명하듯이 말이다.

1899년. 데르비시로 위장한 구르지예프와 스크리들로프 교수는
아무 다리야^{Amu Darya} 강을 거슬러 올라가서 카피리스탄^{Kafiristan}*으로

---

* 아프가니스탄 북동부 누리스탄Nuristan 주의 옛 이름. 역주.

들어갔다. 여행 중에 그는 다른 여행자와 친구가 되었는데, 그가 조반니^{Giovanni} 신부라고 부른 전직 신부였다. 이 전직 신부는 구르지예프와 스크리들로프 교수를 '세계 형제단'이라는 이름의 비밀스러운 교단의 수도원에 소개해주었다. 이 수도원에서 수행 중인 수행자들 중에는 과거에는 기독교도, 유대교도, 무슬림, 불교도였던 사람들까지 포함되어 있었고, 샤머니즘 신자조차도 한 사람 있었다. 세계 형제단은 '진리인 신'에 대한 봉사라는 대의 아래 합심하고 있었고, '스스로의 신앙을 변화시키는' 것을 목적으로 하고 있었다.

조반니는 구르지예프의 가르침에서 또 하나의 중요한 개념을 체화한 인물이다. "신앙을 사람에게 부여할 수는 없다. 사람 내부에서 생겨나서 자라나는 신앙은 자동적인 학습의 결과가 아니며… 이해에서 오는 것이다."^{**} 조반니 신부 — 그리고 구르지예프 — 는 이해와 단순한 지식 획득을 뚜렷하게 구분했다. 그리고 이것은 결코 학술적인 구분에 머무르지 않는다. 이 둘 사이의 차이는 진정한 가능성을 내포한 인간과, 단지 인간 모습을 했을 뿐인 앵무새 사이의 차이이기 때문이다.

구르지예프의 표현을 빌리자면, 진정한 이해란 먹고 소화함으로써 그 인간의 일부가 되는 것이고, 궁극적으로는 그의 영적 존재의 일부가 되는 것이다.

구르지예프와 스크리들로프는 수도원에서 배운 진리에 압도당할 지경이 될 때까지 그곳에 머물렀다가, 급기야는 그것을 소화하기 위

** 《놀라운 사람들과의 만남》

해서 귀향해야 했다.

그 후 '진리의 탐구자들'이 원정에 나선 것은 단 한 번뿐이었다. 새로운 세기의 첫 번째 해에 해당하는 1900년, 그들은 파미르 고원과 인도를 여행했다. '탐구자들'은 도중에 길을 잃고 천신만고를 겪은 끝에 놀라운 능력을 가진 데르비시를 만났다. 이 데르비시는 그들에게 치유에 관해 엄청나게 많은 것을 가르쳐주었고, 죽음을 극복할 수 있는 '아스트랄 형태'의 창조에 관해서도 더 많은 지식을 전수해주었다고 한다.

티베트, 유탄, 치유 속의 치유

20세기 초반의 구르지예프의 행적에 관해서는 거의 알려진 것이 없다. 그때까지 습득한 모든 지식을 분류하고 형식화함으로써, 그의 장려한 가르침을 체계적으로 구축하고 있었다고 추측할 수 있을 뿐이다.

구르지예프의 대외적인 활동은 개략적으로밖에는 알려져 있지 않지만 게으른 것과는 거리가 멀었다. 기록에 의하면 그는 1901년 7월 1일에 차르 니콜라이 2세를 알현했다. 일부 문헌에 의하면 (제임스 무어가 쓴 전기도 여기 포함된다) 그로부터 얼마 후 그는 (아마) 차르 니콜라이 2세의 첩자가 되어 티베트로 갔다. 티베트에서 몇 년을 지내면서 그는 티베트 여인과 결혼했고, 빨간 모자 라마승들과 함께 수행했고, 자식을 두 명 두기까지 했다고 한다. 몇십 년 후 구르지예프는 그의 제자인 스탠리 노트^{Stanley Nott}와 존 베넷에게 티베트에 남겨두고 온 그의 가족에 관해 무심코 언급한 적이 있다.

노트가 전하는 바에 따르면, 구르지예프가 티베트를 떠나올 수밖에 없었던 이유는 고산 지대의 높은 고도 탓에 건강이 악화되었기 때문이었다. 그러면서도 구르지예프는 흐뭇한 표정으로 자기 자식들 중 한 명이 놀랄 정도로 젊은 나이에 어느 티베트 사원의 수도원장으로 발탁되었다고 자랑했다고 한다. 따라서 그는 어떤 식으로든 티베트의 가족들과 접촉을 유지했던 것으로 보인다.

티베트에서의 구르지예프의 행적에 관한 이야기들은 구르지예프가 달라이 라마 휘하의 고위 관리인 라마 아그완 도르지예프를 위해 일하고 있었다는 가설에 어느 정도 신빙성을 부여한다. 도르지예프 본인도 러시아의 스파이였기 때문이다. 물론 티베트인인 도르지예프가 러시아와 대영제국을 서로 반목시킴으로써 티베트의 국익을 위해 일했을 가능성 역시 무시할 수 없지만 말이다.

구르지예프는 티베트에서 자신이 달라이 라마를 위해 일하는 '세무 관리' 내지는 '경비經費 징수원'이었던 적이 있다고 술회했는데, 그 일에는 도르지예프가 관련되었을 가능성도 있다.

그리고 구르지예프는 1935년이라는 지극히 부적당한 시기에 소비에트 연방으로 여행을 가려는 불가해한 계획을 세웠다가 소련 관료들에 의해 좌절한 적이 있는데, 이 시기는 도르지예프가 레닌그라드에서 유배 생활을 하다가 사망했다는 시기와 정확하게 일치한다.

1902년 '티베트의 장엄한 고산 지대에서, 대영제국과 티베트 사이의 전쟁이 벌어지기 1년 전에' 구르지예프는 인생에서 두 번째의 유탄을 맞는다. 서로 경쟁 관계에 있는 고산 부족들이 총격전을 벌이던 중 날아온 총탄에 우연히 맞은 경우였다. 중상을 입고도 죽지 않고 살아남을 수 있었던 것은 여러 명의 의사들이 서양 의학과 티베트의 전통 약을 함께 사용해서 그를 치료했기 때문이라고 구르지예프는 술회하고 있다. 그리고 그런 절충적인 치료법 자체가 필생의 목표를 달성하기 위해 그가 채택했던 방법론을 상징하고 있다는 점은 말할 나위도 없다.

구르지예프가 쓴《삶이란 오직 '내가 나'일 때만 진정한 것이 된다》에는 고비 사막의 남서쪽 가장자리에 위치한 옝기사르Yangihissar 현 근처에서 요양하던 중에 그에게 찾아온 계시(epiphany)의 순간이 묘사되어 있다. 그가 머물던 곳은 한 방향으로는 비옥하고, 다른 방향으로는 생명을 앗아가는 완전한 불모지인 독특한 장소였다. 구르지예프는 이 장소에 관해 "천국과 지옥이 정말로 존재해서 각기 어떤 힘을 방사放射한다면, 그 두 원천 사이의 공간을 채운 공기는 바로 이런 느낌이었을 것"이라고 술회하고 있다. 구르지예프에 의하면 공기는 '두 번째 양식'(second food)이었고, 그가 가 있던 장소의 공기는 '천국과 지옥의 두 힘 사이에서 변용된 상태였던' 탓에 당시 음울한 명상에 빠져 있던 그의 내부에 특수한 성질을 가진 '자기 추론'(self-reasoning)을 만들어냈다고 한다.

구르지예프는 사막의 오아시스 근처에서 야영하고 있었다. 황무지의 가장자리에 해당하는 이곳에서 '가공할 만한 정적'과, 가축과 사람들이 내는 떠들썩한 소음으로 가득 찬 '온갖 형태의 삶들' 사이에 끼어 있었던 구르지예프는 스스로의 내면에서 '유래를 볼 수 없을 정도로 강력하게' 중대한 능력이 솟구치는 것을 느꼈다. 그리고 다음 순간 실수와 실책을 거듭하며 진리를 탐구하던 자기 자신의 모습을 새롭고 객관적인 명징함을 통해 보았다.

구르지예프는 차가운 물이 솟아 나오는 샘으로 가서 옷을 벗고 얼음처럼 차가운 물을 전신에 끼얹었다. 그러면서 어린 시절, 아버지의 엄명을 받고 새벽에 일어나 캅카스 산맥의 차가운 잿빛 하늘 아래에서 차가운 우물물을 뒤집어써야 했던 과거를 추체험했는지도 모른다. 이때 그는 부상이 완전히 낫지 않은 상태였고, 삶의 불확실함에 고뇌하고 있었다. 그가 삶의 이런 시기에서 아버지를 그리워한 것은 자연스러운 일이었을 것이다.

다시 옷을 입고 자리에 누운 그의 마음은 차가운 샘물처럼 명징했지만, 몸이 갑자기 약해지는 느낌이 왔다. 모든 순간마다 참견하는 것을 그치지 않는 육체가 너무나도 약해진 탓에, 동적인 본능을 관할하는 '중심'의 활동도 그와 함께 쇠퇴했다.

그러자 그의 내면에서 예의 기이한 '자기 추론'들이 잇달아 모습을 드러내기 시작했다.

그는 또다시 부상을 입고도 살아남았지만, 그런 그를 엄습한 것은 완전히 성공적이었다고는 하기 힘든 구도행이 가져다준 극심한 불안감이었다. 그는 그때까지 각성한 객관적 '양심'의 명령에 따라 살아오려고 노력했다. 그러나 원래 있던 곳에서, 있고 싶은 곳으로 간다는 필생의 목표를 달성했다고 하기는 힘들었다.

일정한 수확은 있었다. 《삶이란 오직 '내가 나'일 때만 진정한 것이 된다》에 의하면, 그는 수련을 통해 빚은 염력念力을 이용해서 '단지 몇 시간 동안만 마음을 가다듬는다면, 몇십 킬로미터 떨어진 곳에 있는 야크를 사고의 힘만으로 죽일' 수도 있었고, 24시간 동안 '농밀한 생명력을 축적함으로써' 정신력만으로 코끼리를 잠들게 하는 것도 가능했다. 그럼에도 불구하고….

그런 힘을 부릴 수 있었음에도 그는 '스스로를' 부릴 수가 없었다. "다른 사람들과 평범한 일상생활을 영위하는 과정에서 나는 '자기 기억하기'를 성공적으로 수행하지 못했고… 예전에 나의 '집합적 의식'이 규정해준 진정한 나를 현현顯現할 수가 없었다."

구르지예프는 초상적超常的 상태에 도달하는 데 성공했고, 내재된 속성(inherency)을 연마해서 자유자재로 활용할 수 있게 되었다. 여기서 말하는 '속성'이란 생명자기(mesmerism)* 의 한 형태를 ― 필자는 암시에 의한 단순한 최면술(hypnotism)과 구별하기 위해 이 단어를 썼다 ― 활용할 수 있는 명백하게 생득적인 능력을 의미하며, 구르지예프는 이 능력을 써서 그의 의지를 다른 사람들에게 투사할 수 있었다. "한블레드조인hanbledzoin** 에 입각한 이 능력은 타인들에 의해 종종 텔레파시나 최면술이라고 불리기도 한다." 그러나 이 능력에는 유혹이 따르기 마련이다. 이런 능력을 가진 인간이 얼마나 엄청난 유혹을 받게 될지 상상해보라! 구르지예프의 경우도 예외가 아니었다. 정묘한 속성을 발현한 그는 그것을 쓰고 싶은 유혹을 이길수 없었고, 그의 말을 빌리자면 '버릇없고 심지까지 썩은' 태도로 타인을 이용해왔던 것이다.

---

* 18세기의 독일 의사 프란츠 안톤 메스머Franz Anton Mesmer가 주창한 생기론生氣論의 일종이며, 여러 모로 동양의 기 개념과 유사하다. 역주.
** 아스트랄 차원 또는 그보다 높은 영적 차원에서 작용하는 정교한 에너지를 가리킬 때 구르지예프가 종종 언급하는 단어이다. 역주.

그는 그런 상태를 더 이상 견딜 수 없었다. 그는 옥타브의 '간극 (discontinuity)' 아래 단계에서 얼어붙어 있었고, 더 이상 위를 향해 상승할 수가 없었다. 훗날 그가 우스펜스키에게 했던 말을 인용하자면, 그는 이 심연, 유혹, 옥타브의 공백 위로 그를 들어올려줄 '충격'을 만들어낼 무엇인가를 필요로 하고 있었던 것이다. 이 총체적 난관을 극복하려면 어떻게 해야 할까?

그러자 이런 생각이 떠올랐다. '우주의 비유(universal analogy)를 써 보면 어떨까?'

이 분야에 대해서 그는 이미 숙고를 거듭해왔고, '세계의 창조와 세계의 유지'에 관해서 알아낼 수 있는 모든 지식을 샅샅이 조사해 보지 않았는가. 세계가 어떻게 지금과 같은 상태가 되었고, 무엇이 그런 상태를 유지하고 있는가에 관해서 말이다. 결국 이것은 우주가 어떤 '모양'을 하고 있고, 어떤 에너지들이 그 물질적 형태를 지속적으로 재창조하고 있는지에 관한 문제였다.

그렇다면, 바로 그런 우주에 도움을 요청해도 좋지 않을까? "위에서 그러하듯이, 아래도 그렇노라"(As above, so below)라는 유명한 격언도 있지 않은가. 인간은 글자 그대로 소우주다. 인간은 신의 형상을 본떠서 만들어졌다. 신이 정말로 인간처럼 생겼고, 두 발로 걷는 영장류라는 뜻은 물론 아니다⋯. 신은 존재의 최고점이며, 우주의 정점에 해당하는 존재다. 신의 형상을 본떠 만들어진 우리도 각자의 내우주內宇宙에서는 신이다. "신과 나 자신의 차이는 오직 규모의 차이에 불과하며⋯ 나 자신의 규모에서 나는 모종의 신적 존재일 필요가 있다."

구르지예프는 '자기 기억하기'를 성립시키기 위해 어떤 요인을 도입함으로써 의식적이고, 어떤 일이 일어나더라도 객관적인 '양심'의 인도를 받는 선택을 할 수 있을 정도로 각성한 존재가 될 필요가 있었다. 신은 인간이 그 사실을 잊지 않도록 (비유적인 의미에서) '악마'라는 형태의 인자를 창조했다. 신화에 의하면 신은 세계에 그 자신의 천사 중 한 명인 루시퍼 — 무슬림 전승에서는 이블리스Iblis라고 불리는 — 를 이식했다. 루시퍼가 '유혹자'의 역할을 수행함으로써 아래를 향해 밀어붙이는 힘을 제공하면, 인간은 이 '악마'의 도전에 저항하기 위해 위를 향해 올라가는 힘을 제공할 테니 말이다. 악마와 인간이 제공하는 이 두 반대되는 극極 사이에서 벌어지는 투쟁으로 제3의 힘이 나타나고, 신은 이 특정 에너지를 이용해서 우주(cosmos)의 조화를 유지한다.

구르지예프는 내우주의 신으로서 그 자신도 '악마'를, 의식적으로 싸워야 하는 '유혹자'를 임명할 필요가 있다는 결론을 내렸다. 그러면 그도 그의 목표가 무엇인지를 끊임없이 상기시켜주는 인자를 가질 수 있기 때문이다. 그의 가장 저열한 충동들에 대해 끊임없이, 의식적으로 저항할 필요가 있다는 사실을 언제나 염두에 두고 노력하면, 이 상호작용을 통한 대립에서 발생한 정제된 에너지는 그를 깎아지른 듯한 내면의 길 위로 계속 밀어올려줄 것이다.

그래서 구르지예프는 "내가 알고 있는 마음의 한 상태에서, 나 자신의 본질 앞에서" 서약했다. 《삶이란 오직 '내가 나'일 때만 진정한 것이 된다》에 의하면, 그는 "내게 주어진 이 '속성'을 절대로 쓰지 않음으로써 나의 악덕 대부분을 완전히 끊겠다"고 맹세했다. "타인과 함께 살아가면서, 이 소중한 '속성'에 대한 나의 이 결의는 언제나 나를 상기시켜줄 것이다."

구르지예프가 정확히 무엇을 포기했는지를 떠올려보자. 정신력 만으로 몇십 킬로미터 떨어진 곳에 있는 야크를 죽일 수 있었다고 술회했을 때, 그는 특유의 변덕스러움을 발휘해서 자기 능력을 약 간 과장했을 수도 있다. 그러나 이것이 이런 식의 광범한 능력을 계 발했다는 자기 고백이라는 점에는 의심의 여지가 없다. 정신력만으 로 사람들을 자기 마음대로 조종하는 (그리고 그 사실을 들키지 않는) 능 력을 가지고 있다고 상상해보라. 그럼에도 구르지예프는 다시는 그 런 능력을, 잠재력을 악용하려는 유혹에 빠지지 않겠다고 맹세했고, 바로 그 맹세를 위대한 영적 수행의 길의 지표로 삼겠다고 선언했던 것이다. 구르지예프의 이 서약과 그것을 이행한 과정을 보면 어딘가 성자를 방불케 하는 부분이 존재한다.

구르지예프는 사막의 오아시스 근처의 공기를 "연옥 같다(purga-torial)"고 표현했는데, 이것은 이중의 의미에서 맞는 말이다. 그 공기 는 그의 내부에 있는 불순함을 제거해주었던 데다가, '천국과 지옥 사이'에 있던 그는 일종의 연옥 같은 장소에 와 있는 것이나 마찬가 지였기 때문이다. 글자 그대로 그런 환경이었다는 점에는 의심의 여 지가 없지만, 이 묘사는 상징적으로도 큰 의미를 가진다. 왜냐하면 구르지예프의 철학뿐만 아니라 기독교 신비주의의 '영적 연금술'에 서도 진정한 진보는 중간에 위치한 장소에서 이루어지기 때문이다. 유혹을, 충동을, 부정적인 반응을 의식적으로 감수하면서도 그것에 굴복하지 않고 단지 느끼는 방식을 통해서 말이다. 이럴 경우 '예'와

'아니오' 사이에서 일종의 마찰이 발생하고, 이 마찰로부터 생겨나는 에너지 내지는 '질료(substance)'는 진정한 존재를 창조한다. 달리 표현하자면, 서로 반발하는 내적인 힘들 — 하나는 상대적으로 높은 차원(천국)에서, 다른 하나는 낮은 차원(지옥)에서 흘러나오는 — 의 상호 침투를 의식적으로 조장함으로써, 구르지예프가 말했듯이 "고차와 저차를 융합시켜서 중간을 현실화하는 행위"가 가능해지는 것이다. 그런 '대결'은 (여기서 대결이란 실제로는 적절한 분극화로부터 발생하는 일종의 협력 내지는 혼합을 의미한다) 구르지예프가 원하던 '충격'을 제공할 수 있고, 이 '충격'을 통해 그는 수행자가 영적인 성장의 옥타브를 따라 상승할 때 맞닥뜨리기 마련인 '간극'을 가로지를 수 있었다.

구르지예프는 이 맹세를 "나 자신의 본질(essence) 앞에서" 했다고 고백했다. 바꿔 말해서, 그의 맹세는 자기 존재의 가장 깊고 실존적인 측면을 향한 것이었다는 얘기다.

이 맹세를 한 뒤에 그는 다시 에너지를 얻고 "환생했다"라고 술회했다. 이것은 "다시 태어났다"는 언명과 크게 다르지 않다.

사막의 오아시스에서 받은 계시에 관한 일화는 최상에 가까운, 상대적으로 높은 존재의 각성 상태에서 도달한 고매한 목적을 의식적으로 유지한다는 행위와 굴곡으로 점철된 일상의 삶에서 우리가 보이는 실제 행동 사이의 괴리를 상징적으로 보여준다. 이것은 구르지예프 철학의 토대를 이루는 중요한 개념 중 하나이기도 하다.

영적 수행을 하려고 노력하는 경우에도 그런 식으로 한결같은 자기 각성 상태를 유지할 수 있는 사람은 아예 없거나, 설령 있다 해도 극소수에 불과하다. 이런 상태는 규칙이 없는 것이 규칙이고, 무질서가 기본이다.

'진정한 나'(real I)에 도달하는 것은 가능하지만, 그러기 위해서 우리는 평소의 하찮은 충동을 희생함으로써 '존재하려는 노력'(being efforts)을 실행할 것을 요구받는다. '진정한 나'란 '자기 기억하기'를 통해 진정한 자기 존재를 획득하는 행위이며, 그 결과 수행자는 진심으로 "나는 존재한다(I am)"라고 말할 수 있는 것이다. 자기 삶에서 이 상태에 도달하기 위해 구르지예프는 그에게는 정말로 소중했던 가진 것들을 버렸다. 이것이야말로 종교 제의에서 희생양과 공물을 바치는 진짜 이유다. 이 행위는 은비학에서는 내적인 희생에 해당하며, 수행자는 자기 자신의 낮은 차원의 산물인 '동물'들을 희생양으로 바친다.

스스로의 타락과 관련된 언급을 포함한 구르지예프의 솔직한 고백은 감탄할 만하며, 그의 사람 됨됨이를 잘 보여준다. 그가 진리 탐구의 길을 더 나아가기 위해 이따금 의도적으로 속임수에 가까운 수단을 썼고, '워크'의 달성을 위해 우회적인 화법을 즐겨 쓴 것 또한 사실이다. 구르지예프는 종종 허풍에 가까운 언행 — 보통 그런 행동에는 숨겨진 의미가 있기 마련이다 — 을 보였지만, 사막에서의 맹세에 관한 일화가 보여주듯 그는 스스로를 객관함으로써 진정한 겸양의 미덕을 발휘할 줄도 알았다. 1940년대에 뉴욕에서 그의 미국인 수제자 중 한 명인 에드윈 울프Edwin Wolfe에게 "이 지구상에는 나보다 훨씬 더 높은 차원에 도달한 사람들이 있고, 내가 갈 길은 아직 멀다네"라고 술회했을 때처럼 말이다. 《삶이란 오직 '내가 나'일 때만 진정한 것이 된다》에서 구르지예프는 젊은 시절 초상적인 힘을 오용했다는 사실을 인정하고 있다. 그러나 그가 이런 힘의 오용을 후회했고, 그런 행동을 극복함으로써 더 높은 곳을 향해 용맹 정진 했다는 점에는 의심의 여지가 없다.

훗날 구르지예프는 인생에서 세 번째가 되는 유탄을 맞고 부상한 후 요양을 하기 위해 같은 지역으로 돌아가게 된다.

그러나 이에 앞서 그는 티베트로 돌아갔다. 아마 그의 티베트인 아내와 자식들을 만나기 위해서였는지도 모른다. 같은 해에 영국군 의 F. E. 영허즈번드^{Younghusband}* 대령은 규모는 작지만 최신 무기로 무장한 휘하 부대를 이끌고 티베트로 침입해서 반란을 진압했다. 영 허즈번드의 영국군 부대는 침략에 저항하는 티베트인들을 몰살시켰 을 뿐만 아니라 저항하지 않은 티베트인들도 다수 죽였는데, 희생자 중에는 영적으로 높은 계제에 오른 고위의 라마승도 한 명 포함되어 있었다. 제임스 무어의 전기에 의하면, 영허즈번드가 반란 진압을 명목으로 위대한 라마를 죽였다는 소식을 듣고 구르지예프는 혐오 와 경멸의 감정을 숨기지 않았다고 한다. 구르지예프가 필생의 목표 였던 진리 탐구의 연장선상에서 또 하나의 목표를 설정한 것은 이때 였다. 그는 인류의 호전적인 성질을 이해함으로써 전쟁이라는 집단 폭력을 유발하는 '집단 최면'에서 벗어날 방법을 찾아내겠다고 다짐 했던 것이다.

구르지예프는 맹세했다. 모든 전쟁을 종식시킬 수 있는 수준까지

---

* 영국의 군인, 탐험가, 신비주의 저술가. 훗날 티베트와 인도 등에서 받은 계시를 계기로 회심한 후 뉴에이지적인 종교 운동과 평화 운동에 심취했다. 역주.

인류 전체를 각성시키겠노라고.

  티베트에서 마지막으로 체류하던 중 구르지예프는 수종^{水腫}에서 회복하기 위해 티베트의 고산 지대를 떠나와야 했다. 1904년에 나시 티베트로 돌아가려고 했지만, 지독하게 운이 나빴던 탓에 결국 그러지 못했다. 남캅카스 지역의 치아투라^{Chiatura} 광산 근처에서 그는 "적대하는 두 집단 중 한쪽에 소속된 어떤 광대(charmer)가 쏜" 또 다른 유탄을 맞았던 것이다. 구르지예프가 휘말린 전투는 구리아^{Gouria}** 혁명가들과 또다시 반란 진압에 나선 러시아 제국의 코사크^{Cossacks} 부대 사이에서 일어난 것이었다. 구르지예프에게 총을 쏜 장본인이 누구인지 알 수 없다는 사실은 전형적이면서도 결코 좌시할 수 없는 의미를 가지고 있다. 이 총탄을 쏜 것은 '국가라는 정신병'에 걸린 러시아인들일 수도 있고, '혁명이라는 정신병'에 걸린 혁명가들일 수도 있었다. 어느 쪽인지는 중요하지 않다. 구르지예프의 관점에서 보면 전쟁에서 올바른 진영 따위는 존재하지 않기 때문이다. 전쟁에서는 서로를 죽이려는 광인들과 십자 포화에 휘말려 희생당하는 죄 없는 사람들이 있을 뿐이다.

  코사크 군인들은 사격을 계속했고, 친구 한 명은 부상을 입은 구르지예프를 동굴에 숨겨두고 구원을 요청하러 갔다. 그러나 다른 사람들과 함께 동굴로 다시 와보니 구르지예프는 사라져 있었다. 달도 없는 컴컴한 밤에 그를 찾아내는 것은 불가능했으므로 수색대는 동

** 조지아(그루지야)의 서부에 위치한 주. 역주.

이 튼 뒤에 핏자국을 따라갔고, 동굴에서 좀 떨어진 커다란 바위 틈새에서 의식을 잃고 쓰러져 있는 구르지예프를 발견했다. 그들은 그를 다시 동굴로 데려가서 간호했다. 그 덕에 어느 정도 회복한 구르지예프는 자신이 있는 동굴에 무수히 많은 케브수리아인(Khevsurian, 구르지야의 소수 민족)들의 미라가 놓여 있다는 사실을 깨달았다. 아이러니하게도 그는 이런 과거의 말 없는 삶들의 잔재에 둘러싸인 채로 건강을 회복했던 것이다.

구르지예프가 세 번이나 유탄을 맞고 부상했다는 사실을 기이하다고 할 수 있을까? 그는 기이하다고 생각했다. 어떤 측면에서는 딱히 놀랄 만한 일은 아니었는지도 모른다. 그는 인간의 에너지가 용솟음치고 해방되는 장소들로 자연스럽게 이끌렸기 때문이다. 그런 곳에서 그는 집단 암시라는 끔찍한 상태에 사로잡힌 인간들을 연구할 수 있었지만, 전쟁이나 사회적 소요가 발생한 지역에서 총탄이 오고 가는 것은 당연했다. 그 과정에서 그는 인류의 백주몽에 희생된 이들의 상징으로 스스로를 간주하게 된 것일지도 모른다.

좀더 실제적인 효과를 논하자면, 세 번의 부상은 구르지예프의 건강과 결의를 시험하는 도전이라고 할 수 있었다. 마치 '전쟁'이라는 현상 자체가 그를 두려워하고, 죽이려는 듯한 느낌이랄까. 아무리 죽이려고 해도 그는 죽지 않았고, 단념하지도 않았으므로, 그의 의지와 영적 존재력은 부상을 입고 가까스로 회복하는 과정에서 오히려 증대했다고 보는 쪽이 타당하다.

회복과 요양을 하기 위해 엥기사르 현에 머물던 구르지예프는 알려지지 않은 어떤 수피 공동체에서 2년을 더 보냈다고 알려져 있다.

그가 얻은 깨달음을 통합하기 위해서였는지도 모른다.

여러 가르침의 종합인가, 아니면 계시인가?

구르지예프의 가르침은 여러 가르침을 통합한 것이었을까? 훗날 그가 프랑스에 설립한 '구르지예프 학교'(Gurdjieff Institute)에서 영국인 제자들로부터 이런 질문을 받자 그는 그것이 그 자신의 가르침이며, 자체적인 연구와 다른 연구자들 — 아마 '진리의 탐구자들'을 의미하는 것이리라 — 의 조력을 통해 빚어낸 것이라고 대답했다. 그러나 그와는 상반되는 주장도 있다. 《놀라운 사람들과의 만남》에서 구르지예프 본인이 고백했듯이, 그는 태곳적부터 내려오는 영적, 우주 창조론적, 심리적 가르침을 망라한 궁극적인 가르침의 핵심을 찾아냈고, 그것을 그 자신의 용어와 현대인의 언어 양쪽을 구사해서 훌륭하게 표현한 것에 불과하다는 것이 이 주장의 요지다. 이 해석에 의하면 구르지예프가 그의 가르침이 장년의 연구를 종합한 결과라고 주장한 이유는 그 원천을 보호하겠다는 서약을 했기 때문이다. 구르지예프는 우스펜스키와의 대화에서도 그렇게 암시한 적이 있었다. 1930년대에 그가 파리에서 가르치던 여성 제자들의 그룹인 '밧줄의 여성들' 앞에서 중얼거린 말도 이 관점을 뒷받침하는 것처럼 보인다. "나는 나를 여기로 보낸 분들에 비하면 왜소한 인간에 불과하다네."* 몇 마디 안 되는 이 언급은 엄청난 사실을 암시하고 있다. 만약 구르지예프가 '보내진' 것이 사실이라면, 그는 특정 임무를 수

* 《밧줄의 여성들》

행하기 위해 자신보다 한층 더 위대한 특정 인물들에 의해 속세로 파견되었다는 뜻이 되기 때문이다.

그를 파견한 것은 어떤 사람들일까? 구르지예프의 제자였던 존 베넷의 연구에 의하면, 구르지예프는 그의 가장 유명한 은비학적 상징인 아홉 개의 꼭짓점을 가진 기하학 도형 에니어그램enneagram을 이슬람 신비주의 종파인 수피교에서도 가장 심오하고 신비적인 교단으로 간주되는 나크슈반디 수피Naqshbandi Sufi들에게서 전수받은 것으로 보인다. (적어도 베넷은 그렇게 생각했다.) 상술한 사르멍 교단의 '보가-에딘'이라는 인물도 나크슈반디의 가장 위대한 스승들 중 한 명인 바하우딘Bahauddin을 비튼 것일 수 있다.

기독교 은비학자인 보리스 무라비예프Boris Mouravieff는 구르지예프의 가르침이 모두 동방 정교회에서 유래한 기독교 신비주의라고 주장했다. 그 근거로 그는 정교회 신비주의의 고전인 《필로칼리아Philokalia》에 실린, 상당히 구르지예프적인 견해들을 인용하고 있다.[*]

반면 종교학자인 토머스 메더Thomas Mether 교수는 구르지예프의 에니어그램 및 수행법 일부와 우주론의 많은 부분은 시리아 지역의 기독교 신비주의에서 유래했으며, 이 신비주의는 고대 힌두교의 '연금술'과 영지주의의 영향을 받은 점성술사인 바르 다이산Bar Daisan의 영향을 받고 형성된 것이라고 주장했다. (구르지예프의 가르침의 원천을 논할 때는 이렇듯 각양각색의 영향이 열거되는 경향을 피할 수 없다.)

수많은 수도원들과 가르침들을 직접 경험해보았다는 구르지예프

---

[*] 구르지예프의 강연을 필기했던 것으로 알려진 무라비예프 본인의 가르침은 아이러니하게도 (그가 정교회의 영향을 받았다고 주장한) 구르지예프에게서 큰 영향을 받은 것처럼 보인다.

의 술회는 상당히 깊이 있는 수행을 하면서도 한 장소에 영원히 머무르는 법이 없는, 젊은 수행자의 모습과 겹친다. 이런 사실을 예로 들어 그의 가르침은 여러 가르침을 종합한 것이라고 보는 사람들이 있지만, 아귀가 맞지 않는 부분을 '해소할' 수 있는 절충적인 설명도 있다. 바꿔 말해서 그는 궁극적인 가르침 대부분을 아마 시리아 기독교 신비주의의 일파인 사르멍 교단에서 찾아냈지만, 그 가르침만으로는 완벽하지는 않다는 결론을 내리고 후속 연구를 통해 나크슈반디와 티베트 밀교의 수행법을 받아들임으로써 완전한 가르침을 완성했다고 볼 수도 있다. 그가 설파한 수행 시스템이 독립적이고 자기 확증적이라는 점은 부인할 수 없는 사실이다. 그러나 이런 식의 추측은 어디까지나 추측일 뿐이다. 지금 와서는 확인할 방도가 없고, 구르지예프 본인도 가르침의 원천에 대해 논쟁의 여지가 없이 명백한 증거를 제시해주지는 않았기 때문이다.

결국 우리에게 남겨진 것은 구르지예프의 가르침이며, 이 가르침은 하나의 자체적인 전통의 설립을 가능케 하는 활력을 내포하고 있었다.

1907년. 구르지예프는 타슈켄트Tashkent에서 모습을 드러냈다. 이곳이 그가 설립을 염두에 두고 있던 은비학 학교를 위한 일종의 준비 장소였던 것은 명백해 보인다. 그는 이곳에서 자유계약직 강사로 몇 년을 보내면서 학생들의 흥미를 유발하려면 어떻게 해야 하는지, 또 어떤 교수법이 다양한 유형의 학생들을 따분하게 하는지를 확인하려고 노력했다. 이곳에서도 그는 식용유에서 가축과 카펫을 망라한 잡다한 상품을 거래하며 부^富를 축적했다.

　1912년에 그는 자신이 확립한 시스템을 가르칠 준비가 되어 있었다. 그는 모스크바로 가서 처음으로 진지한 수행을 원하는 제자들을 가르치기 시작했다. 모스크바에서는 이따금 '오자이^{Ozay} 대공'이라는 가명을 쓰기도 했는데, 그곳에서 만난 그의 제자 중에는 세르게이 메르쿠로프 ^{Sergei Mercourov}와 블라디미르 폴 ^{Vladimir Pohl}도 있었다.

　같은 해에 구르지예프는 폴란드인의 혈통을 이어받은 신비로운 여인 율리아 오스트로프스키^{Julia Ostrovsky}(여성형인 오스트로프스카^{Ostrowska}로 쓸 수도 있다)와 조우했고, 그녀를 아내로 맞이했다. 율리아 본인의 행적이나 구르지예프의 지기가 되었을 때의 상황에 대해서는 알려진 바가 거의 없지만, 그녀는 몇십 년 후 프랑스에서 사망할 때까지 줄곧 구르지예프 곁을 지켰다. 어떤 사람들은 구르지예프가 그녀를 모종의 나락으로부터 '구출했다고' 주장하지만, 다른 사람들은 젊고 아름다웠던 그녀가 상류계급 출신이며 단지 가세가 기울어서 프랑스로 왔을 뿐이라는 주장을 견지했다. 율리아의 지기들은 그녀의 몸놀림이 놀랄 정도로 우아하고 절도 있었다고 묘사했고, 구르지예프가 프랑스에 설립한 학교인 '르 프리외레^{Le Prieuré}'(소^小수도원이라는 뜻이다)에서 폐결핵 요양 중에 사망한 뉴질랜드 출신의 저명한 소설가 캐서린 맨스필드는 그런 율리아의 모습이 "마치 진짜 여왕 같았다"고 묘사하고 있다. 구르지예프 본인은 아내인 율리아가 여러 번 환생한 '나이 든 영혼'이라고 술회했다. 훗날 구르지예프의 제자가 된 프리츠 피터스는 그가 쓴 《신비주의자와의 여정》에서 퐁텐블로 아봉^{Fontainebleau-Avon}에 자리 잡은 '구르지예프 학교'에서 구르지예프 못지않은 확고한 존재감을 보인 사람은 율리아뿐이었으며, 그녀의 그런 존재감은 타고난 것이지 결코 모방에 의한 것이 아니라고 술회했다. 그녀의 의식적인 우아함은 그 어떤 사소한 거동에도 주의 깊은 정확성과 존재감을 부여했다. 율리아가 결혼 후에도 오스트로프스키라는 성을 그대로 쓴 것은 자신이 단지 구르지예프의 '제자들 중한 명'이며 제자보다 높은 존재가 아니라는 사실을 알릴 목적에서였다고 한다.

1912년에 구르지예프는 상당히 흥미롭고 우아한《제3의 사고법》(Tertium Organum)이라는 책을 읽었다. 이 책의 저자는 철학자이자 저널리스트, 탐험가, 신비주의자였던 P. D. 우스펜스키라는 인물이었다. 구르지예프가 이 책을 통해 우스펜스키의 잠재력을 보았다는 점은 명백하다. 지인들을 통해서 그를 제자로 받아들이려고 결정했기때문이다.

1913년에 상트페테르부르크에서 구르지예프는 다채로운 배경을 가진 폴 듀크스Paul Dukes라는 이름의 영국인을 제자로 받아들였고, 1914년에는 의사였던 레오니드 스튜른발Leonid Stjoernval을 받아들였는데, 스튜른발은 훗날 그의 가장 헌신적인 추종자 중 한 명이 되었다. 독일이 러시아를 상대로 선전포고를 한 1914년은 구르지예프가 '발레'를 위해 쓴 책인《마법사들의 투쟁》을 홍보하기 시작한 해이며, 일반 대중을 대상으로 쓰인 가장 초기의 문헌인《진실의 편린》(Glimpses of the Truth)의 작성을 감독했던 해이기도 하다.

1915년 모스크바의 봄이 마지못해 찾아왔을 무렵, 제1차 세계대전이라는 유익한 교훈을 배경으로 구르지예프는 우스펜스키를 제자로 받아들였다. 처음으로 만난 이 두 거인의 강력한 정신은 이 조우를 계기로 때로는 뒤섞이고, 때로는 충돌하면서 발전을 거듭했고, 그 결과에 세계는 진감震撼했다.

제4장

기적적인 것을 찾아서

주께서 이르시되, 사람이 등불을 가져오는 것은 됫박 아래나 침
상 아래에 두려는 것이 아니라 등잔대 위에 두려고 가져오는 것
이 아니냐?
드러내려 하지 않고는 숨긴 것이 없고 나타내려 하지 않고는 감
추인 것이 없느니라.

― 마가복음 4장 21~22절

1878년에 모스크바에서 태어난 표트르 데미아노비치 우스펜스키
Piotr Demianovich Ouspensky는 중산층 지식 계급 특유의 교육열에 사로잡힌
부모 밑에서 자랐다. 그의 어린 시절의 환경은 정치적 불안정으로
점철되어 있었다. 프랑스와 미국의 공화주의는 차르 왕조에 필사적
으로 매달려 있는 러시아 특권 계급의 압제 밑에서 살고 있던 대중
들에게 점점 더 매력적으로 다가오고 있었다. 아나키즘과 초기 공산
주의도 형태를 갖춰가고 있었다.

우스펜스키는 열여섯 살 때 교육감이 오는 시간을 노려 학교 벽에 조롱 섞인 낙서를 했다는 죄목으로 퇴학 처분을 받았다. 그 후 그는 심오한 지적 탐구와 몽상적인 반항심 사이를 계속 오가며 비공식적인 독학을 계속했다. 그러나 우스펜스키는 탁월한 지성과 통찰력을 겸비하고 있었고, 구르지예프를 처음 만났을 때는 이미《제3의 사고법》을 위시한 성공적인 책들을 낸 저자였다.

《제3의 사고법》은 아리스토텔레스와 프랜시스 베이컨이 상정했던 두 가지의 고전적인 '사고법' 말고도 세 번째 '수단'이 이미 존재한다는 사실을 증명하기 위한 시도였다. 이 책은 "과학 쪽에서 신비주의로 접근해야 한다"고 주장하면서 실증주의를 반박하고, 칸트와 H. G. 웰스Wells에 영감을 준 것으로 알려진 영국 작가 C. H. 힌턴Hinton의 이론을 바탕으로 '4차원'의 개념을 기술하고 있다. 그가 말하는 '4차원'이란 단순한 시간 틀을 넘어선 무수히 많은 차원으로 가는 출입문인 동시에 우리를 주관적으로 기만하는 제한된 오감을 넘어선 곳에 있는 객관의 세계다. 우스펜스키 역시 니체의 사상을 흡수함으로써 '영겁회귀'에 관해 언급했고, 아마 니체의 초인 개념의 영향하에서 영적인 엘리트주의를 주창했다. "자기 자신을 의식하는 새로운 종족이… 옛 종족을 심판할 것이다"라는 식으로 말이다. 영적인 파시즘을 방불케 하는 이런 우려스러운 비전은 보리스 무라비예프의 기이한 기독교 신비주의와도 일맥상통하는데, 구르지예프 철학에서 파생된 일종의 분파였던 무라비예프의 신비 사상은 영적인 귀족제도에 의해 지배되는 이상향을 묘사하고 있다.

《기적적인 것을 찾아서》와《새로운 우주론》(A New Model of the

Universe)에서 묘사되었듯이, 우스펜스키는 인도와 극동 지역을 오랫동안 여행하며 진리의 탐구를 계속했다. 우스펜스키는 과거에는 신지학神智學 협회의 일원이었지만, 마드라스Madras에서 만난 신지학자들과 구루들은 그에게 별다른 감명을 주지 못했다. 그러나 명상적인 맥락에서는 놀라운 경험들을 했다. 타지마할을 응시하고 있었을 때 그는 우주를 움직이는 순수한 우주령宇宙靈의 위대한 차원에 존재하는 인간 영혼의 위치를 상징하는 장엄한 건축물을 환시幻視했고, 사파이어를 박은 불상을 바라보고 있었을 때는 마치 부처의 눈으로 보는 것처럼 자기 자신을 바라볼 수 있었다. 육신의 딜레마에 갇혀 있는 우주령의 조그만 입자로서 말이다.

모스크바로 돌아온 우스펜스키는 그의 탐구 여행에 관한 강연회를 열었고, 강연 중 하나의 제목은 '기적적인 것을 찾아서'(In Search of the Miraculous)였다. 훗날 이것은 우스펜스키에 의한 구르지예프 사상의 주해에 해당하는 책의 제목이 되기도 한다. 어떤 강연에는 천 명이 넘는 청중이 몰렸다고 한다.

그러나 우스펜스키는 그 정도로는 전혀 만족하지 않았다. 그는 기적적인 것들의 편린을 흘끗 본 것에 불과했기 때문이다. 닫힌 창문 너머로 다른 세계를 엿보았지만, 그곳으로 갈 수 있는 문이 어디 있는지를 알려줄 사람을 찾지 못했다. 그는 편린 이상의 것을 보기를 원했고, 단지 이론적인 얘기만으로는 성에 차지 않았다. 그러던 중 마침내 진짜배기일지도 모르는 사내 이름을 들었다. 구르지예프라는 이름의 사내였다.

1915년 봄, 구르지예프에 관한 지극히 흥미로운 소문들을 들었던 우스펜스키는 마침내 구르지예프 본인을 만났다. 그는 구르지예프와의 첫 만남에 관해 몇십 년 후에 출간한 《기적적인 것을 찾아서》에서 자세히 묘사하고 있다. 이 책은 구르지예프의 여러 견해를 가장 뛰어나게 정리한 서적으로 간주된다. 글을 통해 타인에게 전달할 수 있는 한도 안에서는 말이다. 구르지예프의 러시아 시절을 묘사한 또 한 권의 탁월한 서적은 토마스 드 하트만과 그의 아내 올가^{Olga}가 쓴 《구르지예프 씨와 함께한 우리의 삶》이다. 이 두 권의 책을 참고로 하여 우스펜스키가 구르지예프에게서 습득한 견해들 일부를 정리해보기로 한다.

구르지예프가 아무나 자기 제자로 받아들일 생각이 없었다는 점은 명백하다. 그는 피상적인 겉모습 이상의 것을 꿰뚫어 볼 수 있는 끈기, 그리고 영적인 적성을 보이지 않는 사람들을 물리치는 특별한 방법을 겸비하고 있었던 듯하다. 우스펜스키도 거의 합격하지 못할 뻔했다.

구르지예프는 우스펜스키에게 상트페테르부르크의 시끄럽고 상당히 초라한 카페에서 만나자는 전갈을 보냈다. 우스펜스키가 그곳에서 만난 인물은 중산모와 벨벳 깃이 달린 검은 외투 차림의 사내였는데, 기이할 정도로 변장한 티가 나서 마치 배우처럼 어떤 역할을 연기하고 있는 듯한 느낌을 주었다고 한다. 구르지예프를 만난 많은 사람들은 그가 왠지 '연기하고' 있다는 듯한 느낌을 받았고, 우스펜스키도 여러 번 그런 언급을 한 적이 있다. 그러나 우스펜스키는 구르지예프의 그런 연기가 사기꾼의 그것이 아니라 오히려 상대에게 일종의 역설적인 신뢰감을 주는 행위였다고 명시하고 있다. 더 고차의 강력한 자기**ᄅ**를 가진 사내가 의도적으로 어떤 역할을 연기하고 있는 것에 가까웠다고 말이다. 아주 조금씩만 자신을 드러내는 식으로….

구르지예프는 처음 만나는 사람들을 상대로 곧잘 '사기꾼' 역할을 연기했다. 작곡가인 토마스 드 하트만과의 만남도 우스펜스키와의 그것과 흡사했다. 구르지예프가 만남 장소로 지정한 가게는 매춘부가 들끓기로 악명이 높은 곳이라서, 그런 곳에 전혀 어울리지 않는 모습을 한 토마스가 누군가에게 목격당했다면 그의 상류계급 지인들 중 일부는 그를 배척했을 것이 뻔했기 때문이다. 토마스가 영적인 스승이라고 소개받았던 문제의 사내는 쾌활한 표정으로 저것 좀 보라는 듯이 매춘부들을 쾌활하게 가리켰고, 토마스를 곤혹스럽게 하려고 일부러 노력하는 듯한 인상을 주었다고 한다.

구르지예프는 그의 이런 연기를 보고 쉽게 포기하는 사람들을 일찌감치 솎아내고 싶어했을 뿐만 아니라, 조금 더 인내심을 발휘한 사람들에게도 쉽게 가르침을 주려고 하지 않았다. 사람들은 쉽게 얻은 것을 소중하게 여기지 않고, 쉽게 획득한 것처럼 쉽게 버리기 때문이다. 진리가 존재 내부에 확고하게 자리 잡으려면, 탐구자는 스스로의 의도를 동원해서 그것을 직접 찾아 나서야 한다는 논리였다. 구르지예프는 진리의 탐구자가 어떤 식으로든 그 대가를 '지불하도록' 하는 것도 잊지 않았다. 그리고 이 대가에는 돈뿐만 아니라 내적인 대가도 포함되어 있었다. 구르지예프와 처음 만난 수행자는 실제 가르침이 시작되기 전에 몇몇 '간극'을 넘어서야 한다는 인상을 받기 마련이었다.

구르지예프는 우스펜스키에게 카페에서 나가 그가 회합에 이용하는 아파트로 가자고 제안했다. 아파트에서는 그의 제자들 몇몇이 기다리고 있다고 했다. 그러면서 구르지예프는 이 아파트가 매우 고급스럽고, 그를 기다리는 제자들 역시 대학교수와 과학자와 예술가를 위시한 중요 인물들이라는 인상을 풍겼다. 그러나 이번에도 구르지예프는 기대감과 현실 사이의 괴리를 극적으로 강조하는 쪽을 택했다. 우스펜스키가 도착한 곳은 가구도 거의 없는 데다가 곰팡내를 풍기는 싸구려 아파트였고, 그곳에서 기다리고 있던 제자들도 구르지예프의 말과는 달리 사회적 지위라는 면에서는 별 볼 일 없는 사람들뿐이었다. 이곳에서 우스펜스키는 '제자 한 명이 쓴'《진실의 편린》이라는 제목의 저작물 — 실제로는 구르지예프의 감독하에 쓰인 글이었다 — 이 낭독되는 것을 들었는데, 우스펜스키가 회고한 바에 의하면 상당히 공상적이고, 처음 들었을 때는 '허풍스럽고 따분한' 느낌을 주었다고 한다.[*] 이 모든 경험은 우스펜스키를 낙담하게 했다. 구르지예프가 아마 처음부터 의도했던 대로 말이다. 그러나 이 아파트에서의 모임이 진행되면서 우스펜스키는 구르지예프가 조금이라도 몸을 움직이면 발산되는, 사자처럼 당당한 존재감에 큰 감명을 받았고, "그로부터 뭔가 특이한 것을 느꼈다"라고 술회했다. 모임에서 떠나려고 할 때 우스펜스키의 머릿속에 '지금 당장, 지체 없이 다음 만남을 기약해야 한다'라는 생각이 퍼뜩 떠올랐다.

---

[*] 《진실의 편린》은 실제로는 상당히 흥미로운 문서이며, 구르지예프가 쓴 《진정한 세계로부터의 조망》에 수록되어 있다.

훗날 열린 모임에서 우스펜스키는 구르지예프에게 숨겨진 지식을 찾아 다시 동방으로 갈 필요가 있는지를 물었다. 원한다면 그곳으로 휴가를 가도 좋지만, 우스펜스키가 찾는 지식은 이미 이곳 러시아에 있다는 대답이 돌아왔다. 구르지예프는 우스펜스키를 대신해서 이미 탐색을 마쳤고, 거기서 찾아낸 숨겨진 가르침을 하나의 시스템으로 통합했기 때문이다. 따라서 딱히 어디로 여행을 갈 필요는 전혀 없었다. 그 가르침을 전수하기 위한 '학교'의 기본 원칙을 확립한 후, 구르지예프는 우스펜스키를 제자로 받아들였다.

인류의 재정의

구르지예프는 그러는 즉시 우스펜스키가 가장 애착하는 관념 — 대다수의 사람들과 동일하게 — 들을 바로잡는 일에 착수했다. 구르지예프는 다짜고짜 《제3의 사고법》의 저자 — 우스펜스키 본인이다 — 는 자기가 쓴 책을 이해 못 한다고 단언했다. "자네는 자네가 읽은 것이나 자네가 쓴 것을 이해 못 하고 있어."

앞서 언급했듯이 구르지예프는 인류의 거의 모든 구성원이 항구적인 잠에 빠져 있으며, 우스펜스키 역시 예외가 아니라고 선언했다. 게다가 우스펜스키는 대다수의 인류와 마찬가지로 '기계'였다. 구르지예프는 이것이 결코 비유적인 말이 아님을 우스펜스키에게 강조했다. 우스펜스키는 자신이 깨어 있고 자유롭다고 생각할지도 모르지만… 그것은 전혀 사실이 아니었다. "인간이 내포한 가능성은 엄청나지." 구르지예프는 상트페테르부르크에서 우스펜스키를 위시한 제자들에게 말했다. "자네들은 인간이 할 수 있거나 획득할 수 있는 것의 그림자조차도 상상하지 못해. 하지만 잠을 자고 있는 상태에서는 그 무엇도 획득할 수 없네. 자고 있는 인간의 의식에서 당사자가 품고 있는 망상 내지 '꿈'은 현실과 뒤섞인다네. 그런 인간은 주관적 세계에서 살아가고 있고, 결코 거기서 도망치지 못해…. 자신의 극히 일부만 가지고 살아가는 식이지."

그런 다음 구르지예프는 우스펜스키가 '한층 더 받아들이기 힘든' 견해를 내놓았다. 이런 잠과 기계적 성질 탓에, 인간은 아무것도 '하지(do)' 못한다고 단언했던 것이다. 구르지예프는 인간은 자기 힘으로는 아무 일도 하지 못하고, 모든 일은 단지 우리에게 일어날 뿐이며, 어떤 계획을 실행에 옮긴다는 행위 자체가 기계적인 반응에 불과하다고 말했다. 설령 겉으로는 의식적인 행동처럼 보인다고 해도 말이다. 어떤 일이 행해진다고 해서, 그것이 어떤 인간이나 그의 동료들에 의해 행해지는 것은 아니라는 뜻이다. 그 과정에서 당사자가 경주한 노력과 흘린 땀이 아무리 진짜라고 해도 말이다. 왜냐하면 그 행위는 그를 통해 이루어진 것이며, 그가 한 것이 아니라 단지 그에게 일어난 것에 불과하기 때문이다. 그러나 그런 견해를 믿고 싶어하는 사람은 아무도 없다. 사람들이 이 견해를 굴욕적이며 불쾌하게 받아들이는 것은 '그것이 진실이기 때문'이라고 구르지예프는 말했다. "그리고 진실을 알고 싶어하는 사람은 없지." 이것이 구르지예프가 그의 위대한 우화적 소설인 《비엘제붑이 손자에게 들려주는 이야기》의 주인공을 비엘제붑으로 명명한 이유 중 하나였을지도 모른다. 사람들이 불쾌해하는 어떤 개념 — 그것이 사실이든, 아니든 간에 — 을 전달하는 탓에 매도당하는 역할이기 때문이다.

  사람들이 아무것도 하지 못한다는 주장은 숙명론 또는 운명 예정설로 이어지는 것처럼 보인다. 우리는 우리 자신의 고정된 행동 방식에서 비롯된 기계적인 인과관계의 연쇄 속에 갇혀 있다. 우리가 그것을 극복하고, 정말로 뭔가를 '할' 수 있을 정도로 각성하기 전까지 그것은 실제로 우리의 운명 — 원한다면 카르마라고 불러도 좋다 — 으로서 작용한다. 그것에서 벗어나려면 우리는 그런 연쇄를 깨야 한다. 인간의 의식이 통상적으로 머물러 있는 낮은 층위에 존재하는 영향력들에 대해 기계적으로 반응하는 것을 멈추고, 적어도 그런 연쇄를 깨고 나와야 하는 것이다. 우리가 충분히 각성하고, 충분히 통합됨으로써 무엇인가를 정말로 '할' 수 있는 위치에 오르면, 어떤 의미에서는 전혀 다른 매질媒質 안에 와 있다는 사실을 깨닫게 될 것이다. 이럴 경우 더 많은 자유가 주어지지만, 그곳 역시 여전히 자체적인 법칙의 제약을 받고 있는 장소이며, 그곳으로 간다는 것은 해저의 진흙 속에서 뒹굴던 양서류가 물이 더 맑은 층으로 올라가고, 그런 다음 마른 땅이 있을지도 모르는 곳으로 향하는 행위에 빗댈 수 있다. 각각의 층은 자체적인 행동적 한계를 내포한 매질에 해당하지만, 빛도 없고 수압마저 강한 해저의 진흙탕에 비하면 더 위쪽의 영역에서는 더 많은 자유를 누릴 수 있다는 뜻이다.

  극히 드물긴 하지만 이따금 신의 은총에 상당하는 모종의 고차원적인 간섭에 의해 무엇인가를 정말로 '하는' 사람들이 있을 수도 있다. 잔 다르크라든지, 마틴 루서 킹 같은 사람들 말이다. 그러나 극소수의 예외적인 경우를 제외하면, 장기에 걸친 엄격한 자기 수행 없이 그런 일은 결코 일어나지 않는다.

물론 이것은 '할' 수 있는 경지에 이르기 전에 스스로의 삶과 세계를 개선하면 안 된다는 뜻은 아니다. 푸드 뱅크를 연다든지, 정계에 투신해서 평화 운동에 나선다든지 하는 것은 물론 가치 있는 일이다. 당사자는 그런 대의명분을 실천으로 옮기는 과정에서 정말로 뭔가를 '하는' 찰나의 순간을 맛볼 수 있는지도 모른다. 그러나 이런 일들에 관한 구르지예프의 설명은 단호했고, 예외나 정상 참작의 여지를 아예 남기지 않았다. 인간은 너무나도 쉽게 망상에 사로잡히기 때문에 이런 식의 단호함은 필요하지만, 사람은 좋은 목표를 향해 흘러가는 일련의 '반응'에 투신할 수 있고, 그런 행위에 관여할 경우 자기 인식의 가능성 역시 커진다. 그런 것에 주의를 기울인다면 말이다.

그러나 진정하게, 완전하게 '하기' 위해서는 어떻게 해야 하는 것일까? 구르지예프는 진정한 변화는 그런 '하기'를 통해 이루어진다고 말했다. 그러나 '하기' 위해서는 사람은 우선 진정하게 '존재할 (be)' 필요가 있다. 그렇다면 진정하게 '존재한다'는 것은 무슨 뜻일까? 구르지예프의 가르침에서 '있기(being)', 즉 '존재한다'는 개념은 지극히 중요한 위치를 점하고 있다. 구르지예프적 맥락에서 진정한 '존재'를 달성한 사람은 다양한 특징을 갖추고 있다. 그러나 단지 그런 특징들을 열거하는 것만으로 그 사람이 어떤 존재인지를 실제로 설명하는 것은 불가능에 가깝다. 조금이라도 설명을 시도해본다면, 구르지예프적인 의미에서 '존재하는' 인물은 현실의 질료 — 또는 고도로 조직화된 에너지의 장 — 를 결정화(crystallize)함으로써 과거의 자신을 넘어선 존재가 되었다고 할 수 있다. 진정한 '존재'에 이른 사람은 통상적인 영향력들에 에워싸인 상태에서도 개인성을 유지할 수 있다. 진정한 '존재'에 이른 사람은 더 고차의 정제된 영향들을 받아들일 수 있는 무엇인가를 가지고 있다. 바꿔 말해서, 그런 사람은 '신'에 더 가깝게 다가간 존재다.

그러나 필자가 아무리 없는 재치를 동원해서 설명해보았자 실제로 경험한 적이 없는 것을 정확하게 묘사할 수는 없는 법이다. 구르지예프가 말하는 '존재'가 무엇인지를 실제로 이해하려면 그런 이해를 가능케 할 수 있을 정도의 '존재력(enough being)'을 갖추고 있어야 하기 때문이다. 따라서 우리 같은 범인凡人이 이 상태를 이해하려면, 이해로 가는 길을 밝혀주는 가로등처럼 외적인 징후들을 찾아보는 수밖에 없다.

그리고 '존재하는' 인물이 '의지'를 가지고 있다고 한다면, 이 의지는 통상적인 맥락에서 쓰이는 의지가 아니다. 대다수 사람들이 "강한 의지를 가진 남자(또는 여자)"라고 말할 때 쓰는 의지란 단지 여러 욕구들 중 하나를 집요하게 유지하려는 경향을 의미할 뿐이다. 그러나 진정한 '의지'는 당사자로 하여금 적절한 상황에서 그런 욕구를 정복할 수 있게 해준다. (내가 '의지'를 작은따옴표 안에 넣은 것은 그것을 우리가 통상적으로 생각하는 의지와 구분하기 위해서다.)

구르지예프는 우스펜스키가 가는 길을 밝혀줄 가로등들을 설치하기 위해 최선을 다했고, 존재의 상태의 여러 단계와 특징 및 내적 기능을 이론적으로 파악하는 데 도움이 되어줄 도표와 깜짝 놀랄 정도로 복잡한 도해들을 제공하기까지 했다. 구르지예프가 이런 방면의 자료를 제공한 것은 아마 '지적인 중심'을 자극함으로써 다른 중심들

과 더불어 적절하게 작동할 수 있도록 할 목적에서였는지도 모른다.[*]

구르지예프는 동기도 부여했다. 진정한 불사^{不死}, 즉 사후의 정말로 개인적인 삶은 항구적이고 불변한 '나'라는 각성의식과 '의지'를 가진 사람들만 손에 넣을 수 있다고 명시했던 것이다.

우리는 스스로 그런 특성을 가지고 있다고 자처하지만, 이 역시 사실이 아니다. 우리의 내적인 주의력을 총동원해서 우리가 그런 것을 가지고 있지 않다는 사실을 실감하기 전에는, 그것을 손에 넣을 가망은 아예 없는 것이다. 우리 모두가 엄청난 가능성을 내포하고 있다는 점을 감안하면 이것은 비극이다.

자기 내면의 잠재력을 완전히 발휘함으로써 불사를 획득한 사람은 네 개의 몸을 발달시키며, 각각의 몸은 다음 몸에 통합되어 있다. 각각의 몸은 먼젓번의 몸보다 더 미세한 질료로 이루어져 있다. 구르지예프는 고차의 몸들을 구성하는 은비학적인 물질 내지는 질료에 대해 곧잘 언급했지만 그것들이 정확히 무엇인지는 정의하지 않았다. 그러나 우리는 어떤 차원에서 그것들이 확고하게 존재한다는 사실을 안다. 감지하기 힘들지도 모르지만 그것들은 단지 영적이거나 '초자연적인' 상태들을 의미하는 것이 아니다. 이 네 가지 몸은 다양한 은비학적 전통에서 각기 다른 이름으로 불린다. 기독교 신비주의는 첫 번째 몸을 육체(Carnal Body)라고 부르는데, 동방의 전통에

---

[*] 나 자신은 그런 복잡한 도표와 세부적 도해들, 이를테면 '수소'의 교환을 묘사한 도표라든지 옥타브 계산을 둘러싼 계산, 에니어그램 순열 따위를 해설할 생각이 없다. 일단 그럴 자격이 안 되기 때문인데, 이 부분에 흥미를 느낀 독자들에게는 우스펜스키의 《기적적인 것을 찾아서》와 여러 권으로 이루어진 모리스 니콜Maurice Nicoll의 《구르지예프와 우스펜스키의 가르침에 관한 심리학적 주석》을 읽을 것을 권한다.

서는 이것을 '마차(carriage)'라고 부른다. 두 번째 몸인 자연체(Natural Body)는 동방의 전통에서는 마차를 끄는 '말(horse)'에 해당하며, 고차의 감정과 욕구를 담고 있다. 세 번째 몸은 영체(Spiritual Body)이며, 말과 마차를 조종하는 '마부'이자 '정신'에 해당한다. 네 번째 몸은 신체神體(Divine Body) 또는 주인(Master)이라고 불리는 것이다. 신지학에서 원인체(Causal Body)라고 불리는 이것은 불변의 '나', 각성 의식, '의식'이 결정화된 것이다.

고차의 몸들에 관해 언급한 전통들 다수는 (망각되거나 왜곡된 지식에 입각한 탓에) 인간이 두 번째와 세 번째와 네 번째의 미세한 몸을 가지고 태어나지는 않는다는 사실을 모르는 경우가 있다. 이 세 가지의 몸은 우리가 일부러 만들지 않는 이상은 생겨나지 않으며, 적절한 내적, 외적 조건하에서 의도적으로 함양되어야 한다.

상술한 분류를 《헤르메스의 길》의 묘사와 비교해보자. 이 문서는 신비주의 문헌의 고전인 《코르푸스 헤르메티쿰》보다 훨씬 더 오래된 것으로 알려져 있다. 《헤르메스의 길》에 의하면, "영혼 역시 일단 완전함을 이룬 뒤에는 육체 밖으로 나간다. 여전히 불완전한 상태에서 자궁 밖으로 나온 육체가 먹지도, 자라지도 못하는 것처럼, 완전한 상태에 다다르지 못한 영혼이 육체 밖으로 나갈 경우 그것은 불완전하고, 몸을 가질 수도 없다. 여기서 영혼의 완전함이란 존재들에 관한 지식을 의미한다." 여기서 "일단 완전함을 이룬 다음에는"이란 대목에 유의할 필요가 있는데, 이것은 육체와 정신과 감정이 조화를 이룬 자궁 안에서 적절하게 발달하지 않은 영혼은 육체 밖에서는 오래 살아남을 수 없다는 점을 시사한다.

구르지예프가 인간의 몸을 변용變容의 도가니로 간주한 것은 확실하다. 수행자는 육체의 감각에 주의력을 쏟는 적극적인 수행을 스스로의 내적, 외적인 상태를 의식적으로 '인식하는' 행위와 결합함으로써 존속 가능한 영혼으로 이어지는 변화의 첫발을 내디디게 된다. 영지주의자들의 도마 복음은 이렇게 말하고 있다. "예수 가라사대, 육신이 영혼으로 인해 존재하게 되었다면 그것은 기적이로다. 그러나 영혼이 육체로 인해 존재하게 되었다면 그것은 기적 중의 기적이로다."

잠에 빠진 채로 살아갈 작정이라면 우리는 고차의 몸들을 필요로 하지 않는다. 그러나 죽은 뒤에도 의식을 가진 개인으로서 존속하고 싶다면 고차의 몸들이 있어야 한다. 이것들은 완전하고 자유로운 삶 — 은비학적인 의미에서 — 의 결과물로서만 존재할 수 있다. 사실, 진정한 완전함이나 진정한 자유를 얻으려면 그 방법밖에는 없다.

구르지예프는 물리적 육체만 가진 사람의 기능은 그 육체에 의해서 통제받지만, 더 고차의 몸들이나 '항구적인 나'를 가진 사람은 고차의 '나'에 의해 통제된다고 설파했다.

이에 덧붙여 삶을 완전히 실현한 개인은 완전히 성숙한 본질을 가지게 된다. 그런 인물은 스스로를 이런 완전한 본질과 '동일시할' 뿐, 덧씌워진 것에 불과한 무의미한 인격 따위에는 구애받지 않는다.

개인의 인격과 본질을 구분하는 것은 구르지예프의 수행법인 '워크'의 필수적인 단계다. 본질이란 우리가 가지고 태어난 것이며, 우리의 자연적인 상태이고, 참된 감정이고, 참된 성향이다. 반면에 인격은 부모, 동료, 학교 따위에 순응하는 방향으로 우리에게 부여된 가면이며, 타자를 기쁘게 하고 불편함을 피하기 위해 우리는 인격이라는 은폐하는 기계를 발달시킨다. 마치 우리 손으로 서서히 꼭두각시 인형을 만들어서, 그것을 우리의 진정한 욕구들이라고 지레짐작한 것들과 다른 사람들이 우리에게서 기대하는 것들에 맞춰 춤추도록 하는 식이다. 그리고 우리는 그 인형과 자신을 '동일시하는' 잘못을 저지른다. 자기가 만든 꼭두각시가 되어버리는 것이다.

물론 외부적으로 일정한 역할들을 연기하기 위한 겉모습을 유지할 필요는 있다. 단지 대인관계에 풍파를 일으키지 않으려는 이유에서 그러는 경우도 많지만, 겉모습은 세상과 군이 반목할 일이 없도록 도와주는 사회적인 윤활유 역할도 한다. (마하트마 간디가 영국과 '반목했을' 때처럼 중요한 목적을 위해 의도적으로 그러는 경우는 예외이지만 말이다.)

의도적으로 그런 역할들을 연기하고, 타인에게 적절하게 반응하는 행위는 '외적 고찰'(external considering)이라고 불린다. 이것은 구르지예프의 '워크' 수행에 필요한 행위이며 이것을 완전히 터득하기 위해서는 많은 노력이 필요하다. '워크' 수행자는 우리가 타인들을 외적으로 어떻게 '고찰하는지'를 관찰하고, 올바른 외적 고찰을 통해 스스로의 행위를 수정한다. 구르지예프는 '내적' 고찰에 대해서도 언급하고 있다.

우리가 내적인 반응에 몰입한다면, 바꿔 말해서, '내적 고찰'을 잘못 사용해서 단순한 꼭두각시 인형에 지나지 않은 인격과 자신을 '동일시한다면', 우리의 삶은 우리의 참된 감정을 반영하지 않는 각본에 따라 움직이는 인형극이 되어버린다.

자기 인격과 자신을 '동일시하는' 탓에, 우리는 우리의 본질에 맞

는 자연스러운 행동을 하지 못하고 (마음속 깊은 곳에서는) 가장 싫어
하는 행동을 하는 얄궂은 상황에 처하게 된다. C. S. 루이스Lewis의
걸작 《스크루테이프의 편지》(The Screwtape Letters)에서 방금 지옥에
도착한 사내는 이렇게 말한다. "해야 할 일도 안 하고, 하고 싶은 일
도 안 하면서 내 인생을 허비했다는 걸 이제 알겠어."

그보다 훨씬 더 오래된 문헌인 《코르푸스 헤르메티쿰》도 루이스
의 지적에 동의하는 것처럼 보인다. "이성을 소유한 사람은 이미 말
했듯이 (초연한 영적 지성을 의미하는) 나우스naus의 인도를 받으며, 고통
에 임해도 다른 사람들처럼 임하지 않고… 악으로부터 해방된 사람
들처럼 임한다."

자기 인격과 자기를 같은 것으로 보는 탓에 사람의 본질은 무감각
해지고, 마비되며, 나이를 먹으면서 발전하는 대신 미성숙한 상태로
남는다. 당사자의 인격이 겉으로 아무리 세련되어 보이고, 달변이며
위트와 매력으로 가득 찬 것처럼 보여도, 그의 본질은 여전히 유아
상태에 머무는 것이다. 사람의 본질은 충분한 억압을 가한다면 아예
사멸해버릴 수도 있다. 이런 통찰은 구르지예프 특유의 충격적인 폭
로로 이어진다.

어떤 사람의 인격과 육체가 여전히 살아 있는 상태에서 본질이
죽는 경우는 상당히 자주 일어난다네. 대도시의 거리에서 우리
가 만나는 사람들의 상당수는 내면이 공허한 사람이야. 그러니
까, 실제로는 이미 죽은 사람들이란 뜻일세. 그런 사실을 보지
못하고 아예 모른다는 건 차라리 행운이라고 할 수 있겠지. 그런

실질적인 망자들의 수가 얼마나 되고, 그런 상태에서 우리의 삶
을 통제하는 자들의 수가 얼마나 되는지를 확인한다면, 우리는
공포에 못 이겨 미쳐버릴 거야.*

우스펜스키는 구르지예프가 시행한 본질과 인격의 관계를 관찰
하는 실험에 관해서도 언급하고 있다. 구르지예프가 쓴 실험 방식에
대해서는 언급을 피하고 있지만, 최면술을 썼을 공산이 커 보인다.
실험 대상으로는 두 사내가 선택되었다. 한 명은 상당히 세련된 노
인이었고, 기독교를 위시해서 정치와 전쟁과 가증스러운 부도덕적
행위 따위에 관해 얘기하는 것을 즐겼다. 다른 한 명은 젊고 경박했
고, 툭하면 논쟁을 벌이고 바보짓을 하는 경향이 있었다. 이 두 사내
는 구르지예프가 쓴 어떤 방법에 의해 평소 인격은 사라지고 본질이
가감 없이 드러난 상태가 되었다. 그러자 노인의 눈이 퀭하게 변하
며 멍해진 것처럼 보였다. 실험에 들어가기 직전 노인은 전쟁에 관
해 매우 진지한 의견을 내놓았는데, 실험 중 그 부분에 관해 질문해
도 제대로 기억하지 못했다. 지금 이 순간 정말로 원하는 게 뭐냐고
끈질기게 묻자, 노인은 매우 진지하고 사려 깊은 어조로 대답했다.
"산딸기 잼을 먹고 싶구먼."
   그러나 젊은 사내 쪽은 더 이상 경박하지 않았다. 그는 진지한 어
조로 지금 무슨 일이 일어나고 있는지 물었고, 주위의 모든 것을 예
리하게 관찰했다. 최면이 풀린 뒤에도 젊은이는 그런 상황을 기억

---

* 《기적적인 것을 찾아서》

하고 있었지만, 노인은 아무것도 기억하지 못했다. 왜냐하면 '인격 (personality)'은 아무것도 기억하지 못하기 때문이다. 그러나 젊은이는 어느 정도는 '본질(essence)'을 멀쩡하게 유지하고 있었고, 그 본질은 기억할 수 있었다. 노인에게는 거의 아무런 본질도 남아 있지 않았고, 그나마 남아 있는 것조차도 유아적인 상태에 고착되어 있었다.

텔레비전의 논객들을 떠올려보면 쉽게 이해할 수 있을 것이다. 세련되고 논리 정연하며 신랄한 재치를 자랑하는 달변가인 이들조차, 실험 조건만 맞는다면 실은 완전히 공허한 존재임이 밝혀질 수도 있다…. 산딸기 잼을 원하던 노인처럼 말이다.

구르지예프 수행 방식의 탐구

미국 출신의 어떤 저명한 구루는 구르지예프의 가르침이 '실천이 따르지 않는 탁상공론'이라고 비판한 적이 있다. 그의 생각은 틀렸다. 그는 아마 구르지예프의 배경과 이론을 논한 《놀라운 사람들과의 만남》만 읽었고, 구르지예프의 실제 수행법이 어떤 것이었는지를 확인해볼 생각조차 하지 않았던 것인지도 모른다. 구르지예프의 가르침에 대한 우스펜스키의 탁월한 해설에서도 의식적 고행, 자기 관찰, 자기 기억하기 같은 수행법들의 개요를 읽어볼 수 있다. '신성한 무브먼트'와, 자기 계발의 수단으로서의 '주의력의 종합적인 사용'에 관한 언급도 있고, 이런 수행법들 일부에 대한 이론적 개요도 포함되어 있다. 그러나 상술한 수행법과 그 밖의 방식들의 실제 응용에 관해 알고 싶으면, 구르지예프가 직접 가르친 제자들 — 그리고 그런 제자들에게 직접 가르침을 받은 수행자들 — 을 찾아갈 필요가 있다. 구르지예프의 제자들은 적절한 상황에서만 단 한 명의 제자에게 수행법을 전수하는 것이 관행이기 때문이다.

구르지예프가 말하는 의식적인 고통(conscious suffering)은 삶의 비참함 속에서 뒹구는 것을 의미하지 않는다. 사실 우리는 되레 자기 고통을 포기하기를 주저한다. 구르지예프에 의하면, 모든 인간은 진짜 문제로부터 우리 눈을 돌리게 해주는 무의미하고 주관적인 고통을 포기하기를 주저하기 마련이다. 그의 유명한 경구 중 하나를 인용하자면 "의미가 있는 고통은 오직 의식적인 고통뿐"인 것이다. 그러나 자신이 놓인 상태에 참여하는 행위 ─ 부정적인 것과 긍정적인 것 사이의 알력을 의도적으로 의식하는 행위 ─ 는 비참함과는 무관하며, 물론 마조히즘도 아니다. 의도적인 고행이란 있는 그대로를 견디는 숭고한 행위이기 때문이다.

구르지예프의 수행법들 중에는 오직 그만이 어느 정도 성공적으로 수행할 수 있는 것들도 있었다. 그가 제자들을 가르치기 시작한 것은 인생의 반이 지났을 때였다. 언젠가 충분한 수의 인류를 각성시킴으로써 전쟁을 종식시키고 인간을 본래의 생득적인 상태로 되돌려놓을 수 있는 흐름을 시작하거나 재개하기에는 너무 늦은 시기였다. 그런 연유로 구르지예프는 훗날 그의 족적을 따라 그의 가르침을 설파할 제자들을 서둘러 양성할 필요를 느끼고 있었다. 이런 시급한 임무를 수행하기 위해 그는 이런저런 수행법을 직접 고안했는데, 이것들 ─ 일부는 이른바 '미친 지혜의 스승들'(crazy wisdom masters)과도 관련된 ─ 은 수행자에 대한 직접적인 심리적 도발을 포함하고 있었다. 그 기술들 중 일부는 수행자들이 빠져 있는 잠과 허영에 대해 일종의 언어적 게릴라전을 펼침으로써 그들이 스스로를 직시하고, 그렇게 해서 깨달은 것과 씨름하도록 강요하는 과정을 수반한다. 이런 종류의 교습법은 본질적인 위험을 내포하고 있으며, 오로지 그 방법에 통달한 스승에 의해서만 성공적으로 수행될 수 있다. 구르지예프의 '워크' 수행자들은 여전히 다양한 도전에 노출되지만, 구르지예프의 뒤를 이은 제자들은 구르지예프의 본인이 썼던 공격적인 대인 수행법을 시도하지는 않았다. 적어도 그가 감행했던 수준으로는 말이다.

그럼에도 구르지예프 '워크'의 직계 제자들이 제공하는 몇백 가지에 달하는 비대립적인 수련 및 수행 방식들은 (구르지예프를 한 번도 만난 적이 없지만 그 수행법을 답습함으로써 큰 성공을 거두고, 훗날 스승의 자리에 오른 수행자들이 일정 수 존재한다는 점을 감안하면) 충분히 효과가 있는 것처럼 보인다. 이런 수행자들을 직접 가르친 사람들을 열거해보면 다음과 같다. 잔 드 살즈만, 그녀의 아들인 미셸 드 살즈만, P. D. 우스펜스키, 모리스 니콜, A. L. 스테이블리, 앙리에트 란느Henriette Lannes, 폴 레이나르Paul Reynard, 토마스 드 하트만, 올가 드 하트만, 윌리엄 웰치William Welch, 루이즈 웰치Louise Welch, 앙리 트라콜Henri Tracol, 윌리엄 시걸William Segal, 펜틀랜드Pentland 경과 그의 부인…. 이들 모두가 구르지예프와 함께 직접 수행을 했던 수행자들이다. 이 개략적인 목록에 올라 있는 구르지예프의 가장 유명한 제자들은 대부분 통계적 확률을 넘어선 수준까지 장수했다. 90대 중반은 보통이고 그보다 더 오래 산 사람들도 있는데, 잔 드 살즈만 같은 경우는 100세를 넘길 때까지 정정하게 활동했고, 대다수는 최근까지도 생존하며 제자들을 가르쳤다. 상술한 스승들 중 이 글을 쓴 시점에 생존하고 있는 사람은 폴 레이나르와 펜틀랜드 부인뿐이지만, 여전히 제자들을 가르치고 있다.

세 가지 길과 제4의 길

구르지예프는 세 가지의 주된 영적인 길은 궁극적으로는 모두 같은 목적 — 불멸의 영혼을 창조하고, 죽음을 극복하는 — 을 가지고 있다고 주장한다. 그러나 이 길들은 자신만의 특이한 방법을 써서 이 목적을 달성하려고 한다.

파키르, 즉 고행자의 길은 육체의 욕구를 극복함으로써 불멸의 의지를 만들어내는 것을 시도한다. 고행자는 극도로 고통스러운 육체적 수행으로 자신을 몰아넣는다. 말도 안 되는 자세를 말도 안 될 정도로 오래 유지한다거나, 의도적으로 고통을 참는다거나, 굶어 죽기 직전까지 단식하거나, 금욕을 위시한 온갖 고행을 통해서 '의지'와 영적인 힘을 축적하는 것이다. 고행자의 길은 인간의 '동적-본능적 중심'에 상응하며, 인간의 육체적 성질에 입각한 것이다.

수도승의 길은 '신'에게 헌신하는 길이며, 그 수행은 인간의 '감정적 중심'을 통해 이루어진다. 이 길은 '가슴의 길'이자 일반적으로 신앙이라고 간주되는 것의 길이기도 하다. 수도승은 몇십 년 동안이나 스스로와 씨름하고, 그동안 그의 모든 주의력은 그의 '감정'에 집중되어 있다. 그는 자신의 내부에 일종의 통일성을 만들어내지만 그것은 한쪽으로 치우친 통일성이고, 육체적인 측면과 지적인 측면은 미발달 상태로 남는다.

요기의 길은 마음과 지식을 발달시키는 길이다. 구르지예프의 말을 빌리자면, 요기는 "모든 것을 알고 있지만 아무것도 할 수 없는" 존재다. 요기는 자신의 '지적 중심'을 발달시켜서 일정 수준의 통일성과 예민함을 달성한다. 그러나 구르지예프에 의하면 요기가 정말로 '하는' 법을 습득하기 위해서는 '동적-본능적 중심'과 '감정적 중심'도 발달시킬 필요가 있다. 요기도 이 사실을 알고 있는 경우가 많지만 실행에 옮기지 못하는데, 이것은 그가 자신에게 주어진 에너지적인 '돈'을 모두 한곳에서 다 써버렸기 때문이다.

이 세 가지 길은 탈속脫俗이라는 특징을 공유한다. 고행자와 수도승과 요기는 모두 고향과 가족을 버리고, 모든 인연을 끊음으로써 속세를 버려야 하기 때문이다.

그러나 이런 식의 탈속을 필요로 하지 않는 '제4의 길'이 존재하는데, 이 길은 '삶 한복판에서의 수행'에 의해 오히려 이득을 얻는다. 몇몇 은비학적 전통에 포함되어 있던 이 '제4의 길'은 현대로 와서 구르지예프에 의해 체계화되었다. 구르지예프는 이따금 이 전통을 '카이다Khaida 요가'라고 부르곤 했다. 하이다Haida라고 표기되기도 하는 카이다는 러시아어 단어이며, '속성速成'이라고 번역될 수 있다. '제4의 길'은 가속화된 수행법이라고 할 수 있지만, '현대인'들이 이해하는 통상적인 맥락에서 쉽다거나 빠르다는 뜻은 결코 아니다. 왜냐하면 우리 모두는 현대의 삶이 제공하는 즉각적 만족에 푹 잠겨 있기 때문이며, 우리가 '빠르다'고 간주하는 상태는 어린아이가 곧잘 보이곤 하는 비현실적인 현실 인식과 오십보백보이기 때문이다. "아직도 도착 안 했어요? 계속 차를 타고 있느라고 지쳤어요."

이슬람 신비주의의 수피 수행자들 사이에서는 '느긋한 길'이라는 수행법이 있는데, 이것이 구르지예프가 설파한 '제4의 길'과 관련이 있는지는 확실하지 않다. 하여튼 구르지예프의 말이 옳다면, 인간이 수행을 통해 만들어낼 수 있는 세 가지 몸을 실제로 만들어서 불사ㅈㅐ를 획득하게 해주는 유일한 길은 '제4의 길'뿐이다. 구르지예프는 진리를 탐구하는 과정에서 상술한 세 가지 길들 중 하나에만 몰두하는 수행자들을 많이 만났지만, 그들은 영적으로는 기형에 가까운 상태였다. 마치 엄청나게 우람한 팔 근육을 키웠지만 힘없고 가느다란 다리를 가진 보디빌더처럼 말이다. 두 번째와 세 번째와 네 번째 존재의 몸들(being-bodies)을 만들어내기 위해 인간을 구성하는 세 개의 측면을 완전히 이해하고 자기 것으로 만들 필요가 있다면, 단 한 가지 측면만을 발달시키는 수행법만으로 역부족이라는 점은 명백하다. 한 가지 측면에만 몰두하는 것은 한쪽으로 기울어진 줄을 하나 그어놓고 삼각형이라고 강변하는 행위나 다름없기 때문이다.

그리고 '제4의 길'은 언제나 '자기 기억하기'를 수반한다. '자기 기억하기'라는 건물을 이루는 초석은 육체적으로 스스로를 '느끼고', 평소와는 다른 방식으로 자기 몸 안에 정말로 '깃드는' 것이다. 바꿔 말해서, 우리는 주의력의 일부를 의도적으로 우리 자신의 몸을 향해 돌림으로써 우리 육체의 실제 주인이 되어야 한다. 다음 단계에 이르러서는 스스로의 존재력을 강화함으로써 백일몽이나 자유 연상에 사로잡히지 않아야 한다. 물론 이 '건물'에는 더 많은 층이 있는데, 위로 올라갈수록 관찰 대상은 늘어나는 것처럼 보이기 마련이다. 그러나 가장 중요한 것은 기초가 되는 초석과 1층이다. 이것들이 없으면 건물 전체가 무너져버리기 때문이다. 우리가 현재 이 순간에 존재하는 자기 자신을 직접 '느끼는' 경우는 극히 드물다. 우리는 언제나 뭔가 하고 싶은 일을 꿈꾸고 있거나, 과거에 관해 생각하고 있기 마련이다. 우리의 주의력이 '지금'을 향하고 있는 경우는 거의 없다. C. S. 루이스는 현재야말로 '시간'이 '영원'과 접촉하는 순간이라고 썼다. 적극적으로 '현재 순간'(present moment)을 향하고 있는 주의력의 빛 아래에서는 스스로에게 거짓말을 하는 것이 힘들어진다. 사물은 '진정한 세계' 안에서 있는 그대로 드러나며, '시간' 속에서의 우리의 삶에 대한 우리의 관계성 전체가 완전히 바뀐다. '현재 순간'에서 존재하려고 고투하는 우리는 또 다른 차원, 즉 '자기 존재'(I Am)의 차원을 포괄할 수 있으며, 이 차원에서는 시간을 벗어난 관점에서 현상을 지각할 수 있다.

거듭해서 '현재 순간'으로 되돌아간다는 행위는 '자기 기억하기'를 수행함으로써 순수한 의식을 유지하기 위한 수단이며, 어떤 상황에서도 동원 가능한 자산이다. 영적 스승인 람 다스는 뇌졸중 발작을 일으킨 후 거동이 극히 불편해졌지만, '현재 순간'에 존재하는 자신의 본질을 고찰하는 능력은 멀쩡하다는 사실을 제자들에게 알렸다. 진정한 '현재 순간'은 끊임없이 재생된다. 왜냐하면 '영원'은 무한한 저수지이고, 무제한적인 자원이기 때문이다.

주의력을 동원한 '자기 기억하기'는 거의 모든 환경에서도 은밀하게 시행할 수 있는 내면의 수행이며, 살다 보면 곧잘 조우하곤 하는 난관들에 의해 연마될 수 있다. 겉으로 보기에는 학부모회에 참석해서 토론을 하거나, 식료품 가게의 계산원에게 인사를 하고 있는 것처럼 보여도 내면에서는 심오한 수행에 몰입할 수 있는 것이다.

'제4의 길'을 따르는 수행자는 실질적으로는 자기 자신을 상대로 수행하는 것이나 마찬가지다. 모든 수행이 자기 성찰로 시작되기 때문이다. 수행자는 우선 분할된 주의력을 활용함으로써 이 자기 성찰을 시작한다. 1장의 도표 1에 나와 있듯이 일상에서 우리 주의력의 '화살'은 밖을 향해 있다. 바깥 세계에서, 우리 주위에서 일어나는 모든 일들을 향해 있기 때문에, 우리는 단순히 그런 일들에 반응하기 마련이다. 그러나 의도적으로 주의력의 일부가 언제나 내면을 향하도록 하는 법을 습득함으로써 육체적인 자신을 느끼고 자기 관찰을 통한 '인상 획득'을 습관화한다면, 우리는 점점 더 완전한 형태의 '자기 기억하기'를 이따금이나마 경험할 수 있을지도 모르는 상태로 조금씩 다가가게 된다. 그럴 경우 우리의 내면에는 있는 그대로를 감지하고, 보고, 의식적으로 고통을 감수할 능력이 생겨난다. 적어도 간헐적으로는 말이다.

우리가 갈 길을 잃고, 목표를 망각하고, 기계적인 반복 행동에 빠지는 경향이 있다는 사실은 앞서 설명했다. 구르지예프는 인간의 삶에는 두 가지의 큰 조류潮流가 있다고 언급했다. 통상적으로 우리는 자유 연상과 자동적 행동으로 이루어진 '아래를 향한 조류' 또는 수동적인 흐름에 실려 흘러가고 있는 것처럼 보인다. 아래를 향한 조류역시 삶의 창조적 에너지의 일부이므로 무의미한 것은 아니다. 그러나 '워크'에 참여한 수행자는 자동적 행동으로 이루어진 이 '흐름'을 적극적으로 거슬러 올라감으로써 상대적으로 '위를 향해' 흐르는 '다른 조류'를 향해 일직선으로 날아가려고 하는 것이나 마찬가지다. 살아가면서 스스로를 혁신하는 '제4의 길'의 수행자는 사회와 주위 사람들이 요구하고 기대하는 행동을 (양심이 허락하는 범위 내에서) 실행에 옮기지만, 그러는 동안에도 줄곧 '현재 순간'에 머무르며 '자기 관찰'을 계속하고 '동일시'에 빠지는 일이 없도록 고투한다.

짜증과 분노와 우울함을 유발하는 일상적인 삶의 난관과 조우할 경우, 오랫동안 '제4의 길'을 따라 수행해온 수행자는 내면에서 솟구치는 부정적인 반응들을 뚜렷하게 의식하면서도 그것들과 자신을 '동일시하지' 않는다는 능동적인 선택을 하며, 외부적으로도 부정적인 행동에 나서지 않는다. 이런 행위는 당사자에게 '존재(Being)'의 창조라는 강력한 영적 혜택을 부여한다. 바꿔 말해서 '제4의 길'을 따르는 수행자는 일상적인 삶에서 발생하는 난관을 긍정적으로 이용하며, 있는 그대로의 삶을 수행의 장으로 삼아 그 혜택을 누린다. 수행자는 삶이 힘들면 힘들수록 그에 상응하는 수행을 할 수 있고 영적인 이득을 얻을 수 있는 것이다.

주의력 환기하기

진지한 은비학적 수행에 공통으로 등장하는 주제가 하나 있다면, 주의력을 '자체적으로 존재하는 힘'으로서 쓴다는 점일 것이다. 주의력은 각성되고, 소환되고, 강화되고, 정제되고, 어떤 방향을 향하도록 유도된다. 이것은 일상에서의 막연한 주의나 관심, 이를테면 "뭔가가 내 주의를 끌었다"라든지 "그 영화는 내 관심을 독차지했다"라는 표현이 의미하는 주의력이 아니다. 그런 식의 주의력은 주관적이고 수동적인 주의력이며, 주로 기분을 전환시켜준다는 맥락에서 그 가치를 찾을 수 있다. 반면 은비학적 수행에서 사용되는 주의력은 능동적이며, 객관적인 유도의 대상이 된다. 이 주의력은 우리가 백일몽에 빠지고, 자유 연상을 하고, 부정적인 감정에 휩쓸리려는 예의 충동을 떨쳐내려고 고투함으로써 정제된다. 이 과정에서 주의력은 어느새 빛의 한 형태가 된다. 필자의 경험에 의하면 '의도적인 주의력 자체가 빛의 한 형태라는 사실'은 언제나 명백했다. 우리의 내면 세계에서 일어나는 일들과 인간의 활동을 관할하는 세 '중심'들의 활동 특성을 관찰하고, 우리의 본질적인 자기를 그것을 덮고 있는 '인격'으로부터 분리해내는 일들은 모두가 주의력을 그쪽으로 돌림으로써 이루어진다. 살아 있는 스포트라이트가 발하는 부드러운 빛으로 이 모든 현상들을 비춘다고나 할까.

이런 방식으로 사용되는 주의력은 느리지만 자발적으로 그 대상을 '정리하는' 것처럼 보인다. 구르지예프는 "'워크'는 수행자의 개인적인 문제를 해결해주기 위해 존재하는 것이 아니다"라고 확실하게 못 박았다. '워크'는 그보다 더 높은 목적을 달성하기 위한 수단이기 때문이다. 그러나 오랜 기간에 걸쳐 끈기 있게 정제됨으로써 각성한 주의력은 '중심'들의 잘못된 작동을 바로잡는 불가사의한 힘을 발휘하고, 실제로 신경증적인 행동을 바로잡거나 불필요한 감정적 고통을 완화하기까지 한다.

여기서 가장 중요한 것은 각성한 주의력은 언제나 '워크'의 일부라는 점이다. 온실에서 식물을 재배하려면 생장등이 필요하듯이 '워크' 수행에는 주의력이 반드시 필요하다. 온실에서 일하는 농부는 씨 뿌리기, 물 주기, 그리고 수확 따위의 다른 작업들도 수행해야 하지만, 빛이 없으면 그 어떤 것도 의미가 없다는 점은 자명하다.

연금술사의 실험실

우스펜스키는 구르지예프가 진정한 존재력과 항구적인 '나'를 계발하기 위해 사용한 한층 더 심도 깊은 방법들 — 이들 중 다수가 매우 오래된 은비학 기술이었다 — 에 대한 단서를 기록으로 남겼다. 근원적인 방법 중 하나는 구르지예프가 사막의 오아시스에서 받은 계시와 직접적인 관련이 있다.

지금부터 묘사하는 방법은 적절한 준비 기간을 거쳐 유능한 스승의 지도하에서만 시도할 수 있다는 점을 미리 밝힌다. 이것은 특정 '워크'의 한 예이다.

구르지예프는 우스펜스키에게 네 개의 몸을 계발할 수 있는 인간의 가능성을 묘사한 '동방의 가르침'을 금속 가루들을 채운 연금술사의 유리 용기에 빗대어 설명한 적이 있다. 유리 용기 내부의 금속 가루들은 각각 분리되어 있지만 외부 조건에 따라 계속 변화할 수 있다. 예를 들어 유리 용기를 툭툭 치거나 흔들거나 돌린다면, 각종 가루들은 이런 외부 영향을 받을 때마다 무작위적으로 섞인다. 유리 용기 내부에 확고한 내부 구조 따위는 존재하지 않는다. 그러나 용기 아래에서 '특별한 종류의 불'을 피우면, '금속 가루들'은 녹아서 하나로 융합된다. 독립적이고, 분리될 수 없는 하나의 견고한 물질로 변화하는 것이다. 이 비유는 '예'와 '아니오' 사이의 투쟁이 빚어낸 '마찰'을 통해 내부 구조를 변용시키는 '열熱'을 만들어냄으로써 인간이 '두 번째 몸'을 만들어내는 방법을 거칠게 묘사한 것이다.

"수행자는 불을 필요로 하네." 구르지예프는 미국 의회도서관에 보존된 제2차 세계대전 당시의 대화 사본에서 이렇게 말하고 있다. "불이 없으면 아무것도 생겨나지 않으니까 말이야. 이 불은 고행, 자발적으로 받아들이는 괴로움이고, 이것이 없으면 그 어떤 것도 창조할 수 없어. 수행자는 단단히 준비를 할 필요가 있고, 무엇이 자신을 괴롭게 하는지를 반드시 알고 있어야 하고, 그것이 왔다는 걸 감지하면 그걸 이용해야 해…. 그 불은 익히고, 굳히고, 결정화하고, '실현하는' 불이라네."

이렇게 가정해보자. 여기 툭하면 남편을 몰아세우고 자기 아이들을 닦달하는 경향이 있는 여자가 한 명 있다. 그녀의 이런 경향은 결코 무시할 수 없는 개인적 특징이다. 그러나 다른 사람들이 아무리 그 사실을 지적하더라도 그녀의 방어 기제가 그녀의 자각 자체를 막아버리는 탓에 그녀는 자신의 이 파괴적인 습관의 존재를 아예 깨닫지 못한다. 그런 그녀가 어떤 이유에서인가 '워크'를 시작하고, 정말로 유능한 스승의 지도하에서 '자기 관찰' 과정에 들어감으로써 자신의 진정한 모습을 보려고 노력했다고 치자.

좋은 의도에서 '워크'를 시작한 이 강퍅한 여성은 구르지예프와 그 밖의 스승들에게 배운 수행법인 '분리된 주의력'을 상당히 오랫동안 실행에 옮겼다. 그 과정에서 이 가상의 악녀는 내면의 '인상 획득' 과정을 실행에 옮기고, 그 '인상'들은 마음의 양식이 되어 그녀의 진정한 모습을 바라볼 수 있는 능력을 발달시킨다. 작은 '나'들을 하나씩 차근차근 설득하는 식으로 말이다. 그녀는 자신의 외적인 행동도 관찰하면서 그녀와 다른 사람들 사이의 상호 작용을 있는 그대로 바라보려고 노력한다. 그 결과 그녀는 진정한 각성을 가로막는 자기 방어적 '완충제' 너머에 있는 진실을 보기 시작한다.

그리고 어느 날, 그녀는 사람들의 지적이 옳았다는 사실을 더 이상 부인할 수 없게 된다. 그녀는 정말로 정당한 이유 없이 자기 남편을 몰아세우고 자기 자식들을 닦달하고 있었다. 자신의 이런 경향을 객관적으로 바라본 그녀는, 비로소 이 문제를 해결할 수 있는 실마리를 얻는다. 진정한 회한이 몰려오기 시작하지만, 그녀는 행동에 나서는 대신 기다리고, 관찰을 계속한다. 그녀는 관찰을 통해 문제의 경향이 특정한 내적 감각과 특정한 외적 도발에 의해 발생한다는 사실을 자각한다. 언제나 특정한 자극들의 집합이 그녀 내부의 그런 경향을 끌어내고 있었던 것이다. 이런 '자기 기억하기'를 유지하고 있던 어느 날, 그녀는 자신이 예의 자극들과 그녀 자신의 반응에 대처할 준비가 되어 있다는 사실을 깨닫는다. 그날 그녀의 남편은 평소에 그러듯이 그녀의 신경을 건드리고, 그녀의 아이들도 그녀의 신경을 건드린다. 타인이 이런 식의 행동을 할 때 그녀는 보통 과잉 반응했다. 남편을 몰아세우고 아이들을 닦달하는 식으로 말이다.

그러나 이제 그녀는 평소 습관대로 행동하려는 충동과 자신을 '동일시하지' 않는 쪽을 적극적으로 선택한다. 물론 그런 충동 자체는 자각하고 있고, 그것을 직시하고, 느낄 수도 있다. 따라서 엄밀히 말하자면 그녀는 그 충동을 억누른 것은 아니다….

그러는 대신, 그 충동을 행동과 연계시키지 않았던 것이다. 타인이 그녀의 짜증을 유발했음에도 그녀는 그들을 닦달하지 않는다. 그녀는 몰려온 짜증을 '감수하고', 그것에 기계적으로 반응하려는 충동을 감수한다. 그럼으로써 '의식적으로' 감수한다. 그녀는 그녀가 의도한 어떤 목적을 위해 자진해서 그런 괴로움을 감수하는 것이다. 이것이 자발적인 고행이다.

그녀의 습관적인 자기가 말한다. "그래! 시작해! 평소처럼 이들에게 호통을 쳐! 평소처럼 너 자신을 표현해! 혼을 내주면, 네 기분도 나아질 거야!" 그러나 여기서 그녀의 의식적인 대답은 "아냐!"이다. 그녀는 속으로 이렇게 말한다. "아냐! 나는 평소처럼 이들에게 호통을 칠 생각은 없어! 난 내가 그러고 싶어하는 걸, 그런 충동이 있는 걸 보고 느낄 수 있고, 그 탓에 괴로운 게 맞아. 하지만 아냐, 난 그러지 않을 거야." (물론 마음속에서 정말로 이런 말을 그대로 하는 것은 아니다. 앞에서 "아냐"라고 한 것은 그녀의 내적인 반응에 불과하다.) 그리고 그녀가 '예'와 '아니오' 사이에서 (즉, 저차원에서 수동적으로 발생하는 자동적 충동과 높은 옥타브의 의식에서 발생하는 능동적 충동 사이에서) 갈등하면서 일종의 '마찰'이라고 할 수 있는 것이 생겨나고, 이것은 특수한 성질을 가진 에너지를 생성한다. 이 갈등은 '진정한 양심'의 각성으로 이어지고, 이것은 상술한 마찰에 의해 생성된 '열'에 해당한다. 이 에너지는 특수한 정의적 특질을 가지고 있으므로 질료, 즉 실체를 가진 물질이기도 하다. 이 새로운 질료는 그녀의 내적 갈등에 의해 발생했고, 그녀의 내부에서 제대로 자리를 잡는다. 다시 연금술적 비유를 쓰자면, 유리 '용기' 속에 든 '가루들'의 일부가 마찰열에 의해 가열되고, 녹으면서, 육체라는 이름의 도가니 속에서 하나로 융합된 것이다. 이제 그녀가 보유한 개인적인 질료는 예전에 비하면 조금 더 늘어났다. 연금술의 공식에서도 이런 현상과 관련된 묘사를 찾아볼 수 있다. 이것은 연금술사의 내부에 있던 낮고, 검고, 둔중한 물질이 뭔가 더 정제된 물질로 변화하는 현상, 이를테면 납이 금이 되는 현상에 해당한다.

상술한 저차원의 충동에 대해 그녀가 "아냐"라고 대답하고 적절한 주의력을 동원해서 그 충동을 의식적으로 감수할 때마다, 그녀는 필요한 질료를 조금씩 더 얻는다. 바꿔 말해서, 약간의 납을 금으로 변화시킨다. 이런 과정을 통해 그녀의 내적 자기를 이루는 에너지의 잘못된 배치 내지는 오용에서 비롯된 저차원의 충동은 더 이상 그녀를 괴롭히지 않는다. 이 에너지들은 원래 있었어야 할 장소로 되돌아가고, 그 결과 그녀는 자기 남편과 아이들을 더 이상 옛날 방식으로 대하지 않게 된다.

'자기 관찰'을 통해 자기 자신을 마주 보고, 가감 없이 직시함으로써 그녀는 '완충제'를 제거할 수 있는 가능성의 단초를 잡았다. 구르지예프에 의하면 '완충제'란 우리가 옳다고 느끼는 것 — 바꿔 말해서, 우리의 양심이 옳다고 하는 것 — 과 우리의 실제 존재 사이의 모순을 견디기 위해서 우리가 어린 시절부터 발달시켜온 방어 기제를 의미한다. '완충제'의 역할은 그런 모순의 충격을 완화해주고, 계속 편안하게 잠에 빠져들 수 있을 만큼 안락한 상태를 유지해주고, 우리가 언제나 옳은 일을 하고 있다고 맹신하게 만드는 것이다. '완충제'는 우리가 우리를 광기에 몰아넣을 수 있는 모순들을 느끼는 것을 막아준다는 맥락에서는 실용적이다. 그러나 그럴 용기만 있다면 우리는 우리의 본질에 내재된 이런 모순들을 종식시킬 수 있다. 외부 세계를 있는 그대로 바라보는 법을 배우고, 타인을 타인의 필요에 맞춰 다룰 수 있으며, 우리가 타인에게 대우받고 싶은 것처럼 타인을 대우할 수 있고, 타인이 우리에게 기대하는 역할을 의식적으로 수행할 수도 있는 것이다. 내면적으로는 자기 자신을 그 어느 것과도 '동일시하지' 않으면서 말이다. 그러나 그러기 위해서 우리는 우선 그런 모순들을 '보아야' 하고, 의식적으로 그것을 감수하고, 우리의 내면에 평소의 우리와는 다르게 행동할 수 있는 것, 즉 '진정한 존재'를 쌓아올려야 한다. 이렇게 해서 이 가상의 여인은 자기 남편과 아이들에 대한 그녀의 행동을 있는 그대로 직시함으로써 (바꿔 말해서, 그녀가 자신의 행동 방식이라고 생각했던 것과 실제 행동 방식 사이의 괴리를 자각함으로써) 그녀의 각성을 가로막고 있는 수많은 '완충제' 중 하나를 제거하기 시작했던 것이다. 그러나 '완충제'의 파괴는 진정한 '존재' 만들기와 균형을 이뤄야 한다.

이 진정한 '존재'를 창조함으로써 (그와 동시에 '완충제'를 축소시킴으로써) 그녀는 무의미한 반응에 낭비되는 에너지를 적어도 어느 정도는 줄였다. 이런 식으로 해방된 에너지는 더 고차의 목적을 위해 사용될 수 있고, 자기 수행을 의미하는 '워크'로 전용됨으로써 그녀의 삶에 유기적인 혜택을 가져온다. 그녀의 변화는 스스로의 나쁜 습관을 바꾸기 위한 것이 아니라 단지 내적 수행을 계속할 목적에서 이루어진 것이지만, 그 과정에서 과거의 결점들도 개선될 공산이 크다. 게다가 자기 가족을 대하는 태도도 나아졌기 때문에 그녀 삶의 다른 측면들까지 개선된다. 글자 그대로, 뿌린 대로 거두는 것이다! 그 밖에도 뚜렷하게 정의할 수 없는 영적인 혜택이 있을 수 있다.

그보다 더 심오한 변화도 존재한다. 구르지예프는 '감정적 중심'

을 수련하는 법에 대해 언급했고, 제자들에게 격렬한 감정적 경험을 하게 하는 동시에 그것을 의식적으로 감수하도록 했다. 이 경험은 제자들의 '존재력'을 증대시켰을 뿐만 아니라 단순한 반사적 감정 반응들 (철학자인 제이컵 니들먼은 이것들을 '에고 감정'이라고 불렀다) 이상의 것을 함양할 수 있는 기회를 부여했다. 이 수행은 '진짜' 감정들, 즉 고차의 '감정적 중심'의 기능인 진정한 사랑과 동정심 등을 함양하기 위한 것이었다.

특정한 기계적 행동을 제어하는 데 성공한 이 가상의 '워크' 수행자는 뭔가 다른 도전을 찾아내야 할 필요를 느낀다. 자기 자신을 관찰함으로써 또 다른 '완충제' 너머의 현실을 본 그녀는, 자신이 직장 상사를 싫어하고, 바로 그런 감정 때문에 그의 악담을 하는 경향이 있다는 사실을 깨닫는다. 그런 연유로, 그녀는 아무에게도 이 사실을 털어놓지 않고 이런 경향을 제어하는 일에 착수한다. 수행은 이런 식으로 계속된다.

그녀는 바람직하지 못한 "싫어(no)"에 대항하기 위해 "좋아(yes)"라고 대답하는 방식을 택할지도 모른다. "싫어. 난 일찍 일어나서 명상을 하고 싶지 않아. 난 더 자고 싶어. 일어나고 싶지 않아." 그녀의 몸은 이런 식으로 말할지도 모른다.

"좋아." 그녀의 양심이 대꾸한다. "난 일어나서 명상을 할 거야." 그녀는 더 자고 싶다는 자기 몸의 불만을 의식적으로 감수하지만, 성공적으로 몸을 움직여서 해야 할 일을 하도록 한다. 긍정과 부정 사이의 투쟁으로부터 마찰이 생겨나고, 어떤 에너지 — 예의 특정한 질료 — 가 법칙을 따라 생성된다. '존재력' 역시 더 늘어나고, 그와 함께 진정한 '의지'가 생성될 가능성도 생겨난다.

금전적인 비유를 써서 이 에너지의 흐름을 설명할 수도 있다. 우리는 '의식적 고통 감수'라는 '돈'을 지불함으로써 우리의 통상적인 저차원적 충동들을 완전히 자각한다. 그런 노력과 후속 조치들은 우리 자신을 위한 '투자'에 해당한다. 그리고 우리는 그 이익을 거둬들인다. '존재력'이라는 이름의 '황금'을.

이 가상의 탐구자에게 '양심'이 각성하고, 그 '양심'의 불길 속에서 진정한 자신을 경험한다는 것은 처음에는 불편함과 고통스러움 사이의 어딘가에 해당하는 행위다. 그러나 그녀가 '양심'과의 접촉을 끈질기게 유지할 경우, "매우 미묘한 환희의 요소가, 미래의 '선명한 의식'이 점진적으로 나타난다"고 구르지예프는 말했다.[*] 이 수행의 끝에서 기다리는 것은 합일과 자유 — 전형적인 역설적 조합이다 — 이며, 고차원과의 접촉에서 오는 환희다. 이 모든 것은 기다릴 만한 가치가 있고, 견딜 만한 가치가 있다.

위의 묘사가 이 모든 것을 달성하기 위한, 주의력과 관련된 구체적인 '워크'가 아니라는 점은 짚고 넘어갈 필요가 있다. 필자는 이 수행법에 관한 개괄적인 총론 이상의 것을 논할 자격이 없기 때문이다.

'융합(fusion)'이라고 불리는 이 수행법이 육체라는 용기 내부에 일종의 특이점, '존재력'을 만들어낸다는 사실을 제외하면 말이다.

이 가상의 여성 수행자에 관한 마지막 언급을 해보겠다. 그녀는 구르지예프적 가르침과 자기 관찰의 결과에 힘입어 문제의 나쁜 습

---

[*] 《기적적인 것을 찾아서》

관이 그녀의 '주요 특징'(chief feature)의 일부인지를 확인할 수 있을지도 모른다. 구르지예프는 모든 인간은 '회전하는 모든 가짜 인격들의 중심에 있는 차축'처럼, 자기 자신을 규정하는 주요한 특징을 하나씩 가지고 있다고 말했다. 자기 수행의 많은 부분은 바로 이 '주요 특징'을 찾아내서 그것과 투쟁하는 행위로 귀결된다. 사람들은 보통 자신의 '주요 특징'이 무엇인지 모른다. 다른 사람들이 아무리 그 특징에 관해 언급하더라도 말이다. 마치 주위를 숲이 에워싸고 있다는 얘기를 듣고 당혹스러운 눈으로 주위를 둘러보는 사람들처럼 말이다. 그러나 나무들이 시야를 가리는 통에 그들은 숲을 보지 못한다.

구르지예프는 제자 한 명에게 그의 '주요 특징'은 툭하면 언쟁을 하려는 성향임을 지적한 적이 있다. 그러자마자 그 제자는 격한 어조로 반박했다. "하지만 전 언쟁 따위는 벌이지 않습니다!" 물론 곁에 있던 사람들은 동료의 이 자동적이고 반사적인 논쟁적 성향의 발로를 목격하고 폭소를 터뜨렸다고 한다.

이 일화를 읽었을 때 나는 신경증에 시달리는 유명 인사들의 치료를 전문으로 하는 어떤 심리학자를 떠올렸다. 자신에게 오는 환자들 대다수가 신경증적인 나르시시즘을 앓고 있다는 것이 그의 견해였다. (유명인들의 '주요 특징'이 자기 도취증이라는 것은 수긍할 만한 얘기다.) 이 심리학자가 환자 중 한 명이었던 유명한 영화배우에게 그 사실을 '완곡하게 알리자' 영화배우의 얼굴이 밝아지더니 이런 대답이 돌아왔다고 한다. "와, 그건 정말로 '특별한' 문제로군요. 그렇지 않습니까?" 영화배우는 그의 '주요 특징'이 자기 도취증일 공산이 크다는 진단을 받고도, 이 진단을 자기 자신의 나르시시즘에 포함시키는 방법으로 그 사실을 직시하는 것을 피했던 것이다! 이런 식의 완강한 회피는 '주요 특징'의 전형적인 특징이다.

'주요 특징'은 우리가 우리의 본질에 다가가는 것을 가로막고 있는 자물쇠의 열쇠에 해당한다. 만약 그 열쇠를 찾아낼 수만 있다면, 그것이 무엇인지를 알 수 있다면….

지식과 존재력의 일치

'제4의 길'이 제공하는 '인간의 조화로운 발달'과 관련한 구르지예프의 주장 중에, 지식은 '존재력'에 의존하므로 '존재력'을 능가하면 안 된다는 것이 있다. '지적 중심'을 계발했지만 '감정적 중심'과 '동적-본능적 중심'의 발달을 도외시한 인물은 균형을 잃은 상태다. 바꿔 말해서, 그 인물의 지식이 그의 '존재력'보다 더 커진 상태다.

만약 어떤 사람이 과학적 이론에 관한 지식을 가지고 있지만 그것이 그의 '존재력' — 영적 질료와 '의지' — 을 능가할 경우, 그 지식은 삶에서 동떨어진 유해한 관념이 된다. 엄청난 정신적 에너지를 소비해서 더 강력한 핵무기, 중성자 폭탄, 생물학 무기 따위의 개발에 매진한 뛰어난 과학자들 대다수는 그런 비인도적인 무기를 제조한다는 행위의 윤리성에 관해 아무런 의문도 품지 않았던 것처럼 말이다. 중성자 폭탄 개발에 관여한 어떤 유명한 과학자는 그것이 단한 번도 실전에서 쓰이지 않았다는 사실에 크게 낙담하기까지 했다고 한다! 고도의 과학 지식을 가지고 있으면서도 낮은 '존재력'을 가진 존재란 바로 그런 인물을 두고 한 말일까?

유사한 사례로 미 정부가 지원한, 터스키기[Tuskegee] 시의 매독 생체 실험이 있다. 실험 대상으로 선발된 흑인 매독 환자들을 대상으로 그 증세와 진행 양상을 꼼꼼하게 기록한 사건이다. 그러나 페니실린이 이미 발명되었음에도 이 환자들은 아무런 치료도 받지 못한 채로 방치되었고, 이들 일부는 증세가 매독성 치매까지 악화되었다가 결국 사망했다. 이들은 인간이었지만 연구자들의 마음속에서는 실험 동물과 다름없는 존재였다. 구르지예프는 완전히 존재하는 인간이란 타인의 위치에 자신을 놓을 수 있는 인간, 자신만의 관점을 내려두고 진정한 공감 능력을 발휘할 수 있는 인간임을 거듭 강조했다. 공감 능력은 비인간화의 대척점에 있는 인간화의 능력이며, '존재력'을 가진 사람의 자연스러운 일부가 되어서 객관적인 '양심'과의 접점을 마련해준다. 만약 터스키기 실험의 연구자들이 몇몇 층위에서 충분한 '존재력'을 가지고 있었다면 연구 대상이 된 사람들의 입장에 자신을 놓고 생각해볼 수 있었을 것이고, 이 연구가 얼마나 극악무도한지를 깨닫고 '실험 동물'들을 치료하는 쪽을 택했을 것이다.

구르지예프는 '존재력'을 담금질하고 인도하기 위해서는 지식이 필요하며, 지식을 정말로 이해하기 위해서는 그에 상응하는 '존재력'이 필요하다고 강조했다.

균형이 완전히 깨진 사람들은 세계 자체를 망치는 원흉이다. 광신적인 테러리스트는 본인이 성스러운 순교로 간주하는 행동을 실행으로 옮길 만한 용기를 가지고 있을지도 모르지만, 충분한 지식을 가지고 있었다면 그가 믿는 종교 — 기독교든, 이슬람이든, 그 밖의 어떤 종교든 간에 — 의 실제 계율과 가르침은 죄 없는 사람들을 대량으로 살육하는 것을 금하고 있다는 사실을 깨닫고, 결과적으로 신학적인 왜곡을 통해 극단주의를 부채질하는 자들의 유혹에도 쉽게 넘어가지 않았을 것이다.

그러나 이 두 유형의 인간 ― 과학자와 테러리스트 ― 이 타고난 기계성에서 탈피하기 위해서는 지식뿐만 아니라 '이해' 능력도 병행해서 계발할 필요가 있다. 구르지예프가 말했듯이 "이해 능력이란 지식과 '존재력'의 결과물이며… 이해 능력은 '존재력'이 증대하는 경우에만 자라날 수 있기 때문이다."

'존재력'은 지식을 완전하게 하고, 완전해진 지식은 '이해'로 이어진다. 마치 지식에 또 하나의 차원이 덧붙여진 상태라고나 할까. 지식이 '이해'가 되면 그것은 홀로그램처럼 입체적인 현실성을 띤다.

좀더 구체적으로 말하자면, 단순한 지식에는 인간의 '중심' 하나만이 관련되어 있지만, '이해'는 '세 가지' 중심들의 기능이 모두 발휘될 때만 가능해진다. '이해'는 단순히 지적으로 파악하는 것을 넘어서 우리가 해당 개념을 '만지고, 느낄' 수 있을 때 생겨난다. 바꿔 말해서, '이해'는 세 개의 주요 중심들이 모두 가동되었을 때만 가능하다.

구르지예프는 인간은 내면의 전체성을 재발견할 필요가 있다는 점을 역설했다. 이것은 그의 심리학적 가르침을 통괄하는 주제였다.

제5장

세 개의 신기루: 진보, 진화, 통합

제1차 세계대전은 벌판의 불길처럼 유럽을 휩쓸었고, 그 불씨는 바야흐로 러시아로까지 번지고 있었다. 우스펜스키에게 이것은 인간이 자행하는 무의미한 전쟁의 충격적인 예였다. 개명한 현대인을 자처하는 인류가 '원시적'이었던 과거의 인류보다 한층 더 야만적으로 서로를 죽이고 파괴하는 현상을 달리 뭐라고 부르란 말인가. 《기적적인 것을 찾아서》에서 우스펜스키는, "무지한 파키르와 순진한 수도승과 속세를 등진 요가 수행자들"에게는 그나마 진화의 가능성이 있지만 진보된 과학을 구사해서 전쟁을 벌이고 있는 현대인들에게는 그런 가능성이 아예 없다는 식의 주장은 받아들여지기 힘들 것이라고 구르지예프에게 말한 적이 있다.

그러자 구르지예프는 현대인의 진보된 삶 운운하는 얘기는 망상에 불과하며, "진보 따위는 애당초 일어나지도 않았다"고 단언했다. 인류는 몇천 년 전의 인류와 전혀 다르지 않고, 변한 건 겉모습뿐이라고 말이다. 왜냐하면 "현대 문명은 폭력과 노예제도와 입에 발린 말에 근거하고 있기" 때문이다.

우스펜스키는 이 말에 큰 감명을 받았다. 왜냐하면 그의 눈에 띈 유일한 '진보' 역시 수확기처럼 효율적으로 인간들을 집단 도륙하는 모습뿐이었기 때문이었다. 과학기술이나 의학기술은 발달했을지도 모르지만, 인류의 사회적인 진보는 표면적인 것에 불과한 것처럼 보였다. 그는 구르지예프에게 아직 페인트도 칠하지 않은 갓 만든 목발들을 잔뜩 실은 거대한 트럭들의 무리가 전선을 향해 가고 있는 것을 보았다고 말했다. 아직 팔다리를 잃지도 않은 병사들을 위해서 말이다. 목발의 발주자들은 엄청난 수의 병사들이 불구가 되리라는 사실을 미리 예측하고 있다는 얘기다. 우스펜스키는 이런 무신경한 냉소주의에 소름이 끼친다고 고백했다. 그러자 구르지예프는 그게 뭐 대수냐는 듯이 이렇게 대답했다고 한다.

> "자넨 도대체 뭘 기대했나?" 구르지예프가 물었다. "인간은 기계야. 그리고 기계는 맹목적이고 무의식적일 수밖에 없어. 기계는 본디 그런 존재라서, 그 본질에 상응하는 행동밖에는 할 수 없다는 뜻이네. 모든 일은 단지 일어날 뿐이지, 기계 쪽에서 무슨 일을 하지는 못해. 진정한 의미에서의 '진보'와 '문명'은 오로지 의식적인 노력의 결과로서만 나타날 뿐이라네…. 하지만 기계 따위가 도대체 어떤 의식적인 노력을 할 수 있단 말인가? … 무수히 많은 기계들에 의한 무의식적인 행동은 필연적으로 파괴와 멸종으로 이어질 뿐이야. 모든 악은 바로 이런 무의식적이고 불수의적인 현상에서 비롯된다네."

여기서 언급된 제1차 세계대전의 참화뿐만 아니라 21세기의 폭력적인 세계를 아는 우리는, 잠에 빠져 있는 인간과 그 기계적 성질과 불능함에 관한 구르지예프의 말이 (도저히 믿고 싶지 않은 부분까지 포함해서) 진실임을 통감하지 않을 수 없다. 그러나 그의 말이 옳다면 진정한 진보를 이루기 위해서는, 바꿔 말해서 어떤 개인이 영적으로 성장하기 위해서는, 우선 그런 진실을 가감 없이 직시할 필요가 있다. 보통 우리가 인류의 진보라고 간주하는 것은 궤도 수정에 불과하며, 어떤 각도에서 바라본 진보는 다른 각도에서는 퇴화라는 사실을 직시해야 하는 것이다.

인간이 다윈의 진화론적 맥락이 아니라 영적인 의미에서 진화하려면, 일단 자기 내부에서 진화가 가능한 무엇인가를 계발하지 않는 이상은 불가능하다고 구르지예프는 단언했다.

통상적으로 말해서 진화는 어떤 생명체 내지는 정신이 시간이 흐르면서 자연적으로 정제되고, 힘을 얻는 현상을 의미한다. 그러나 여기서도 구르지예프는 상식에 도전하고 있다. 우리는 기계적으로는 진화할 수 없고, 오로지 의식적인 노력을 통해서만 진화할 수 있다고 주장했기 때문이다. 이 경우 자연은 우리를 도와주려고 하지 않는다. 왜냐하면 자연은 우리의 영적인 진화를 필요로 하고 있지 않기 때문이다.

구르지예프는 모든 물질은 살아 있으며, 모든 태양계의 모든 행성 역시 진화하는 존재라고 가르쳤다. 그러나 행성들의 진화는 우리 입장에서는 무한하게 긴 시간 주기들에 걸쳐 이루어진다. 그는 우스펜스키에게 인류를 포함한 지구상의 모든 생명체는 지구라는 행성 표면을 덮고 있는 일종의 살아 있는 피복被覆 내지는 피막이라고 말했다. 이 피막은 에너지를 정제하기 위한 장치이며, 생명의 역할은 이 피막을 통해 '대자연(Great Nature)', 즉 행성을 위시한 우주가 필요로 하는 에너지들을 만들어내는 것이다. 이 '대자연'의 기제 내부에서 인간 한 명의 중요성은 인간 이외의 유기물의 그것과 다르지 않다. 인류는 지금처럼 열화劣化한 상태에서는 이 우주적 에너지의 생성을 위한 변압기 이상의 숭고한 목적을 갖고 있지 않은 것이다. 유기체로 이루어진 얇은 피막의 무자각한 부품 이상의 존재가 될 수 있는 것은 오직 영적으로 진화한 인간뿐이다.

일종의 '생물권(biosphere)' 개념을 가시화하고 자연과 인간의 상호 의존적 관계를 강조함으로써 구르지예프는 가이아 가설과 생태학의 개념을 몇 세대 전에 이미 예측했다고 해도 무방하다. 서양 문명의 가장 큰 오류 중 하나는 우리가 자연을 정복하고 있다고 추측한 것이라고 그는 단언했다. "자연에 맞서 투쟁할 때조차도 인간은 그 목적에 맞춰 행동하고 있는 것이다."*

인간이 자연에 대해 경의를 보이지 않는 것은 '우주를 대하는 태도' 자체가 잘못되었기 때문이다. 우주에는 우리를 위한 적절하고 올바른 장소, 정당하게 시작할 수 있는 장소가 있지만, 현 상태에서는 그곳이 존재한다는 사실을 감지하지 못하고 있다. 존재의 계제階梯에서 우리가 응당 있어야 할 곳을 아예 모른다고나 할까. 우리는 우리가 정점에 위치하고 있다고 지레짐작하고 아래를 내려다본다.

---

* 《기적적인 것을 찾아서》

위를 올려보아야 할 때 말이다. 이런 식의 혼란은 우리를 순전한 욕망과 '동일시하게' 만들고, 그 결과 해를 입는 것은 자연계다.

제이컵 니들먼이 《시간과 영혼》에서 다음처럼 말했듯이 말이다. "정말로 필요한 것은 우리 내부에 있는 자연과 접속하는 일이다. 그런 다음에야 비로소 우리는 우리 밖의 자연에 대해 어떻게 행동해야 할지를 알 수 있다. 우리의 문화가 자연계를 상대로 명백한 범죄를 저지르고 있다는 사실과 더불어, 가장 큰 범죄란 우리 자신의 내적 본질에 대해 우리가 저지르는 범죄라는 점을 명심하라. 외부의 모든 악은 바로 그런 내면의 범죄로부터 발생한다."

구르지예프는 상대적으로 소수의 인간들만이 영적으로 진화할 수 있다고 시사했다. 이것은 부분적으로는 인간이라는 존재의 한계 탓이고, 부분적으로는 자연이 우리에게 부과한 한계 탓이기도 하다. 진화 과정을 지배하고 있는 것은 일종의 균형이다. 구르지예프는 이런 균형이 유지되고 있는 것은 "(행성 수준의) 특수한 힘들이 대규모 인류 집단의 진화를 막고 있고, 인류가 응당 있어야 할 수준에 인류를 머물게 하고" 있기 때문이라는 충격적인 사실을 밝힌 적이 있다. 우주는 인간이 죽을 때의 생명 에너지를 이용해서 우주적 규모에서 생명을 발달시키기 위한 양분으로 삼음으로써 (구르지예프의 가르침을 글자 그대로의 의미로 받아들이는 구르지예프 원리주의자들이 인간은 '달의 양식'*이라고 믿는 것과 비슷한 맥락이다) 어떤 우주적 힘들의 균형을 유지

---

* '달의 양식'에 관한 구르지예프의 견해에 관해서는 이 책의 부록 B를 볼 것.

한다. 그러나 영적으로 충분히 진화한 인간은 이런 식으로 우주에 흡수되기에는 너무 정밀한 층위에서 진동하고 있다. 그런고로 그들은 다른 방식으로 우주에 봉사한다. 그러나 현 시점에서 우주는 생명에 대해 독자적인 의도를 가지고 있으므로, 그 의도 역시 충족되어야 한다.

영적으로 진화할 '가능성'은 누구에게나 존재한다. 그러나 영적 진화를 희구하는 사람은 백주몽과 환상을 버릴 각오가 되어 있어야 하고, 자신이 통상적인 흐름을 '거슬러 올라가고' 있다는 사실을 뚜렷하게 인지해야 한다. '길'을 따라가는 것은 쉽지 않다. 진지한 진리의 탐구자는 어떤 의미에서는 중력에 저항하며 깎아지른 듯한 산중턱을 힘겹게 등반하는 사람을 닮았다. 탐구자는 잇따른 산사태에서 살아남고, 얼어붙는 듯한 냉기를 뚫고 앞을 향해 터벅터벅 나아가야 하며, 정상에 도달하기 전까지 수많은 희생을 치러야 한다.

진화에 관한 구르지예프의 가르침은 어떤 사람들에게는 너무 냉혹하게 느껴질지도 모른다. 현대의 영적 탐구자들은 '다정함과 빛'을 얻을 목적으로 가르침에 접근하는 경우가 많기 때문이다. 구르지예프는 진리와 희망 ― 진정한 희망 ― 을 제공하지만, 그의 가르침에서는 정서적인 다정함 따위는 거의 찾아볼 수 없는 데다가 그가 제공하는 빛은 그리 따뜻하지 않다. 그는 가르침을 실행에 옮기는 것이 얼마나 어려운지에 대해서도 있는 그대로를 솔직하게 알렸다. 이렇게 통절하게 느껴질 정도의 정직함은 수행자에게는 신뢰할 수 있는 스승의 표상이기도 하다. 구르지예프의 가르침은 마음이 훈훈해지는 감상적인 위로 따위와는 거리가 멀지만, 세차게 타오르는 진정한 생生의 백열한 에너지로 가득 차 있다.

"인간의 진화는 그 의식의 진화다." 구르지예프는 말했다. "그리고 인간의 의식은 무의식적으로 진화하지는 않는다. 인간의 진화는 그 '의지'의 진화이지만, 이 '의지'는 비자발적으로는 진화할 수 없는 것이다."* 의식이나 의지가 진화하려면 우리의 노력 — 의식적이고, 자발적인 노력 — 이 필요하다. 바위에 부딪혀 정강이 피부가 다 까지는 한이 있더라도 결코 단념하지 않고 급경사를 기어오르려는 강력한 의지와 노력이 필요한 것이다. 구르지예프의 수행이 노동을 뜻하는 '워크'라고 불리는 것은 바로 그런 이유에서다.

수행이란 좁은 '길'을 돌파해야 하는 고행이라는 구르지예프의 주장이 불쾌하게 느껴진다면, 우리의 영적 진화를 막는 첫 번째 장애물이 다름 아닌 우리 자신이라는 사실 탓일 공산이 크다. 우리는 모두 게으르고, 음식이나 잘 곳을 절실하게 필요로 하지 않는 이상 어떤 일을 반드시 '마무리 짓고' 싶어하지는 않기 때문이다. 게다가 우리는 우리가 잠들어 있다는 사실을 받아들이지 못한다.

우리의 실제 상태를 알려면 많은 것을 직관(seeing)해야 하며, 그러기 위해서는 '자기 관찰'을 통한 다량의 자양분이 필요하다. 우리는 '자기 관찰'을 통해 우리 내부의 지적, 감정적, 동적 '중심'을 직관하고, 그것들이 외부에서 오는 영향을 받고 기능하고 있다는 사실을 깨우쳐야 한다. 이 상호작용하는 '중심'들은 조화가 깨진 상태에서는 서로의 장소를 빼앗으려고 다툴 수도 있다. 우리는 이런 상태

* 《기적적인 것을 찾아서》

를 직관함으로써 그것들을 조화시킬 수 있고, 직관하는 행위 자체도 조화에 영향을 끼친다. 그 과정에서 우리는 우리의 본질적인 자기 — 고유의 순수하고 진정한 본질 — 가 유아 때부터 각인된 온갖 잡동사니와 나쁜 습관과 두려움 밑에 묻혀 있다는 사실을 깨닫는다. 그리고 우리라는 존재가 얼마나 작게 오그라들어 있으며 우리의 정신, 우리의 영혼이 진정하게 자유로워지기 위해서는 성장할 필요가 있다는 사실을 절감한다. 이 모든 목표는 우주에서 우리가 점하는 위치를 직관함으로써 가능해진다. 우주의 더 높고 정묘한 부분에서 오는 영향력들에 대해 스스로를 개방할 경우, 그것이 우리를 어떻게 변용시킬 수 있는지를 이해함으로써 (바꿔 말해서, 이 장에서 후술할 존재의 계제에서 우리가 점하는 위치를 적절하게 직관함으로써) 영적인 진화의 가능성을 높이는 것이다. 사실, 영적인 진화를 촉발하는 것은 다름 아닌 이런 직관 과정이다. 그리고 이 과정은 우리를 구성하는 부품들에 관한 지식과 우주에서의 우리의 위치에 관한 지식을 습득함으로써 시작된다.

우리는 내적 우주를 직관하고, 외적 우주와 올바른 관계를 맺어야 한다. 우선 내적 세계부터 논해보기로 하자.

부분들의 총합

이런 내적 우주의 요소들을 개인의 내적인 층위에 빗대어 개괄적으로 설명해보기로 하자. 외부로부터 오는 자극에 대해 각기 특정한 방식으로 반응하는 이 내적 요소들은 에너지를 흡수하고, 재분배하며, 내적 통일성과 전체적인 의식 수준에 의거해서 우리를 인도하거나, 혼란에 빠뜨린다.

인간의 세 중심인 '사고적 중심', '감정적 중심', '동적-본능적 중심'은 각기 전담하는 기능이 있다. 구르지예프에 의하면 '사고적 중심'은 인간의 개념과 사고 작용 및 통상적인 종류의 기억을 통괄한다. '사고적 중심'은 분석적이고 조정적이며, 계획의 수립에 관여한다. '사고적 중심'의 저층부를 이루는 '구성적 장치'(formatory apparatus)는 상사의 지시를 듣고 그대로 기록하지만 그 지시를 이해하지는 못하는 비서와 마찬가지다. '구성적 장치'는 자유 연상적이고 자동적이며, 이것 아니면 저것 하는 식의 전형적인 흑백 논리의 지배를 받는다. 이것이 주도권을 잡을 경우, 인간은 특유의 불관용과 편협함에 사로잡힌다.

'감정적 중심'은 느낌과 감정과 가치를 관할한다. 이것은 인간의 통상적인 '감정' — 이런 감정 대다수는 실제로는 감정의 일부가 아니라 '감정'으로 간주되는 본능적인 반응이지만 — 과 결부되어 있다. 우리의 호오好惡도 이 '감정적 중심'의 기능이며, 내면에 입력되는 자극에 긍정적 또는 부정적인 반응을 보이는 식으로 작용한다. 우리의 일시적인 자기們르 — 우리 인격의 변덕스럽고 다양한 가면 — 들도 '감정적 중심'의 에너지를 이용해서 왜소하고 일시적인 개인적 목표들에 활력을 불어넣는 식으로 이 '중심'의 감정적 작용에 참가한다. 그러나 '진정한 나'를 달성하고 '감정적 중심'에 실재하는 인간은 에너지적 존재로서 더 정제된 상태에 도달할 수 있고, 일시적인 '나'들 특유의 너절한 반사들을 훌쩍 넘어선 진짜 감정을 긍정적이고 적극적으로 '느낄' 수 있다.

'동적-본능적 중심'은 물리적 생명체와 그 움직임을 지원한다. 움직임의 본을 뜨는 방법을 학습시킬 필요가 있으므로 본질적으로 수동적이지만, 넓은 범위에서 복잡한 '물리적 지성'을 발달시킬 수 있는 잠재력을 갖추고 있다. '동적-본능적 중심'의 본능적 기능은 우리의 육체성과 여러 본능을 자동적으로 유지하는 기능을 포함하고 있다.

성적 기능과 본능적 기능들은 실질적으로 '중심' 역할을 수행하지만, 독립된 '중심'이라기보다는 '동적 중심'의 부차적인 측면으로 간주된다. 따라서 전체적으로 보았을 때 인간에게는 사고적, 감정적, 동적인 세 개의 '중심'이 존재하며, 각 '중심'은 그에 부수된 하위 중심들과 기능들로 이루어진다.

'성적 중심'은 매우 정제된 에너지를 이용하는데, 이 에너지는 다른 '중심'들에 의해 도용되고 오용당하는 경우가 너무 많다. 인간의 기계적이고 쓸모없는 행동 다수는 '감정적 중심'과 '동적 중심'에 의한 성적 에너지의 도용과 관련이 있다. 정치적 박해, 종교적 광신주의, 스포츠에 대한 광적인 집착 등이 여기 해당한다. '성적 중심'은 단순한 유기적인 성적 기능 이상의 것이다. 정제된 성적 에너지는 영적인 변화를 위해 쓰일 수 있으며, 많은 수도원에서 찾아볼 수 있는 금욕의 전통은 바로 그런 사실에서 비롯되었을 공산이 크다. 섹스를 죄악시한다기보다는 귀중한 에너지를 보존한다는 측면이 더 컸다는 얘기다. 대부분의 경우 섹스 에너지를 올바르게 이용하기 위해 반드시 금욕할 필요는 없다는 점을 감안하면, 금욕의 진정한 목적은 오랜 세월이 흐르면서 잊혔을 가능성이 있다.

각 '중심'은 독자적인 기억 기능을 가지고 있고, 여기에는 본인이 경험한 모든 일이 때로는 깊게, 때로는 일시적으로 기록된다. 이 기록들은 연상 작용에 의해 서로 연결되므로, 이런 식으로 새롭게 연결된 충동(impulse)들은 생명체의 세 '중심' 모두에서 연상적인 반응을 불러일으킨다. '고차'의 자기로부터 오는 지시와 분석이 결여된 경우, 이런 기록들은 습관을 되풀이하고 자동적 행동을 하려는 인간의 경향을 한층 더 강화할 뿐이다.

보통 사람의 내적 세계에 군림하는 '인격'이라는 이름의 무능한 군주 탓에, 상술한 '중심'들은 혼란에 빠져 '오작동하는' 경우가 많다. 예를 들어 '감정적 중심'이 '지적 중심'이 해야 할 일을 자기 일로 착각하고 해결하려 든다면 감정적인 모호함이나 현기증 또는 과도한 공황 상태가 발생하기 마련이고, 그 결과 지성을 통해 냉정하게 통제했어야 할 작업은 엉망진창이 되고 만다. 반대로 '지적 중심'이 '감정적 중심'이 맡아야 할 일을 자기 일로 착각하고 개입한다면, 제대로 기능하는 '감정적 중심'이라면 단박에 해결했을 문제의 처리에 불필요하게 오랜 시간을 들임으로써 오히려 사태를 더 복잡하게 만들기 십상이다.

이럴 경우 필요한 것이 고차의 '중심'들이다. 우리는 그것들의 존재를 아예 자각하지 못하는 경우가 태반이며, 수행자들조차도 내면의 '워크'를 통한 긴 준비 기간 없이는 고차의 '중심'들에 접근하기 힘들다. 부분적으로는 고차와 저차의 '중심'들이 각기 다른 속도로 정보를 처리하기 때문이다. 우리는 이따금 고차의 '중심'들을 체험할 수 있지만, 유감스럽게도 고차의 '중심'들은 우리의 통상적인 활동으로부터 아예 '단절되어' 있을 공산이 크다. 여기서 특히 주목해야 할 것은 고차의 '감정적 중심'과 고차의 '지적 중심'이다. 구르지예프에 의하면 고차의 '감정적 중심'에 접속하지 않는 한 우리의 모든 감정은 '부정적'이다. 바꿔 말해서, 그런 감정들은 양극단을 오갈 정도로 변덕스러운 데다가 진정한 의미도 가지고 있지 않다. 우리의 감정에 진실미가 없는 것은 우리가 언제나 즉흥적으로만 반응하기 때문이다. 이와는 대조적으로 고차의 '감정적 중심'은 진정한 감정들이 깃든 장소이며, 신적인 것과 오롯이 접하고 있는 장소다. 고차의 '지적 중심'은 깎아지른 암벽 위에 있는 맹금류의 둥지와도 같은 장소이며, 모든 인간의 내면에 존재하는 객관적 지성의 매,《헤르메티카》에서 언급된 객관적인 영적 지성(nous)에 해당한다. 잠들어 있는 인간은 이 매와 함께 하늘을 날 수 없다.

영적 진화는 자기 관찰로 시작되며, 우리의 내적 세계를 이루는 기제와 에너지 교환 방식에 대한 이해를 요구한다. 우리가 무엇인지를 이해하려면 우리가 무엇이 '아닌지부터' 가감 없이 솔직하게 직시할 필요가 있다. 인류가 전일성을 결여하고 있으며, '진정한 나'와 단절되어 있다는 사실을 말이다. 이 주제를 거듭 강조하는 데는 그럴 만한 이유가 있다. 인간이 그런 결락 — 구르지예프가 무존재(nothingness)라고 부른 — 을 있는 그대로 직시하는 것은 지극히 어렵기 때문이다. '무존재'를 직시한다는 것은 진정한 자유의지의 부재를 인지하고, 외부 자극에 대해 기계적으로 반응하며 부차적인 자기들과 충동의 지배하에서 최면적으로 행동하는 스스로의 경향을 직시하는 것을 의미한다. 이런 진실을 자각하는 것은 '인상 획득'(taking impressions) 수행의 일부이며, 우리는 우리 자신을 안팎으로 가감 없이 (그러나 단정하지 않고, '자책하지도' 않고) 직시할 것을 요구받는다. 구르지예프의 가장 뛰어난 제자 중 한 명인 펜틀랜드 경은 이런 식의 자기 관찰에 의해 발생한 '부차적인 감정들'에 휩쓸리는 것을 지양하라고 충고하고 있다.

"모든 사고, 모든 기분, 모든 욕구, 모든 감각은 '나'라고 주장한다"고 구르지예프는 말했다.[*] 우리는 우리가 조우하는 이런 일시적인 현상들이 총체적인 인간의 표현이라고 지레짐작한다. 그러나 총체성은 결코 '스스로를 드러내지' 않는다. 모든 인간은 단일체가 아니라 여러 부분들의 총합이기 때문이다. 신약성서에도 쓰여 있듯이 인간의 이름은 많은 이들로 이루어진 군대인 것이다.[**]

항구적이고 불변한 '나'를 획득하는 수준까지 진화한 인간은 세금 청구서를 받든 급여 수표를 받든 간에 한결같이 초연한 태도를 유지하는 법이다. 그렇다고 해서 '동일시'를 극복한 '제4의 길'의 수행자가 무미건조하고 따분한 인물이라는 뜻은 아니다. 어린 시절의 프로그램에 의해 억압되지 않은 본인의 진정한 본질이 처음부터 변덕스럽다면, 완전히 각성한 인간은 얼마든지 변덕스러울 수도 있기 때문이다. 그런 인물은 유머 감각의 가치를 알 것이고, 표면적으로는 특유의 '성격'을 많이 드러낼지도 모른다. 그러나 그 내면은 통상적으

---

[*] 《기적적인 것을 찾아서》
[**] 누가복음 8장 30절. "예수께서 네 이름이 무엇이냐 물으신즉 그가 이르되 군대라 하니 이는 많은 귀신이 들렸음이라." 역주.

로 우리가 감정으로 간주하는 것들의 영향을 전혀 받지 않는다. 이와는 대조적으로 진정한 사랑과 회한은 실로 깊게 느끼지만 말이다. 그런 인물은 바깥 세상을 대할 때 진정한 '양심'에 기반해서 의식적으로 행동하며 사회적으로 요구받는 역할을 수행하지만, 그와 동시에 그 상황의 특성에 맞춰 최선의 방식을 채택하고, 의식적으로 고통을 감수한 모든 순간으로부터 영적인 이득을 이끌어낸다.

여기서 솔직하게 반추해본다면, 우리가 이런 종류의 진화한 개인성과 얼마나 동떨어진 상태에 있는지를 절감할 수 있을 것이다. 평소 '영적'임을 자처하는 사람들의 경우에도 이것은 예외가 아니다.

미지의 땅에서 길을 잃지 않고 나아가려면, 길을 물을 준비가 되어 있어야 하는 법이다. 그러기 위해서는 우선 우리가 길을 잃었다는 사실을 인정해야 한다.

3의 법칙과… 창조의 빛살

구르지예프는 제자의 특정한 관점을 완전히 변화시킨 것만으로는 성에 안 찬다는 듯이 '우주적 법칙들'에 관해 설명함으로써 은비학 '전문가'였던 우스펜스키의 세계관 전체를 하늘 위로 영원히 날려버렸다.

우선 구르지예프가 필생의 역작인 《비엘제붑이 손자에게 들려주는 이야기》에서 '트리아마지캄노Triamazikamno'라고 부른 '3의 법칙'부터 시작해보기로 하자. 구르지예프에 의하면 이 법칙은 모든 현상의 기반이며, 만물은 이 법칙으로부터 생겨난다. 기독교의 삼위일체에서 성부와 성자와 성령으로 상징화된 세 가지 힘은 구르지예프의 사전에서는 각각 '성스러운 긍정'(Holy Affirming), '성스러운 부정'(Holy Denying), 그리고 '성스러운 조화'(Holy Reconciling)라고 표현되며, 각각 전진하는 힘, 그 전진에 저항하는 힘, 앞선 두 힘의 상호작용을 조화시키고 충족시키는 힘을 의미한다. 우스펜스키는 이것을 "이 세 개의 힘이 함께 형성하는 삼위일체가 새로운 현상現象들을 만들어낸다"고 요약했다.

과학에서도 양전하와 음전하, 작용과 반작용, 남성과 여성 따위의 개념이 언급되기는 하지만 두 개의 힘과 동일한 특정 시점에서 동등하게 상호작용하는 세 번째 힘 같은 개념은 거의 찾아보기 힘들다.

'3의 법칙'에서 능동적인 힘은 법칙에 의해 그것을 부정하는 힘과 필연적으로 부딪치게 되지만, 이 두 가지 힘만으로는 현상들을 만들기에 부족하다. 그러기 위해서는 세 번째의 조화시키는 힘이 개재되어야 하는데, 이것은 원자핵이 전자들과 상호작용하는 과정에 비유할 수 있다. 이것들은 전자기장의 작용에 의해 하나의 원자를 구성하며, 이 전자기장이 상술한 세 번째 힘에 해당한다.

다른 예로 스승과 제자의 상호작용을 들 수 있다. 스승이 '성스러운 긍정'이고 제자가 '성스러운 부정'이라고 한다면 '성스러운 조화'는 가르침 자체에 해당한다. 제자는 단지 가르침을 받은 것처럼 보이지만, 가르침을 습득한 제자의 내면에는 (그가 이 가르침을 앞으로 어떻게 쓸지에 관련된 새로운 차원에서) 눈에 보이지 않는 '조화'의 일부가 깃들어 있는 것이다. 이 차원에서는 '3의 법칙'의 또 다른 측면인 '고차'가 '저차'와 섞이면서 중간 상태를 현실화하는 것을 엿볼 수도 있다. 바꿔 말해서, 높은 차원에서 낮은 차원으로 흘러내리며 바로 아래의 단계를 진동적으로 활성화하는 '불수의적인(involuntary)' 힘이 존재한다는 사실을 깨닫게 된다. 퇴화 역시 진화 과정의 필수적인 일부인 것이다. 스승은 제자가 다음 단계로 올라갈 수 있도록 단순하게 — 불수의적으로 — 설명하는 법이다.

필자처럼 3차원 공간을 이루는 기본적인 세 가지 차원으로 볼 수도 있다. 선과 면에 높이를 더해 생겨나는 공간은 앞의 두 차원을 활용해서 3차원적 물체를 구성하는 세 번째 요소다. 그러나 우리는 공간을 직접 보지는 못하고, 그러는 대신 공간의 존재를 유추한다. 왜냐하면 우리는 물체가 공간 속을 이동하는 것을 볼 수 있기 때문이다. 그러나 공간 자체는 어떨까? 우리는 공간 그 자체를 손으로 잡지는 못하고, 오직 추상적으로 파악할 수 있을 뿐이다. 공간을 손으로 잡는 것은 불가능하다. 세 번째 힘이 보통 우리에게는 보이지 않는 것처럼 말이다. 그것을 보려면 어디를 보아야 하는지부터 알아야 한다.

'3의 법칙'의 기본적인 패턴은 자연계의 모든 물체에서도 관찰할 수 있다. 길가에 핀 식물의 잎사귀가 어떻게 두 개의 좌우 대칭적인 부분으로 나뉘어 있는지를 보라. 이 두 부분은 잎자루 및 잎 한복판을 수직으로 지나가는 잎맥과, 잎사귀 전체를 동일하게 균형 잡힌 모양으로 유지하는 다른 부분들에 의해 통합되고, 조화된다.

인간의 얼굴 사진을 좌우로 반반씩 갈라보라. 인간의 이목구비는 반쪽만 보면 무작위한 형태들을 아무렇게나 배열한 것처럼 보인다. 그러나 양쪽을 다시 합치면 좌우에서 서로 대칭을 이루는 조화로운 얼굴로 바뀐다. '정반대(opppositeness)'였던 것이 조화로움이 되는 것이다. 바꿔 말해서, 두 개의 대조적인 측면은 하나가 됨으로써 우리가 이해할 수 있는 만족스러운 패턴을 형성한다.

DNA와 얼음 결정과 나무의 기하학적 형태에서 찾아볼 수 있는 나선형 역시 자연의 근본적인 패턴이다. 나선은 한쪽으로 미는 힘이 곡선으로 변화하며 매끄럽게 이어지는 패턴이지만, 그에 반발하는 힘에 의해 형성되고, 구부러진다는 점에는 변함이 없다. 나선형 전체는 '성스러운 조화'에 해당한다.

우주 전체에 '3의 법칙'에 의한 상호작용들이 만들어내는 광대무변한 연쇄가 펼쳐져 있는 광경을 상상해보라. '창조의 빛살'(The Ray of Creation)*이라고 불리는 그런 상호작용의 우주적 연쇄는 모든 피조물과 아직 창조되지 않은 '미피조물'의 총합인 절대(Absolute)에서 시작된다. '창조의 빛살'은 합일된 우주의 총체다. '절대'에는 무조건적인 '의지(Will)'라는 단 하나의 법칙만이 존재할 뿐이다. '절대'는 신적인 '의지'를 구사해서 하나였던 법칙을 세 개로 분리함으로써 그 아래 층위에서 상호작용하는 세 개의 법칙, 즉 삼위일체로 바꾼다. 이 세 개의 법칙 내지 세 가지 존재의 양태는 상호작용을 통해 구르지예프가 '모든 세계들'(All Worlds)이라고 부르는 그 아래의 단계를 생성한다. 이 세계의 법칙들도 '3의 법칙'에 따라 상호작용하고, 다른 피조 세계인 '모든 태양들'(All Suns)을 생성한다. '모든 태양들'에서는 '3의 법칙'에 따라 여섯 개의 법칙이 상호작용함으로써 그 아래 단계에 해당하는 '개개의 태양'(Individual Sun)으로 분기分岐하고,

---

* 도표 2는 이에 관련된 구르지예프의 여러 가르침을 종합한 것이다.

도표 2

'창조의 빛살'과 의식의 양태
창조의 흐름은 '창조의 빛살'을 따라 아래로 흘러내린다.

도 DO
절대 The Absolute
프로토코스모스 The Protocosmos

↕

〔간극〕

↕

시 SI
모든 세계들 All Worlds
아요코스모스 The Ayocosmos

↑

라 LA
모든 태양들 All Suns   네 번째 몸
마크로코스모스 The Macrocosmos   (6개의 법칙을 보유)

↕

솔 SOL
개개의 태양 The Individual Sun   정신적 몸
듀터코스모스 The Deutercosmos   (12개의 법칙을 보유)

↑

파 FA
모든 행성들 All Planets   아스트랄 몸
메조코스모스 The Mesocosmos   (24개의 법칙을 보유)

↕

〔간극〕

↕

미 MI
지구 (개개의 행성) Earth (Any Individual Planet)   물리적 몸
트리토코스모스 The Tritocosmos   (48개의 법칙을 보유)

↕

레 RE
달의 단계 The Level of the Moon
마이크로코스모스 The Microcosmos

↕

도 DO
절대 The Absolute

도표 2는 '간극'들을 포함한 '창조의 빛살'과 인간에게 가능한
네 가지 몸 및 그에 상응하는 우주적 단계들을 표시한 것이다.
인간은 물리적 몸에서 시작해서 위로 올라가고,
고차의 몸을 하나씩 획득할 때마다 더 많은 자유를 얻는다.

법칙의 수 역시 비례적으로 늘어난다…. 존재의 양태는 이런 식으로
'창조의 빛살'의 사다리를 아래로 내려가면서 우리 자신에 도달하
고, 우리를 지나서 생명의 딜레마라는 낯익은 복잡성으로까지 무한
하게 세분화한다.

　나는 내 어린 아들의 친구가 "세상은 왜 이렇게 구린 걸까?"라고
중얼거리는 소리를 들은 적이 있다. 그 질문에 대한 해답이 하나 있
다. 구르지예프는 인간은 창조의 계단을 하나씩 올라갈 때마다 상이
한 법칙들의 지배를 받는다고 밝혔다. 이 법칙들의 수는 '낮은' 층위
에 해당하는 지구와 달의 단계에서는 늘어나고, '절대'에 가까워지
는 '높은' 층위로 갈수록 줄어든다. 고차의 단계들에서는 의식을 가
진 존재들의 움직임에 대한 제한도 줄어든다. 우주의 근간에 위치
한 '개개의 행성' 층위에 있는 우리는 무려 48개에 달하는 법칙의 지
배하에서 고투하고 있다. 하나하나의 법칙은 우리의 삶을 더 힘들게
한다.

　우리가 있는 우주적 말단에서의 자유도는 낮고 '절대'의 자애로움
인 은총에 대한 접근도 제한된다. 어떤 스승은 나무 한 그루를 가리
키며 '창조의 빛살'의 이런 측면을 설명한 적이 있다. 나무 꼭대기는
햇빛을 듬뿍 받고 있고, 바로 그 아래에 있는 잎사귀들은 그보다는
조금 덜한 양의 햇빛을 받고 있으며, 그 아래에 있는 잎과 가지와 땅

에서는 그보다도 더 적은 양의 햇빛밖에는 받지 못한다. 햇빛은 중간에 있는 나뭇잎들에 의해 '단계적으로 감소하기' 때문이다.

'절대'의 의지는 바닥에 가까운, 낮은 층위에 있는 우리에게 직접 와 닿지 않는다. 우리는 스스로에 대한 '워크'를 통해 한 단계씩 올라갈 때마다 '절대'의 영향을 더 받으며, 그와 동시에 더 많은 자유를 누릴 수 있다. 우리는 우리를 '절대'의 의지로 인도해주는 '창조의 빛살'이라는 사다리에 난 틈새인 '간극(interval)'을 스스로의 힘으로 가로질러야 한다. 그러나 그곳으로 가는 동안에는 도움을 얻을 수 있다. 우리가 그런 도움을 받을 용의가 있다면 말이다.

《G. I. 구르지예프의 견해에 관한 연구》[*]에서 미셸 콩주는 수행에서 "정말로 어려운 부분은 적극적으로 정지한 상태에서 투과성을 유지하며, 상승과 하강이라는 양면적이며 상보적인 움직임을 통해 에너지들을 자유롭게 순환시키는 것"이라고 지적했다. 이런 정지 상태와 투과성, 고차의 에너지들로 이루어진 흐름의 수용, '창조의 빛살'에서 자신이 점하는 위치에 대한 진정한 현실 인식…. 이 모든 것은 우리의 의식 자체를 함양하고 정제함으로써 달성된다. 주의 깊고 객관적인 특정 방식으로 자기리에 대한 주의력을 증강하고, 유도하는 수행을 계속함으로써 말이다.

물론 이 수행에는 많은 장애물이 존재하며, 저차의 몸을 가진 존재가 그것을 극복하는 것은 어렵다. 어려운 데는 그럴 만한 이유가 있다. 콩주가 말했듯이 저항이나 넘어야 할 '간극'이 없다면, "피조

---

[*] A Study of the Ideas of G. I. Gurdjieff

물이 각성하거나 자유의지를 가진 존재가 될 수 있는 법을 배울 기회 따위는 아예 없기"때문이다. 희귀한 나비가 번데기에서 부화하는 현상을 관찰하던 곤충학자들의 유명한 일화처럼 말이다. 곤충학자들은 나비가 번데기에서 나오기 위해 격렬하게 몸부림치는 광경을 관찰했는데, 그중 한 명이 나비가 힘들게 고투할 필요가 없도록 부화가 채 끝나기도 전에 조심스럽게 번데기를 잘라주었다고 한다. 그 결과, 나비는 부화한 뒤에도 날 수 없었다. 번데기에서 벗어날 때까지 끝까지 몸부림을 쳐야 비로소 비행에 필수적인 체액들이 날개에 주입되기 때문이다. 날기 전에 그런 고투를 거치지 않았던 나비는 곧 죽었다.

고전적인 씨앗의 비유도 곧잘 거론된다. 씨앗들은 자라기 전에 종종 일단 땅에 묻혀야 한다. 뿌리의 성장에 저항하는 흙 없이는 어디에 뿌리를 박아야 할지를 알 수 없기 때문이다. 씨앗을 감싼 흙은 씨앗을 자라게 해주는 영양분의 원천이기도 하다.

인간 역시 나비나 씨앗이 필요로 하는 것을 필요로 한다. 자기 계발 카운슬러들은 우리가 살면서 겪는 난관은 심리적으로 성장할 좋은 기회임을 즐겨 지적하지만, 수행자가 헤쳐 나가야 하는 난관은 그 이상의 것이다. 은비학적인 의미에서도 난관은 영적 성장을 가능케 하는 필수적인 요소이기 때문이다.

그러나 우리처럼 낮은 계제에 머물고 있는 존재들에게도 '절대'에서 흘러나오는 생의 흐름은 도달한다. 비록 '3의 법칙'의 장기적인 작용에 의해 걸러진 상태이기는 해도 말이다. 우리의 세계에 생기를 불어넣는 것은 바로 그 흐름이다.

《코르푸스 헤르메티쿰》은 "만물은 바로 이렇게 창조된다"고 지적하고 있다. "태양은 불사의 존재들에게 영원한 생을 부여하며, 천국을 마주한 면에서 흘러나오는 상승하는 빛으로 우주의 영원한 세 가지 영역에 자양분을 공급한다. 태양은 물과 흙과 공기로 이루어진 빈 영역 전체를 밝히는 하강하는 빛으로 생기를 불어넣고 삶과 죽음을 기동함으로써, 이 영역에 있는 생명체들을 순환적으로 재창조하고, 재형성한다."

영적으로 성장하려고 직접 시도하는 과정에서도 우리는 '3의 법칙'이 시현示現하는 것을 보게 된다. 여기 진리를 탐구하는 한 사내가 있다고 가정해보자. '3의 법칙'은 더 높은 계제에 도달하려는 구도자의 욕구의 결과로서 발현한다. 구도자의 결단과 노력은 '성스러운 긍정'에 해당한다. 그의 무기력함과 게으름, 아침 명상을 하는 대신 아침 뉴스를 보는 식으로 평소의 습관을 되풀이하려는 경향은 최초의 긍정적인 노력에 대한 부정적 반응, 즉 '성스러운 부정'에 해당한다.

그러나 여기서 지식에 뒷받침된 '주의력'이 개입한다. 구도자는 기분이 내키지 않을 때도 억지로 수행을 함으로써 자신이 더 높은 계제를 향해 힘들게 나아가고 있다는 사실을 자각한다. 결과적으로 그의 이런 지식은 '워크'에 필요로 하는 적정량의 동기를 부여했고, 구도자는 '자기 관찰'을 통해 스스로에게 '주의력'을 기울이며 해당 '워크'를 수행한다. 이 이야기에서, 지식에 뒷받침된 의식적인 '주의력'의 행사는 세 번째 힘인 '성스러운 조화'에 해당한다.

이 두 가지 힘 — '성스러운 긍정'과 '성스러운 부정' — 의 뒤얽힘

내지는 분극화에 입각한 생산적 이원성은 전 세계의 철학과 종교에서 얼마든지 찾아볼 수 있는 개념이다. 음과 양이 가장 먼저 떠오르지만, 음양과 더불어 반드시 이해할 필요가 있는 세 번째 힘이 존재한다는 지적을 우리는 어떻게 받아들여야 할까? 음양을 활성화하고, 음양을 통해 이루어질 뿐만 아니라 그 합일을 이루도록 해주는 주체는 무엇일까?

여기서 우리는… 도道의 존재를 직감한다.

3의 법칙, 옥타브상의 행성들, 낡은 울타리 철거하기

구르지예프의 가르침에 입각한 '워크' 일정에는 '워크 일日'과 '워크 주말' 뿐만 아니라 '워크 주간'까지 존재하며, 가끔 선포되는 이런 기간 동안 수행자들은 한데 모여 스승의 지도를 받으며 공예품 제작이나 예술 활동을 하고, 신성무 훈련을 받는다. 구르지예프가 프랑스에 첫 번째 '학교'를 설립했을 때처럼 상당히 거창한 건축 프로젝트에 종사하는 경우조차 있지만, 일반적으로 말해서 그 정도로까지 혹독하지는 않다. 이런 수행의 목적은 '워크'를 수행하는 동안 최대한의 '자기 기억하기'를 시행하는 것이다. 수행자는 자기 육체가 보내는 감각에 대해 일정한 주의력을 쏟는 동시에 동시에 타자와 세계에 대한 의식적인 지성과 예민함을 유지할 것을 요구받고, 그 결과로써 인간의 세 가지 '중심'을 모두 작동시키는 시도를 하게 된다. 이 수행에는 그 밖의 목적들도 있지만 말이다.

어떤 '워크' 수행자는 상술한 '워크 일'에 시행된 소규모의 철거 프로젝트를 통해 그가 습득한 구르지예프의 가르침에 대해 다음과 같이 술회했다.

그때 우리는 어느 시골 저택의 낡은 울타리와 상당히 넓은 테라스의 삼나무 상판을 모두 뜯어내는 작업에 종사하고 있었습니다. 뜨거운 햇살에도 아랑곳하지 않고 열심히 일하는 참가자들 대다수는 젊었는데, 그들은 노동의 힘겨움을 조금이라도 줄여보기 위해 이런저런 잡담을 하거나 시답잖은 농담을 늘어놓는 경향이 있었습니다. 처음에 지시받은 대로 일정량의 주의력을 유지하는 대신에 말입니다. 그러자 오랫동안 '워크' 수행을 하며 풍부한 경험을 쌓은 어떤 스승이 잠시 우리를 도와주러 왔습니다. 그 스승은 우리가 일하면서 잡담을 하는 것을 보자마자 우리가 무의미한 잡담으로 에너지를 허비함으로써 의식적으로 '워크'를 할 수 있는 좋은 기회를 허비하고 있다고 지적했습니다. 그러고는 같은 목적을 가지고 같은 소망을 품은 사람들과 함께 육체노동을 한다는 행위의 영적인 의미에 유념하라고 했습니다.

"이건 나의 개인적 해석에 불과하지만, '워크'는 정말로 효과가 있다네. 단순한 노동이 아닌 성스러운 노동이라고나 할까. 아무튼 우리가 함께 일할 때 뭔가 일어난다는 건 틀림없어. 우리는 여기서 이렇게 육체노동을 하는 순간에도 구르지예프의 가르침에 관해 생각할 것을 요구받는데, 자네들은 이렇게 땀을 흘리고 노동을 하는 지금 이 순간에 '3의 법칙'이 어떻게 작용하고 있는지 궁금하지 않나. '3의 법칙'과, '창조의 빛살' 말이야.

이렇게 생각해보게. '3의 법칙'은 저차의 의식이 고차의 의식을 만나서 새로운 '중간' 상태를 실현한다는 법칙이라네. 그리고 지금 이 순간 여기 있는 우리에게 중요한 건 바로 그 부분이야. '창조의 빛살'은 바닥에 자리 잡은 '달의 단계'에서 시작되네. 그렇다면 달이란 뭘까? 달이란 생명을 품고 있는 곳이 아니라네. 자발적으로 빛을 발하는 대신 그냥 빛을 반사하는 장소이지. 그런데 우리가 대부분의 시간을 보내는 곳이 어디라고 생각하나? 바로 달이야. 우리는 '달의 단계'에서 살아가고 있어. 사념과, 반응과, 꿈으로 점철된 세계에서 말이야. 그리고 그것들 모두는 생의 반사에 불과해. 진짜로 살아 있는 게 아니란 말일세.

하지만 지금처럼 오후의 뙤약볕 아래에 여러 사람이 모여서 일하는 경우, 어떤 일이 일어나면서 우리를 '모든 행성들'의 에너지 단계까지 끌어올린다네. 우리 각자가 하나의 행성인 거지. 방금 지적했듯이 이렇게 함께 모여서 의식적으로 일하는 경우에는 어떤 일이 일어나고, 달의 단계에 있던 '나'를 현재의 이 단계까지 끌어올려주네. 바꿔 말해서, '고차'가 '저차'를 만나면서 중간의 에너지를 만들어냈고, 그게 내 육체를 점유한 거야. 나의 모든 부분들 내부에서 진짜로, '지금' 이 순간에 그 에너지는 나와 접촉하고 있는 거지. 정신이 나의 몸으로 화현化現했다고나 할까. 그런 식으로 내가 나처럼 '여기' 오려고 노력 중인 사람들과 함께 '여기' 와 있으려고 전심전력으로 노력한다면, 나는 '지구'가 되네. '창조의 빛살'에서 마침내 '지구의 단계'에 도달해서, 태양을 바라보며 살아갈 수 있는 거야. 그리고 이 존재의 사다리에서 내가, 자네들이, '지구'가 된다면, 그때부터는 이 새로운 '저차'

의 단계를 발판 삼아 수행을 시작할 수 있네. 이 새로운 '저차'인 '지구'가 새로운 고차의 단계인 '개개의 태양'의 에너지를 불러들일 경우, 새로운 '중간'은 어디라고 생각하나? '모든 행성들' 단계의 에너지라네. 우리는 그걸 '워크'의 상호 관계로서 파악하네. 진정한 에너지의 교환이지. 그걸 동지애라고 부르든 동료애라고 부르든 간에, 뭔가 새로운 관계인 건 틀림없어.

따라서 우리는 이런 수행을 통해서 정말로 그런 단계에 함께 도달할 가능성이 있어. 진정한 공동 '워크'의 효과가 나타난다고나 할까. 그 결과 우리가 도달하는 새로운 '저차'의 단계는 '태양'의 단계보다 더 높은 진동을 불러일으켜서 우리의 수행을 돕게 된다네.

아마 우리 같은 인간이 '지구'에서 살아가는 이유는 바로 그건지도 모르겠군. 그보다 낮은 단계에서는 우리의 진정한 존재 이유를 충족시킬 수 없어. 그러니까 이제 입 닥치고 일하자고."

7의 법칙과… 또다시 창조의 빛살

'창조의 빛살'을 규정하는 본질적인 측면인 '7의 법칙' 또는 '옥타브의 법칙'은 우주에 존재하는 모든 물질과 에너지의 궁극적인 양태는 진동이라고 단언한다. 그런 진동들은 측정 가능한 패턴을 가지고 있으며, 이 패턴에는 '창조의 빛살'의 몇몇 단계들 사이에 뚜렷하게 존재하는 반복적인 단절의 패턴인 '간극'이 포함되어 있다.

구르지예프의 가르침을 따르는 현자였던 윌리엄 시걸은 그의 저서인 《오프닝》에서 이 부분을 명쾌하게 설명했다. "'7의 법칙'에 의하면, 세포의 삶에서 태양계의 삶에 이르는 우주의 모든 변화 과정은 일곱 개의 연속적인 단계로 이루어진 옥타브의 형태로 전개된다. 각 옥타브의 진행은 두 '간극'에서 적절한 충격이 존재하는지의 여부에 의해 결정된다."

구르지예프의 가르침 및 음악 이론에서의 옥타브는 도, 레, 미, 파, 솔, 라, 시의 7음에 처음 음보다 한 옥타브 상승한 도를 더한 음계로 이루어진다. '창조의 빛살'은 '절대'로 시작되는 동시에 '절대'로 끝난다. ("나는 알파와 오메가요 시작과 마침이라.")[*] '절대'는 도, 달의 단계는 레, 지구는 미, 그리고 그다음에 단절의 간극이 온다. (구르지예프의 가르침에서 간극이란 표현은 음악 이론에서 음과 음 사이의 간격 내지는 거리를 의미하는 음정과는 조금 다른 의미로 쓰이며, 진동이 지체되는 특정 장소들을 가리킨다고 보면 된다.) 이 '간극'을 넘으면 우리는 '모든 행성들'의 단계, 즉 파에 도달하고, 그다음에는 '개개의 태양'의 단계인 솔이 온다. 그 위에는 '모든 태양들'에 대응하는 라가 있으며, 그 위는 '모든 세계들'인 시가 온다. 그런 다음에… 다시 '절대'에 해당하는 도가 온다. 우리가 옥타브의 음계를 오르기 위해서는 저차의 단계들을 규정하는 법칙들의 제약을 극복하고 '간극'을 넘어 상승할 수 있게 해주는 부가적인 '충격' 내지는 의식의 밀어올림이 필요하다.

구르지예프에 의하면 고대의 영민한 식자들에게 옥타브의 음계는 단지 음악적인 개념 이상의 것들을 의미했다. 사실 그는 본래의 상징체계를 복원했다고 할 수 있다. 구르지예프의 가르침을 방불케 하

---

[*] 요한계시록 22장 13절. 역주.

는 옥타브 이론과 그 밖의 개념들은 피타고라스의 비의^{秘義}에서도 찾아볼 수 있으니까 말이다.

구르지예프는 진동에 관한 그의 가르침이 '유물론보다 더 유물론적'이라고 자평했다. 만물은 어떤 식으로든 '물질'의 한 형태이지만, 물질의 다양한 형태는 상대적이고 진동적인 조밀도를 가지고 있고, 해당 물질의 조밀도를 규정하는 것은 '창조의 빛살'에서의 본래 위치와 우리에 대한 그것의 상대적인 위치다. 명백하게 기적적인 현상조차도 실은 명확한 물리적 법칙들이 작용한 결과에 불과하지만, 그 법칙들이 작용하는 층위 자체가 우리의 그것과는 동떨어져 있기 때문에 기적처럼 보이는 것이다. 기적의 발생은 '창조의 빛살'에서 우리보다 더 높은 단계에 있는 진동적 세계가 우리의 세계로 진입했다는 것을 의미한다. 바꿔 말해서, 기적이란 고차의 세계가 우리 세계에 특정 방식 — 아무리 기이해 보이더라도 저차의 발달 단계에 있는 우리가 인지하지 못하는 법칙에 전적으로 의거한 — 으로 상호 침투한 결과물이다.

진정한 영적 진화는 우리 내면에 더 정제된 에너지들의 형태로 '고차'의 영향력을 받아들이는 '존재력'을 가진 자기^{自己}를 만들어냄으로써 우주를 훨씬 더 자유롭게 누빌 수 있도록 해준다. 이 자기는 완전한 '자기'이며, 완전한 '자기'의 획득은 과거의 자기를 무겁게 짓눌렀던 보편적 '법칙'들로부터의 해방을 의미한다. 그것은 구르지예프가 '자의성의 법칙'(Law of Accident)이라고 불렀던 것으로부터의 해방이다. 진화한 영적 몸들 — 앞 장에서 언급된 세 번째와 네 번째 몸 — 은 개인으로서의 죽음을 극복하고 살아남을 수 있다. 특히 '신적인 몸'이라고 불리는 '네 번째 몸'은 태양계 안에서 (또는 그 밖에서 까지) 상대적인 불사를 누릴 잠재력을 가지고 있다.

우리 내면과 우리 주위에 존재하는 법칙들

'7의 법칙'은 개인에게는 어떻게 적용될까? 인간의 삶에서는 내면의 수직적인 옥타브와 동일한 기제가 '수평' 방향으로도 작용한다. 주체가 인간이든 아니든 간에, 모든 힘은 진화 과정 어딘가에서 반드시 '7의 법칙'을 따라야 한다. 목적지로 가기 위해서는 옥타브의 음계들을 거쳐야 한다는 뜻이다. 그러나 모든 힘이 필연적으로 본래의 목적지에 도달하는 것은 아니며, 그 점에서는 우리도 마찬가지다. 우리가 목표를 달성하기 전에 다른 영향들을 받고 중도 이탈할 가능성은 목적지에 도달할 가능성과 동등하거나 오히려 더 클지도 모른다. 적절한 순간에 구르지예프가 '충격'이라고 부른 지향적 에너지의 밀어올림을 통해 '간극'들을 가로지름으로써 옥타브를 상승하지 않는 이상은 말이다. 우리가 중도 이탈의 원인이 되는 일탈적인 영향력들에 대해 가장 취약해지는 장소는 옥타브의 본유적本有的인 일부인 '간극'들이기 때문이다.

'7의 법칙'은 우리가 이 세상 속에서 이동하는 방식과 사회적인 이동에도 적용될 수 있다. '7의 법칙'은 평상시에 우리가 왜 의식적으로 행동하지 않고 기계적으로 반응하는지, 깨어 있다고 생각하면서 왜 실은 잠들어 있는지, 또 현실에서 일어나는 일이 왜 우리 기대와 어긋나는지를 설명해준다. 사실, 다음 단계로 우리를 갈 수 있게 해주는 의식적인 자극인 '충격'이 없으면 우리는 다람쥐 쳇바퀴 돌듯 같은 일을 반복할 뿐이다.

'7의 법칙'에 의하면 인간의 모든 노력 — 모든 종류를 망라한 — 은 일곱 개의 단계와 두 개의 '간극'을 거치는 방식으로 이루어진다. 과녁을 향해 활을 쏘는 직접적인 행위에서조차도 반드시 가로질러야 하는 '간극'들이 존재하는 법이다. 옆바람, 아침에 커피와 충분한 단백질을 섭취했는지의 여부, 마음 일부가 어제 연인과 다퉜던 사실을 반추하고 있는지의 여부, 주의력을 흐트러뜨리는 배경 잡음, 훈련이 불충분했다는 사실…. 이토록 일일이 헤아리기도 힘든 잡다한 인자들의 조합으로 이루어진 '간극'들을 극복해야 한다는 뜻이다. 화살로 과녁을 맞추려는 행위의 옥타브에서, 이 모든 인자들과 상술한 주의력의 약화는 '간극'들에서 축적되어 저해 요인으로 작용할 수 있다. 그러나 궁수가 (이를테면 주의력을 강화하고, 예비 훈련에 매진하고, 시위를 당기는 힘을 증대시키는 식으로) '간극'들을 가로질러 본래 의도를 관철할 수 있게 해주는 '충격'들을 소환한다면, 궁수가 쏜 화살은 '간극'들을 넘어 정확하게 과녁 한복판에 꽂힐지도 모른다.

대규모 자선 록 콘서트의 조직인이 공연이 예정된 장소 확보에 문제가 생겨서 난관에 빠졌다고 치자. 그러나 이 사내는 집중력을 유지했고, 사람들의 선의를 믿고 백방으로 노력을 한 결과 마침내 필요한 도움을 받았다. 바꿔 말해서 그는 '간극'을 넘어섰고, 자선 콘서트는 처음보다 한층 더 좋은 장소에서 열렸다.

"한 수준에만 머물고 있으면 아무 일도 일어나지 않아." 구르지예프는 이렇게 설파했다. "그 어떤 행위도 우주적 맥락에서는 상승 아니면 하강으로 이어지기 마련이라네."* 올라가지 않는다면 내려갈 수밖에 없다는 얘기다. 수평 방향으로의 움직임도 있기는 하지만 여러 조건이 붙을 뿐만 아니라 일시적이다. 그러나 이 경우에도 우리는 진실을 받아들이지 못한다. 그 결과 우리는 진정한 노력도 하지 않고 영적인 진화가 일어날 것을 기대하고, 설령 노력을 하더라도 그것을 유지하는 데 힘을 쏟지 않는다. 구르지예프는 창조된 세계들의 존재 자체가 끊임없이 계속되는 '상호 유지' 작용의 결과라고 단언했다. 쇠약함과 쇠퇴를 불러오는 '무자비한 헤로파스^{Heropass}', 즉 시간의 효과에 맞서 스스로를 유지하기 위해서, '절대'는 자신의 균형을 유지해줄 세계들을 창조해야 하는 것이다.

'3의 법칙'에서 예로 들었던 진리의 탐구자를 기억하는가? 그의 행동은 '7의 법칙'과도 맞물려 있다. 옥타브의 계단을 상승하려는 그의 노력은 도에서 레로, 레에서 미로 올라가는 행위이지만, 도중에 피로를 느끼고 게으름과 타성에 젖어 원래 목적을 잊을 가능성이 상존한다. '자기 기억하기'를 통해 의식적인 노력을 실행에 옮기고, 마음이 내키지 않을 때도 내면의 '워크'를 수행하지 않는다면 말이다. 하강의 흐름을 타는 대신에 의식적으로 그렇게 행동한다면 '간극'을 넘어 원래의 목표를 실현하는 데 필요한 추가적인 '충격'을 얻을 수 있다. 이렇게 해서 그는 밧줄을 엮어 만든 심연 위의 출렁다리인 '간극'을 가로지를 수 있고 솔, 라, 시의 옥타브 단계를 힘겹게 상승해서 그 위에서 기다리고 있는 다음 '간극'에 도전할 수 있다. 이 '간

* 《기적적인 것을 찾아서》

극'을 가로지르기 위해 필요한 '충격'은 내면의 노력이다. 또는 자기 자신의 있는 그대로의 모습을 보는 '인상 획득'이 필요해지는 경우도 있다. 이 행위는 언제나 변함없이 충격적이기 때문이다.

구르지예프가 누누이 강조했던 목표 완수, 진정한 '소망'의 힘, '의도' 유지의 중요성…. 이것들 모두가 '7의 법칙'이 부과하는 불가피성과 관련이 있다.

옥타브를 상승하는 움직임(movement)이 '간극'들에 의해 방해받을 경우, 처음에 그 움직임을 유발한 본래의 충동은 막판에 가서는 그와는 정반대의 충동으로 변질될 수도 있다.

자애로운 동시에 비전적秘傳的인 가르침을 전달하기 위한 실용적인 수단으로 예수가 만들어낸 흐름이 십여 세기가 흐르면서 정반대의 행동을 유발한 사실은 잘 알려져 있다. 예수의 가르침의 힘은 오랜 세월이 흐르며 쇠퇴했는데, 이것은 인간이 필요로 하는 추가적인 '충격' ― 상승에 저항하는 '간극'들을 가로지르기 위해 필요한 의식적인 인도引導 ― 들이 결락되었기 때문이다. 그 결과 가르침과는 정반대의 흐름이 나타났다. 예수가 설파한 비폭력의 철학은 종교재판의 폭압, 유대인 박해, 십자군 운동, 기독교 근본주의로 탈바꿈했다. 선한 의도는 객관적 의식의 인도를 받지 않는다면 그와는 정반대의 것이 되기 십상이며, 이런 식의 변화는 '7의 법칙'과 인류의 퇴화 상태에 정확하게 부합하는 형태로 이루어진다.

하지만 이런 식으로 저차의 물질 세계로 '하강하는' 움직임, '동일시' 속으로 침잠하는 행위도 다른 틀에서는 창조적인 움직임이 될수 있고, 인간의 삶의 엄연한 일부이기도 하다. 예를 들어 우리가 이

성에 대해 느끼는 매력과 자기 자신을 어느 정도 '동일시하지' 않는
다면, 우리는 사랑에 빠져 자손을 남기지도 못할 것이다. 우리가 배
고픔과 자신을 (어느 정도) '동일시하지' 않는다면 우리는 음식을 먹
을 욕구를 잃은 탓에 살아남지 못할 것이다. 굶어 죽는다면 영적으
로 진화할 수 없지 않은가! 우리는 바깥 세계와 상호 작용을 하고,
그 일부가 되어야 하지만, 그것으로부터 물러날 줄도 알아야 한다.
'세계에 살지만 세계에 속하지는 않은' 상태를 유지하는 법을 터득
해야 하는 것이다.

에니어그램과 인류 내부의 상징들

구르지예프의 가르침에서는 철학적 상징들 — 삼각형, 솔로몬의
인장 또는 다윗의 별, 에니어그램 — 이 수행자의 내적인 성장의 단
계와 이동을 표시하기 위한 수단으로 쓰인다. 그렇게 성장하는 과정
에서 자기 자신의 존재 내부로 이 상징들을 받아들여 통합하는 행위
는 '지식과 존재력의 합일合一'이라고 표현된다.

에니어그램enneagram은 구르지예프의 가르침에서 가장 잘 알려진
상징이 되었다. 그러나 일반 대중의 인식이라는 측면에서는 '7의 법
칙'의 부정적인 측면이 드러난 또 다른 예일 수도 있다. 구르지예프
는 우리가 모호하고 주관적인 해석과 혼란스러운 용어의 늪에 빠지
지 않도록 에니어그램이라는 상징을 도입했다. 그러나 그 어떤 가르
침도 왜곡을 피할 수는 없기 마련이고, 에니어그램은 현재 많은 곳
에서 구르지예프가 의도했던 것과는 정반대의 것들을 대표하는 상
징이 되어버렸다.

《기적적인 것을 찾아서》는 형이상학적 상징에 대한 구르지예프의 날카로운 경고를 인용하고 있다. "무능하고 무지한 인간들의 손에서 그런 상징은 (아무리 선의로 가득 차 있다고 해도) '망상의 수단'으로 타락한다네. 범용한 단어들로 전이된 상징들은 그 안에서 경직되고 희미해지면서 아주 쉽게 처음과 '정반대의 것들'로 변질되는 법이거든."

구르지예프는 우스펜스키를 위시한 수행자들에게 이렇게 경고한 적도 있다. "'워크'와 결코 양립할 수 없는 것들 중 하나는… '직업적인 오컬티즘'이야. 그것은 직업적인 협잡의 또 다른 이름이기 때문이지." 이른바 '채널러(靈媒)'라든지, 사이비 천리안 따위로 대표되는 자칭 심령주의자들은 자기가 제대로 이해하지도 못하는 가르침의 작은 일부를 떼어내서 '타인을 속여넘기는' 수단으로 사용한다.

구르지예프의 경고는 옳았다. 언제나 새로운 속임수를 찾는 일에 열심인 몇몇 인물들은 구르지예프의 에니어그램 상징에 기생해서 고객들에게 모호한 심리적 안심감을 제공해주는 관련 업계의 도구로 삼았기 때문이다. 구르지예프는 에니어그램을 성격 판단의 수단이나 점치는 도구로 쓸 수 있다고 말한 적이 없다.

"우주의 만물은 소정의 위치를 가지고 있다." 구르지예프는 아홉 개의 꼭짓점을 가진 에니어그램 도형이 '보편적인 언어의 근원적인 상형문자'이며, 인간과 우주 안에서의 에너지 변환을 도식적으로 표현하는 동시에 '7의 법칙'과 '3의 법칙'을 더 잘 이해하기 위한 수단이라고 말했다. 에니어그램은 여러 개의 층위를 내포하고 있다. 예를 들어 가장 위에 있는 꼭짓점에 있는 도에서 시작해서 (세 번째와 여

도표 3
에니어그램

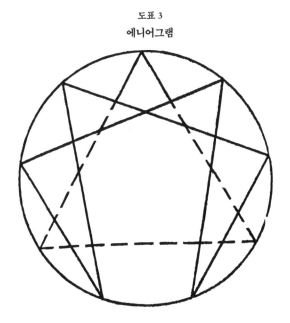

수를 부여하고 옥타브와 간극을 표시한 에니어그램
(12시 시계 방향으로)

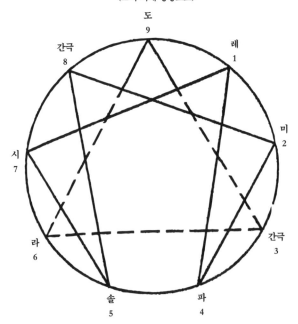

덟 번째 꼭짓점에 위치한 '간극'을 끼고) 시계 방향으로 배열된 음계들은 하나의 층위에 해당한다. 바꿔 말해서 아홉 개의 꼭짓점은 일곱 개의 음계와 두 개의 '간극'을 합친 결과물이며, 꼭짓점 9와 3과 6을 잇는 원 내부의 삼각형은 정제된 특정 에너지들을 흡수하는 과정 및 '3의 법칙'과 결부되어 있다.

공기든 음식이든 '인상 획득'이든 간에 인간이 한 유형의 '양식(food)'으로 받아들인 것은 모두 에니어그램의 원 주위에 위치한 소정 단계에서 생명체 안으로 진입한 후, 해당 생명체의 내적 세계에 있는 다른 측면들과 상호 작용하고, '3의 법칙' 및 '7의 법칙'과 인간의 내적 작용에 의해 변성되고, (특정 장소에서만 수행자들에게 전수되는) 모종의 비전秘傳 체계에 따라 에니어그램 내부에서 체계화된다.

상술한 비전 체계에서 에니어그램은 외부 세계에서 작용하는 '3의 법칙'과 '7의 법칙'을 감지하는 수단으로도 쓰인다. 구르지예프는 에니어그램이 영구 운동인 동시에… 연금술사들의 현자의 돌(philosopher's stone)*이기도 하다고 술회했다. 여기서 왜 현자의 돌이 등장하는 것일까? 전설에 의하면 이것은 어떤 물질을 다른 물질로 변환하기 위해 사용된다. 이를테면 납을 금으로 바꾸는 식으로 말이다. 그리고 에니어그램은 인간 내부에서 일어나는 물질 — 진동 및 그 밖의 '양식들' — 의 변용을 도식화한 것이다.

일각에서 구르지예프의 가르침이 희석된 다음에 왜곡된 것은 필연적인 현상이다. 이 모든 변화는 '7의 법칙'을 엄격하게 따르기 때

---

* 철학자들의 돌이라고도 불리며, 연금술사의 내부적 변용을 상징한다. 역주.

문이다.

그러나 그의 본질적인 가르침은 여전히 온전한 상태로 남아 있으며, 지금도 접근이 가능하다. 다음 장들에서 언급되었듯이, 구르지예프는 그의 가르침이 후대에 전수될 수 있도록 필요한 희생을 치렀고, 옥타브를 상승하는 원래의 '흐름'을 존속시키기 위해 엄청난 노력을 기울였기 때문이다.

제6장

핀란드와 기적적인 것: 캅카스 산맥과 혁명의 정신병

우리는 결코 우리 힘의 한계에 도달하지 않는다.

—G. I. 구르지예프

구르지예프와 함께 수행에 나서려고 결심하기 직전, 우스펜스키는 '기적적인 것(miraculous)'의 존재를 실증하는 직접적인 증거를 제시해달라고 요청했다. 구르지예프는 그러겠다고 약속했지만, "그에 앞서 많은 일들이 일어날 필요가 있다"고 말했다.

홋날 우스펜스키는 구르지예프가 "그 약속을 확실하게 이행했다"고 증언했다. 그 일은 1916년 여름에 일어났다.

우스펜스키는 그해 여름에 그에게 일어난 기적적인 현상 대부분은 묘사가 불가능하다고 술회했다. 과거에 '기적적인' 현상을 확실하고 자세하게 묘사하는 것이 힘들다는 주장을 읽었을 때는 답답함밖에는 느끼지 못했지만, 직접 경험해보니 무슨 말인지 이해할 수 있었다. 고차원의 경험을 그보다 낮은 차원의 언어로 전달하는 것은 힘들거나 아예 불가능하다는 구르지예프의 경고는 옳았던 것이다. 그래도 우스펜스키는 그것을 조금이라도 글로 남기려고 시도했다.

그 사건은 구르지예프의 수행 그룹이 핀란드의 시골에서 일종의 수련회를 열려고 모였을 때 일어났다.

이 수련회가 열리기 직전 우스펜스키는 일련의 수행을 개시했는데. 이것이 구르지예프의 수행법을 우스펜스키 자신의 그것과 조합한 일종의 실험이었던 것은 명백해 보인다. 우스펜스키는 일련의 짧지만 혹독한 단식을 감행했고, 그에 맞춰 과거에 주의력 집중과 자기 관찰에 탁월한 도움을 준 호흡 수련 및 '마음의 기도'(prayer of the mind) 수행법을 반복했다. 그 밖에도 주의력 집중을 위해 복잡한 정신적 훈련을 병행했다. '마음의 기도'는 인간의 '감정적 중심'에 효과를 끼치는 것으로 알려져 있었다. 상술한 정신적 훈련은 매우 격렬했으며, 그의 육체는 호흡법과 단식을 통해 단련되었다. 구르지예프에게서 배운 수행법에 자기 자신의 방법론을 추가한 것은 실로 우스펜스키답다고 해야 할 것이다.

1916년 8월, 우스펜스키는 흥분한 동시에 쇠약해진 상태로 구르지예프의 제자가 소유한 핀란드의 시골집에 도착했다. 구르지예프와 여덟 명의 제자는 이미 그곳에 와 있었다.

오직 그럴 자격이 있는 스승의 지도하에서만 실행 가능한 구르지예프 수행법 중 하나로 제자들의 내면에 강렬한 반응을 야기하고 그것을 의식적으로 감수하게 함으로써 '비동일시(nonidentification)'와 '겉모습 유지'(outer considering)를 수행하기가 있다. 그런 반응들을 경험하면서도 아무런 행동도 하지 않고, 부정적인 내색조차 하지 않을 것을 강요당한 뒤에야 비로소 제자들은 진짜 자기의 모습을 일별一瞥할 수 있게 된다. 그들은 자기들이 보인 반응이 '작은 나'(little I)의 시현示現이자 일시적인 가짜 자기들이 만들어낸 가짜 표상에 불과하며, 그들이 평소에 느끼는 '감정'이란 잠들어 있는 인간의 무릎 반사에 불과했음을 깨닫는다. 그렇게 해서 그들은 겉과 속이 다른 스스로의 이중적인 본질을 직시할 수 있게 된다. 우스펜스키를 위시한 제자들은 이런 방법을 써서 상당히 혹독한 수행을 감내했는데, 그날 구르지예프는 자기가 살아온 삶에 대해 고백하는 제자들의 말을 조롱하고, 그들의 '비겁함과 사고思考의 게으름'을 지적했다고 한다.

구르지예프는 과거에 우스펜스키가 '절대 발설하지 않는다는 조건으로' 구르지예프에게 했던 내밀한 이야기 — 동료 제자인 스튜른발 의사에 관한 우스펜스키의 개인적인 평가 — 를 당사자인 스튜른발 앞에서 무자비하게 폭로했는데, 상당히 부정적인 평가였던 것으로 보인다. 우스펜스키는 뒷담화를 하는 사람들을 언제나 규탄했지만, 그 본인은 구르지예프에게 가서 스튜른발의 험담을 했던 것이다. 구르지예프는 이 사실을 폭로함으로써 우스펜스키 자신의 위선을 낱낱이 까발렸다. 우스펜스키가 그 사실에서 눈을 돌릴 엄두도 내지 못할 정도로 적나라하게.

우리가 실제로는 어떤 존재인지를 직시하는 것은 각성으로 나아가는 중요한 단계다. 그리고 구르지예프가 이미 경고했듯이 처음 각성은 누구에게나 '쓰디쓴' 법이다.

구르지예프는 우스펜스키와 다른 두 제자와의 수행 세션에서 특별한 동작과 자세를 가르치면서 잠든 인간의 스스로에 대한 부정직함에 관해 논하기 시작했다. 사람은 자기 얘기를 하면서도 거짓말을 하지 않을 수가 없었다는 내용이었는데….

갑자기 우스펜스키는 구르지예프의 생각들을 '듣기' 시작했다. 그런 생각들 중 하나는 우스펜스키를 향한 것이었기에, 그는 보통 말할 때처럼 소리 내어 대답했다. 구르지예프는 우스펜스키를 향해 고개를 끄덕이더니, 침묵을 지킨 채로 우스펜스키에게 '말하기' 시작했다. "마치 심장 근처의 가슴 부분에서 그의 목소리를 들은 듯한 느낌이었다." 구르지예프는 우스펜스키에게 '뚜렷한' 질문을 했다.

우스펜스키는 소리 내어 그렇다고 대답했다. 그러자 구르지예프는 다른 제자들을 돌아보며 입을 열었다. "저 친구는 방금 왜 저런 말을 했을까? 내가 무슨 질문이라도 했나?"

그런 다음 구르지예프는 우스펜스키에게 같은 방법으로 다른 질문들을 했고, 우스펜스키가 또 소리 내어 그 질문들에 대답하는 것을 목격한 다른 두 제자는 깜짝 놀랐다. 우스펜스키에 의하면 이 대화는 '모종의 조건'에 관한 것이었다. "그 조건을 받아들이지 않으면 나는 '워크'를 떠나는 수밖에 없었다."

이 경험으로 인해 불안감에 사로잡힌 우스펜스키는 숲으로 가서 산책하기 시작했다. 집에서 조금 떨어진 곳까지 간 그는 자신이 모순된 감정들로 가득 차 있다는 사실을 자각했다. 그러자 이런 모순들이 한데 합쳐지는가 싶더니 통찰이 찾아왔다. 그가 위선적이고, 부정직하고, 스스로에 관해 전혀 모른다는 구르지예프의 지적은 옳았다. 단지 이론적으로 그런 사실을 안다고 해서 별반 도움이 되는 것은 아니지만 말이다. 그러나 이제는 알 수 있었다. "내가 강고하며 신뢰할 수 있다고 믿은 나의 본질은 실제로는 존재하지 않는다"는 사실을. 그는 자기 자신의 공허함을 보았다.

녹초가 되어 집으로 돌아온 우스펜스키는 쉬려고 침대에 누웠지만 잠이 오지 않았다. "나의 내부에서 또다시 묘한 흥분이 생겨나더니, 맥박이 세게 뛰었고, 또다시 가슴에서 구르지예프의 목소리를 들었다." (우스펜스키가 '감정적 중심'이 자리 잡은 것으로 알려진 '가슴'에서 목소리를 들었다는 점은 흥미롭다.) 우스펜스키가 대답을 떠올리자 질문과 수수께끼 같은 대답으로 이루어진 기묘한 대화가 이어졌다.

그러다가 구르지예프가 너무나도 강력한 질문을 보내온 탓에 우스펜스키는 대답을 하려고 했다가 마비된 듯한 느낌을 받았다. 이 텔레파시적 대화의 내용이 무엇인지는 알려지지 않았다. 우스펜스키는 그것을 설명하려는 시도를 아예 포기했기 때문이다. 그러나 그의 입장에서는 이런 일이 일어났다는 사실 자체가 이미 놀라운 일이었다.

이윽고 구르지예프는 텔레파시를 통해 우스펜스키에게 쉴 필요가 있으니 자라고 말했다.

그러나 이런 일을 겪은 뒤에 잠을 이루는 것은 쉽지 않았다. 우스펜스키는 향후 며칠 동안이나 이례적일 정도로 강력한 감정에 동요하는 동시에 고무된 상태를 유지했다.

다음 날 아침 우스펜스키가 뜰에 가니 구르지예프와 세 명의 제자들이 와 있었다. "이 친구에게 어젯밤 무슨 일이 일어났는지 물어보게." 구르지예프는 제자들에게 말했다.

이 말은 우스펜스키를 화나게 만들었다. 하지만 왜 화가 나는지 알 수 없었다. 그는 결국 테라스를 향해 성큼성큼 걸어갔다. "테라스에 도달하자 또다시 가슴에서 구르지예프의 목소리가 들렸다."

"멈춰!"

우스펜스키가 구르지예프를 돌아보자 그는 미소 짓고 있었다. "자네 어딜 가나? 여기 와서 앉게." 구르지예프는 평소와 다르지 않은 목소리로 말했다.

우스펜스키는 대화에 집중할 수 없었다. 그의 사고思考는 '엄청나게 선명해진' 상태였고, 그는 그것을 이용해서 '3의 법칙'과 '창조의 빛살'을 더 깊이 이해해보려고 시도했다. 우스펜스키가 소리 내어 말하는 대신 머릿속에서 이런 의문과 씨름하던 중에, 구르지예프가 갑자기 큰 소리로 말했다. "그만둬. 아직 갈 길이 멀고, 당장 해답을 찾는 건 무리야. 지금은 자네 자신에 관해, '워크'에 관해 생각할 때야." 구르지예프가 또다시 텔레파시를 통해 우스펜스키의 마음을 읽었을 뿐만 아니라, 힘들이지 않고 수월하게 그럴 수 있다는 점은 명백했다.

핀란드에서 수행을 계속하면서 우스펜스키의 강렬한 정신 상태는 계속되었고, 급기야 그는 자신의 이런 상태를 '부담스럽게' 느끼기 시작했다. 그는 구르지예프에게 물었다. "어떻게 하면 이런 느낌을 제거할 수 있겠습니까?"

"그건 자네가 원한 거잖나." 구르지예프는 대꾸했다. "그걸 이용하게. 지금 이 순간 자네는 잠들어 있지 않잖나!"

그러나 구르지예프의 대답에는 어딘가 조롱하는 듯한 기색이 깃들어 있었다. 우스펜스키는 충분한 '존재력'을 축적하지 않은 상태로 각성의식 상태에 돌입해버렸던 것이다.

마침내 일행이 상트페테르부르크로 귀환한 뒤에도 구르지예프와 우스펜스키 사이의 기묘한 정신적 접촉은 그대로 유지되었다. 구르지예프가 모스크바로 가기 위해 기차를 탄 뒤에도 말이다. "그날 저녁 늦게 나는 모스크바행 기차 객실에 앉아 있는 그의 모습을 보면서 그와 '대화'를 나눴다."

텔레파시에 관한 일화는 흥미롭다. 이 이야기는 모종의 질서를 따르는 현상이 존재한다는 사실을 우리에게 보여주고, 다양한 추론을 가능하게 한다. 밤하늘에서 번득이는 번개가 구름에 전하가 축적되고 있음을 알리는 징후인 것처럼 말이다. 그러나 그런 현상 자체보다 더 중요한 것은 그것이 제공해주는 통찰이며, 진리이고, 계시다. 핀란드에서 수행을 하고 온 지 얼마 되지 않아 우스펜스키가 경험한 것은 바로 그것이었다. 상트페테르부르크의 거리를 걷고 있던 그는 갑자기 그를 향해 걸어오는 사내가 잠들어 있다는 사실을 깨달았다. 우스펜스키는 그 사내가 마치 몽유병 환자처럼 눈을 뜬 채로 걷고 있는 것처럼 보였다고 술회했다. 그 사내에게 딱히 남의 눈길을 끄는 특징이 있는 것은 아니었지만 말이다. 그 사내는 단지 "그의 얼굴을 구름처럼 가로지르는 꿈들에 몰입한 채로 걷고" 있었을 뿐이다. 그러자 우스펜스키 눈에 보이는 모든 사람이 잠든 채로 걷거나 차를 운전하고 있는 것처럼 보였다. 나중에 주의력이 산만해지자 우스펜스키는 "더 이상 '잠든 사람들'이 보이지 않았다"고 고백했다. 왜냐하면 우스펜스키 본인도 '잠들어버렸기' 때문이다. 그러나 한동안 우스펜스키는 잠들어 있는 인류의 실상을 명명백백하게 목도했던 것이다.

이런 경이로운 체험을 한 이후 다른 통찰들이 잇달아 그를 엄습했다. 우스펜스키는 자신의 인격이 모종의 근본적인 변화를 겪었다는 사실을 깨달았다. 그의 감정을 뒤흔들어놓은 이런 체험은 근면한 영적 수행자라면 늦든 빠르든 통찰하는 새로운 종류의 측은지심과 만물의 전일성을 곱씹게 해주었다. 만물의 기저에 흐르는 이 전일성에 대한 이해는 인류에 대한 공동체 의식을 다시금 일깨우는 효과가 있었고, 그 결과 그가 비폭력 철학의 이면에 존재하는 '은비학적 원칙'이라고 불렀던 새롭고 객관적인 방식을 정말로 이해할 수 있게 되었다. 모든 인간이 뿌리에서 이어져 있는 것이 사실이라면, (어떤 측면에서는) 스스로를 해치지 않고 다른 사람을 해치는 것은 불가능하다.

마치 더 높은 차원에 위치한 그의 '감정적 중심'이 각성하고… 그 '중심' 특유의 인식들도 함께 각성하기 시작한 듯한 느낌이었다. 우스펜스키의 고백은 구르지예프의 미국인 제자였던 윌리엄 시걸의 언급과도 일맥상통한다. "정제된 에너지들이 우리의 일상적인 삶을 꿰뚫고, 변화시키고, 성장시키고, 인도함으로써 우리의 숨겨진 현실을 밝힐 수 있도록 각성하는 것이 우리의 목표다."[*]

우스펜스키는 구르지예프과 오래 수행한 제자들 모두에게 일어난 다른 변화에 대해서도 언급하고 있다. 그들은 다른 사람들과 함께

---

[*] 《오프닝》

있을 때도 침묵이 흐르는 것을 더 이상 두려워하지 않았다. 별것 아 닌 것처럼 들릴지도 모르지만 이것은 상당히 의미심장한 변화였다. 구르지예프의 아파트를 찾아온 제자들은 구르지예프가 올 때까지 함께 자리에 앉아 몇 시간 동안이나 단 한 마디도 하지 않는 경우가 흔했지만, 편하게 그런 상태를 유지했다고 한다. 시시콜콜하고 무의 미한 잡담은 잠든 인간의 특징이며, 각성을 위해 수행하는 장소에서 는 조화를 깨는 소음에 가까웠다. 일부 방문자들은 수행자들 사이의 침묵을 의도적이거나 적대적인 것이라고 지레짐작했고, 아예 침묵 자체를 견디지 못하고 스스로 잡담을 시작하는 경우도 있었다. 어떤 사내는 5분 이상 침묵을 견디지 못하고 우스펜스키를 상대로 길거 리에서 만난 어떤 흥미로운 사내에 관한 그럴듯한 이야기를 늘어놓 았고, 급기야는 그 사내가 유럽에서 벌어지는 전쟁에 관해 내놓았던 의견에 관해서까지 얘기하기 시작했다. 우스펜스키는 갑자기 이 방 문자가 거짓말을 하고 있다는 사실을 깨달았다. 방문자는 거리에서 그런 사내를 만나지도 않았고, 아무런 의견도 들은 적이 없다는 사 실을 말이다. 방문자는 단지 이야기를 하고 싶은 일념에서 실제로는 일어나지도 않은 일을 날조해서 주절거리고 있었던 것이다. 다른 제 자들도 방문자가 거짓말을 하고 있다는 사실을 알고 있었다. 우스펜 스키에게 이런 사실은 구르지예프의 아파트에 올 때마다 경험한 특 이한 현상 — 그의 입장에서는 거의 경이롭다고 할 수 있었던 — 을 한층 더 부각시켰다. 구르지예프의 아파트에서 거짓말을 하는 것은 불가능했다. 거짓말을 하는 즉시 그 사실이 "발각되고, 까발려졌기" 때문이다.

양질의 주의력을 침묵 속에서 계속 유지할 경우, 진실함은 한층 뚜렷하게 빛을 발한다. 초조하게 잡담을 하는 사람은 자기 자신이나 타인이 하는 말의 진위를 구별하지 못한다. 그러나 침묵하면서 '자기 기억하기'를 수행하는 사람은 어느 정도는 각성한 상태에 돌입하고, 그런 새로운 상태에서 거짓말은 즉각적으로 노출되기 마련이다. 특히 스승의 거처처럼 진정한 '존재력'의 축적을 돕는 모종의 미묘한 진동이 상존하는 장소에서는 말이다.

구르지예프 본인은 누가 거짓말을 하든 간에 단박에 꿰뚫어 보았다. 하지만 그는 스스로에게 하는 거짓말을 자각하는 것은 지극히 힘들다는 점을 강조했다. 사람들은 자기 자신이나 타인을 향해 아무런 자각도 없이 거짓말을 하는 경우가 많다. 진실함 같은 기본적인 미덕을 갖추는 일이 우리가 상상하는 것 이상으로 힘든 것은 바로 그 때문이다.

구르지예프가 상트페테르부르크를 마지막으로 방문했을 때, 그의 제자들과 그의 아내인 율리아 오스트로프스키는 기차역으로 배웅을 나왔다. 구르지예프는 모스크바를 경유해서 알렉산드로폴로 가서 가족을 만날 예정이었다. 기차역의 플랫폼에서 우스펜스키가 본 구르지예프는 "우리가 알고 있었던 평소의 구르지예프"였다고 한다. 이윽고 기차에 탑승한 구르지예프는 자기 객실 창가에 앉아서 배웅 나온 사람들을 내다보았고… 갑자기 딴 사람으로 변모했다. 마치 "어떤 미지의 왕국에서 온 대공이나 원로 정치가처럼" 보였던 것이다. 이런 인상은 기차가 출발하기 직전 몇 초 동안 유지되었다. 나중에 누군가가 구르지예프의 '변화'에 관해 언급하자, 다른 사람들도 모두 그것을 보았음을 인정했다. 그들 모두가 뭔가 엄청난 것을 보았고, 구르지예프가 순간적으로 자신의 진정한 모습을 드러냈다는 느낌을 받은 듯하다.

이 현상은 향후 몇십 년에 걸쳐 되풀이되었다. 구르지예프는 이따금 일종의 베일을 들어 올리고, 종종 실망스럽거나 우스꽝스러운 인상을 주던 '겉모습 유지'(outer considering) 뒤에서 걸어 나와서 그의 '존재력'의 편린을 드러냈다. 그럴 때의 그는 자애로운 빛을 발하는 느낌이었고, 몇몇 신비학자들도 언급한 적이 있는 본유적인 '고귀함'(kingliness)이 느껴졌다고 한다. 구르지예프가 흐바레노Hvareno* 라고 불렀던 그런 자질을 가진 사람은 역설적으로 그 사실을 (어떤 희생을 치르더라도) 감출 것을 요구받는다고 한다. 설령 그와는 정반대의 인물이라는 인상을 주는 한이 있더라도 말이다. 그러나 구르지예프는 선택받은 제자들에게 흐바레노를 보일 이유가 있었는지도 모른다. 적절한 시점에… 기차역 플랫폼에서 말이다.

예센투키에서의 실험: 산맥 종단

1917년은 러시아 귀족들에게는 고난의 해였다. 러시아 혁명에 의해 그들 다수가 살해되었고, 살아남은 사람들도 재산과 작위를 모두 잃고 고향에서 쫓겨났다. 그러나 토마스 드 하트만과 그의 아내 올가는 기꺼이 귀족의 지위를 내던지고 전혀 다른 종류의 혁명에 투신

---

* 조로아스터교에서 영광, 위풍당당함, 찬란함 등을 의미하는 아베스타어 단어 Khvarenah에서 유래한 것으로 보인다. 역주.

할 준비가 되어 있었다. 진정한 '자기'가 가짜 자기를 타도하는 내면의 반란을 통해 말이다.

훗날 작곡가로 대성해서 구르지예프와 함께 신성 음악을 작곡한 토마스 드 하트만은 우크라이나의 키예프Kiev 인근에 위치한 귀족 가문의 사유지에서 태어났다. 상트페테르부르크 음악학교에 입학해서 림스키-코르사코프Rimsky-Korsakov를 사사한 그는 1903년에 음악학교와 사관학교를 동시에 졸업해서 황제 친위대의 장교로 임관했다. 1906년에 그는 정부 고위 관리의 딸인 올가 아르카디브나 드 슈마허Olga Arkadievna de Schumacher와 결혼했다. 1907년에 그가 작곡한 발레《진홍색 꽃》(The Scarlet Flower)은 제국 오페라단에 의해 상연되었고, 발레리노 중에는 니진스키Nijinsky도 포함되어 있었다. 러시아 황제인 니콜라이 2세도 이 발레 공연을 친히 관람하고 큰 감명을 받았고, 토마스가 작곡에 전념할 수 있도록 친위대의 현역 복무를 면제해주었다.

토마스와 올가 모두 독일 귀족 가문과 밀접한 혈연관계를 가지고 있었다. 하트만 부부는 1908년에서 1912년까지는 주로 뮌헨에서 거주했는데, 토마스는 리하르트 바그너의 제자이자 뮌헨 오페라단의 음악 총감독이었던 펠릭스 모틀Felix Mottl 밑에서 공부를 계속했다. 토마스가 현대 미술의 젊은 활력에 접한 곳도 뮌헨이었다. 그는 뮌헨에서 처음으로 열린 반 고흐, 고갱, 세잔 등의 대규모 미술전에 참석했고, 화가인 칸딘스키와도 친교를 맺었다.

뮌헨에서 하트만 부부는 예전부터 줄곧 관심을 가지고 있던 은비학과 영성 연구에도 착수했다. 처음에는 헬레나 블라바츠키의 신지학으로 시작했다가, 나중에는 심령학 분야에서도 극히 흥미로운 경험을 했다. 그러나 두 사람은 통상적인 신지학 수행을 하면서 의심의 여지가 없는 진정한 진리와 조우하지는 못했다.

그러던 중 토마스는 친구인 수학자 안드레이 자하로프Andrei Zakharoff에게서 깜짝 놀랄 만한 새로운 가르침에 관한 이야기를 들었다. 얼마 지나지 않아 자하로프는 하트만 부부를 구르지예프에게 소개해 주었다. 올가는 《구르지예프 씨와 함께한 우리의 삶》에서 다음과 같이 술회하고 있다. "구르지예프 씨는 미지의 수수께끼 같은 인물이었다. 그의 가르침에 관해 아는 사람은 아무도 없었고, 그의 출신 배경이라든지 모스크바나 상트페테르부르크에서 그가 모습을 드러낸 이유를 아는 사람도 없었다."

향후 12년 동안 하트만 부부는 이 수수께끼를 쫓아 탐구의 길에 나서게 된다. 그 과정에서 그들은 러시아 혁명의 사회적인 지뢰밭을 돌파했고, 부침을 거듭하는 재정 상황을 버텨내며 아르메니아와 튀르키예와 유럽과 미국에서 수없이 많은 모험을 경험했다.

1917년 3월 러시아 황제 니콜라이 2세는 강제로 폐위당했다. 러시아 혁명 — 이때는 아직 내전이었지만 — 은 러시아 전체를 혼돈의 도가니로 몰아넣었다. 도대체 어디로 가야 안전한지도 알 수 없었다. 구르지예프는 알렉산드로폴에서 돌아온 후 상트페테르부르크에서 계속 제자들을 가르칠 계획을 가지고 있었지만, 혁명의 불길이 수그러들지 않으리라는 점은 곧 명백해졌다. 결국 그는 카스피해와 흑해 사이의 지협에 위치한 휴양 도시 예센투키Essentuki로 거처를 옮기고 전보를 보내 핵심적인 제자들을 그곳으로 불러 모았다.

토마스 드 하트만은 연줄을 동원해서 예센투키 근처의 항구도시인 로스토프Rostov로 전출하라는 명령을 받아내는 데 성공했다. 하트만 부부는 타인의 눈을 의식해서 로스토프행 기차에 몸을 실었지만, 실제로는 구르지예프가 기다리고 있는 예센투키로 갔다. 혁명에 반대하는 백군(White Army)과 그 밖의 파벌들이 러시아 각지를 점령하고 있었다. 차르가 제위에서 내려오기는 했지만 확실한 것은 아직 아무것도 없었다. 구르지예프와 합류한 토마스는 신중을 기하기 위해 로스토프로 가서 필요한 증빙 서류를 발급받긴 했지만, 제국 정부가 소멸한 마당에 황제 친위대의 일원으로서의 임무는 더 이상 존재하지 않는다는 사실을 깨달았다. 하트만 부부가 상트페테르부르크를 떠난 다음 날, 그의 장인 집으로 군인들이 몰려왔다. 그들은 황제 친위대의 예비역 장교이자 차르의 총애를 받은 토마스를 체포하라는 명령을 받고 있었다. 하트만 부부가 볼셰비키의 그물을 아슬아슬하게 벗어나 처형당하지 않은 것은 천운이라고밖에 할 수 없었다.

구르지예프는 상트페테르부르크에 머물던 1916년 전후에 그의 가르침의 기반을 이루는 이론 — 우주론과 상징론과 수행 체계의 산술적인 세부를 망라하는 — 의 많은 부분을 제자들에게 밝혔고, 여기에는 수행법도 포함되어 있었다. 그러나 이론에서 실천으로의 뚜렷한 이행은 1917년 예센투키에서 일어났다.

하트만 부부가 구르지예프의 예센투키 저택으로 온 날 저녁에, 그는 큰 방 하나를 치우게 한 다음 제자들을 도열시키더니 행진하라고 명령했다. (하트만 부부가 깜짝 놀랐던 것은 말할 나위도 없다.) 제자들은 줄을 맞춰 방 안을 행진하기 시작했다. 잠시 후 구르지예프는 달리라고 명령했다. 그 뒤로는 몸을 쓴 일련의 훈련이 이어졌다. 구르지예프는 다음 단계의 육체적인 수행의 토대를 닦고 있는 것처럼 보였다. 훈련은 구르지예프의 육체적인 노동과 '워크'가 언제나 그래왔듯이 간단없이 이어졌다. 그가 제자들에게 휴식을 명했을 때까지 말이다.

토마스가 홍차에 설탕을 잔뜩 넣는 버릇이 있다는 것을 알아차린 구르지예프는 변덕스럽게도 토마스에게 단것을 아예 끊으라고 명령했다. 표면적으로는 제자의 건강을 위해서라고 했지만, 토마스는 진짜 이유가 무엇인지를 알고 있었다. 구르지예프는 토마스의 내면에 뿌리 깊은 습관과의 '갈등'을 야기하려고 했던 것이다. "구르지예프 씨는 자기 자신을 상대로 한 '워크'를 시작한 제자들에게 곧잘 평소 습관과의 투쟁을 목적으로 하는 이런 훈련을 시키곤 했다." 스스로의 기계성과 기계적인 조건화를 직시하고 싶다면, 습관 타파보다 더 좋은 훈련은 없지 않은가? 일상의 삶에서도 어떤 버릇을 고치는 것은 가치가 있는 행위이지만, '제4의 길'을 가르치는 '학교'의 지지적이고 사색적인 '워크' 환경에서 이 훈련은 성공할 가능성이 큰 데다가 수행적으로도 더 큰 의미가 있었다.

자하로프의 경우에는 가끔 방구석에서 무릎을 꿇고 있을 것을 강요받았는데, 누군가가 왜 무릎을 꿇고 있느냐고 물으면 온화한 성품을 가진 이 수학자는 구르지예프가 지시한 대로 "그건 네가 알 바가 아냐!"라고 으르렁대야 했다. 이 두 가지 행동은 자하로프의 평소 성향과는 정반대의 행동이었고, 바로 그런 이유에서 구르지예프는 자하로프에게 '한동안' 그렇게 행동하라고 요구했던 것이다. 평소의 성향과 이 새로운 활동 사이의 긴장 관계에서, 자기 성찰과 의식적인(의도적인) '고통 감수'의 가능성이 피어나기 때문이다.

구르지예프가 지시한 이런 식의 엉뚱한 행동에는 단 음식을 끊는 것처럼 사소한 것도 있었고, 인생 전체가 바뀌는 도전도 있었다. 몬테네그로의 귀족 출신인 올기바나 힌첸부르크Olgivanna Hinzenburg처럼, 하인들뿐만 아니라 요리사까지 해고하고 자기 손으로 직접 요리와 청소를 해야 하는 경우조차도 있었다! 대다수의 미국인은 이것을 딱히 대단한 일이라고 느끼지는 않겠지만, 하인들과 요리사의 시중을 받으면서 육체노동과는 무관한 일생을 살아왔던 귀족이 돌연히 자발적으로 그런 환경을 포기하고 그들의 기술을 배워야 하는 상황을 상상해보라. 여기서 당사자가 가장 겸손해진 순간은 아마 하인들의 일이 얼마나 힘들고 기능 집약적이었는지를 자각했을 때였을 것이다. 올기바나는 육체적인 가사 노동을 습득했을 뿐만 아니라 정신의 완전한 변혁을 경험하고 있었던 것이다. 요강을 깨끗하게 닦으면 누구든 새로운 겸양의 감각을 경험하게 되는 법이다. 적어도 '한동안'은 말이다. 물론 올기바나의 자기희생은 시작에 불과했다. 그녀는 단지 그런 임무를 기계적으로 수행하는 것이 아니라 최대한 의식적으로 수행해야 했다. 최대한의 주의력을 기울여, '현재 순간'을 살면서 그래야 했던 것이다.

올가 드 하트만은 구르지예프의 '워크'의 기반이 주의력을 이용한 수행이라고 단언했다. 의식적인 '주의력'과 진정한 '의지'를 함양하는 노력이야말로 '영적 존재력'의 토대를 이루는 구성요소이다.

하트만 부부는 예센투키에 도착한 다음 날 '멈춰 훈련'(stop exercise)이라는 이름으로 알려진 유명한 수행법을 처음으로 경험했다. 구르지예프가 "멈춰!"라고 외친 순간, 주위 사람들은 어떤 자세를 취하고 있든, 어떤 표정을 짓고 있든 간에 그 상태로 얼어붙어야 했다. 구르지예프는 이 훈련을 변형시킨 버전들을 다양한 맥락에서 사용했다. 이를테면 '무브먼트' 시범에서 한데 모여 역동적인 육체적 동작을 수행하고 있던 제자들에게 "멈춰!"라고 외치면 그들은 그대로 쓰러져서 서로의 몸 위로 나뒹굴곤 했다. 그러나 쓰러졌든 안 쓰러졌든 간에 제자들은 명령을 받았던 순간 취하고 있던 자세를 그대로 유지해야 했다. 이것은 외부 관찰자의 눈에는 깜짝 놀랄 만한 광경이었다. 수피즘에 원류를 두고 있다는 이 "멈춰!" 훈련은 외적 '자기'와 더불어 내적인 관성을 멎게 하는 효과가 있었다. 기차처럼 궤도 위를 달리던 수행자의 마음이 순간적으로 정지하면, 평소 마음속을 누비고 있는 자유 연상들은 원래 궤도에서 탈선해서 내면의 눈앞에서 겹겹이 쌓인다. 이 "멈춰!"라는 명령의 충격에 의해 백주몽과 반추적 사고로부터 빠져나온 수행자는 순간적으로나마 자기 자신의 진정한 모습을 일별할 수 있는 것이다….

구르지예프는 곧 '페르시아'로 여행을 가겠노라고 선언했다. 페르시아 여행 자체가 목적은 아니었고 실제로 페르시아로 간 것도 아니었지만 말이다. 구르지예프의 핵심적 제자들은 흑해 북동부의 연안 도시인 투압세Tuapse에서 구르지예프를 만났고, 그보다 남쪽에 위치한 소치Sochi를 목표로 산악지대를 남하했다. 일행의 짐은 구르지예프와 자하로프가 올라탄 짐마차에 실려 운반되었지만, 그 밖의 제자들은 다른 길로 걸어가야 했다. 제자들은 그런 식의 여행에는 전혀 걸맞지 않은 신발과 옷을 착용한 채로 험준한 산길을 힘겹게 답파해야 했다. 밤이 다 되어 가까스로 구르지예프가 기다리고 있던 여관에 도착한 제자들은 그 여관에서 묵을 작정이었다. 그러나 구르지예프는 말했다. "너무나도 멋진 밤이로군. 마침 달도 저렇게 밝으니, 조금 더 가는 편이 낫지 않겠나?"

결국 제자들은 다시 출발했다. 구두를 신고 산길을 터벅터벅 걸어가는 그들의 발은 물집이 잡히고 퉁퉁 부어 있었다. 특히 하이힐을 신은 올가의 경우는 한 걸음 한 걸음이 교훈 그 자체였으리라. 시간은 계속 흘러 새벽 1시가 되었고, 2시가 되었지만, 선두에서 마차를 모는 구르지예프는 이따금 제자들에게 뜀박질로 짐마차를 따라오라고 지시하기까지 했다. 이윽고 그는 관목이 우거지고 바위가 널린 가장 불편해 보이는 장소에서 짐마차를 멈췄고, 그제야 제자들에게 빵과 홍차를 제공한 후 잠을 자라고 지시했다. 불침번을 서라는 명령을 받은 토마스는 예외였다. 곧 동이 텄고, 구르지예프는 거의 눈을 붙이지도 못한 제자들을 모두 깨워서 다시 길을 나아가기 시작했다. 올가의 발은 너무 부은 탓에 신발에 들어가지도 않았다. 결혼식에 황제의 여동생이 하객으로 참석하기까지 했던 이 우아한 귀부인은 마분지 조각으로 발을 감싸서 샌들처럼 신고 걷기 시작했다. 대용 샌들은 얼마 지나지도 않아 찢어졌고, 결국 그녀는 농노農奴처럼 맨발로 걷기 시작했다. 그러나 그녀의 발은 농노처럼 굳은 살이 박힌 튼튼한 발이 아니었다.

그날 아침, 밤을 새운 토마스는 짐마차에 올라타도 좋다는 얘기를 들었다. 일견 편할 것 같지만 실상은 딴판이었다. 짐마차의 짐칸이 워낙 좁았던 탓에 졸기라도 하면 바위투성이의 산비탈로 그대로 굴러떨어질 것이 뻔했기 때문이다. 그래서 토마스는 더운 날씨와 짐마차의 진동 탓에 자꾸 눈이 감기려는 것을 억지로 참으며 허리를 꼿꼿이 편 자세로 짐마차에 앉아 있어야 했다. 깨어 있으려면 차라리 걷는 편이 나았을 것이다. 그는 순전히 '의지'의 힘만으로 깨어 있어야 했다. 물론 그것이야말로 구르지예프의 의도였다.

이 모든 상황이 제자들의 내면에서 예상되는 반응을 유발한 것은 자연스러운 일이었다. 그들은 분노, 반항심, 자기 연민이 몰려오는 것을 자각했다. 그러나 바로 그런 감정들을 경험하고, 견디고, 의식적으로 감수하고, 계속해서 어떤 목표를, 소망을 추구하는 것이야말로 그들의 목적이 아니었던가. 그들은 지시받은 대로 정확하게, 게으름을 피우거나 포기하는 일 없이 이 원정을 완수할 것을 요구받던 것이다. 그 어떤 난관에도 굴하지 않고 말이다. '존재력'은 바로 그런 노력을 통해서 생성된다.

정오가 된 직후 구르지예프는 근처 마을로 제자 한 명을 보내서 양고기와 콩을 끓인 스튜를 사오게 했다. 일행은 풀이 우거진 서늘한 목초지에서 멈춰 섰다. 제자들의 배가 부르자 구르지예프는 눈을 붙이라고 지시했다.

구르지예프가 제자들을 본인들이 한계치라고 간주하는 선을 넘은 상태 — 그가 '초超노력(superefforts)'이라고 부른 — 로까지 곧잘 몰아붙였던 것은 사실이다. 그러나 그는 제자들이 진짜 한계에 도달했는지의 여부를 언제나 정확하게 알고 있었고, 실제로 한계에 도달했을 때는 음식과 수면이라는 육체적인 보상을 제공했다. 제자들의 심리적 기계성을 해체할 때도 그는 같은 방식을 채택했다. 완벽하게 분노한 스승을 연기하고, 고래고래 소리를 지르며 의도적으로 '아픈 곳을 찌르는' 일도 불사했다. 그는 제자들의 심리적인 약점을 콕 찔러 지적함으로써 그들의 표면적인 한계 너머로까지 밀어붙였지만, 그 뒤에는 언제나 고삐를 늦추고 위로해주는 것을 잊지 않았다. 제자들 역시 자기들이 방금 감내한 경험이 독재자의 잔혹함이 아닌 수행임을 알고 있었다. 이 모든 일이 구르지예프의 '워크'라는 큰 맥락 안에서 이루어졌던 것이다.

구르지예프는 그가 가장 좋아하는 은유를 써서 이렇게 설명했다. 스승인 구르지예프는 짐마차를 모는 마부이고, 말이 제대로 길을 나아가는 한은 (바꿔 말해서, 제자가 제대로 '길'을 따라가는 한은) 말이 자유롭게 나아가도록 내버려둘 것이다. 그러나 말이 오른쪽 도랑을 향해 가려고 한다면 구르지예프는 고삐를 잡아당겨 왼쪽으로 가게 할 것이다, 말이 왼쪽 언덕을 향해 간다면 오른쪽으로 가게 할 것이다.

위에서 구르지예프가 군이 지적할 필요를 느끼지 않았던 사실 하나는, '워크'라는 이름의 마법을 올바르게 수행하는 과정에서, 상술한 '말'은 궁극적으로는 마부 본인으로 변용하고, '길'을 따라 스스로를 인도하기 시작한다는 점이다.

훗날 구르지예프가 토마스에게 "오늘은 자네가 나를 위해 멍청이 노릇을 하지만, 내일은 내가 자네를 위한 멍청이가 되겠네"라고 말했던 것처럼 말이다.

일행은 목초지에서 한숨 푹 자고 난 뒤에 다시 출발했는데, 놀랍게도 더 이상 피로를 느끼지 않았다. 제자들의 신발은 너덜너덜해졌고 올가는 아예 맨발이었지만, 그들은 쉬지 않고 터벅터벅 걸었고, 밤이 되자 어떤 협곡에서 야영했다. 그들이 있는 곳은 캅카스 산맥 한복판에 있는 험준한 장소였고, 근처의 숲에서는 늑대와 자칼과 곰이 배회하고 있었다. 일행은 밤의 어둠 속에서 여러 짐승의 눈이 반짝이는 것을 보았고, 얼마 떨어지지 않은 곳에서는 늑대가 방목된 소를 물어 죽이기까지 했다. 그러나 밤하늘의 별들은 일찍이 본 적이 없을 정도로 찬란하게 반짝이고 있었고, 그들은 "예전에는 경험하지 못했던 종류의 기쁨"을 느끼고 있었다.

러시아 혁명 탓에 버려진 낡은 역사^{驛舍} 건물에서 이틀 더 휴식을 취한 후 그들은 다시 길을 가기 시작했다. 길이 다시 좁은 산길로 바뀌자 구르지예프는 자하로프와 토마스에게 말들이 끌기 쉽도록 뒤에서 짐마차를 밀라고 지시했다. 마차 밀기가 점점 더 힘들어지자 구르지예프는 추가적인 임무를 부과했다. 두 제자는 산으로 올라가는 육중한 짐마차를 밀면서 머릿속에서 간단한 계산을 수행해야 했다. 두 제자는 '두 가지' 중심, 즉 '동적-본능적 중심'과 '지적-정신적 중심'을 적극 활용해야 했던 것이다.

상트페테르부르크와 예센투키에서 구르지예프는 자제들에게 '자기 관찰'을 할 것을 지시했고, 이것은 내면에 있는 신세계를 발견하기 위한 '워크' — 구르지예프가 특유의 유머감각을 발휘해서 '신대륙 발견'(discovering America)이라고 명명한 — 로 이어졌다. 상술한 '페르시아' 원정은 (사실 구르지예프 일행은 소치 인근의 우치-데레^{Uch Dere}

까지만 갔지만) 또 다른 단계의 수행이었다. 토마스는 훗날 이 원정에 관해 이렇게 기록했다. "온갖 종류의 감정적, 육체적 난관을 만들어 냄으로써, 구르지예프는… 장애물의 사다리에 상응하는 것을 창조했고, 우리는 모종의 작은 '하기(do)'를 달성하기 위해 이 사다리를 올라가야 했다."

일행이 우치-데레에 도착한 후 빌린 집에서 구르지예프는 토마스에게 자하로프를 도와 헛간에 쌓인 엄청난 양의 건초를 치우라고 명령했다. 건초는 가시투성이였고, 그들은 맨팔로 건초 더미를 운반해야 했다. 이 작업은 종일 걸렸고, 해가 질 무렵 두 사람의 손과 팔은 긁힌 상처로 뒤덮이다시피 했다. 《진홍색 꽃》을 작곡하고 뮌헨 오페라에서 천재라는 찬사를 들은 귀족 작곡가가 종일 맨손에서 피가 나도록 건초를 날랐고… 전혀 그 사실에 개의치 않았던 것이다. 본인은 그 일을 매우 자연스럽게 받아들이고 있었다.

그러나 얼마 후 토마스는 그 지역에서 유행하던 장티푸스에 걸리고 말았다. 구르지예프는 병으로 쓰러진 이 작곡가 — 얼마 전까지만 해도 그의 명을 받아 불침번을 서고, 산길을 오르는 짐마차를 뒤에서 밀고, 건초 헛간에서 고된 노동을 해야 했던 — 를 상냥하게 간호했고, 병상을 확보하기 위해 동분서주했다. 소치에 있는 병원에 토마스를 직접 데려가서 입원시킨 사람도 구르지예프였다. 그럼에도 병세가 악화된 토마스는 여러 번 사경을 헤맸고, 회복하는 데도 오랜 시간이 걸렸다. 그러나 1918년 1월이 되자 그는 완전히 건강을 되찾았고, 아내와 함께 구르지예프가 있는 예센투키로 돌아왔다.

구르지예프는 예센투키에서 그의 '학교'를 위한 적절한 명칭을 고안하라고 명했다. 최대한 정확한 명칭이어야 한다는 단서를 달아서 말이다. 언어 자체의 모호함이 가르침을 이해하려는 수행자에게는 항구적인 장애물로 작용한다는 사실 ― 구르지예프의 가르침에는 이 문제에 관한 복잡한 고찰이 포함되어 있다 ― 을 감안할 때, 이것은 결코 쉬운 일이 아니었다. 예센투키와 트빌리시에서 수행하던 시기에 그의 제자들은 줄곧 이 문제에 대해 숙고했다. 그들이 고안해 낸 '인간의 조화로운 발달을 위한 학교'(The Institute for the Harmonious Development of Man)라는 명칭이 마침내 구르지예프의 승인을 받은 것은 한참 지난 뒤의 일이었다. 토마스는 구르지예프가 처음부터 이 이름을 염두에 두고 있었다는 느낌을 받았지만 말이다.

어느 날 예센투키에서 스튜른발과 구르지예프와 함께 길을 걷던 토마스는 어느 나이트클럽의 광고 벽보를 보고 향수를 느꼈고, 예전처럼 그런 곳에서 저녁 시간을 즐기고 싶다는 식으로 얘기한 적이 있었다. 그러자 구르지예프가 말했다. "의사 선생, 들었소? 이 친구가 오늘 우리를 이 클럽으로 초대하겠다는군. 어떤가 토마스? 오늘 거기서 한턱내지 않겠나?"

토마스는 낭패했다. 그의 금융 자산은 러시아 혁명의 불길 속에서 고갈되었고, 혁명 후의 초인플레이션으로 인해 예전에는 2루블 하던 물건의 값이 이제는 500루블이나 했던 것이다. 그러나 토마스는 스승의 말에 이의를 제기할 용기가 없었고, 결국 클럽으로 들어갔다. "그런 다음 나의 지옥이 시작되었다." 토마스는 술회했다. 구르지예프는 가장 비싼 음식을 시킬 것을 고집했고, 청구서를 보니 토마스가 가지고 있던 소중한 500루블보다 훨씬 더 많은 금액이 적혀 있었던 것이다. 토마스는 일면식도 없는 웨이터에게 팁을 주고 한밤중에 자신의 아내에게 가서 돈을 받아오라고 지시했다. 올가는 500루블을 더 보냈다. 1,000루블이라는 액수는 그들이 가진 돈 대부분에 해당했다. 구르지예프는 전혀 미안한 기색을 보이지 않았다.

그러나 다음 날 아침 구르지예프는 토마스에게 그 돈을 돌려주며 어제저녁의 일은 그에게 교훈을 주기 위한 것이었다고 설명했다. 토마스는 사나운 늑대처럼 행동해야 했을 상황에서 순한 양처럼 행동했기 때문이다. 그러는 대신 그는 구르지예프 앞에서도 허리를 펴고 단호하게 싫다고 말했어야 했지만, 완전한 의지를 불러내는 데 실패했던 것이다. 그 결과 그는 그 상황에 대해 기계적으로, 미성숙하게 반응하고 말았다. 그러나 그런 일은 다시는 일어나지 않을 것이다. 구르지예프는 하룻밤 새에 토마스를 엄청나게 성숙시켰으므로.

이와 비슷한 맥락에서 구르지예프는 올가에게 재정적으로 핍박한 '학교'를 위해 그녀가 소유한 보석들을 내놓아야 한다고 말한 적이 있다. 그것들은 올가가 시어머니에게 물려받은 가보였고, 감상적인 이유에서 도저히 포기하기 힘든 것들이었다. 올가는 고뇌했고, 울면서 밤을 새웠다. 그러나 올가는 보석에 대한 그녀의 '동일시'를 포기해야 한다는 사실을 알고 있었다. 구르지예프가 그것들이 필요하다고 말했으니 말이다. 그녀에게는 그가 보석들보다 훨씬 더 소중한 존재였다. 그래서 다음 날 아침, 올가는 침착한 태도로 (속으로는 여전히 고뇌하고 있었지만) 구르지예프에게 보석들을 건넸다. 그러자 그는 무심한 어조로 보석들을 앞에 놓인 상자에 넣으라고 하고 고개를 돌렸다. 그러나 올가가 보석들을 상자에 넣고 (이 행위를 통해 그녀는 보석들을 완전히 포기했다) 아래층으로 내려오자 구르지예프는 다시 그녀를 부르더니… 보석들을 되돌려주었다. 그는 올가의 보석을 원했던 것이 아니었고, 단지 보석을 둘러싼 그녀 내면의 갈등을 유발하고 싶었던 것이다.

구르지예프는 '학교'의 재정을 돕기 위한 어떤 공예 프로젝트에 쓸 종이가 필요하다고 선언했던 적이 있다. 그러자 토마스는 주저하면서도 편곡을 하려고 사둔 희귀한 악보 용지가 있다는 사실을 시인했다. 북캅카스의 도시 키슬로보츠크^{Kislovodsk}에 살던 작곡가 프로코피에프^{Prokofiev}가 악보 용지를 구하려고 멀리 떨어진 예센투키까지 찾아왔을 때 토마스가 건넨 종이도 바로 이것이었다. 현재 진행형인 내전으로 인해 혼란에 빠진 러시아에서 이것을 구하는 것은 하늘의 별 따기였다. 그러나 구르지예프는 특유의 가차 없는 어조 — 의식적이고, 유의미하게 가차 없는 태도 — 로 공예 프로젝트에 쓸 작정이니 당장 악보 용지를 내놓으라고 명령했다. 작곡가인 토마스 입장에서는 종이 공예를 위해 그것을 내놓는 것은 고문이나 마찬가지였을 것이다. 구르지예프는 토마스가 스스로의 허영심 — 자존심 — 을 편곡 작업에 들어갈 기회와 함께 희생시켜야 한다는 사실을 알고 있었다.

이 일이 있은 후 얼마 지나지 않아 토마스의 이 허영심은 또다시 박살 났다. 구르지예프가 키슬로보츠크 시내의 중앙 광장으로 가서 노천에서 직접 비단 두루마리를 팔라고 토마스에게 명했기 때문이다. 토마스가 이 명령에 몸서리친 것은 당연했다. 동료 제자들이나 낯선 사람들에 둘러싸여 건초 더미를 옮기고 짐마차를 미는 것은 아무렇지도 않았지만, 키슬로보츠크 시내에서는 귀족 친구들과 상트페테르부르크 시절의 지인들과 마주칠 것이 뻔했기 때문이다. 그리고 그들이 비단 두루마리를 파는 토마스를 보면 노점상을 해야 할 정도로 몰락했다고 생각할 것이 뻔했다. 구르지예프는 이 사실을 숙지하고 있었고, 바로 그런 이유에서 토마스를 지목했고, 도저히 못 가겠다고 항의하는 제자의 등을 떠밀었던 것이다. 결국 토마스는 스승의 지시에 따라 키슬로보츠크로 가서 비단을 팔았고⋯ 내면의 변화를 경험했다. 그 순간까지만 해도 토마스는 그 자신의 '극복하기 어려운 계급적 자존심'의 존재를 까맣게 모르고 있었다. 그러나 이 경험을 통해 그는 자기 자신을 향한 강력한 '인상 획득'에 성공했고, 예전에는 결코 직시하지 못했던 스스로에 관한 진실을 볼 수 있었다.

구르지예프는 언제나 제자들이 자기 자신에 관해 알 수 있도록 가르쳤고, 제자들의 허를 찌를 방법을 끊임없이 모색했다. 가르침을 받을 것을 미리 예상하고 있는 사람은 그 가르침에 대해 기계적이고 동물적인 반응만을 보일지도 모르지만, 스스로의 모습을 보고 깜짝 놀란 사람은 잠에서 깨어나 완전히 발달한, '진정한 인간'답게 반응할 수 있을지도 모르기 때문이다.

성스러운 체조, 또는 무브먼트

이윽고 구르지예프는 현재 우리가 '구르지예프 무브먼트'라고 부르는 수행의 초기 형태를 본격적으로 가르치기 시작했다. 한동안 제자들은 이것을 '성스러운 체조'(Sacred Gymnastics)라고 불렀다. 이 수행법은 '수행자 전체의 주의력을 흡수하기' 위한 것이다. 수행자는 자신의 육체 전체를 써서 일련의 복잡한 동작을 수행하는데, 수행의 특성상 주의력을 총동원할 것을 요구받는다.

'구르지예프 무브먼트'는 시각적으로도 놀라우며, 관찰자는 의식적이고 균일한 목적성을 가진 안무 속에 역설적으로 개개의 댄서의 뚜렷하게 정의된 개인성이 내포되어 있는 듯한 인상을 받는다. '무브먼트'는 혼자서 추는 경우가 거의 없으며, 댄서들은 띠가 달린 똑같은 흰 의상을 입고 열을 이룬 채로 같은 춤을 춘다. 한 열에 포함된 댄서들은 다른 열의 댄서들과는 다른 춤을 추는 경우도 있지만, 전체적으로 보면 이들의 동작은 언제나 대칭을 이룬다. 때로는 열이 아닌 다른 형태의 대형을 짜고 추는 경우도 있지만, 댄서들의 동작은 열을 이뤘을 때와 마찬가지로 정확하게 일치한다. 태곳적부터 내려오는 상징적인 동작을 집단적으로 재현한 '무브먼트'는 기이하고 불가사의한 느낌을 불러일으킨다. 오늘날 볼 수 있는 '무브먼트'는 춤이자 행진인 동시에 정교하게 연출한 맨손체조처럼 보인다. 모든 자세는 상징적이고, 집합적으로 보았을 때는 묘하게 상형문자 내지는 그림문자를 연상시킨다. '무브먼트'의 많은 부분은 구르지예프가 동방의 수도원 등을 돌아다니며 목격한 춤들 — 티베트 밀교와 수피즘과 아이소르 족의 전통 — 에 기반한 것이며, 고대의 가르침들을 신체 부호화한 것이라고 할 수 있다. 그중 일부는 우리 내면에 있는 에너지의 움직임과 변화를 나타내며, 에니어그램의 작용을 안무로 표현한 것이다.

구르지예프는 '무브먼트'의 춤은 특정한 의미와 내용을 가지고 있으며, 상징 습득 말고도 다른 작용이 개재되어 있다고 지적했다. 카를 융이 도교道教 분석서인《황금꽃의 비밀》(Secret of the Golden Flower)에서 "외부의 자극을 받지 않는 상태에서 움직인다면, 그것은 천상의 움직임이다"라고 말했듯이, '구르지예프 무브먼트'는 수행자가 다른 종류의 움직임에 접속할 수 있도록 해주는 것으로 알려져 있다. 기계적인 연상들로 이루어진 둔중하고 반사적인 우리의 일상 세계가 아니라, 그보다 높은 어딘가에 있는 흐름을 타고 내려오는 움직임에 말이다.

뛰어난 수필가이자 우화적 소설《유추의 산》의 저자인 르네 도말은 '구르지예프 무브먼트'의 경험을 정교하게 묘사했다.

이 '교습'에 (설령 한 번만이라도) 참가하는 사람의 자기ㄹㄹ 내부에는 완전히 다른 조망이 펼쳐진다. 그런 사람은 우선 엄청난 내적 혼란을 겪으며 혼돈 상태에 빠지고, 모든 것은 또다시 의문의 대상이 된다. 지시를 받고 아주 단순한 몸짓을 해 보일 때조차도, 당신이 오래된 습관에서 조금이라도 벗어난다면 당신의 몸은 더 이상 당신의 명령을 듣지 않는다. 아주 단순한 감정을 표현해보라는 지시를 받는다면, 당신이 과거에 학습한 태도와 통상적인 가면들을 벗어던지는 즉시 당신은 무표정해지거나, 적절한 표정을 짓게 된다. 아주 단순한 기억이나 사고思考나 계산 따위를 해보라는 지시를 받아도, 과거에 학습한 연상적 기제와 언어적 표현과 클리셰가 당신의 뇌와 혀를 얼어붙게 만드는 즉시 당신의 지성은 엄청난 고통을 감수하지 않고서는 아예 작동하지도 않는다… 스스로와 진정하게 접촉할 수 있다면 당신은 이런 환희가 무엇을 의미하는지를 알게 될 것이고, 그것이 당신의 내부에서 솟구쳐오르고, 단순한 보조步調가 아니라 리듬 전체가 당신의 몸 안에서 살아서 움직이기 시작하는 것을 느낄 것이다.

잔 드 살즈만은 일상적인 삶에서의 통상적인 육체적 동작 ─ 대부분의 춤조차도 여기 포함된다 ─ 은 기계적인 반응에 불과하다고 지적했다.

그리고 수행자는 '무브먼트'를 통해 그런 반응이 일어나는 바로 그 순간을 지각할 수 있다… 그런 반응은 연상이라는 자동 기제와 우리 기억에 각인된 모든 습관과 클리셰들에 의해 길들어 있다. 자극에 대해 반응하려면 그런 축적된 기억들을 쓰는 것밖에는 달리 방법이 없는 것이다. 따라서 우리의 삶은 끝없는 반복의 연속이다… 이런 패턴을 깨기 위해서는 우선 '동적 중심'의 완전한 통제하에서 작동하는 무의식적인 동작들과, 사고의 개입에 의해 시작된 동작들 사이의 차이를 자각할 필요가 있다. 그러나 이것들 말고도 제3의 동작이 존재한다. 마음이 더 이상 동작을 제어하지 못하고 '동적 중심'이 그것을 장악하려는 바로 그 순간, 우리의 통상적인 의식이 앞으로 무슨 일이 일어날지를 예상하지 못할 때, 어떤 다급한 감정이 나타나는 경우가 있다. 이 다급한 감정이 우리 내부의 새로운 에너지를 동원해서, 그 필요성을 몰랐던 탓에 그때까지는 존재한다는 사실조차도 모르고 있던

주의력을 환기한다. 그렇게 해서 의식적으로 움직일 수 있다면,
우리는 의식적으로 살아가는 법을 습득할 수 있다.

그러나 '무브먼트' 수행 자체는 보통은 조화를 이루지 못한 인간
의 세 부분을 내적인 조화로 이끄는 단순한 과정으로 시작된다. 구
르지예프는《진정한 세계로부터의 조망》에서 이 과정을 이렇게 요
약하고 있다. "춤과 동작들은 마음과 감정을 육체의 동작과 결합해
서 함께 시현하는 수단이다."

성스러운 춤의 내용은 구르지예프가 쓴 발레 — 그것을 발레라고
부를 수 있다면 — 의 미출간 각본인《마법사들의 투쟁》에서 묘사되
어 있다.

> 도제들은 지시를 받는 즉시 하던 일을 멈추고 열을 지어 서고,
> 마법사가 신호를 보내면 춤을 닮은 다양한 동작을 하기 시작한
> 다. (중략) 이 '성스러운 춤'은 동방의 모든 은비학 유파에서 주요
> 한 연구 주제 중 하나로 간주되는 것이다. 이 동작들은… 이중의
> 목적을 가지고 있다. 그것은 어떤 지식을 내포하고 표현하는 동
> 시에, 조화로운 존재 상태 존재를 달성하는 수단으로도 쓰인다.
> 이런 동작들의 조합은 상이한 감각들을 표현하고, 다양한 수위
> 의 집중적 사고를 생성하고, 상이한 기능들을 작동시키기 위해
> 필요한 상태를 만들어내고, 독립된 힘의 한계가 어디까지인지를
> 보여주기도 한다.

'무브먼트'를 행하는 수행자는 자신과 육체의 관계라는 맥락에서 한층 더 많은 주의력과 지력을 동원하기 위한 내적인 갈등을 겪게 된다. '동적-본능적 중심'과 '지적 중심'의 접촉을 급진적으로 복구하기 위한 '무브먼트'의 변화무쌍한 동작들은 이따금 자물쇠 내부의 핀들의 움직임을 방불케 하며, 내면의 문의 자물쇠를 한 단계씩 열고 고차의 '감정적 중심'으로 가는 문을 통과할 수 있는 가능성의 단초가 된다.

'무브먼트'의 성스러운 체조는 많은 것을 요구하고, 수행자의 진을 빼는 경우도 많다. '무브먼트'는 인내력의 한계를 끌어올릴 수 있는 기회이기도 하다. 수행자는 '초노력'을 소환함으로써 진정한 '의지'와 '소망'을 강화하고, '존재'가 성장할 수 있는 가능성의 또 다른 단초를 제공한다. 예수가 비유했듯이, 자기 밭에 심은 작은 겨자씨 한 알에서 우리 내부의 '하늘의 왕국'이 자라나는 것이다.[*]

구르지예프는 제자들을 상대로 6주 동안 집중적인 수행을 실시했고, '시스템'에 관한 강의와 '무브먼트' 연습을 번갈아가며 제공했다. 제자들은 공예, 요리, 가사 노동에도 종사하면서 자기 자신을 '기억하고', 더 고차의 목적을 위해 활용될 수 있는 에너지를 육체적 긴장에 허비하지 않도록 노력했다. 신중하게 관리되는 금식 수행과, '내면의 훈련' — 수행 그룹 전체가 행하는 적도 있었지만 개인적으로 행하는 경우도 곧잘 있었다 — 도 실행되었다. 이 모든 수행을 통

---

[*] 마태복음 13장 31~32절. 역주

괄하는 주제는 자기 내부의 새로운 '차분함(collectedness)'의 획득이었
다. 이 차분함은 일상생활에서 허비되는 주의력을 올바른 장소로 되
돌리려는 노력들로 구성된다.

　제자들이 '옥타브'의 단계들 사이에 존재하는 '간극'들을 뛰어넘
는 것을 돕는 '충격'도 제공되었다. '카이다(속성) 요가'라고 명명된
이 수행에서 구르지예프는 감정적으로 거의 견디기 힘들 정도의 개
인적인 상황을 인위적으로 만들어냄으로써 제자들의 각성을 촉발했
다. 구르지예프는 어떤 역할을 연기했다. 때로는 군대의 훈련 교관
처럼 제자들에게 고함을 지르고, 때로는 자식의 행동에 실망한 부모
처럼 한숨을 쉬는 연기를 하면서 말이다. 특히 '불공정한 사내'를 연
기할 때는 박진감이 넘쳤고, 이미 경험이 있는 제자들조차도 자기도
모르게 반사적으로 반응할 때가 많았다. 그럴 경우 실제로 실망하는
것은 구르지예프였지만 말이다. 그러나 구르지예프의 '학대'를 의도
적으로 감수하는 데 성공하는 경우도 있었다. 수행자들은 스승의 연
기에 대한 자신의 자동적인 반응과 자신을 '동일시하는' 일 없이 그
반응을 직시하고, 그것에 휩쓸리지 않음으로써 자신이 필요로 하는
것을 적절한 방식으로 생성했던 것이다. 훗날 구르지예프는 그가 연
기를 하고 있었다는 사실을 종종 시인하곤 했다. 스스로의 자동적
반응을 직시함으로써, 제자들이 자신에 관해 뭔가를 배울 수 있는
기회를 주기 위해서 말이다. 구르지예프가 만들어낸 것은 제자들의
내면에서 특정한 실체를 가속적으로 성장시키기 위한 일종의 온실
이었다. 그리고 그는 제자들의 성장을 위해서 그 온실을 정말로 뜨
겁게 데웠던 것이다.

1916년 봄에는 구르지예프 본인을 둘러싼 상황도 뜨겁게 타들어 가고 있었다. 러시아의 내전 — 볼셰비키의 관점에서는 혁명 — 은 전국으로 번지고 있었다. 구르지예프와 그의 제자들은 그것을 피해 다녀야 했다. 이윽고 튀르키예인들이 아르메니아인들을 탄압하기 시작했고, 알렉산드로폴에 사는 구르지예프의 가족도 위기에 처했다는 소식이 들려왔다. 구르지예프는 집단 정신병이 야기한 두 개의 상이한 흐름으로부터 그의 가족과 그의 제자들 양쪽을 구해야 하는 난관에 봉착했다. 그는 예센투키로 가족이 올 수 있도록 했고, 아버지를 제외한 모든 가족이 왔다. 기오르기아데스는 자기 땅에서 쫓겨나는 것을 완강하게 거부했기 때문이다.

7월에 구르지예프의 누나가 예센투키로 와서 비보를 전했다. 아버지가 자기 땅에 들어온 튀르키예 병사들을 쫓아내려고 하다가 그들에게 살해당했다는 소식이었다. 아버지는 어떤 일이 일어날지 알고 있었던 것이 틀림없었다….

구르지예프가 겪은 심적 고통이 얼마나 컸는지는 상상하는 수밖에 없다. 우스펜스키는 구르지예프를 방문한 기오르기아데스를 만난 적이 있었고, 아버지를 향한 구르지예프의 따스하고 마음에서 우러나온 존경심에 관해 언급하기도 했다. 부모를 향한 깊은 공경심은 구르지예프에게는 금언金言이나 마찬가지였다. 그러나 고향을 떠나온 이래 그가 부모와 함께 보낸 시간은 극히 짧았고, 그의 부재중에 아버지가 총에 맞아 사망했다는 비보를 들어야 했다.

그러나 일단은 살아 있는 사람들을 돌보는 것이 급선무였다. 혁명의 폭압으로부터 핵심이 되는 제자들을 피신시킬 때가 왔던 것이다.

그가 택한 탈출 경로는 노모와 가족들을 데려가기에는 너무 험난했기 때문에, 이들은 나중에 데려오는 수밖에 없었다. 그의 가족은 이른바 프롤레타리아 계급에 속해 있었으므로, 그의 선택에는 공산당의 표적이 되지는 않을 것이라는 계산이 깔려 있었을 수도 있다. '특권계급'에 해당하는 하트만 부부와 다른 제자들은 적군(Red Army)에게 밉보이기라도 하면 처형당할 위험이 컸지만 말이다. 게다가 구르지예프가 차르의 해외 첩자였다는 사실 — 물론 그가 첩자였다는 확실한 증거는 어디에도 없다 — 이 알려진다면 공산당이 무슨 짓을 할지 상상하기는 어렵지 않았다.

당시 구르지예프가 무슨 생각을 하고 있었는지는 추측하는 수밖에 없다. 한 가지 확실한 것은 구르지예프가 러시아 혁명의 광기에서 탈출하기 위해 자신과 제자들을 위한 교묘한 위장 공작을 펼쳤다는 사실이다. 1918년 7월에 구르지예프는 그가 이끄는 고고학 원정대가 인둑Induc 산으로 갈 예정이라는 내용의 신문 기사가 실리도록 조치했다. 이렇게 목적을 위장한 그와 열네 명의 제자들은 소치 쪽을 향해 출발했다. 물론 그 너머로 갈 계획이었다.

우스펜스키는 훗날 구르지예프와 (조금 소원해진 상태로) 합류할 운명이기는 하지만 이 '원정대'에는 참가하지 않았다. 그는 구르지예프에게 더 이상 자신의 운명을 맡길 수 없다는 생각 탓에 갈등하고 있었다. 구르지예프는 충실한 추종자였던 자하로프를 혁명과 반혁명 진영 사이의 폭력이 난무하는 위험천만한 지역으로 별다른 이유 없이 보낸 적이 있었고, 이것을 목격한 우스펜스키는 구르지예프에게는 인간적인 결점이 너무 많다는 인상을 떨칠 수가 없었던 것이다.

이 일화는 단지 구르지예프가 당시 받고 있던 스트레스의 발로였을 수도 있다. 그는 엄청나게 무거운 짐을 이고 있었다. 어떻게 해서든 러시아 국내에서 그의 가족과 추종자들이 일시적으로라도 안전하게 머물 수 있는 도피처를 찾아야 했고, 적군과 백군 양쪽의 적대적인 '권력을 소유한 사람들'의 장막을 뚫고 열네 명이나 되는 사람들을 인솔해서 움직여야 했던 것이다.

이들의 대탈출은 단계적으로 실행될 예정이었다. 일단 산맥을 넘어 소치로 가서, 그곳에서 잠시 머무르면서 정치적인 상황이 어느 진영에게 유리하게 전개되는지를 확인할 생각이었다.

내란이 계속되면서 러시아령 조지아의 상황도 점점 불안정해졌고, 결국 그들은 러시아를 영원히 떠나게 된다.

구르지예프의 찰나를 사는 능력은 (이런 진부한 표현이 의미하는 것보다 훨씬 더 축어적이고 깊은 맥락에서) 타의 추종을 불허했지만, 그는 미리 앞을 내다보고 계획을 짜는 일에도 천부적인 재능을 가지고 있었다. 출발하기 6주 전 제자들은 구르지예프의 제자이자 변호사인 샨다로프스키Shandarovsky가 소비에트 정부의 공무원으로 지원했다는 사실을 구르지예프에게 전해 듣고 충격을 받았다. 문제의 정부는 제자들의 출신 배경과 정치적 견해를 알아차리는 즉시 그 자리에서 총살형을 집행할 것이 뻔했기 때문이다. 그러나 유능한 변호사였던 샨다로프스키는 곧 여권과 여행 증명서를 발행하는 자리를 얻는 데 성공했고, 구르지예프는 자신을 포함한 제자들 모두에게 정원사나 일용노동자 같은 직업을 가진 '공민'이라고 기입된 소련 여권을 발부하라고 지시했다.

제자들은 구르지예프의 지시를 받고 각자 리넨 천을 써서 배낭을 제작했다. 휴대 가능한 소지품만 가지고 갈 수 있었기 때문이다. 제자들은 45킬로그램의 짐을 넣은 배낭을 이고 '의식적으로 걷는' 훈련을 받았다. 깜깜한 한밤중에 산길을 나아갈 때 협곡으로 굴러떨어지지 않으려면 한쪽 발에 신중하게 체중을 싣고 다른 발로는 앞쪽 지면을 더듬으면서 나아가야 하기 때문이다. 구르지예프는 때로는 밤에 산길을 걸어야 할지도 모른다는 사실을 알고 있었고, 그가 예상했던 대로 제자들은 이 의식적인 걷기 덕에 목숨을 부지할 수 있었다.

구르지예프의 제자들은 스승을 따라 안전한 피난처를 떠났다. 귀족 출신의 제자들을 위해서 전직 총리 같은 옛 정부의 중요인사가 더 나은 피난처를 제공해줄 가능성도 있었지만 구르지예프는 개의치 않았다. 다시 돌아올 수 있다는 기약도 없이 구르지예프를 따라 황량한 산속으로 들어가서 전투가 벌어지고 있는 전선을 가로지른다는 행동은 완전히 정신 나간 우행愚行처럼 느껴졌다. 특히 올가 드 하트만이 느끼는 불안감은 매우 강했다. 그녀의 남편이 쓴 회고록에 의하면, 하트만 부부와 일부 제자들은 소비에트 연방의 승리는 일시적이며 어느 정도는 제정 시절의 옛 질서가 돌아올 것이라고 믿고 있었다. 당장은 이상해 보여도 구르지예프가 하는 일에는 모두 이유가 있다는 사실을 경험상 알고는 있었지만, 그럼에도 그를 따라 나서는 것은 진정한 신념뿐만 아니라 때로는 그 이상의 믿음을 요구했던 것이다. 《비엘제붑이 손자에게 들려주는 이야기》에서 구르지예프는 인간이 보통 믿음이라고 간주하는 것의 대부분은 맹목적인 타성에 불과하고, 희망도 인간의 불안감과 공포와 약함이 빚어낸 반응이며, 사랑 역시 미약한 자동적 반응에 불과하다고 설파했다. 인류는 이런 가짜 감정에 사로잡히는 대신 '의식적인 믿음'과 '의식적인 희망'과 '의식적인 사랑' ― 인간 정신을 사로잡는 심원한 울림을 대동한, 본질에 해당하는 진정한 감정들 ― 을 희구해야 하는 것이다. 그런 연유로, 토마스와 올가를 위시한 제자들은 누가 봐도 상식적인 행동에 나서는 대신 구르지예프의 뒤를 따르는 편을 택했던 것이다. 말과 당나귀가 끄는 짐마차 뒤를 따라 걸으며, 두 명의 어린아이까지 대동하고…. 그들은 온갖 의구심에 시달리고 공포에 사로잡히기까지 했지만, '의식적인 믿음'과 '의식적인 희망'과 '의식적인 사랑'의 힘으로 스승의 뒤를 따랐다.

캅카스 대분수령

구르지예프 일행이 두 대의 수화물차에 나누어 타고 캅카스 산맥 기슭의 작은 언덕을 향해 출발하기 직전, 토마스는 친구인 라드코-드미트리예프Radko-Dmitriev 장군과 마주쳤다. 장군은 일행의 '과학 조사'에 동행하지 못해서 아쉽다는 속마음을 내비쳤다. 훗날 토마스는 구르지예프 일행이 출발한 직후 소비에트 당국이 라드코-드미트리예프 장군과 하트만 부부와 안면이 있었던 그 외의 장교들을 체포했고, 그들에게 집단 무덤을 직접 파라고 강요한 다음 그 안에 있던 그들을 총살했다는 소식을 들었다. 그런 다음 그 위에 아무렇게나 흙을 덮는 식으로 매장했다. 그들 다수는 아직 숨이 끊어지지 않은 상태웠는데도 말이다. 토마스가 그곳에 머물렀더라면 그는 그들과 함께 처형당했거나 혁명성 정신병이 분출하는 또 다른 폭력에 희생되었을 것이다.

구르지예프 일행이 북캅카스의 도시인 마이코프^{Maikop}에 도착했을 때, 이 지역 주위에서는 소비에트를 적대시하는 코사크인의 백군과 적군 사이에서 전투가 벌어지고 있었다. 올가미가 점점 조여들고 있었다. 구르지예프는 특유의 친화성을 발휘해서 몇몇 적군 병사들과 유쾌한 카드 게임을 벌였고, 곧 그들과 친한 사이가 되었다. 구르지예프의 쾌활함에 설득당한 적군 병사들은 여러 사람이 머물 수 있는 빈 농가가 있다고 알려주었다. 구르지예프 '원정대'는 주위에서 치열한 전투가 벌어지는 동안 이 농가에 몇 주 동안 머물렀다. 농가 위로 총알이 오가는 일도 다반사였지만, 그들이 전투에 실제로 휘말리는 일은 없었다.

결국 백군이 승리하고 마이코프를 다시 탈환했다. 그 탓에 새로운 신분증이 필요해진 구르지예프와 그 제자들은 스튜른발의 친구인 해군 제독의 연줄을 이용해서 필요한 서류를 얻었고, 과학 조사대에서 다른 종류의 원정대로 탈바꿈했다. 정확히 어떤 원정대가 될지는 그들이 조우하는 '권력자'의 고정관념에 달려 있었다.

구르지예프 일행은 온갖 우여곡절을 겪으며 여행을 계속하다가 마침내 가장 큰 도전에 직면했다. 모두가 무거운 배낭을 메고 산맥을 넘어야 했던 것이다. 과거 두 달 동안의 여정을 통해 예전보다 강인해지기는 했지만, 호리호리한 올가 드 하트만에게 20킬로그램이 넘는 배낭의 압박을 받으며 몇 시간 동안이나 쉬지 않고 험준한 산을 넘는다는 것은 상상하기 힘든 고난의 연속이었다. 그녀는 '폭포수처럼' 눈물을 쏟았고, 도중에 포기하려고 한 것도 한두 번이 아니었지만, 억지로 다리를 움직여 전진했다. 이제 완전히 한계에 다다랐다고 느낀 순간, 구르지예프는 전진을 멈추고 야영 준비를 하라고 지시했다.

그들은 오두막에 머물렀고, 늑대들을 쫓기 위해 밤새 모닥불을 피웠다. 그러자 구르지예프가 입을 열었다. "이제 마음이 평온하군. 더 이상 인간을 상대할 필요가 없고 짐승에만 신경 쓰면 되니까 말이야." 이 발언은 인류에 대한 구르지예프의 태도를 웅변적으로 보여주며, 훗날《비엘제붑이 손자에게 들려주는 이야기》에서 한층 더 명확하게 부각된다.

그들은 여러 개의 숲을 통과했고, 미끌미끌한 진흙으로 뒤덮인 지역에 도달했을 때는 말들을 앞세우고 그 뒤를 따랐다. 이것은 풍부한 경험을 가진 구르지예프의 제안이었다. 짐을 나르는 말들은 말 특유의 예민한 감각을 발휘해서 가장 좋은 길을 직감적으로 택했기 때문이다. 날씨가 거칠어지고 식량도 동나기 직전이었다. 의사, 교수, 작곡가 등 상류계급의 지식인들로 이루어진 구르지예프 일행은 너덜너덜해진 옷차림으로 황야에서 열심히 산딸기를 따는 상황으로까지 몰렸다….

굶주리고 완전히 지친 일행은 길을 가던 농부들에게서 빵을 얻었다. 이런 상황에서 먹는 거친 빵의 맛은 "형언할 수 없을 정도로" 맛있었다. 구르지예프는 "진짜 빵 맛을 경험하는 것만으로도 충분히 여기까지 올 만한 가치가 있었다"고 술회했다. 그들은 단지 빵을 먹는다는 행위만으로 진정한 의식의 일단을 경험했던 것이다.

얼마 후 구르지예프는 하트만 부부에게 짐을 지키고 있으라고 지시했고, 식량을 구하고 길을 확인하기 위해 다른 제자들과 함께 전진을 재개했다. 한참 뒤에 구르지예프의 가장 유능한 러시아인 제자 중 한 명인 페트로프Petrov와 소년 한 명이 약간의 식량을 지참하고 하트만 부부를 데리러 왔다. 그러나 음식을 먹은 직후에 그들 주위의 지면에 총탄이 푹푹 꽂히기 시작했다. 누군가가 그들을 총으로 쏘고 있었다!

경고의 의미로 총을 쏜 것은 산적들이었다. 저항할 수단이 없었던 하트만 부부와 페트로프는 내키지 않지만 항복하는 수밖에 없었다. 시꺼먼 얼굴을 한 산적들은 막말을 내뱉으며 총으로 그들을 위협했다. 귀부인인 올가가 받은 훈련이라고는 경가극輕歌劇 레슨과 귀족 모임에서 재치 있는 말로 자신을 '방어하는' 법밖에는 없었지만, 그녀는 잔악무도한 산적들 앞에서도 주눅 드는 것을 단연코 거부했다. 그녀는 필요 이상으로 소지품을 내놓을 생각이 없는 것처럼 보였고, 윗옷에 재빨리 보석들을 숨겼다. 산적들은 값어치가 있는 물건을 찾기 위해 일행의 짐을 뒤지기 시작했다. 그러자 그녀는 놀랍게도 산적들이 물건을 꺼낼 때마다 내놓지 않겠다며 설전을 벌였다. 심지어 총을 든 구질구질한 사내들, 방금 자신을 향해 총을 쏘기까지 한 사내들을 설득하기까지 했다. 그 결과 그녀는 은제 세면용품 세트를 뺏기지 않는 데 성공했고, 달콤한 어조로 그들을 구워삶아서 짐 속에 있는 소년의 바지에서 '여권'을 꺼내도 좋다는 허락을 받아냈다. 실제로는 소년의 회중시계를 몰래 꺼내서 숨겼지만 말이다. 그런 다음 그녀는 산적들에게서 '각서'를 받아냈다. 각서의 내용은 나중에 또 나타날지도 모르는 동료 산적들에게 이미 일행의 짐에서 값어치 있는 물품을 모조리 약탈했음을 증명하는 것이었다! 올가는 어떻게든 상황을 장악하고, 결코 냉정함을 잃지 않고, 손해를 최소화했던 것이다.

올가가 구르지예프 밑에서 수행을 시작하기 전에 산적들을 만나 강도를 당했다면, 방금 그런 것처럼 침착하게 자제력을 발휘해서 상황을 장악할 수 있었을까? 아마 그러지는 못했을 것이다. 이 일화는 우스펜스키가 구르지예프와 수행한 후 자신에게 일어난 변화에 관해 언급한 대목을 생각나게 한다. 우스펜스키는 삶의 어떤 상황에 맞닥뜨리더라도 그것을 직시하고 다룰 수 있는 '새로운 자신감'을 얻었다고 한다.

소치에 도달하기 직전 구르지예프 일행은 그 지역에 산재한 고인돌들을 조사하기 위해 잠시 옆길로 빠졌다. (구르지예프는 언제나 고인돌에 관심이 많았다.) 현지 사냥꾼들의 안내를 받으며 사방이 산으로 에워싸인 험난한 지역을 답파한 일행은 빽빽한 덤불로 거의 뒤덮이다시피 한 고인돌을 발견했다. 고인돌은 2~3미터 높이의 속이 빈 상자 모양의 바위였고, 그 위에는 편평한 덮개돌이 얹혀 있었다. 고인돌은 단지 무덤에 불과하다는 연구자들도 있지만, 제례 목적으로 쓰였다고 주장하는 학자들도 있다. 양쪽 모두 사실일 가능성도 있지만 말이다. 구르지예프가 찾아낸 고인돌 측면에는 제작자들이 (또는 도굴꾼들이) 뚫어놓은 구멍이 하나 나 있었는데, 구르지예프는 올가로 하여금 이 좁은 구멍을 억지로 비집고 들어가게 했다. 가까스로 들어간 석실 내부는 텅 비어 있었다. 이 일화는 일상의 삶이 우리에게 제공하는 것을 상징하고 있는지도 모른다. 힘겹게 자기 내면으로 파고들어간 탐구자가 스스로의 공허함밖에는 발견하지 못하는 상황을 떠올려보라.

구르지예프는 그만이 알고 있는 모종의 계측법을 사용해서 고인돌 '여기저기'를 측정한 후, 관목 숲 안쪽을 가리켰다. 원시림을 힘겹게 돌파한 일행은 아무도 그 존재를 모르고 있던 또 다른 고인돌과 맞부딪쳤고, 조금 뒤에는 세 번째 고인돌을 발견했다.

안내인들은 경악했다. 도대체 구르지예프는 알려지지 않은 다른 고인돌들의 위치를 어떻게 계산할 수 있었던 것일까? 이 사건은 구르지예프의 평소 주장의 일부가 사실임을 입증해주는 증거이며, 그가 태곳적에 기원을 둔 숨겨진 지식의 일단을 실제로 현실에 응용한 사례일지도 모른다.

일행은 마침내 소치의 호텔에 도착했고, 너무나도 힘들었던 여정도 끝났다. 토마스는 실컷 늦잠을 잘 작정이었지만, 구르지예프는 새벽에 그를 깨워서 말을 돌보라고 지시했다. 토마스는 한쪽 발에는 구두, 다른 발에는 슬리퍼를 신고 (여행 중에 다친 발가락이 곪은 탓이다) 절뚝거리며 마구간으로 갔다. 토마스는 어릴 때부터 동화에서 큰 의미를 찾았는데, 특히 "오직 모든 장애를 극복하는 방법을 통해서만 원하는 목적을 이룰 수 있다"는 교훈은 그에게 큰 감명을 주었다. 토마스는 진리 탐구의 길에 나선 뒤에도 언제나 이 사실을 유념했고, "아무리 몸이 피곤하더라도 올바른 길에 들어서면 내면의 에너지가 증대하면서 새로운 힘이 솟아나고, 다시금 노력을 시작하는 일도 쉬워진다"는 구르지예프의 가르침을 좌우명으로 삼았다. 며칠 후 또 말들을 돌봐야 했을 때, 토마스는 귀족 계급의 옛 지인들을 포함한 '다수의 유복한 사람들'이 너덜너덜한 옷차림으로 양동이를 들고 절룩거리며 호텔 마구간으로 가는 그를 빤히 쳐다보고 있다는 사실을 깨달았지만 전혀 개의치 않았다. 그는 수행을 통해 내면의 자유를 획득했고, 마지막 순간까지도 그것을 가능하게 해준 스승인 구르지예프에게 감사하는 마음을 잃지 않았다.

원했던 자유와 원하지 않았던 자유: 콘스탄티노플의 새로운 학교

얼마 지나지 않아 구르지예프는 원정이 종결되었고 '학교'의 형태를 빌린 수행 역시 끝났다고 선언했다.

구르지예프는 그를 따르는 제자들이 제공하는 재화財貨를 쓰는 것을 마다하지 않았다. 그러나 필요시에는 재정난에 빠진 제자들을 주저 없이 지원했고, 실제로 그런 일은 자주 일어났다. 그랬던 그가 더 이상 제자들을 먹여 살릴 돈이 없으니 스스로 살길을 찾으라고 선언했던 것이다. 마치 그 자신의 수행에 큰 진척이 없었다는 사실에 낙담하고, 그 탓에 종래의 방식을 재고하고 있는 듯한 느낌이었다. 구르지예프는 제자들을 돌보면서 과중한 부담에 시달렸을 공산이 크고, 그 탓에 본연의 목적을 소홀히 했다고 느꼈는지도 모르겠다.

자하로프를 포함한 모스크바 출신 제자들은 예센투키나 그 너머로 되돌아갔다. 자하로프는 스승인 구르지예프와 다시 합류하고 싶어했지만 천연두로 사망하면서 영영 그러지 못했다. 페트로프는 공립학교의 교장이 되었고, 적어도 겉으로는 소비에트 체제에 흡수당했다.

우스펜스키는 콘스탄티노플로 이주했다. 소치에 남은 제자들은 시장에서 장사를 하며 생계를 이어갔다. 고명한 작곡가인 토마스는 (처음은 아니었지만) 피아노 교습으로 먹고사는 신세가 되었다.

소치에도 전쟁의 불길이 닥쳐오자 구르지예프와 그의 핵심적 수행 그룹은 조지아 지방의 수도인 티플리스(트빌리시의 옛 이름)로 이동했다. 그룹이라고 해보았자 하트만 부부와 스튜른발 부부, 그리고 율리아 오스트로프스키까지 해서 다섯 명에 불과했지만 말이다. 춥고 불편한 항해를 거쳐 티플리스에 도착한 그들을 맞이한 것은 한층 더 춥고 불편한 생활이었다. 그들을 둘러싼 상황은 자금이 고갈된 탓에 한층 더 악화되었지만, 토마스와 마주친 제정 시절의 학자 친구가 그를 작곡과 교수로 임명하자 조금 숨통이 트였다.

올가도 오페라 〈카르멘Carmen〉의 가수로 고용되어 노래를 부르기 시작했는데, 이것은 티플리스에 온 구르지예프 일행에게 일어난 가장 중요한 사건의 단초가 되었다. 구르지예프 '워크'의 중요 인물인 알렉산더 드 살즈만과 그의 아내인 잔 드 살즈만을 만났던 것이다. 유명 화가인 알렉산더 드 살즈만은 올가가 출연한 오페라의 무대 감독을 맡고 있었다. 알렉산더의 아버지는 제정 러시아의 수석 건축가였고, 알렉산더 본인은 새로운 무대 조명 시스템을 고안해서 극 예술에 혁신적인 변화를 가져왔다. 아내인 잔 드 살즈만은 스위스의 고명한 작곡가인 에밀 자크-달크로즈Emile Jacques-Dalcroze의 비서로 일한 적이 있었고, 지금은 달크로즈의 음악 교습 이론에 입각한 춤을 가르치고 있었다.

살즈만 부부는 하트만 부부에게서 들은 '워크' 이야기에 매료되었고, 구르지예프를 소개해달라고 부탁했다. 구르지예프는 이들을 만나자마자 큰 감명을 받은 듯했고, 처음 만남이 끝난 직후 알렉산더 드 살즈만을 '아주 훌륭한 인물'이라고 단언했고, 잔 드 살즈만에 관해서는 '지적'이라고 평했다. 만남이 이루어졌던 저녁에 구르지예프는 뭔가 경이로운 것을 감지했음이 틀림없다. 그가 타인을 이런 식으로 칭찬하는 경우는 거의 없었기 때문이다.

잔 드 살즈만은 구르지예프를 달크로즈 무도의 시연회에 초대했다. 구르지예프는 잠깐 이 춤을 관람한 후 말없이 자리를 떴다. 결과적으로 큰 감명을 받은 사람은 잔 드 살즈만이었다. 구르지예프에게 말이다. 2주 뒤에 그는 잔 드 살즈만의 댄서들 중 일부를 차출해서 '성스러운 체조'를 가르쳤다. 그들은 〈잔 마티뇽–살즈만 댄스 스쿨의 저녁 공연. 1부 자크 달크로즈 방식. 2부 G. I. 구르지예프의 체계〉라는 제목의 시연회에 참가할 예정이었다. 구르지예프의 '성스러운 체조'는 잔 드 살즈만의 교습에서 학생들이 배운 춤과는 전혀 달랐고, 다양한 안무 중에는 군사 교련의 대형隊形에 착안한 것까지 포함되어 있었다.

첫 번째 시연회는 성공적이었다. 그러자 구르지예프는 잔 드 살즈만에게 순전히 자기 자신의 '워크'를 시연할 목적의 공연에 그녀의 제자들을 빌려달라고 요청했다. 달크로즈 방식을 배우려고 등록한 학생들은 이에 반발해서 참여를 거부했다. 그러나 잔 드 살즈만은 구르지예프를 따르는 것이 자신의 운명임을 직감했고, 토마스가 훗날 술회했듯이 "자기 자신의 권위와 구르지예프 씨의 '워크'가 내포한 올바름의 감각을 총동원해서" 제자들을 설득하여, 결국 구르지예프의 '성스러운 무브먼트'의 시연을 위한 기술을 습득한다는 엄청나게 힘든 과제를 받아들이게 만들었다.

1919년과 1920년과 1921년은 다사다난한 해였고, 구르지예프와 그의 제자들은 잔치와 기아 사이를 오가며 수행 그룹의 규모를 점점 더 불려갔다. 살즈만 부부는 '인간의 조화로운 발달을 위한 학교'라는 명칭을 얻은 그의 새로운 학교의 필수적인 구성원이 되었다. 학교의 이름이 공식화된 곳은 트빌리시였고, 이곳에서 구르지예프는 체계적인 가르침과 더불어 그가 오래전부터 기획했던 '발레'인 《마법사들의 투쟁》의 리허설을 시작했다. 1914년에 처음으로 각본이 공개된 이 발레의 리허설은 일부만 진행되었고, 일반 관객들 앞에서 공연되지도 않았다. 구르지예프는 제임스 무어가 '마니교적인 풍자극'이라고 불렀던 이 작품의 일반 공개에는 크게 신경을 쓰지 않았던 듯하다. 리허설의 주요 목적은 공연이 아니라 '발레'를 배우고 연습하는 과정을 통해 가르침을 받고 내면의 '워크'를 수행하는 것이었기 때문이다. 구르지예프는 우스펜스키에게 1막에서 '매력적이고 아름다웠던' 연기자들은 2막에서는 '추하고 불협화적으로' 보일 것이라고 말했다. "수행자들은 바로 그런 방법을 통해서 자신들의 모든 측면을 직시하고, 연구할 수 있게 되는 거지."

《마법사들의 투쟁》은 아름답고 신비적인 자이납^{Zeinab}이라는 여인과 결혼하고 싶어하는 가파르^{Gafar}라는 이름의 부유한 사내에 관한 이야기다. 그러나 자이납은 가파르의 구혼에 여러 번 퇴짜를 놓았고, 좌절한 남자는 흑마법사에게 가서 그녀를 매료하는 것을 도와달라고 청한다. 그러나 자이납은 백마법사의 보호를 받고 있었고, 그 결과 백마법사와 흑마법사 사이에서 투쟁이 시작된다.

이 발레의 여러 요소는 비전秘傳적인 우화를 구성하고 있으며, 수행자의 제의祭儀적인 입문 과정을 묘사하고 있다. 빛과 어둠의 마법사들은 '3의 법칙'에서 '성스러운 긍정'과 '성스러운 부정'에 조응하고, 자이납은 '성스러운 조화'를 상징하고 있는 것처럼 보인다. 인간의 내면에도 조화되어야 하는 힘의 상징인 어둠의 마법사와 빛의 마법사가 있는 것처럼 말이다.

《마법사들의 투쟁》은 이런 서사와 함께 수피 댄스로 알려진 데르비시의 춤과 수행자들의 안무를 피력했고, 구르지예프의 우주론 일부를 요약한 마법사의 강의도 포함하고 있었으며, 이 모든 것은 '자기 탐구'로 매끄럽게 귀결된다.

위에 있는 것은 아래에 있는 것을 닮았다… 모든 합일은 하나의 우주에 해당한다. 메갈로코스모스*를 지배하는 법칙들은 마크로코스모스도 지배하며, 듀터코스모스, 메조코스모스, 트리토코스모스 등을 따라 내려가며 마이크로코스모스까지도 포괄한다… 연구의 대상인 이런 우주들 중에서 우리에게 가장 가까운 우주는 트리토코스모스이며, 우리 각자에게 가장 가까운 연구

---

* 227쪽의 도표 2에서는 아요코스모스에 해당한다. 역주.

대상은 자기 자신이다. 자기 자신을 완전히 아는 사람은 모든 것

을 알 수 있고, 신^神조차도 알 수 있게 된다.

이 이야기가 끝나기 직전 가파르는 선한 마법사를 만나고, 그가 선택할 수 있는 두 개의 길을 제시받는다. 가파르는 사악해진 자기 자신의 모습을 보고, 모든 사람들에게 사랑받는 선한 자신의 모습을 본다. 회한과 외경심을 경험하는 가파르 앞에서 선한 마법사는 이렇게 읊조린다. "현재 이 순간에 존재하는 모든 인간의 임무는 미래를 준비하고, 과거를 개선하는 것이라네. 운명의 법칙은 본디 그런 것이고… 조물주와 그의 모든 조수들은 그 어떤 때에도 우리가 스스로를 기억하는 것을 도와준다네. 악이 이 세상에 현현할 수 있는 유일한 통로인 자동적인 행동을 우리가 멀리할 수 있도록 말이야."

그러자 마법사의 제자들이 일종의 전례^{典禮}적인 찬송을 부르기 시작한다. "힘들은 변화의 대상이 되노라." 《마법사들의 투쟁》은 확장된 상징들을 통해 구르지예프의 가장 심원한 신념들을 표현한 작품이다.

구르지예프는 소비에트 정권이 소멸하지 않을 것이라는 사실을 인지했다. 그는 자신이 숙청 대상이 됨으로써 '워크'까지 함께 사라지기 전에 러시아를 떠나려고 결심했다. 4월 27일에 소비에트 적군은 그가 택할 수 있었던 서쪽 탈출 경로의 봉쇄에 나섰다. 이제 그에게 남겨진 탈출로는 튀르키예의 콘스탄티노플을 향하는 서쪽 경로뿐이었다. 튀르키예에서 팔아서 자금으로 쓸 예정이었던 고가의 카

펫들을 민병대에게 탈취당하는 사고가 있기는 했지만, 구르지예프와 그의 핵심 추종자들은 쥐가 들끓는 여객선의 3등 객실에 몸을 싣고 가까스로 콘스탄티노플까지 갔다. 당시 콘스탄티노플은 볼셰비키들로부터 도망친 러시아의 지식 계급을 끌어당기는 자석이나 마찬가지였다.

이곳에서 그들은 갓 태어난 아이와 함께 교외에 머물고 있던 우스펜스키 부부와 재회했다. 우스펜스키는 이미 그 자신의 제자들을 가르치고 있었다. 이것은 장래에 일어날 결별의 징조라고 할 수 있었지만, 우스펜스키는 일단 자기 제자들을 구르지예프에게 넘겼다.

콘스탄티노플에서 토마스는 메블레비Mevlevi* 데르비시들의 춤과 음악을 연구하기 시작했고, 구르지예프는 임시 '학교'를 마련해서 공개 강연을 하고, '무브먼트'의 시연회를 열었다.

콘스탄티노플은 현금이 넘쳐나는 도시는 아니었지만 그들은 가끔 튀르키예 정부의 고관을 위해 공연을 하고 대가를 받곤 했다. 하트만 부부는 빈털터리에 가까운 상태여서, 토마스의 개인 교습을 받는 여학생이 교습료를 가지고 오지 않았던 날에는 저녁을 굶었을 정도였다.

제1차 세계대전이 엄청난 인적 피해만을 남기고 종언을 맞이했을 무렵, 구르지예프는 그의 '학교'를 설립하기 위한 안정적인 장소로 유럽을 눈여겨보고 있었다. 살즈만 부부가 자크-달크로즈를 설득해서 독일의 드레스덴Dresden 근처에 '학교'를 설립하면 어떻겠느냐는

---

* 수피교의 한 교단. 역주.

제안과 함께 초청장을 받아내자 구르지예프는 즉시 동의하고 그와 동행인들을 위한 이주 비자를 받는 작업에 착수했다.

콘스탄티노플을 떠나기 전, 구르지예프는 영국의 탐험가이자 공병 장교였던 (비밀 첩보원이었다는 설도 있다) 존 고돌핀 베넷John Godolphin Bennett 대위와 친분을 쌓았다. 오컬트와 영성에 강한 관심을 가지고 있었던 베넷은 구르지예프와 몇 번 만난 뒤에도 당장 '워크'에 매진하지는 않았지만, 그 경험은 그의 내부에 결코 꺼지지 않는 불씨를 남겼다. (이 대목은 그의 회고록인《목격자》에 묘사되어 있다.) 결국 베넷은 우스펜스키의 수행 그룹에 합류해서 다사다난한 10년을 보냈고, 1948년에는 구르지예프를 찾아와서 (1년을 채우지 못했지만) 집중적인 지도를 받았다. 구르지예프의 사후 베넷은 구르지예프의 가르침과 수피즘과 수부드Subud라고 불리는 동남아시아의 가르침을 융합해서 변형시킨 그만의 특이한 분파를 설립했다.

구르지예프와 그의 추종자들은 1921년 8월에 튀르키예를 떠났고, 기차를 타고 불가리아, 세르비아, 헝가리, 체코슬로바키아를 거쳐 마침내 독일에 도착했다. 구르지예프는 베를린에서 강연회를 열었고, 드레스덴의 북부 지역인 헬레라우Hellerau에 머물렀다. 그곳에서 그는 기부받은 부동산 — 원래는 다른 교육 기관을 위해 기부될 예정이었다고 한다 — 과 관련된 법적 분쟁에 휘말렸다. 실제로 그 부동산을 기부했던 사내는 구르지예프가 모종의 방법으로 자신에게 최면술을 걸었다고 주장했다.

이런 원치 않는 소동과 그 밖의 이유들로 인해 독일은 구르지예프의 '워크'를 꽃피우기에는 적절한 장소가 아닌 것처럼 보였다. 그렇다면 영국은 어떨까….

기실 의도적이었든 아니었든 간에 우스펜스키는 영국에서 이미 독자적으로 토대를 다져놓은 상태였다. 우스펜스키의 독립적인 성향은 구르지예프의 일견 전횡적인 의사결정과 여러 차례 마찰을 빚었고, 결국 그는 자기 제자들을 이끌고 영국으로 갔기 때문이다. 영국에서《제3의 사고법》의 영문판이 출간된 후 저자인 우스펜스키는 문화계 일각에서 작은 영웅 취급을 받았고, 이것은 몇몇 귀족들의 자금 지원으로 이어졌다. 제자들의 수는 금세 늘어났고, 그중에는 문학 정치 저널인 〈더 뉴 에이지The New Age〉의 편집장인 A. R. 오리지 같은 중요 인물도 포함되어 있었다.

만약 구르지예프가 예수라면 오리지는 영국인 사도 바울에 비견될 정도의 인물이었다. 구르지예프는 소크라테스, 오리지는 플라톤이라고 하는 편이 더 적절하다는 의견도 있지만 말이다.

50세의 나이에 처음으로 구르지예프를 만난 오리지는 하위 중산층이면서 노동계급의 수입밖에는 없었던 빈한한 가정 출신임에도 에즈라 파운드Ezra Pound, T. S. 엘리엇Eliot, 제임스 조이스James Joyce, G. K. 체스터튼Chesterton을 망라하는 영국 문인들에게 강한 문학적 영향을 끼친 인물로 성장한 입지전적인 인물이었다. 오리지는 부富를 축적하는 일 따위와는 인연이 없었지만, 훗날 그는 구르지예프와 영국 문단 양쪽을 위해 협곡 바닥에서 '다이아몬드'들을 모아 올 운명이었다. 탁월한 표현력과 친화력을 겸비하고, 사회적으로는 이상주의자였던 오리지는 언제나 은비학에 강한 흥미를 느꼈고, 신지학과 베단타 철학과 헤르메스 주의와 고대 그리스 철학자들을 섭렵한 적이 있었다. 니체 — 적어도 니체의 몇몇 견해는 구르지예프의 그것과도 일치한다 — 의 애호가이기도 했다.

구르지예프가 런던에서 강연회를 열었을 때 (러시아어로 진행된 강연 내용을 그의 곁에서 동시통역한 사람은 어느 정도 영어를 할 줄 알던 올가였다) 참석한 지식인들 다수는 혼란에 빠졌고, 그리 큰 감명을 받지 않은 기색이 역력했다. 그러나 구르지예프의 이 강연에 완전히 매료당한 소수파 중에는 모리스 니콜과 오리지가 있었다. 오리지는 향후 10년 동안 구르지예프를 위해 자신의 삶을 바치게 된다.

그러나 영국은 '학교'를 설립할 장소로는 적절하지 않았다. 영국 당국은 구르지예프의 비자를 탐탁지 않게 검사했고, 오리지가 백방 으로 손을 썼음에도 거주 비자를 발부하는 것을 거부했다. 누군가가 제1차 세계대전 시절의 구르지예프를 기억하고 있었고, 그는 여전 히 외국의 첩보원으로 간주되고 있었던 것이다. 차르가 없는 지금, 구르지예프는 아무리 잘 봐주더라도 예측불허의 인물에 불과했다.

프랑스는 적절한 타협의 산물이었다. 1922년, 구르지예프는 우스 펜스키를 경유해서 그에게 온 영국인 제자들의 재정적 도움에 힘입 어 파리에서 70킬로미터 떨어진 퐁텐블로-아봉에 자리 잡은 아름다 운 소*수도원 건물을 '선임대 후구매'하는 계약을 맺었다. 그의 '학 교'는 1932년까지 이 수도원 부지에 자리 잡게 된다. 인간의 각성과 조화로운 발달을 유도하는 특별한 상황을 만들어내기 위한 구르지 예프의 가장 장엄한 실험은 바로 이곳에서 이루어졌다.

제7장

프랑스와 미국에서의 비엘제붑: 구르지예프 너머로

의식적이든 무의식적이든 자유는 모든 학교의 궁극적인 목표다.

—A. R. 오리지

'르 프리외레 다봉Le Prieuré d'Avon'(아봉의 소수도원)은 시골 사유지에 세워진 고즈넉한 저택이었다. 사유지 한쪽은 시골길이고, 반대편에는 숲과 밭이 펼쳐져 있는 널찍하고 조용한 장소라서 수행에는 안성맞춤이었다. 구르지예프는 '워크'가 필요로 하는 난기류亂氣流를 의식적으로 제공했다. '르 프리외레'와 미국과 파리에서 구르지예프라는 폭풍의 눈 주위에서 소용돌이치던 사람들은 너무나도 많았고, 너무나도 극적이었던 탓에 본서처럼 얇은 책에서 이 시기 전체를 자세히 묘사하는 것은 불가능하다. 이 무렵 구르지예프에게 매료된 작가들, 이를테면 제인 힙Jane Heap, 캐서린 맨스필드, 진 투머, 오리지, 캐스린 흄 등은 너무나도 유명한 탓에 구르지예프와 그들의 교유를 묘사하기 위해서는 따로 책을 써야 할 정도다. (실제로도 그런 책들이 존재한다.)

그런고로, 구르지예프의 삶의 마지막 단계에 해당하는 이 시기의 일화들을 묘사함으로써 단편적으로나마 당시의 분위기를 전달해보기로 하겠다. 구르지예프라는 허리케인과 그 고요한 중심에 관해….

올가는 구르지예프의 비서 역할을 수행하도록 훈련받았다. 구르지예프는 그녀에게 주의력과 기억과 '자기 기억하기'에 관해 특별한 교육을 실시했다. 그는 '하기(doing)' 훈련의 일환으로, 완전한 매각을 원했던 '르 프리외레'의 여성 소유주를 설득해서 선임대 후구매 조건으로 바꾸라고 올가에게 지시하기도 했다. "집주인에게서 무엇을 얻기를 원하는지를 줄곧 염두에 두고, 단 한 순간이라도 그 생각을 잃지 말아야 하네."* 그리고 올가는 원하는 것을 얻었고, 집주인은 올가가 제시한 조건으로 '르 프리외레'를 빌려주는 데 동의했다. 올가는 같은 방법을 써서 내키지 않아 하는 집주인을 설득함으로써 저택의 정원사를 해고시키는 일에도 성공했다. 집주인은 저택 내부와 정원의 관리를 예전 정원사에게 계속 맡기고 싶어했지만, 구르지예프는 수행의 방해가 될 것이 뻔한 외부인의 존재를 원하지 않았던 것이다. 그래서 올가는 구르지예프의 지시를 명심하고 집주인을 찾아갔다. "상대방과 아무리 사소한 얘기를 나눌 때라도, 마음속으로는 정원사를 반드시 해고해야 한다는 가장 중요한 목표를 줄곧 유지하고 있어야 하네. 그러면 집주인도 거기 따를 거야." 올가는 집주인과 반 시간쯤 잡담을 나눴는데, 갑자기 집주인이 이렇게 말했다고

---

* 《구르지예프 씨와 함께한 우리의 삶》

한다. "당신 말이 옳아요. 정원사를 내보내겠어요…" 올가가 정원사를 해고해달라는 얘기는 아예 하지도 않았는데 말이다! 적어도, 소리 내서는 말이다.

이렇게 해서 그들은 '구르지예프 학교'를 설립할 수 있었다. 원래는 신학교였던 '르 프리외레' 건물은 3층 저택으로 개조된 상태였다. 저택 부지는 16만 제곱미터가 넘었고, 소나무 숲과 라임나무 가로수가 우거진 진입 도로, 작은 집, 두 개의 연못을 포함하고 있었다. 구르지예프는 저택으로 이사한 즉시 그것을 이용하고, 개조할 계획을 짰고, '무브먼트' 수행을 위한 작은 강당을 구상했다. 이사한 당일 구르지예프의 제자들은 강당을 세울 자리의 땅을 파고 고르는 작업에 착수했다.

'르 프리외레'에 모인 제자들은 주로 영국인과 러시아인들이었다. 현지인인 프랑스인들이 구르지예프에게 보인 반응은 처음에는 소극적이었고, 회의적이었다. 나중에는 상당수의 미국인 제자들도 찾아왔다.

제자들의 육체노동은 매일 계속되었다. 특히 이것은 육체노동 경험이 거의 없는 사람들을 중심으로 이루어졌다. 마른 체격에 배만 튀어나온 50세의 오리지가 '르 프리외레'로 와서 처음 몇 주 동안 주로 경험한 것은 격렬한 육체노동이었다. 일이 끝난 후 자기 방으로 돌아온 그는 극심한 피로와 지독한 근육통 탓에 글자 그대로 흐느껴 울었다고 한다. 도대체 그런 힘든 노동의 목적이 뭐란 말인가? 영국을 대표하는 문인 중 한 명이자 철학과 역사에도 박식한 지식인 오리지가, 죽을힘을 다해 도랑을 팠다가, 구르지예프의 지시를 따라 그걸 다시 메워야 한다니! 오리지는 매일같이 "한 시간만 더 견디자, 하루만 더 견디자" 하는 식으로 스스로를 채찍질했다고 한다.

구르지예프가 오리지에게 땅을 팔 삽만 준 것이 아니라 내적 수행을 위한 지시 — 새로운 주의력을 구사한 모종의 육체적 수행 — 도 함께 제공했다는 점에는 의심의 여지가 없다. 그리고 어느 날, 이제는 굳은살이 박인 손으로 삽질을 하고 있던 오리지는 새로운 에너지가 솟구치는 것을 깨달았고, 육체적 유기체로서의 자신을 새롭게 자각했다. 활력과 자신감이 증대하고, 의식이 강화된 느낌이었다.

그때 우연히도 뜰을 산책하던 구르지예프는 오리지에게 일어난 변화를 보았다. 오리지는 즐겁게 도랑을 파고 있었다. 구르지예프는 짧게 고개를 끄덕이더니 이렇게 말했다. "이제 그만해도 됐네. 자, 카페로 가서 커피를 마시자고."

오리지는 마침내 '간극'을 가로질렀던 것이다. 오리지가 인간의 '중심' 중 하나와의 건전한 접촉을 복구하고, 새로운 겸손함과 더 참된 관점을 발견한 지금, 이제는 구르지예프가 가르침에 관해 얘기할 차례였다. 훗날 오리지는 '워크'뿐만 아니라 구르지예프 본인을 깊게 이해한다는 점에서도 타의 추종을 불허하는 제자가 되었고, 구르지예프는 그런 그를 '나의 형제'라고 부르기까지 했다.

'학교'가 자리를 잡자 '무브먼트' 교습이 도입되었고, 거의 모든 제자들이 이것을 습득할 것을 요구받았다. 제자들은 구르지예프의 강의를 들었고, 내면 수행을 위해 단독 또는 집단으로 지도를 받았으며, '제4의 길'에 입각한 온갖 종류의 훈련을 거쳤다. 제자들 일부는 동트기 전에 일어나 커피와 아침 식사를 준비했고, 그 밖의 제자들은 아침 6시 반에 기상해서 하루 일과를 시작했다. 제자들은 구르지예프의 지도하에서 새로운 학사^{學舍}와 원래는 비행기 격납고였던 건물[*]의 자재를 이용해서 지은 '무브먼트'용 강당에서 집중적인 '워크'에 돌입했다. 비행기 격납고는 분해된 상태로 따로따로 운반된 다음 '르 프리외레'의 부지에서 재조립과 밀폐와 새로운 도색 작업을 거친 탓에 원래 모습을 알아보기 힘들 정도였다고 한다. 지지대와 기둥들을 들어 올려 제자리에 끼워 넣는 작업은 까다롭고 위험하기까지 했다. 육체적인 '지능'과 정신적인 집중 양쪽을 내재화하는 주의력 훈련에는 안성맞춤이었다고나 할까.

주방이나 정원에서 일하는 사람들도 있었고, '무브먼트' 강당을 장식할 벽걸이를 재봉하고, 저택 전체를 새단장하는 작업에 종사하는 사람들도 있었다. 그러나 이런 잡다한 작업들조차도 궁극적으로는 '내면의 투쟁'을 위한 수단이었다. 제자들이 정원 일에 너무 깊게 빠져들면, 구르지예프는 그것을 눈치채고 이렇게 경고하곤 했다. "동일시! 동일시!" 그들이 당면한 작업에 너무 몰입한 나머지 '자기 관찰하기'를 위한 주의력을 조금 남겨두는 것을 게을리했다는 뜻이다.

'르 프리외레'에서 종일 힘들게 육체노동을 한 사람은 허기를 채우고 잘 생각밖에는 나지 않았을 것이다. 식당에서는 단순하지만 균형 잡힌 식사가 제공되었는데, 이런 환경에서 흔히 볼 수 있는 채식

---

* 구르지예프는 비행선(zeppelin) 격납고였다고 주장했지만, 비행선이 얼마나 큰지 감안하면 사실이었을 가능성은 거의 없다.

주의에 치우치는 일도 없었다. 인간 내부의 양을 위한 푸성귀뿐만 아니라 인간 내부의 늑대를 위한 고기도 필요하다는 것이 구르지예프의 지론이었기 때문이다. 그러나 저녁 식사가 끝난 뒤에는 가차 없는 '무브먼트' 훈련이 시작되었다. 작곡가인 토마스가 피아노 반주를 전담했고, 잔 드 살즈만은 구르지예프 곁에서 조교 역할을 맡았다. 종일 길고 힘든 육체노동을 하느라고 녹초가 된 상태에서 힘든 '신성무'를 춰야 했던 영국인 제자들 중 일부는 마지막 남은 힘까지 쥐어짜면서 도대체 왜 이런 힘든 고생을 사서 하는지 자문했을 것이다.

향기로운 향 내음에 둘러싸인 채로 한 시간쯤 베단타 명상을 하면서 지친 몸과 마음을 달래고, 공중 부양의 비밀이라든지 그에 준하는 힌두적 기이함을 논하는 강의를 듣고, 맛있는 차를 음미하고, 저녁 식사를 즐기며 환생에 관한 강의를 듣고, '비밀스러운 스승들'의 비물질적인 영혼들과 함께 밤하늘의 별빛 아래에서 산책을 즐기는 식의 수행을 예상하고 '르 프리외레'로 왔던 제자들이 꽤 있었다는 점에는 의심의 여지가 없다. 토마스가 나중에 밝힌 바에 의하면 러시아인 제자들조차도 처음에는 그런 식의 수행을 기대했다고 한다. 그러나 '르 프리외레'에 도착한 그들을 맞이한 것은 끝없는 도전으로 점철된 고된 일과였고, 난해하기 짝이 없는 신성한 춤과, 정신적 목표와 결합된 고된 육체노동이었다. '르 프리외레'에서는 환생 같은 신비주의적 개념조차도 대수롭지 않은 것으로 치부되었는데, 현생에서 수행을 통해 계발하지 않은 것을 환생시킬 수는 없다는 것이 구르지예프의 지론이었기 때문이다. (그는 환생이란 개념은 너무나도 오해받고 왜곡된 탓에 말로 논의해봤자 무의미하다고 토로한 적이 있다.)

그 밖에도 '감정적 중심을 위한 워크'라고 이름 붙여진 수행이 있었는데, 구르지예프가 제자들을 큰소리로 모욕하고, 공정함이라는 개념 자체에 의문을 품게 만들 정도로 공격적인 언사를 잇달아 던지는 형식의 수행이었다. 구르지예프의 공격은 제자들 다수가 충격에 못 이겨 눈물을 흘릴 정도로 격렬했고, 그런 광경을 본 구르지예프는 또다시 고개를 설레설레 흔들며 한숨을 쉬었다고 한다. 제자들이 스스로의 자동적인 반응을 관찰할 수 있는 환경을 애써 마련해줬는데, 제자들은 또 그의 지시를 잊었기 때문이다….

그러나 잊지 않는 경우도 있었다. 오랫동안 구르지예프 밑에서 수행한 제자이자 그의 가르침의 가장 중요한 해설자 중 한 명이었던 프랑스인 의사 미셸 콩주는 구르지예프가 "나의 약점 중 하나를 콕 찔러 공격했다"고 술회하고 있다. "내가 나의 감정들을 가라앉히자, 그는 느닷없이 도발을 멈추고 잔 드 살즈만을 돌아보더니 '의사 선생은 이해하는군!'이라고 짤막하게 말했다. 나는 나의 깊숙한 영혼 속까지 들여다본 듯한 그의 눈빛에 만족감을 느꼈다. 그러자 구르지예프는 미소 짓더니 뭔가 다른 일에 착수했다."[*] 콩주는 구르지예프의 도발에 직면하고도 스스로의 자동적인 반응과 자신을 동일시하지 않을 정도의 '존재력'을 유지했던 덕에, 구르지예프도 더 이상 제자를 도발할 필요가 없어졌던 것이다.

'르 프리외레'에서의 육체적 '워크'는 언제나 힘들었다. 구르지예

---

[*] 《구르지예프와 그의 가르침에 관한 에세이와 고찰》

프는 그에 만족하지 않고 제자들을 한계까지 몰아붙였다. "전심전력을 다하는 거야." 그는 러시아어로 이렇게 말하곤 했다. 그리고 영국인 제자들을 향해서는 "스커리Scorry!"라고 외쳤다고 한다. 그러니까 "더 빠르게!"라고 말이다. "더 빨리! '워크'에 최선을 다해! 스커리!"

수행의 많은 단계에서 예의 '초노력(superefforts)'이 필요했던 것은 명백하다. 구르지예프의 전설에서 '초노력'은 큰 부분을 차지한다. 러시아에서 구르지예프는 최악의 날씨에 종일 걸어야 했던 사내의 비유를 통해 '초노력'에 관해 설명한 적이 있다. 무려 40킬로미터나 되는 긴 거리를 주파한 후 비틀거리며 집에 도착한 이 사내의 마음속에는 쉬고 싶다는 생각밖에는 없다. 그러나 따뜻한 저녁 식사가 차려진 식탁에 앉는 대신, 그는 지친 몸을 이끌고 집 밖으로 나가서 억지로 3킬로미터를 더 걸은 다음에야 비로소 집에서 휴식을 취했다. 여기서 정말로 가치가 있는 노력은 집으로 오기 위해 할 수 없이 오랫동안 걸었을 때가 아니라, 귀가 후에도 순전히 '의지'의 힘만으로 일부러 더 걸었을 때의 노력이다.

그보다 더 손쉽게 '초노력'을 소환하는 방법은 일상적인 작업을 평소보다 더 빠른 속도로 수행하며 그 일에 일정량의 적극적인 주의력을 기울이는 것인데, '르 프리외레'에서 수행자들이 경험하는 일과가 바로 이것에 해당했다. 그리고 이 일과는 외부인, 즉 구르지예프에 의해 부과되었다. 보통 우리는 누군가의 강요 없이는 '초노력'을 경주할 수 없지만, 그런 식의 강요는 수행자가 언제 한계에 달했는지를 정확하게 파악할 능력을 가진 사람에 의해서만 행해져야 한다.

구르지예프는 제자들의 작업을 주의 깊게 관찰했다. 제자인 토마스가 위험한 수준까지 육체를 혹사하는 것을 보았을 때, 구르지예프는 잠시 일을 중단하고 낙엽을 긁어모아 태우라고 지시했다. (낙엽을 모아 태우는 일이 휴식으로 간주되는 장소는 오직 '르 프리외레'뿐이었다!) 구르지예프는 타인의 심리적인 한계와 육체적인 한계 양쪽을 예민하게 감지했고, 통상적인 한계를 넘은 제자들을 어디까지 밀어붙여야 하는지를 정확히 알고 있었다. 누군가의 수행을 지도하기에 충분한 공력을 쌓았다고 자처하는 스승들은 정말로 그런 능력을 갖추고 있어야 한다. 제자의 삶 전체가 걸린 일이기 때문이다.

유의미한 나들이

구르지예프는 이따금 일부 제자들과 함께 여러 대의 자동차에 나누어 타고 프랑스의 시골이나 중부의 도시인 비시Vichy로 단체 여행을 가곤 했다. 제자들 입장에서 이런 여행은 불안한 경험의 연속이었다. 구르지예프는 보통 대열 선두의 차를 운전했는데, 마음이 내킬 때는 폭주도 마다하지 않기 때문이다. 엄청난 속도로 길모퉁이를 도는 탓에 바퀴가 공중에 뜨는 일도 다반사였다. 구르지예프의 아들인 니콜라 드 발Nicolas de Val이 쓴 《아빠 구르지예프: 편집되지 않은 몇 가지 추억》*에 의하면 차를 운전한다는 행위는 구르지예프를 '글자 그대로 도취된' 상태로 몰아넣었다고 한다. "그는 차간 거리 따위에는 아랑곳하지 않고… 미친 듯이 차를 몰았다." 영

---

* Daddy Gurdjieff: A Few Unedited Memories

국 아동 문학의 걸작인 《버드나무에 부는 바람》*에 등장하는 두꺼비 모습을 한 자동차광^狂인 미스터 토드^{Mr. Toad}의 재림이라고 해도 믿을 정도였다.

미셸 콩주의 회상에 의하면, 자동차로 여행할 때 구르지예프는 지도를 보며 길을 알려줄 제자를 골라서 옆자리에 앉혔지만, 사거리에서도 속도를 늦추지 않는 탓에 도로 표지판은 제대로 읽기도 전에 휙휙 지나갔고, 결국 길을 잘못 드는 경우가 부지기수였다고 한다. 그러나 구르지예프는 왔던 길로 되돌아가는 것을 거부했고, 아무 잘못도 없는 옆자리의 제자에게 악담을 퍼부었다. 때로는 뒤에서 따라오는 차를 일부러 따돌리는 경우조차 있었고, 불운한 제자들은 스승이 밤에 어디서 머물 작정인지 추정해서 움직이는 수밖에 없었다. 제자들이 가까스로 자기 차를 따라오면, 구르지예프는 모든 숙박업소가 문을 닫는 밤늦은 시각을 일부러 골라 목적지인 소읍^{小邑}에 도착하곤 했다. 그런 다음 여관으로 제자 한 명을 보내서 (구르지예프는 물론 그런 일을 가장 하기 싫어하는 제자를 골랐다) 여관 문을 쾅쾅 두들겨 여관 주인을 깨우게 했고, 새벽 2시에 단잠을 방해받은 탓에 짜증 내는 기색이 역력한 주인을 상대로 몇십 명에 달하는 구르지예프 일행이 묵을 방을 제공하라고 요구하도록 하는 식이었다.

프리츠 피터스의 회고록에는 당시 소년이었던 피터스가 구르지예프와 이런 여행을 갔다가 겪었던 일에 관한 묘사가 있다. 무책임한 부모들에 의해 실질적으로 유기된 것이나 마찬가지였던 열한 살

---

* The Wind in the Willows

소년 프리츠는 동생인 톰과 함께 구르지예프의 미국인 제자이자 출판인인 제인 힙의 손에 끌려 '르 프리외레'로 와서 살고 있었다. 구르지예프는 당혹스러워하는 여관 주인을 상대로 미국인인 프리츠와 톰은 다름 아닌 자동차왕 헨리 포드의 두 아들이므로, 그런 중요 인물들이 머물 방을 냉큼 내놓으라고 요구했다고 한다.

긴 여행을 끝낸 직후 구르지예프는 이따금 잔치를 벌이겠다고 선언하곤 했다. 일행 모두가 휴식하고 싶은 생각밖에는 없을 때를 골라서 말이다. 그런 연유로, 그들은 새벽 3시에 호텔 방에 모여 하품을 하며 토스트와 샌드위치와 과일 따위를 먹어야 했다. 이런 식의 명백하게 불합리하고 도착적이기까지 한 행동을 되풀이함으로써 제자들은 싫든 좋든 그들의 습관적인 존재 상태와 직면해야 했던 것이다. 스승인 구르지예프가 강요한 이런 당혹스러운 상황하에서 제자들은 자기 자신의 노여움과 좌절과 당혹감 — 저차의 본질이 내놓은 기계적인 반응들 — 을 직시하는 수밖에 없었다. 그 결과 고차의 자기自己 역시 부각되었고, 인간의 저차적인 본질과 고차적인 본질 사이에서 강렬하고 생산적인 긴장 관계가 생겨났다. 그 과정에서 무슨 해를 입는 일도 없었다. 제자들은 피로와 좌절과 당혹감을 겪기는 했지만, 여행을 통해 뭔가를 습득했다는 것을 실감하며 무사 귀가했으니까 말이다.

구르지예프는 여행을 갈 때는 미스 에설 머스턴Ethel Merston이라는 이름의 새침하고 고지식한 여성을 인솔자로 임명했다. 여행 중에 어떤 여관에 들렀을 때 그곳에 있던 커다란 개가 구르지예프를 무척 반긴 적이 있었다. 이 둘은 즉시 친구가 되었는데, 여관을 떠난 일행이 휴식을 위해 차를 멈췄을 때 구르지예프는 미스 머스턴에게 자기 부탁을 하나 들어주겠느냐고 물었다. 그녀는 물론 그러겠다고 화답했다. 그러자 구르지예프는 아까 그 여관에서 만난 개는 자기 것이니 그 여관으로 돌아가서 그 개를 '훔쳐오라고' 그녀에게 지시했다.

미스 머스턴은 아연실색했다. 구르지예프도 잘 알고 있었듯이 도둑질은 그녀의 본성에 완전히 반하는 행위였기 때문이다. 그러나 그는 반드시 그래야 한다면서 그녀를 밀어붙였다. 결국 미스 머스턴은 떨어지지 않는 발걸음을 억지로 뗐고, 혼자서 차를 운전해서 여관으로 돌아갔다. 도착하자마자 여관 주위를 돌아다니는 개를 본 그녀는 고뇌에 시달리며 개를 얼러서 차 안에 태우는 데 성공했다. 그러자 여관 주인이 나타났다. 도둑질 현장을 들킨 것이다! 그녀는 횡설수설하며 개가 자기 차에 우연히 올라탔다는 식으로 황급히 둘러댔지만, 여관 주인은 어리둥절해하며 왜 개를 두고 갔는지 반문했다. "아까 여기 들렀을 때 그 신사분은 제게 돈을 주고 이 개를 샀는데요."

미스 머스턴이 도둑으로 체포당할 위험 따위는 애당초 없었던 것이다. 그러나 구르지예프는 이런 무해한 책략을 통해 미스 머스턴이 자기 본질과는 상반된 행동을 하도록 강요했고, 그 결과 그녀는 자기 자신의 가장 큰 두려움을 직시해야 했던 것이다.

1922년 10월, 구르지예프는 갓 설립된 '인간의 조화로운 발달을 위한 학교'를 지도하기 위해 열성을 다하고 있었을 뿐만 아니라 그것을 재정적으로 지원하기 위한 여러 개의 사업을 진행하고 있었다. 기부에만 의존할 수는 없었기 때문이다. 그는 레스토랑을 개업하고,

나중에 그것을 팔아서 수익을 얻었다. 카펫 무역에도 종사했고, 최면요법사로 일하기도 했다. 그는 최면요법의 달인으로 알려져 있었고 특히 다양한 중독의 치료에 능했다고 한다.

그러나 (일반적인 의미에서) 수익성이 없는 행동에 나서는 경우도 있었다. 그해 10월, 죽음이 임박한 캐서린 맨스필드를 '르 프리외레'로 받아들였던 것처럼 말이다.

맨스필드를 받아들이자고 강하게 주장한 사람은 오리지였지만, 구르지예프가 그녀를 받아들인 것은 순수한 선행이었다. 당대의 가장 뛰어난 소설가 중 한 명이었던 맨스필드는 말기 폐결핵을 앓고 있었다. 그녀의 병세는 구르지예프를 만나기 오래전에 이미 악화될 대로 악화되어 있었다. 맨스필드는 구르지예프를 통해서 적어도 영적인 존재로서 살아남고 싶어하고 있었다. 맨스필드가 구르지예프에게 끌린 이유는 인간은 잠들어 있고 로봇이나 다름없는 비극적인 존재라는 사실을 그녀 자신이 감지하고 있었기 때문인지도 모른다.

맨스필드의 남편은 그녀의 이런 행동에 찬성하지 않았다. 그녀의 문단 친구들도 찬성하지 않았다. 그녀의 추종자들 다수도 구르지예프라는 이 스벵갈리Svengali*가 중병으로 인해 심신이 약해진 맨스필드를 착취하고 있다고 불평했다.

그러나 구르지예프는 실제로는 도움을 준 장본인이었다. 그는 맨스필드가 죽어가고 있으며, 살날이 얼마 남지 않았으리라는 사실도 잘 알고 있었다. 인간의 우매함에 대해서도 잘 알고 있었던 그는 그

---

* 조르주 뒤 모리에George du Maurier의 소설 《트릴비Trilby》의 등장인물. 최면술로써 사람들을 현혹하는 음악가로 묘사된다. 역주.

녀가 '학교'에서 요양 중에 죽는다면 비난을 받을 사람은 다름 아닌 그 자신이라는 사실도 알고 있었을 것이다. 그럼에도 구르지예프는 그녀를 받아들였다. 아마 맨스필드에게서 좋은 느낌 — 진정한 영적 열의 — 을 받은 것인지도 모르겠다.

구르지예프는 언제나 깊은 배려심을 가지고 맨스필드를 대했고, 침실뿐만 아니라 낮에도 따로 편하게 쉴 수 있는 복층식 거실을 마련해주었다. 이것들은 마구간 위에 자리 잡고 있었는데, 말과 양과 소의 입김이 폐에 좋다는 민간요법을 따른 것이라기보다는 마음을 편하게 해주려는 구르지예프 특유의 배려였을 공산이 커 보인다. 알렉산더 드 살즈만은 그녀를 즐겁게 해주려고 마구간 벽에 풍자적이고 상징적인 벽화를 그려놓았다. 벽화의 등장인물은 동물 모습을 한 '학교' 구성원들의 캐리커처였는데, 각 동물은 당사자들의 '주요 특징'(chief feature)을 묘사한 것이었다.

구르지예프는 제자들을 대하듯이 맨스필드에게 고함을 지르지도 않았다. (그녀는 '감정적 중심'을 대상으로 한 '워크'를 하기에는 육체적으로 너무 쇠약해진 상태였다) 그는 최선을 다해 그녀를 치유해주려고 했고, 육체적으로 그리 힘들지 않은 활동이라면 그녀도 참가하게 해주었다.

맨스필드는 '르 프리외레'에서 보고 들은 일들을 모조리 기록한 열성적인 편지를 지인들에게 보냈다. 그녀는 '르 프리외레'의 구성원들은 각성하기 위해 정말 노력하고 있다고 술회했다. 올바른 방법으로, 함께이지만 자유롭게, 열정적이지만 경건한 태도로 말이다. "이게 진실이야"라고 그녀는 썼다.

1월의 어느 날 밤, 캐서린 맨스필드는 계단을 내려오다가 각혈하며 쓰러졌다. 잠시 후 그녀는 침실에서 죽었다.

유명 작가였던 그녀의 죽음은 구르지예프가 정확하게 예상했을 것이 틀림없는 여파를 불러왔다. 보도 매체들은 캐서린 맨스필드를 '죽인' 장본인으로 구르지예프를 맹비난했던 것이다.

당시 '르 프리외레'에 체류 중이던 우스펜스키의 회상은 당시 상황을 가장 잘 묘사하고 있다. "구르지예프는 맨스필드를 지극히 상냥하게 대했고, 그녀의 죽음이 임박한 것이 명백했음에도 떠나달라고 요구하지 않았다. 바로 그 탓에 구르지예프는 한동안 거짓말과 중상의 대상이 되었다."

우스펜스키의 궤적과 내리막길에 관한 소고

퐁텐블로에 위치한 '르 프리외레'를 방문했을 때 우스펜스키의 태도에서는 못마땅해하고, 못 미더워하는 기색을 엿볼 수 있었다고 한다. 그는 구르지예프가 '학교'에 어중이떠중이들을 너무 많이 받아들였고, 바로 그 탓에 '학교'는 늦든 빠르든 와해될 운명이라고 생각했다. 어떻게 와해될 것이라고 구체적으로 언급한 적은 한 번도 없지만 말이다. 우스펜스키는 곧 구르지예프에게 완전히 등을 돌리고 영국으로 가서 자신의 '학교'를 설립했다. 그러나 그 후로는 점점 길을 잃은 것처럼 보인다. 그는 영국에서 외국인으로 살아갔고, 그곳을 결코 고향으로 간주하지 않았다. 세월이 흐르면서 쓰디쓴 어조로 자신은 아무것도 모른다고 토로하는 일도 잦아졌다.

우스펜스키의 제자들 다수는 그의 가르침이 어떤 단계까지는 가치가 있다고 평했다. 그러나 결국에는 진정한 본질을 얻기 위해 구르지예프를 찾아가는 경우가 많았다. 스탠리 노트는 우스펜스키와의 관계에 대해 이렇게 술회했다. "우스펜스키에게 지도받는 '워크'는 너무 이론적이고, 너무 '지적 중심'에만 치우쳐 있었다. 수행이 끝나도 공허한 느낌이랄까, 감정적인 기아감을 느끼는 경우가 많았고⋯ 우스펜스키의 그룹과 함께 1년 수행하는 것보다 구르지예프 씨와 점심을 한 번 먹는 쪽이 내면의 '워크'에는 더 도움이 되었다는 것이 나의 솔직한 심정이다."[*]

우스펜스키의 제자들 일부에게 우스펜스키 부인은 그녀의 남편이 줄 수 없었던 무엇인가를 제공해주었다. 우스펜스키 그룹의 일원이었던 펜틀랜드 경은 그 부분에 대해 이렇게 토로하고 있다. "제자들 모두가 그녀를 독립적인 스승으로 간주했고, 그중 다수가 그녀를 더 높은 계제에 도달한 스승으로 대우했다. 러시아 혁명에서 천신만고를 겪고 '구르지예프 학교'의 주방에서 단련된 그녀의 지도는 직설적이었고, 딱딱한 설법 따위와도 거리가 멀었다."[**]

구르지예프는 우스펜스키의 제자였던 케네스 워커Kenneth Walker에게 우스펜스키가 "가르침을 훔쳤다"는 언급을 한 적이 있다. 워커처럼 영국에서 우스펜스키의 지도를 받았던 존 베넷은 우스펜스키와 결별하고 자기 자신의 수행 그룹을 창시했고, 그로 인해 마음이 상한 우스펜스키는 베넷을 "도둑이자 사기꾼"이라고 폄하했다. 해체가⋯ 또 다른 해체를 낳았다고나 할까.

결국에는 우스펜스키도 이런 상황을 이해하고 받아들였지만 말이

* ** *** 《텔로스Telos》 특별 타임라인판에서 발췌.

다. 그의 비서였던 마리 시튼^{Marie Seton}은 우스펜스키가 죽기 얼마 전에 토로한 본심을 기록에 남겼다. "나는 '시스템'을 지키기 위해 지도자의 자리를 맡았지만, 나 자신을 충분히 통제할 수 있기 전에 그래버렸다네. 나는 준비가 되어 있지 않았던 거야. 결국 나는 나 자신에 대한 통제력을 잃었고⋯ '시스템'은 내게는 직업이 되어버렸어."***

그러나 구르지예프의 가르침을 명확하고 명징하게 기술한 《기적적인 것을 찾아서》와 그 밖의 철학적, 신비주의적 저술, 그리고 우스펜스키 본인이 충실한 제자들에게 가르쳤던 진정한 지혜 — 그의 제자들에 의해 후세로 전달된 — 는 오랜 세월이 흘렀음에도 우스펜스키의 유산으로서 굳건하게 남아 있다. 낭독을 통해 《기적적인 것을 찾아서》를 들은 구르지예프가 "아주 정확해⋯. 훌륭한 기억력이고, 진실이야"라고 말했듯이 말이다.

르 프리외레의 일상적인 삶

'인간의 조화로운 발달을 위한 학교'는 누구에게든 가장 좋은 의미에서 엄청난 도전이었지만, 그렇다고 해서 그곳에서의 삶이 끝없는 '워크'와 간단없는 '의식적인 고통 감수'만으로 점철되어 있었던 것은 아니었다. 구르지예프는 충분한 노동 뒤에 취하는 휴식의 가치를 잘 알고 있었기 때문이다. 발한에 의한 노폐물 제거의 신봉자이기도 했던 그는 튀르키예식 사우나를 설계해서 건조한다는 쉽지 않은 일까지 성사시켰는데, 남녀 제자들은 정숙하게 교대로 사우나를 이용했다. 사우나에서 땀을 뻘뻘 흘리는 제자들은 서로 이야기 —

음담패설이든 재치 있는 농담이든 경구든 상관없었다 — 를 나눌 것을 권장받았다. 구르지예프는 다재다능한 재주꾼인 알렉산더 드 살즈만에게 이런 사우나 잡담을 몸으로 직접 연기해보라고 지시했고, 알렉산더가 스탠드업 코미디언 뺨치는 실력으로 모든 등장인물의 목소리와 표정을 흉내 내며 연기하는 것을 보고 폭소를 터뜨리곤 했다.

성 조지 축일(St. George's Day)을 포함한 모든 축일은 구르지예프에게 만찬회를 개최할 좋은 구실이 되어주었다. 제례적祭禮的인 음식들을 포함한 그의 만찬회는 지금도 전설처럼 회자된다. 이국적인 중동 요리들이 나오는 이런 대大만찬회는 (섬뜩하게도 양머리 통구이도 포함되어 있었다) 여러 코스로 이루어졌다. 참석자들은 특이한 전채와 반찬들을 여럿 맛볼 수 있었고, 대량의 보드카와 아르마냑을 마셔댔다.

구르지예프는 멋진 크리스마스 축하연도 열었고, '학교'의 어린아이들이 다종다양한 선물을 받을 수 있도록 진력했다. 가끔 거꾸로 뒤집힌 크리스마스트리를 전시한 해도 있었다. 그의 말대로 "뿌리가 땅이 아닌 천국을 상징적으로 향하고 있는 형상"이라고나 할까?

구르지예프는 큰 액수의 기부금을 모았고 일견 아낌없이 썼다. 선물을 한 아름 구입한 다음 다른 사람에게 거의 내키는 대로 나눠주는 식이었다. 그는 교습료를 기꺼이 받았지만 돈 자체에 가치를 두지는 않았다. 여유가 있을 때는 언제나 1등 객실을 이용했지만, 정말로 낭비벽이 있어서 그랬던 것은 아니었다. 반사적으로 그에게 열광하는 추종자들로부터는 언제든 흔쾌하게 '아메리칸 달러'를 거둬들였고, 제자가 부자일수록 스승인 구르지예프가 기대하는 액수도 컸다. 그러나 그는 그 돈을 아끼지 않고 남에게 주었고, 빈털터리에 가까운 제자들도 기꺼이 받아들였다. 그중 일부는 지원해주기까지 했다.

그는 러시아에 남아 있던 가족을 프랑스로 불러들였다. 처음에는 어머니와 누나를, 그다음에는 동생인 드미트리를 초청해서 먹여 살렸다. 처음으로 '르 프리외레'를 보았을 때 그들은 얼마나 기이한 느낌을 받았을까.

고양이도 왕을 바라볼 수는 있다는 속담처럼,
여기서 잠깐 구르지예프를 비판하자면

구르지예프는 영적으로 높은 계제에 오른 뛰어난 스승이었지만 엄청난 책무에 시달리던 한 명의 인간이기도 했다. 구르지예프가 일반인의 이해를 초월한 층위에서 '워크'를 수행했을 뿐만 아니라 사람들이 보통 '초자연적'이라고 부르는 능력들을 가지고 있었다는 점에는 의심의 여지가 없지만, 그는 초인은 아니었다. 이를테면 그는 자신이 원하는 만큼 '내면적으로 자유롭지는' 못하다고 토로한 적이 있다. 그는 결점을 가진 인간이었다. 하지만 결점이 없는 인간이 어디 있단 말인가? 그는 골초였고, 의사가 추천하는 양 이상의 술과 커피를 들이켰고, 말년에는 과식하는 경향도 보였다. (오후나 저녁에 술을 마시는 것을 종종 목격당하기는 했지만, 그가 실제로 취한 모습을 본 사람은 없다.)

'르 프리외레'에서 어린 시절을 보낸 프리츠 피터스의 회고록에 기고한 서문에서, 《북회귀선》(Tropic of Cancer)의 작가인 헨리 밀러는 이렇게 썼다. "구르지예프의 불미스러운 행동에 관한 일화는 많고,

그가 관례나 사회 관습에 거의 개의치 않는 것처럼 보였던 것 또한 사실이다. 어떤 의미에서는 고대의 영지주의자와 근대의 다다이스트^{Dadaist}를 섞은 듯한 인물이었다고나 할까."

구르지예프는 강력한 에너지들의 도관導管이었고, 그것들은 이따금 그를 압도했을 수도 있다. 그와 여성 추종자들 사이에서 상당수의 사생아들이 태어났다는 사실을 감안하면 그런 에너지가 성적으로도 시현했다는 점은 틀림없다. 사생아 중 한 명이었던 니콜라 드 발의 회고록에 의하면, 어느 날 65세의 구르지예프가 옆방에서 워낙 시끄럽게 사랑을 나누는 통에 아들인 그는 밤잠을 이루지 못할 정도였다고 한다.

구르지예프는 어린이들을 언제나 상냥하게 대했지만, 자기 자식들을 위해 모든 책임을 떠맡았던 것 같지는 않다. 이따금 지도를 하고, 재정적으로 지원해주기는 했지만 말이다.

스승으로서의 구르지예프는 적어도 미국인들은 탐탁해하지 않는 방식의 권위주의에 기대는 경향을 보였는데, 그의 궁극적인 목표가 인간을 (심지어 구르지예프 본인으로부터도) 자유롭게 하는 것이었다는 점을 감안하면 큰 아이러니라고 하지 않을 수 없다. 구르지예프 본인의 기록에서도 타인의 내면을 신속하게 파악할 목적으로 일부러 상대의 "아픈 곳을 찔렀다"는 대목을 종종 찾아볼 수 있는데, 이것은 도발적인 언사를 통해 상대방의 자동적인 부정 반응을 고의적으로 유발함으로써 해당 인물의 심리적 기제를 노출시켰다는 뜻이다. 제자들이 불건강할 정도로 의존적이 되거나, 단지 단독 수행을 필요로 했을 경우 구르지예프는 강압적으로 그들을 내치는 일도 서슴지 않았다. 제자들과 기차 여행을 갔을 때 그는 소년 프리츠 피터스를 견디기 힘들 정도로 불쾌한 태도로 대한 적이 있었고, 그 결과 피터스는 (훗날 스스로 시인했듯이) 구르지예프에 대한 심리적인 의존을 강제로 끊는 수밖에 없었다. 제자들이 구르지예프가 한 어떤 행동의 진정한 목적을 세월이 한참 흐른 뒤에야 깨닫는 것은 전혀 드문 일이 아니었다.

필자는 구르지예프가 '다른 사람들의 아픈 곳을 찌르는' 것을 조금은 필요 이상으로 즐겼다는 심증을 가지고 있는데, 그를 알고 지내던 사람들 역시 나와 비슷한 의견을 피력한 적이 있다.

구르지예프의 방법론 대부분은 전통적인 신비주의의 그것을 경험을 통해 정제한 것이었다. 그러나 그는 실험도 마다하지 않았고, 그 결과 사람들을 기니피그 같은 실험 대상으로 삼았을 가능성도 있다. 프리츠 피터스는 특정 자극에 매우 민감한 반응을 보이는 어떤 러시아 소녀를 대상으로 구르지예프가 최면을 통한 실험을 했을 때의 일화를 소개하고 있다. 구르지예프가 직접 작곡한 어떤 음악을 연주하자 소녀는 트랜스 상태에 빠졌지만, 각성했을 때 심한 히스테리 증세를 보인 탓에 함께 있던 부모를 당황하게 만들었다고 한다. 이 실험으로 인해 그녀가 무슨 영구적인 부작용을 겪은 것은 아니었지만, 진동에 대한 인간의 반응을 시연해 보이기 위해 이런 식으로 그녀를 이용한 것은 너무 몰인정한 처사라는 생각이 든다.

그러나 구르지예프의 실험에 대한 열정은 수그러들 기색이 없었다. 1936년에 그는 자기 방으로 솔리타 솔라노를 불러내서 또 다른 실험을 실행에 옮겼다. 솔리타의 기록은 이렇다.

그는 내게 창가로 걸어가서 그에게 등을 돌린 채로 서 있으라고 지시했다. 그는 문간에 서서 말했다. "전신의 긴장을 풀게. 만약 자네의 머리나 그 밖의 부분이 움직이려고 한다면, 움직이도록 놓아두게. 나는 어떤 실험을 할 거고, 그와 동시에 자네에게 뭔가를 주겠네." 몇 초 후 내 머리는 천천히 좌우로 움직이다가 위아래로 끄덕이기 시작했다. 그러자 백열한 광선 내지는 뜨거운 열파가 내 목덜미를 강타하더니 아래로 내려갔고, 내 등골을 따라 다시 올라왔다. 나는 깜짝 놀라 말했다. "앗, 저를 만지고 있는 건가요!"

"아냐." 그는 문간 쪽에서 대답했다. 1분이 지난 후 다시 그는 말했다. "충분하지 않군." 그는 아무 설명도 하지 않고 방에서 나갔고, 이 일에 대해 다시는 언급하지 않았다.[*]

구르지예프의 대답이 솔리타가 있던 곳에서 떨어진 방문 쪽에서 왔다는 사실에 주목하라. 그는 그녀의 몸에 직접 접촉한 것이 아니었다. 정신적으로 접촉했다고 하는 편이 옳겠지만, 이런 표현 역시 완벽하지는 않다. 구르지예프는 이런 현상을 한블레드조인hanbledzoin이라고 불렀다. 그는 이런 종류의 힘을 악용해서 사람들을 조종하거나 그의 능력을 의심하는 사람들에게 감명을 줄 수도 있었다. 그러나 그는 그러지 않았다. 사막의 샘에서 했던 맹세를 결코 잊지 않았기 때문이다.

---

[*] 《텔로스》 제4권 3호에 실린 〈카나리 문서〉(The Kanari Papers)에서 발췌.

그가 사람들에게 실제로 최면적인 효과를 끼쳤던 사례들의 일부는 상술한 '한블레드조인'이 의도치 않게 작용한 결과임이 명백해 보인다. 구르지예프 저작 시리즈의 세 번째 책에 해당하는《삶이란 오직 '내가 나'일 때만 진정한 것이 된다》에서 그는 글을 쓰기 위해 몸소 고안한 복잡하고 강박적일 정도로 정밀한 문체를 써서 이렇게 술회하고 있다.

> 나의 내부에서, 내 주위에 있는 각성 상태에 있거나 잠든 상태에 있는 사람들에 대한 모종의 자동적인 영향력이 점진적으로 형성되었고, 이것은 나의 능동적 의식의 통제를 완전히 벗어난 수준까지 확장되었다. 그런 연유로, 얼마 지나지 않아 그들은 나의 각성한 의식에 대해 지극히 예민하게 반응하기 시작했다. 이것이 나의 본성과는 전적으로 무관한 이런저런 문제의 발생으로 이어지면서 나는 종종 양심의 가책에 시달리곤 했다.

바꿔 말해서, 구르지예프가 의도하지 않았음에도 그의 주위에 있던 사람들은 '최면'에 걸렸던 것이다.

구르지예프의 가르침은 모두 옳았을까? 그는 우리에게 너무나도 많은 급진적이고 도전적이며 때로는 충격적이기까지 한 견해들 — 필자가 이 책에서 언급한 것들은 빙산의 일각에 불과하다 — 을 너무나도 많이 남겨 주었기 때문에, 이것은 타당한 질문이라고 생각한다. 구르지예프의 가르침의 방대함을 감안하면, 그의 언사가 토씨 하나하나까지 무조건 옳았다고 주장하는 것은 불공평할뿐더러 도리어 그에 대한 결례다. 구르지예프나 그 밖의 위대한 영적 스승들에게 그런 완벽함을 요구하는 것은 스스로의 인간성을 상대로 고투했던 수행자의 위대한 노력에 대한 모독이나 마찬가지이며, 위대한 스승이 위대해질 수 있었던 것은 스스로의 인간적인 약점에도 불구하고 불퇴전의 각오로 수행을 이어왔기 때문이라는 사실을 무시하는 처사이기 때문이다. 구르지예프를 인간성을 초월한 무류無謬의 존재라고 주장하는 것은 어떤 산을 정복한 등반가가 수없이 미끄러지면서도 땀과 노력과 불굴의 의지를 통해 정상에 도달한 것이 아니라 헬리콥터를 타고 정상에 착륙했다고 말하는 것이나 마찬가지다. 이런 태도가 자기 힘으로 산에 오른 등반가에 대한 예의가 아니라는 점은 확실하다.

수행자는 실험, 자기 관찰, '워크'를 통해 구르지예프가 설파한 견해들의 올바름을 입증하거나 부인할 수 있다. 구르지예프 자신이 권고했듯이, 직접 수행을 하며 자기 눈으로 직접 확인해보는 것이다.

생전의 구르지예프를 회고하는 사람들 다수가 일관적으로 "그는 수수께끼(enigma)였다"라는 표현을 쓰고 있다는 점은 흥미롭다. 구르지예프는 진정한 자신을 숨기려고 노심초사하고 있는 것처럼 보였는데, 그의 전기를 쓴 제임스 무어는 구르지예프가 '고난의 길'(Way of Blame) 서약을 했을지도 모른다고 추측했다. 이것은 9세기에 이란 북동부에서 활동한 무슬림 신비주의 교단인 말라마티스Malamatis의 수행법인데, 베일에 싸인 이 밀교 집단의 수행자들은 의도적으로 타인의 비난과 중상모략을 유발함으로써 스스로의 영적인 우위를 감추고, 내면의 고행에 적합한 상황을 만들어냈다고 한다.

구르지예프를 만난 뒤에 평소의 행동 방식이 완전히 무의미해지는 느낌을 받았다고 토로한 제자들은 수없이 많다. 그는 때로는 강렬한 응시나 긴 침묵을 통해서, 때로는 제자들의 질문에 대해 기계적으로 반응하는 것을 아예 거부함으로써 그런 느낌을 의도적으로 만들어냈다. 제이컵 니들먼의 《구르지예프와 그의 가르침에 관한 에세이와 고찰》에 의하면, 구르지예프는 "제자들의 모든 질문을 철두철미하게 이용함으로써 형언할 수 없는 느낌을 불러일으키고, 질문자를 무장 해제시키고, 표준적인 사고방식에 의존하려는 심리적 경향을 원천봉쇄하고, 존재의 지식의 직접적인 전수를 가능케 하는 상황을 만들어내는" 비범한 재능을 가지고 있었다.

스테이블리는 《구르지예프의 추억》에서 회고하고 있다. "어떤 이유에선가 그와 함께 있으면 정말로 '현재 순간'으로 돌입하게 되고, 그 '순간'에는 정말로 어떤 일이든 일어날 수 있었다. 그런 상황에서는 마음의 준비를 하는 것 자체가 불가능했고, 어떤 정해진 공식이 있는 것도 아니었으며, 일상의 삶에서 쓸모가 있던 기존의 태도 따위는 아무 쓸모도 없었다. 무無나 마찬가지였던 것이다."

그런 연유로, 구르지예프를 비판하려고 해도 미지의 부분들이 너무 많은 탓에 공평을 기하기는 힘들다. 왜냐하면 마거릿 앤더슨 Margaret Anderson의 책 제목처럼 그는 '불가지不可知한 구르지예프'였기 때문이다.

'학습당(The Study House)'은 1923년 12월에 완공되었다. 주방에서 일하는 사람들을 제외하면 모든 수행자들이 건설 작업에 참가했다.

내부의 가림막과 창문들은 중근동의 문양으로 장식되었다. 천장은
흰색 옥양목 천개天蓋로 덮여 있었고, 바닥 전체와 벽의 일부는 화려
하고 복잡한 무늬의 중근동산 카펫으로 덮여 있었다. 알렉산더 드
살즈만이 디자인한 캘리그래피 부호로 구르지예프의 경구들을 적은
천들이 정확한 간격을 두고 '학습당' 내부에 걸려 있었다. 한쪽 벽
가에는 무대가 있었다. 방 한쪽에 놓인 쿠션을 댄 일종의 소파는 구
르지예프 본인을 위한 것이었는데, 《마법사들의 투쟁》에서 제자들
을 내려다보는 마법사의 옥좌와 흡사했다. 빨간색의 반투명한 갓이
달린 전등들도 배치되어 있었다. 색상 조절이 가능한 다색 프리즘
조명등이 딸린 두 개의 실내 분수에는 이따금 향료와 향수를 섞기도
했다. '학습당'은 단순한 자재를 이용해서 투박한 군용 비행기 격납
고 내부를 개조한 장소였지만 구르지예프의 감수를 거쳐 마법적인
분위기로 충만한 공간으로 변신했고, 그것을 직접 본 사람들의 심금
을 미묘하게 울렸다고 한다. 특히 그곳에서 '무브먼트'를 관람했을
때는 말이다.

주말이 되면 작곡가들, 영미의 시인과 작가들, 안무가들, 영국 귀
족 등의 다양한 외부인들이 '르 프리외레'를 방문했다. 이들에게 '학
습당' 방문은 구르지예프의 마음과 기억에 자리 잡은 어떤 장소를
체험하는 것이나 마찬가지였고, 정도의 차이는 있었지만 이들 모두
가 감명을 받고 떠났다. 방문자들 중에는 세르게이 디아길레프Sergei
Diaghilev, 싱클레어 루이스Sinclair Lewis, 앨저넌 블랙우드Algernon Blackwood도

있었다.*

'학습당' 내부에 걸린 격언들은 제자들을 위한 것이었고, 제자들은 그것들을 해독하는 방법을 배웠다.

일부 격언들을 인용해보자면 다음과 같다.

'그것(it)'이 싫어하는 것을 좋아하라.

인간이 이룰 수 있는 가장 높은 목표는 '할(do)' 수 있는 능력이다.

삶의 조건이 나쁘면 나쁠수록 '워크'는 더 생산적이 된다. 언제나 '워크'를 기억하는 것을 잊지만 않는다면 말이다.

자기 자신과 분투할 필요성을 이미 이해하고 여기 왔음을 명심하라. 분투의 대상은 오로지 너뿐이다. 따라서 그럴 기회를 준 모든 사람에게 감사하라.

오로지 의식적인 고통 감수에만 의미가 있다.

먼저 동방의 이해를 취하고 서방의 지식을 취한 다음 구도에 나서라.

---

* 세르게이 디아길레프는 러시아의 귀족 출신 예술 평론가이자 무용 프로듀서, 싱클레어 루이스는 미국인 최초로 노벨 문학상을 수상한 소설가, 앨저넌 블랙우드는 영국의 괴기소설의 거장이자 오컬트 결사인 '황금의 여명회'(Hermetic Order of the Golden Dawn)의 멤버이기도 했다. 역주.

천성적으로 비판적 사고를 할 수 없다면 여기 머물러도 아무 쓸
모가 없다.

스스로 '워크'를 하고 싶다는 욕구를 불러일으키는 최선의 방법
은 네가 언제든 죽을 수 있다는 사실을 깨닫는 것이다. 그러기
위해서는 우선 그 사실을 언제나 유념하는 방법을 배워야 한다.

내면을 향한 능동적인 '워크'에서 쓰인 에너지는 바로 그 자리에
서 신선한 에너지로 변용되어 돌아오지만, 수동적인 '워크'에 쓰
인 에너지는 영원히 상실된다.

여기에서는 러시아인도 영국인도 없고, 유대인도 기독교도도 없
으며, 오로지 하나의 목적 — 진정으로 존재하기 — 을 추구하는
사람들이 있을 뿐이다.

미국에서의 간극

미국은 '학교'를 위한 최고의 자금원이 되어주었다. 그랬다는 사
실 자체도 흥미롭지만, 구대륙보다 기성 종교의 통제력이 느슨한 신
대륙이 '워크'에 기여할 제자들의 새로운 원천이 되어줄 수 있다는
점도 고려 대상이었으리라. 구르지예프는 1924년 봄에 대서양 횡단
여객선에 몸을 실었다. 미국에서 '무브먼트'를 공연할 서른다섯 명
의 제자들이 그와 동행했다.

'무브먼트' 공연을 보고 매료된 미국인들 중에는 시오도어 드라

이저Theodore Dreiser, 크리스토퍼 몰리Christopher Morley, 월터 담로쉬Walter Damrosch, 존 오하라John O'Hara, 하트 크레인Hart Crane 등의 유명 문화인들이 포함되어 있었다.* 이들 중 다수를 불러 모은 공로자는 오리지였는데, 관객들 앞에서 '무브먼트'의 의의를 명확하게 소개한 그의 달변도 한몫했다.

공연의 노른자위는 물론 '무브먼트'였지만, 구르지예프는 명백한 '심령적(psychic) 현상'을 공개적으로 몇 차례 피력하기도 했다. 그러나 그럴 때마다 그는 앞으로 보게 될 현상의 일부는 진짜이고, 다른 일부는 그렇지 않다고 선언하는 것을 잊지 않았다. 이런 선언 자체가 구르지예프의 접근법과 완전히 일치하는 것이었고, 청중에게 비판적인 (바꿔 말해서, 회의적인) 태도를 유지할 것을 당부하는 행위였다. 구르지예프는 바로 이런 발언을 통해 청중의 주의력을 한 단계 더 높였고, 가짜로부터 진짜를 식별하려는 태세를 갖추도록 유도했던 것이다. 이런 식의 공연에서 쓰이는 심리적 트릭을 성립시키기 위해서는 공연자들도 엄청나게 높은 수준의 주의력을 유지해야 하므로 (이를테면 탬버린으로 어떤 상징을 내포한 리듬을 음악 속에 숨겨서 연주하는 식으로) 트릭 자체가 인간의 통상적인 활동보다 더 높은 층위에 달해 있었다고 해야 할 것이다.

자극적인 볼거리가 워낙 많은 뉴욕인지라 이 공연의 인기는 곧 사그라졌고 관객 수도 격감했다. 자금 사정이 악화되었고, 구르지예프의 추종자들은 또다시 일거리를 찾아 나서야 했다. 토마스의 작곡가

---

* 드라이저, 몰리, 오하라는 소설가이고 크레인은 시인, 담로쉬는 지휘자이다. 역주.

시절 옛 친구인 아돌프 볼름Adolf Bolm이 이들을 시카고로 초청했고, 그곳에서 그들은 상당한 관심을 불러일으켰다.

그러나 정말로 중요한 개종자들은 몇몇 도시에서 그들이 접한 미국인 청중 중에서 나왔다. 베스트셀러 《케인Cane》의 작가인 진 투머, 훗날 구르지예프에 관한 책을 몇 권 쓴 스탠리 노트, '조촐한 문학잡지'였음에도 영미 문학계에 큰 영향력을 발휘했던 《더 리틀 리뷰The Little Review》— 제임스 조이스의 《율리시스Ulysses》의 발췌 문장들을 처음으로 미국에서 발간한 잡지이기도 하다 — 의 편집 장인 제인 힙, 그리고 힙의 공동 편집자이자 《불타는 샘》(The Fiery Fountains)과 《불가지한 구르지예프》의 저자이기도 한 마거릿 앤더슨 등이었다.

비엘제붑, 재앙의 아이

미국 방문을 마치고 프랑스로 돌아온 구르지예프는 제자들을 '르 프리외레'로 보내고 그 자신은 잠시 파리에 머물렀다. 그가 나중에 '르 프리외레'로 돌아왔을 때 제자들은 뜰에서 일하고 있었는데, 토마스는 당시 그의 모습을 이렇게 술회하고 있다. "그는 차에서 나와서 매우 진지한 표정으로 우리를 바라보았다. 우리는 어떤 운명이 우리를 기다리고 있는지 감을 잡을 수가 없었다."

토마스는 이 순간을 마치 장래에 무슨 나쁜 일이 일어날 징조라도 되는 것처럼 기록하고 있다. 이것은 실제로 1924년 7월 8일에 일어났던 일의 전조였을지도 모른다.

7월 8일 아침 내내 올가는 막연하게 불길한 느낌에 시달리고 있었다. 그녀는 파리에 있는 구르지예프의 새 아파트로 갔다. 그가 파리에서 하룻밤을 보내야 할 때 쓰는 거처이자 사무실로도 쓰이는 곳이었다. 구르지예프는 정색한 표정으로 올가에게 레닌그라드에 있는 그녀의 부모에게 편지를 쓰라고 지시했다. 러시아에 곧 대기근이 닥칠 것이므로 모든 재산을 팔고 '르 프리외레'로 오라는 내용의 편지였다. 그날 구르지예프는 그가 구입하기를 원하는 어떤 장비를 고르러 갈 예정이었는데, 그 예정을 취소하라고 올가에게 명했다. 그들은 차량 정비소로 갔고, 구르지예프는 올가를 통해서 프랑스인 정비공에게 그의 시트로엥 승용차 상태를 자세히 살펴보라고 지시했다. 특히 운전대를 말이다. 보통 그들은 이 차를 몰고 함께 '르 프리외레'로 돌아가곤 했지만, 구르지예프는 올가에게 아파트로 돌아가서 어떤 물건이 있는지의 여부를 확인한 다음에 나중에 혼자 기차를 타고 돌아오라고 명했다. 상술한 일정을 취소했을 뿐만 아니라 의외의 지시까지 받은 올가는 놀라움을 느꼈다. 구르지예프 치고는 이례적인 행동이었던 데다가 이런 행동들 사이에는 어딘가 모호한 관련이 있는 듯한 느낌을 받았기 때문이다.

아파트로 돌아간 올가는 기차 시간이 되기 전에 안락의자에서 잠시 낮잠을 자고 있었다. 그때 올가는 구르지예프가 그녀를 부르는 소리를 들었다. "올가 아르카디에브나! 자네 거기 있나? 이제 가자고!" 그녀는 이것이 꿈이 아닌 현실임을 의심치 않고 벌떡 일어났다. 방금 그가 그녀에게 말을 걸었다는 확신이 있었기 때문이다. 그러나 아파트 어디에도 그의 모습은 없었다. 시계를 보니 4시 반, 기차역으로 가야 할 시간이었다.

퐁텐블로 역까지 그녀를 마중 나온 제자 한 명이 구르지예프가 교통사고를 당했다는 사실을 알렸다. 올가는 거리로 뛰쳐나가서 처음 눈에 들어온 차를 멈춰 세웠고, 순전한 의지력만으로 트럭 운전사를 설득해서 그녀를 병원으로 데려가도록 했다.

구르지예프는 온몸이 붕대로 감긴 채로 혼수상태에 빠져 있었다. 심각한 뇌진탕 증세에 몸 대부분에 시퍼렇게 멍이 든 데다가 심각한 내부손상을 입었을 가능성도 컸다. 몇몇 의사들이 구르지예프를 에워싸고 있었다. 올가는 진흙을 뒤집어쓰고 피투성이가 된 구르지예프가 시골 사거리 근처의 숲에 있던 망가진 차 옆에서 의식을 잃고 쓰러져 있었다는 얘기를 들었다. 차에서 끄집어낸 좌석 쿠션을 베개처럼 베고 있었다고 했다.

제자들은 구르지예프를 '르 프리외레'까지 운반해서 병실보다 훨씬 더 편한 그의 방 침대에 눕혔다. 구르지예프는 그곳에서 엿새 동안 혼수상태의 경계를 넘나들었다. 이따금 손을 조금 움직이거나 중얼거리는 식으로 반응을 보일 때도 있었다. 모르핀을 투여하겠다는 제안을 거부할 정도로는 의식이 있었다. 그런 상태에서 그런 의사를 전달하기 위해서는 엄청난 의지력을 필요로 했으리라.

그러던 어느 날 아침 그는 주위를 둘러보더니 아내에게 물었다. "여긴 어디지?"

그 뒤로는 완만하게 회복세를 보였지만, 처음 몇 주 동안 그의 용태는 좋아졌다 나빠졌다 하기를 반복했다. 오전에는 거의 예전의 그로 돌아왔다가 오후가 되면 의식이 혼미해지는 식이었다. 훗날 이 사고의 여파에 관해 언급하면서 그는 자신의 내부가 죽은 듯한 느낌을 받았고 육체적으로는 "깨끗한 침대 시트 사이에 끼어 있는 고깃덩어리"나 마찬가지였다고 술회했다.*

마침내 구르지예프는 억지로 몸을 일으키고 옷을 입은 다음 걷기 시작했지만, 너무 일찍 그랬다는 점은 명백했다. 그는 여전히 온몸에 붕대를 감고 있었고, 한동안은 거의 장님이나 마찬가지였기 때문에 '르 프리외레' 주위를 돌아다닐 때는 열두 살의 프리츠 피터스의 도움을 받으며 엄청난 고통을 무릅쓰고 절뚝거리며 걸어야 했다. 그는 제자들에게 저택 부지에 있는 소나무를 몇 그루 베어내서 거대한 모닥불을 피우라고 지시했다. 매일 밤 그는 모닥불 가까이에 앉아서 불을 바라보았다. 모닥불을 피우는 것은 그것으로부터 '힘을 이끌어내기' 위해서라고 설명한 적도 한 번 있었다.**

'르 프리외레'는 불확실한 분위기로 가득 차 있었다. 제자들의 두려움은 깊었다. 올가와 그 밖의 추종자들은 주요 '동력'이었던 구르지예프가 무력화된 탓에 '학교'라는 기계는 이제 멈춰버릴지도 모른다고 우려하고 있었다. 몇 주 후 잔 드 살즈만이 토마스에게 게오르기바니치Georgivanich(구르지예프의 별칭)가 '이미 연기를 시작한' 것이 아닌지 의심하고 있다고 털어놓은 것은 아마 그런 이유에서인지도 모른다. 구르지예프는 사고로 인한 부상에서 거의 회복했지만 실제보다 더 몸이 불편한 시늉을 하고 있고, 그 결과 제자들이 모든 판단을 스승에게 의존하는 대신 자유롭게 사고하는 의식적인 존재로서 독립적으로 행동하고 있는지를 관찰하고 있을지도

---

* 《삶이란 오직 '내가 나'일 때만 진정한 것이 된다》
** 《구르지예프 씨와 함께한 우리의 삶》

모르기 때문이다. 실제로 얼마 지나지 않아 구르지예프는 실망감을 드러냈다….

차 사고에서 회복하던 시기의 어느 시점에서 구르지예프는 '무브먼트' 수행을 하는 제자들 건너편에 앉아서 일련의 복잡한 '무브먼트' 동작을 알려주고 있었다. 이 동작은 시작 부분과 끝 부분이 똑같았고 완벽한 대칭을 이루며 끝났다. 구르지예프가 이런 어려운 동작을 제자들에게 정확하게 지도하는 것을 본 올가와 토마스는 스승의 마음이 멀쩡하다는 인상을 떨칠 수 없었다. 가끔 그렇지 않은 척 행동했지만 말이다.

구르지예프는 사고가 일어난 날의 일을 거의 기억하지 못했다. 그는 나중에 사고 지점을 다시 찾아가서 기억을 짜 맞추어보려고 시도하기까지 했다.

구르지예프의 운전 실력에 관한 기록은 여기저기에서 찾아볼 수 있지만, 그 기록들 모두가 그가 (아마 강렬한 체험을 선호하는 그의 성향 탓에) 속도광이었다는 점에 동의하고 있다. 구르지예프가 운전하는 차가 시골길을 질주하고 있었을 때 사거리에서 다른 차가 불쑥 나타났고, 너무 갑작스러웠던 탓에 브레이크를 늦게 밟았다. 상대 차를 피하려고 방향을 홱 튼 그의 차는 도로에서 벗어났고, 바위투성이의 작은 언덕 위를 텅텅거리며 폭주했다. 차 안에 있는 구르지예프도 여기저기에 세차게 부딪혔다. 그러던 중 운전대 — 올가에게 점검을 지시했던 — 가 뚝 부러지면서 그는 완전히 통제력을 잃었다. 그는 모자로 부러진 운전대 축을 움켜잡고 어떻게든 운전을 계속해보려고 했지만… 나무 한 그루가 급속하게 가까워지는 것을 보았고… 차에서 뛰어내렸다.

우스펜스키는 이 끔찍한 사고 소식을 듣고 기독교 신비주의자인 보리스 무라비예프에게 두렵다고 실토했다. 암흑의 힘들이 관여하고 있다고 우스펜스키는 중얼거렸다고 한다. 범용한 인간도 아닌 구르지예프가 도대체 어떻게 '자의성의 법칙'(Law of Accident) 따위에 발목을 잡힐 수 있단 말인가?

그러나 구르지예프는 자신이 초인이라고 한 적이 없고, '자의성의 법칙'을 초월한 존재라고 주장한 적도 없었으며, 부단한 노력을 통해 이따금 이 법칙을 초월할 수 있는 존재가 될 수 있다고 했을 뿐이었다. 구르지예프는 삶을 헤쳐 나갈 수 있도록 자신과 제자들을 인도하는 탁월한 능력을 가지고 있었고, 험난한 여정을 거쳐오면서 여러 번 닥쳐왔을 치명적인 위기를 거의 기적적으로 회피할 수 있었다고 해도 하등 이상할 것이 없다. 그러나 그는 궁극적으로는 여전히 한 명의 인간이었다. 우리가 속한 우주를 통괄하는 48개의 법칙의 중하를 걸머진.

8월 말, 구르지예프는 여러 면에서 다시 예전의 그로 돌아왔다. 그러나 아직 완전히 회복한 것은 아니었다.

8월 26일에 구르지예프는 제자들을 불러 모으더니 공식적으로 (적어도 표면적으로는) '학교'를 폐교했다. "우선, 자네들 중 가르침을 진정으로 이해하는 사람은 극소수야. 나는 '워크'를 위해 인생을 바쳤지만, 일반적으로 말해 다른 사람들은 그리 좋은 결과를 내지 못했네. 바로 그런 이유에서 나는 방금 말한 극소수가 자기 인생을 희생해가면서까지 여기 머물 필요가 없다고 생각한 걸세." 구르지예프는 모두에게 떠날 준비를 하라고 지시했고, 저택을 팔아 부채를 청산할 작정이라고 말했다. 그러나 그 뒤에 이렇게 말했다. "2주 뒤에 나는 새로운 '워크'를 시작할 생각이네. 계속 남아 있어도 좋은 사람들의 이름은 나중에 따로 고지하겠네."*

구르지예프는 그가 완전히 회복하려면 그의 유기적 육체가 요구하는 모든 음식을 (그리고 신경을 진정시켜주는 아르마냑을) 완벽하게 공급해주는 동시에, '학교'의 부담을 충분히 걸머지지 않는 사람들은 모두 방축할 필요가 있다고 결심했던 것이다. 결국 그는 추종자들 대다수를 내보내고 핵심적인 제자들만 '르 프리외레'에 남겼다. 시간이 흐르자 제자 수는 또 늘어났지만 말이다. 그는 오리지에게 명해서 미국의 '제4의 길' 수행 그룹들을 유지하는 동시에 미국인 제자들로부터 기부를 받았고, 그중 많은 부분은 프랑스의 '학교'를 유지하는 데 쓰였다. 그 탓에 오리지는 자금 조달에 골머리를 앓으며 살아가야 했다.

구르지예프는 특정 제자들에게 그가 습득한 가르침의 일부를 전수했지만, 제자들이 장래에도 그가 창조한 '흐름'을 이어갈 수 있을 정도로 성공적으로 그랬는지 확신할 수 없었고, 자신의 깨달음을 어떻게든 후세에 남겨야 한다는 의무감을 느끼고 있었다. 그런 연유로, 그는 책을 쓰려고 결심했다. 그러나 모든 가르침을 단도직입적으로 펼쳐놓은 책을 쓸 수는 없었다. 그것은 비전秘傳의 길이 아니었

---

* 《구르지예프 씨와 함께한 우리의 삶》

기 때문이다. 여기에는 그럴 만한 충분한 이유가 있다. 은밀한 지식을 얻으려면 그에 걸맞은 수행을 거쳐야 한다. 대가 없이 얻은 가르침을 존중하기란 쉽지 않고, 결국 그런 가르침은 왜곡되고 안 배운 것만 못하게 되기 마련이다. 구르지예프의 표현을 빌리자면, 뼈를 묻으려면 모름지기 땅속 깊이 묻어놓아야 하는 법이다.

구르지예프는 향후 몇 년에 걸쳐 그가 습득한 지식의 많은 부분을 그의 위대한 저술 깊숙한 곳에 묻어 놓았다. 《만물 일체》 시리즈의 첫 번째 책인 《인간의 삶에 관한 객관적으로 공평한 비판》(An Objectively Impartial Criticism of the Life of Man), 일반적으로는 《비엘제붑이 손자에게 들려주는 이야기》라는 제목으로 널리 알려진 책 안에 말이다.

이 책에서 구르지예프는 '레고미니즘legominism', 즉 상징체계를 통해 비전적 지식을 전수하도록 설계된 예술 작품을 창조할 작정이었다. 그 상징들 속에 묻혀 있는 의미를 애써 발굴할 용의가 있는 사람들을 위해서 말이다.

구르지예프의 가르침을 부호화한 이 책은 대부분 1920년대 중반에서 후반에 처음 쓰였다. 구르지예프는 직접 자기 손으로 쓰거나, 이따금 올가에게 그 내용을 구술할 때도 있었다. 원문은 러시아어와 아르메니아어로 쓰인 다음에 영어로 번역되었고, 구르지예프가 죽은 지 1년 뒤인 1950년이 되어서야 책으로 출간되었다.

오리지는 구르지예프와 협력해서 이 책의 문장을 읽을 만한 영어 산문으로 편집한다는 골치 아픈 작업을 도맡아야 했다. 구르지예프 특유의 눈이 튀어나올 정도로 특이한 문장 구조와 범용한 완곡어법을 최대한 반영하면서 말이다. 오리지는 이 책의 문장을 점잖은 현대 영어로 고쳐놓을 수는 없었다. 그러기 위해서는 책의 많은 부분을 삭제하는 수밖에 없었기 때문이다. 구르지예프는 이 책에 의도적으로 난해한 부분들을 심어놓았고, 복잡한 문장을 다용한 것도 바로 그런 이유에서였다.

구르지예프는 어떤 대목을 열 번 이상 고쳐쓰기까지 했는데, 그 의미를 더 정확하게 하는 동시에 역설적으로 너무 명백하게 드러내지 않기 위해 고심한 결과였다. 그는 한층 더 깊은 곳에 '뼈를 묻어' 놓았고, '개'는 그 뼈가 있는 곳까지 땅을 파헤쳐야 하는 것이다.

내가 가지고 있는 판의 《비엘제붑이 손자에게 들려주는 이야기》의 길이는 무려 1,238쪽에 달한다.

만물 일체에 관한 아주 작은 소고

구약성서에서 주된 악마 중 한 명으로서 사탄 본인이나 그의 오른팔로 간주되기 전에, 비엘제붑Beelzebub은 히브리어로 '파리의 왕'을 의미하는 바알제붑Baal-zebub이라고 불렸다. 바알은 주인이나 군주라는 뜻이다. 그러나 우가리트어*로 바알-제불Baal-zebul은 '높은 곳의 왕'을 의미한다. 이런 맥락에서 많은 학자들은 바알제붑이 어떤 천신天神의 멸칭이라고 보고 있다. 따라서 고대 히브리인들은 경멸을 담아 "이교도의 하늘의 신은 '파리의 왕'에 불과해"라고 주장했다는 얘기가 된다. 다른 학자들은 바알제붑이 치유의 신이였고, 고로 '파

---

* 지중해 동부 해안에 있던 고대 도시국가 우가리트Ugarit에서 쓰인 언어. 역주.

리의 왕' 또는 '오물의 왕'은 질병을 제거하는 능력을 가지고 있었다는 뜻이며, 부패한 물질에 따라붙기 마련인 파리들은 바로 그런 능력을 상징한다고 주장한다. 바꿔 말해서 그는 질병의 권속인 파리들을 부리는 힘을 가지고 있었고, 그것들더러 떠나라고 명령할 수 있었다는 뜻이다.

구르지예프의 경우는 위의 해석 모두를 의미했을 수도 있다. 《비엘제붑이 손자에게 들려주는 이야기》의 서설 ─ 통상적인 서문과는 결이 다른 ─ 이 실린 제1장에서 구르지예프는 "인류가 진실이라고 간주하는 모든 것과 반대되는" 이야기를 풀어놓을 작정임을 천명하고 있기 때문이다. 그는 세계를 완전히 뒤집어놓고, 우리가 알고 있는 모든 진실은 틀렸다는 것을 가차 없이 보여주겠다고 했다. 그런다면 사람들은 틀림없이 화를 내며 그를 규탄할 것이다. 그들의 눈에는 그가 마치 '사탄'처럼, '비엘제붑'처럼 말하는 것으로 비치리라. 왜냐하면 그는 현상 유지를 하기는커녕 진실로 간주되는 모든 것과는 반대되는 말을 하기 때문이다. 그러나 비엘제붑 본인은 악마적으로 행동하지는 않고, 오히려 천사와도 같은 존재다. 속세에 넌더리를 내고 있는 염세적인 천사이긴 하지만 말이다.

용의주도하게 구성되기는 했지만, 〈사고 각성시키기〉(The Arousing of Thought)라는 제목의 서장은, 베넷의 표현을 빌리자면 '모든 전범典範과 개인 취향'을 통렬하게 규탄하고 부정하는 글이다. 구르지예프는 이 서설에서 그가 쓴 책은 우리의 기존 관념을 타파하고 백지 상태에서 다시 시작하도록 강요할 것이라고 경고하고 있다.

그리고 구르지예프는 자기가 한 말을 실행에 옮겼다. 그 뒤로 이어지는 장들에서 그는 비엘제붑의 입을 빌려 조롱, 풍자, 일화, 역사 수정주의, 그리고 터무니없는 사견을 종횡무진으로 구사해서 전심전력으로 우리의 선입관을 파괴하는 작업에 착수했기 때문이다. 1장의 신랄한 어조는 실로 구르지예프답기는 하지만, 그가 이 글을 쓰던 당시 그의 어머니가 위독한 상태였고 아내는 점점 암에 잠식당해가고 있었다는 사실이 그의 표현을 한층 더 날카롭게 만들었을 가능성도 있다.

《비엘제붑이 손자에게 들려주는 이야기》에서 구르지예프가 독자들에게 제공하는 것은 물론 신랄한 비판 이상의 것이다. 아이러니와 거의 무대 마술의 눈속임에 가까운 미스디렉션misdirection의 이면에는 인류를 정당한 자리로 되돌려놓기 위한 비밀이 층층이 숨겨져 있기 때문이다. 구르지예프가 제공한 것은 왕국으로 들어가기 위한 열쇠였다. 그러니까, 하늘의 왕국 말이다. 이 광막하고 반쯤은 황야에 가까운 대작의 화자인 비엘제붑은 '왕국'의 비밀을 해석해줄 '하늘의 왕'이다. 그리고 그는 치유자이기도 하다. 구르지예프는 언제나 치유력에 관심을 가지고 있었고, 깨우침을 얻은 고대인들이 알고 있었던 진리를 다시 알림으로써 전 세계를 치유하는 것이 그의 바람이었다.

《비엘제붑이 손자에게 들려주는 이야기》는 우화와 속담과 역사의 풍자적 개작이 겹겹이 층을 이루고 있는 데다가, 그것들 모두가 독창적이기 그지없는 언어로 표현되어 있는 탓에 대충 읽는 것은 아예 불가능하다. 표면적으로는 환상적으로 보이지만, 구르지예프적 관점에서 보면 글자 그대로의 진리를 포함하고 있는 책인 것이다. 그런 맥락에서 〈성스러운 행성 연옥〉(The Holy Planet Purgatory)이라는 제목의 장과 인류가 처한 상황의 일반적인 평가를 다룬 대목들은 특히 중요한 위치를 점유하고 있다. 그러나 이 책은 어떤 의미에서는 《천일야화》를 방불케 하는 방대한 은유적 소설이다. 여러 개의 일화로 이루어져 있고 다양한 인물들이 등장한다는 점이 특히 닮았다고나 할까.

이 이야기는 인간 이상의 존재인 현자 비엘제붑이 우주선 카르낙 Karnak 호를 타고 우주를 여행하는 장면으로 시작된다….

물론 이 카르낙이란 명칭에는 의미가 있다. 카르낙은 고대 이집트의 유명한 신전 이름이기 때문이다. 고대 이집트에서 인간은 결정화된 태곳적 가르침들을 통해 우주(cosmos)를 '여행'할 수 있을 정도로, 우주로 상승할 수 있을 정도로 자유로운 존재가 될 수 있었다고 한다. 따라서 신전은 우주선과 마찬가지다.

비엘제붑은 손자인 하세인Hassein과 충실한 하인인 아훈Ahoon과 함께 항성계들 사이를 여행하고 있다. 목적지로 접근하던 중 출현한 매드캡madcap(무모하다는 뜻)이라는 혜성의 골치 아픈 방사성 꼬리를 피하기 위해 그들의 여정은 지연된다. 그러자 비엘제붑은 사람은 장애물의 존재를 기꺼이 받아들이고 그것으로부터 조금이라도 좋은 결과를 이끌어내기 위해 노력해야 한다고 말한다. '의식적 고통 감수'의 또 다른 예다. 비엘제붑은 남아도는 시간을 혈기 왕성한 손자가 무척이나 좋아하는 주제에 관해 토론하면서 보내면 어떻겠느냐고 제안한다. 하세인이 '가장 좋아하는' 행성 지구의 '세 개의 중심을 가진 존재들', 즉 우리 같은 인간에 대해서 말이다. 하세인이 지구인들에게 매료당한 이유는 어린 소년이 개미 사육 상자에 매료당하는 이유와 크게 다르지 않다. 비엘제붑은 우주에서도 거의 버려진 것이나 다름없는 오지 중의 오지인 태양계 — 지구는 물론 그 일부에 지나지 않는다 — 에서 본의 아니게 유배 생활을 한 적이 있었다. 기성 체제에 대해 반역한 죄의 대가였다. 비엘제붑은 구약성서의 루시퍼처럼 우주의 '논리'에 대해 충동적이며 광범위한 의문을 앞장서서 제기했던 것이다. 그 결과 구르지예프의 비엘제붑은 허영심, 즉 이해하지도 않고 무조건 비판한다는 자기 중심벽 탓에 한동안 실추한 상태로 남아 있어야 했다. 그러나 그는 구르지예프의 진정한 주인공답게 태양계에서의 일시적인 체류를 이용해서 스스로를 개선하는 일에 착수했다. 역경은 자기 계발을 위한 기회가 되었고, 결국 비엘제붑은 '무한'의 영역에 있는 그의 본래 자리로 돌아오는 것을 흔쾌히 허락받았다.

이런 식의 일화 — 매력적이며 내적인 핍진성을 갖추고 있지만 엄밀한 의미의 '줄거리'와는 무관한 — 들이 이어지면서 비엘제붑은 지구의 괴이한 상황에 관한 손자의 질문에 대답하고, 그 과정에서 러시아, 미국, 프랑스, 고대 그리스의 철학자들과 그들이 남긴 지적 유산, 예술, 현대에서 '종교'라고 불리는 것, 과학, 그 밖의 문화 비판의 좋은 대상이 되어줄 수 있는 온갖 관습을 맹비난한다. 그는 성인 예수와 성인 모세와 성인 붓다에 관해서도 언급하는데, 이 표현만 보아도 그가 정확히 어떤 관점을 가지고 있는지를 단박에 알 수 있다. 이들을 크게 존경하기는 하지만 신성神性까지는 부여하지 않는다는 뜻이다. 기성 종교의 경건한 신자라면 이 대목 하나만으로 졸

도할지도 모르겠다. 이에 더해 그는 종교를 만들어낸 본래의 충동이 왜곡되었다는 사실을 애도하고, 현대의 불교 사원들 일부의 편향적인 수행법이 만들어낸 '괴물들'을 예로 들며 다른 '중심'들을 훼손하면서까지 한쪽 측면만을 기형적으로 발달시킨 수행자들을 비판한다.

구르지예프는 손님으로 붐비는 시끄러운 카페에서 커피와 아르마냑을 교대로 마시며 난해한 정신적 작업을 하기를 즐겼고, 《비엘제붑이 손자에게 들려주는 이야기》의 일부도 그런 환경에서 작성되었다. 이에 관한 일화가 하나 있다. 파리의 북적거리는 어느 카페에서 구르지예프가 종이에 뭔가를 끼적이며 쿡쿡 웃는 것을 지인이 보았는데, 왜 웃었는지를 묻자 방금 자신이 만들어낸 터무니없는 용어들을 보고 독자들이 심오한 해석을 내놓는 광경을 상상하니 웃음을 참을 수 없었다는 대답이 돌아왔다고 한다. 《비엘제붑이 손자에게 들려주는 이야기》에서 구르지예프는 혀가 꼬일 듯한 신조어들을 수도 없이 (그는 이 책을 위해서 무려 600개를 넘는 신조어를 만들어냈다!) 발명했기 때문이다. 개중에는 헵타파라파르시노크^{Heptaparaparshionkh}라든지 트리아마지캄노^{Triamazikamno}처럼 그럴듯한 어근語根을 가진 고상한 느낌을 주는 단어도 있는데, 그중 다수가 아르메니아어처럼 들린다는 점은 그리 놀랄 일은 아닐지도 모르겠다. 그 밖의 단어들은 모음과 자음을 의도적으로 제멋대로 결합한 결과물처럼 보이지만 말이다.

그 어떤 영적 전통에서도 듣는 사람을 피곤하게 만드는 고지식한 직해주의자들은 있기 마련이며, 구르지예프의 신봉자들 중에서도 《비엘제붑이 손자에게 들려주는 이야기》의 문구들 대부분을 경건하게 곧이곧대로 받아들이는 사람들이 존재한다.

　《비엘제붑이 손자에게 들려주는 이야기》를 글자 그대로 이해하려고 시도하는 것은 터무니없는 짓이다. 이 책은 신화이며, 신화란 인간의 정신에 충격을 주기 위해 만들어진 우화적인 괴물이기 때문이다."* 《비엘제붑이 손자에게 들려주는 이야기》의 저술 작업에서 구르지예프와 긴밀하게 협력했던 오리지의 말이다.

　어떤 사람들은 비엘제붑이 언급한 "아이에이오이우아Aieioiuoa", "오키다노크Okidanokh"(구르지예프가 이 책을 쓸 당시 이미 항간에서 흔하게 쓰이던 OK의 속어인 오키-도키okey-dokey와 발음이 닮은 것은 아마 우연이 아닐 것이다), "흐르하하르흐트즈하Hrhaharhtzha", "하르흐린흐라흐Harhrinhrarh" 따위의 혀에 쥐가 날 듯한 단어들을 마치 무슨 경전이라도 되는 듯이 경건하게 읊조리곤 하는데, 구르지예프 본인이 그의 마지막 책인 《삶이란 오직 '내가 나'일 때만 진정한 것이 된다》에서 다음과 같이 토로했다는 점을 잊은 듯하다. "나는 자제하지 못하고 또다시 나의 약점을 드러내고 말했다. 책에서 가장 진지해야 할 순간에 시쳇말로 '농담 따먹기'를 해버렸던 것이다…." 마지막 두 단어인 "흐르하하르흐트즈하"와 "하르흐린흐라흐"가 대부분 웃음소리와 관련된 음절들로 이루어져 있다는 사실에 주목하라. 니콜라 드 발의 회고록에 의하면, 소파에 앉아 《비엘제붑이 손자에게 들려주는 이야기》의 낭독에 귀를 기울이면서 구르지예프는 시종일관 미소를 떠올리고 있었고, 이따금 뜬금없는 '폭소'를 터뜨렸다고 한다.

---

* 　구르지예프의 《만물 일체》에 실린 오리지의 해설에서 발췌.

《비엘제붑이 손자에게 들려주는 이야기》의 변덕스러운 용어들이 진지한, 그것도 극도로 진지한 법칙들을 위해 선택된 명칭이라는 점은 우연이 아닐 공산이 크고, 결국 이것은 성서의 해석이 오랜 세월이 흐르면서 유머라고는 눈을 씻고도 찾아볼 수 없을 정도로 무미건조해졌다는 사실을 염두에 둔 구르지예프 특유의 방지책이었을지도 모른다. 성서의 자구 하나하나를 무조건적으로 숭배하는 경향은 어리석은 직해주의와 진정한 이해를 결여한 교조주의적 맹종으로 이어졌기 때문이다. 그리고 이 책의 문장 자체에 녹아들어 있는 이런 교훈 — 자기 자신을 너무 진지하게 받아들이지 말라는 — 은 완고한 교조주의의 오만함을 지양하고, 책이 묘사하는 견해와 우주적 법칙들에 대한 진정한 이해의 단초를 제공하고, 진정한 경외심을 느낄 수 있도록 해준다.

구르지예프의 글 대부분이 아이러니로 점철되어 있는 것은 바로 이런 이유에서다. 이 책 역시 예외가 아니라서, 특정 유인원의 조상은 인간 여성이며 태양은 차갑다는 식의 황당무계한 주장과, 독일인과 러시아인과 미국인들의 멍청하고 무개념하며 지조 없는 우행愚行을 희화화한 농담이 난무한다. 구르지예프 본인은 활기차고 개방적인 미국인들을 좋아했지만, 이 책에서의 미국인은 다층적인 야유와 풍자의 보고寶庫라고 해도 과언이 아니다.

그러나 이것은 이 책에 성스러움이 깃들어 있지 않다는 뜻이 아니다. 유머의 베일을 두르고, 신화 속에 깊이 매몰되어 있고, 우화에 겹겹이 에워싸여 있을지도 모르지만, 이 책에 생명력을 불어넣고 있는 것은 바로 그런 성스러움이기 때문이다. 책 자체가 살아 숨 쉰다고나 할까.

우주선 카르낙 호의 여정

로켓을 분사하며 전진하는 우주선 카르낙 호에서, 비엘제붑은 구르지예프 본인의 영지주의적 창조신화를 통해 인류가 현재의 한심하기 짝이 없는 상태로 실추하게 된 자초지종을 우화적으로 설명하기 시작한다….

불규칙한 궤도를 가진 콘두르Kondoor라는 이름의 혜성이 초기의 지구를 비스듬히 강타하면서 두 개의 거대한 파편이 떨어져나왔다. 하나는 훗날 달이라고 불리게 된 위성이었고, 다른 하나는 그보다 작은 아눌리오스Anulios라는 위성이었다. 이 충돌로 야기된 행성들 간의 불균형을 바로잡기 위해 대천사 한 명이 파견되었다. 이 존귀한 대천사는 달과 아눌리오스를 안정시키려면 지구가 일정량의 어떤 성스러운 에너지를 생산해야 한다는 결론을 내렸다. 아소킨Asokin이라고 불리는 이 성스러운 에너지는 달로 흡수되어 그 내적인 진화를 촉진하는 데 쓰인다. 우주는 이 진동하는 에너지 질료를 죽음을 맞은 생명체로부터 수확하므로, 지구에 생명체들이 흩뿌려진 것은 필연적인 결과였다. 비엘제붑이 손자에게 설명한 바에 의하면, 세월이 흐르자 지구에서는 객관적인 이성을 발달시킬 수 있는 잠재력을 가진 '세 개의 두뇌를 가진 존재'(three-brained beings)들이 대두했다. 대천사는 이 존재들이 이성을 통해 자기들이 본질적으로는 달을 위한 가축으로서 도축될 운명이라는 사실을 깨닫는다면 그 사실에 절망한 나머지 스스로를 파괴할 것을 우려했다. 이런 사태를 미연에 방지하기 위해서 그는 이 존재들의 몸에 유해한 신체 기관인 '쿤다버퍼Kundabuffer'*를 도입했다. 척주 뿌리 부분에 박혀 있는 이 기관으로 인해 인류는 암시에 쉽게 빠지고, 집단적 움직임에 의해 최면 상태에 빠지고, 쾌락 추구와 욕망에 휩쓸리고, 만사를 뒤죽박죽으로 바라보는 존재가 되었던 것이다. 이 백해무익한 신체 기관이 제공하는 '완충제'는 스스로를 있는 그대로 볼 수 없게 만들고, 백주몽 상태에 고착시켜놓는다.

같은 맥락에서 이 기관은 제3의 힘(third-force)**에 대한 인류의 맹목성을 유발함으로써 우리가 우리 자신을 내포한 광막한 창조의 메커니즘을 보는 것을 원천봉쇄했다. 그 결과 우리는 오직 '선'과 '악'만을 보고, 음과 양을 관통하면서 전체를 생성하는 도道를 보지 못하는 것이다.

이렇게 해서 인류는 달의 진화에 봉사하는 존재가 되었다. 달이 '창조의 빛살'에 참가할 수 있도록 말이다. 마침내 달은 충분한 양의 진동 에너지를 흡수했고, 더 이상 필요가 없어진 '쿤다버퍼' 기관은 적절하게 제거되었다. 그러나 인류는 잠에 빠져 여전히 제3의 힘을 보지 못했고, 순전히 나쁜 습관과 타성에 의해 사실상 스스로의 '쿤다버퍼' 기관을 만들어내기에 이르렀으며, 이 기관은 만연한 무감각함과 그릇된 교육을 양분 삼아 성장했다. 인간은 '워크'를 통해 이 맹목적인 타성을 극복하고 다시 완전한 존재가 될 수 있다…. 그

---

* 쿤달리니kundalini와 완충제(buffer)의 합성어다. 역주.
** '3의 법칙'에서 상호작용을 통해 '긍정'과 '부정'을 통합하는 '성스러운 조화'의 힘을 의미한다. 역주.

러나 비엘제붑의 예언자적인 전령인 '존경스러운 아시아타 시마쉬 Ashiata Shiemash' (아마 구르지예프 본인을 이상화한 존재일 것이다) 같은 존재가 나타나서 사람들을 각성시키면, 꼭 어딘가에서 이기적이고 완고한 인간이 나타나서 인류를 다시 잠에 빠뜨리곤 했다. 이 책에 등장하는, 볼셰비키를 연상시키는 반反전통주의자 렌트로함사닌Lentrohamsanin 처럼 말이다.

구르지예프는 판에 박은 듯한 세속적인 기술관료들을 의미하는 '하스나무스Hasnamuss'들에게도 비난의 화살을 돌렸다. 이들은 고차의 것, 즉 영적인 것의 수준을 아래로 끌어내리고, 과학만능주의로 대표되는 기계적인 사고방식을 더 높은 것으로 숭앙한다. (몇몇 연구자는 이 hasnamuss라는 단어를 영어의 has-no-must에서 나온 말이라고 해석하곤 한다. 바꿔 말해서, 그들은 스스로 어떻게 행동해야 하는지를 지시하는 진정한 '양심'을 결여한 존재이고, 고차의 것과 접촉함으로써 활성화되는 절실한 충동과는 무관한 존재인 것이다.)

구르지예프는 이런 묘사를 통해 어떤 우주적인 사고가 지구의 균형을 근본적으로 깨뜨림으로써 치명적인 고장을 유발했다고 지적하고 있는 것처럼 보인다. 유대교와 기독교의 신화는 처음에 이런 부조화를 일으킨 결정적인 원인은 루시퍼의 실추를 가져온 자만심이었고, 루시퍼는 그것을 그대로 아담과 이브에게 전한 것이라고 기록하고 있다. 영지주의는 데미우르고스(조물주, 질투하는 신)가 인간을 지배하기 위해 플레로마(창조 에너지)에서 유래한 인간의 신성한 불꽃을 물질 세계에 떨어뜨려 가뒀다고 말한다. 구르지예프의 신화 체계에서 인류의 추락은 운 나쁘게 지구를 강타한 혜성과 선의로 인류를 조작한 대천사 탓이었다. 일종의 관료주의적인 실수라고나 할까. 그러나 본질은 모두 똑같다. 인류는 비극적인 단절을 겪었지만, 희생과 올바른 노력을 통해 균열을 치유하고 조화를 되찾을 수 있는 잠재력을 가지고 있다.

좀더 구체적으로 말하자면, 구르지예프는 우리 인류가 기생적 존재인 동시에 우주에 의해 모종의 방식으로 '이용당하고' 있다고 진심으로 믿었다. 그러나 우리는 단지 사육당하는 기생체 이상의 것이 될 수 있는 가능성을 내포하고 있다. 더 크고 높은 방식으로 우주에 봉사할 기회를 얻을 수 있는 것이다….

그러나 《비엘제붑이 손자에게 들려주는 이야기》가 제공하는 환상적인 이미지들은 모두 우화적이다. 특히 책 앞부분에서 묘사되는 우주선의 작동 원리에 은비학적인 의미가 깃들어 있다는 데는 의심의 여지가 없다.

우주선 카르낙 호의 선장은 베노마^{Venoma}라는 이름의 성인聖人이 '추락의 법칙'을 관찰함으로써 우주 여행의 토대를 만들었다고 설명한다. 성 베노마는 어떤 물체를 향해 추락하는 위치에 자신을 놓는다면 그 물체로 다가갈 수 있다는 사실을 깨달았다. 그러니까, 해당 물체의 중력장 안에 사로잡힌다면 말이다. 이런 추진 시스템의 결점은 조종이 주먹구구식이라는 점과, 해당 우주선이 조우하는 모든 중력장과 대기권의 영향을 받는다는 점이었다.

그 후에 대천사 해리턴^{Hariton}이 더 정밀한 조종이 가능한 새로운 추진 시스템을 개발했다. 우주선 내부의 실린더에 방사성 입자, 희

348

박한 가스 따위의 물질 — 실제로 우주 공간은 빈 것이 아니라 이런 물질들로 채워져 있다 — 을 빨아들여서 제트 엔진이 공기를 압축하듯이 압축하는 방식이었다. 이렇게 압축된 에너지들을 제어된 방식으로 분출하면 우주선은 엔진이 물질을 흡입한 탓에 저압 상태가 된 전방의 영역을 향해 강제적으로 전진한다는 원리다. 필자는 여기서 이 엔진이 현재 우주 공학자들이 '램스쿠프ramscoop'라고 부르는 추진 방식과 놀랄 정도로 닮았다는 사실을 지적하고 싶은 유혹을 피할 수가 없다. 내가 아는 한 이 장치의 원리는 구르지예프가 죽은 지 한참 뒤인 1950년대 말에 처음으로 제창되었고, 현재는 무인우주 탐사기의 설계에 적용되고 있다. 램스쿠프 우주선은 우주공간에 희박하게 널려 있는 수소와 헬륨 및 그 밖의 입자들을 수집해서 추진 에너지로 변환한다.

구르지예프가 우주선에 관한 이런저런 구상을 즐겼다는 점에는 의심의 여지가 없지만, 카르낙 호 선장의 강의를 자세하게 묘사한 주된 목적은 아마 또 다른 우화의 토대를 다지기 위해서였을 것이다. 예를 들어 우주선의 추진 방식을 둘러싼 논의는 인간은 저차든 고차든 간에 어떤 '영향력(influences)' 아래에 놓이는 것을 피할 수 없다는 구르지예프의 견해를 은유한 것일 수도 있다. 우리는 특정한 가르침을 선택함으로써 어떤 영향을 받을 것인지를 선택할 수 있다. 그런 다음 우리는 우리가 통제하는 내적 세계에서 '인상 획득'을 수행함으로써 그 영향력의 무게 중심이 가리키는 방향으로 움직인다. 모든 요소가 전체를 위해 기능하고, 모든 요소가 여정에 나선 우리의 전진을 위한 연료가 되는 곳에서.

오리지에 의하면 궤도를 벗어난 혜성이 지구와 충돌하면서 두 개의 파편이 떨어져나왔다는 이 책의 묘사는 일종의 내적인 천문학적 재앙을 상징한다고 한다. 우리의 세 '중심'은 심리적이거나 사회적인 대격동에 의해 파편화되었고, 그 결과 두 '중심'이 '우리에게서 떨어져 나가면서' 시스템의 큰 부분을 차지하는 '중심'과 불화를 일으켰다. 따라서 구르지예프의 우주론적인 우화는 궁극적으로는 인류의 이야기이며, 우리의 내적인 삶에서 일어난 우리 자신의 비극인 것이다.

우리는 일종의 기계이기 때문에, 구르지예프는 기계에 관한 묘사를 곧잘 비유 거리로 쓴 것인지도 모른다. 이 책에서도 매우 난해한 축에 속하는 〈지고의 황당무계함〉(The Arch Preposterous)이라는 제목의 장에서 바로 그런 묘사를 찾아볼 수 있다. 이 장이 책의 비교적 앞부분에 위치해 있는 것을 보면 구르지예프는 마치 불성실한 독자들을 미리 솎아내서 더 이상의 독서를 단념하도록 유도하고 싶었던 것처럼 보인다. 여기서 그는 머리가 아플 정도로 복잡한 문장들과 지독하게 많은 신조어들을 동원해서 ('파르지라하트나티우세 Parjirahatnatioose'를 한번 발음해보라) 토성의 왕이 만들어낸 기계를 묘사한다. 쥘 베른의 풍자로도 볼 수 있는 방식으로 묘사된 이 '흐르하하르흐트즈하'라는 이름의 기계는 특별한 종류의 진공을 만들어낸다. 그 결과 특별한 방호복을 입고 그 주위에 있는 사람들은 더 이상 사악한 영향력을 받지 않고, 그 대신 정제된 '편재하는 오키다노크'(Omnipresent Okidanokh)를 받아들임으로써 모종의 상태에 도달하게 된다. 비엘제붑은 그 상태를 다음과 같이 묘사하고 있다.

나의 내면에 있는 '존재의 중심' — 세 개의 '중심'을 가진 모든 존재의 현존에 국한되어 있으며 각각 '사고적', '감정적', '동적' 중심이라고 불리는 — 에서, 각 '중심'들이 매우 현묘하고 특이한 방식을 통해 행성체(planetary body)인 내 온몸의 각 부분들에서 성스러운 '라스쿠아르노Rascooarno'라고 불리는 독립적인 과정이 일어나고 있다는 지극히 뚜렷한 인상을 분리적이고 독립적으로 수신하기 시작했어….

이런 식의 묘사가 끝없이 이어지면서, 비엘제붑은 우주를 배경처럼 가득 채우고 있는, 눈에 보이지 않는 빛을 드러내는 이 장치의 능력과 수많은 응용법에 관해 설명한다. 이 기계는 인간 내부의 여러 진동을 정제하는 은비학적인 내적 과정과, '창조의 빛살'의 여러 계제에서 작용하는 진동을 일종의 우주적인 연금술 과정으로서 이해하기 위한 정교한 우화처럼 보인다. 진공은 우리가 '인상'을 획득하고 고차의 흐름을 받아들여 우리에게 내재된 '존재력'을 규정하는 감수성 내지는 비非에고적 영지(gnosis)를 의미하는 것인지도 모른다. 그렇다면 방호복과 차폐막은 우리들 밖에서 오는 부정적이거나 산만한 영향들에 대한 '비非동일시' 능력을 획득하는 과정의 상징일 공산이 크다.

상술한 구르지예프의 문장들에 대한 필자의 일견 '박식한' 해석은 물론 틀렸을 수 있지만, 기본적인 시각은 옳다고 나는 확신하고 있다. 구르지예프의 《비엘제붑이 손자에게 들려주는 이야기》에서 사회 풍자나 명약관화한 가르침을 제외한 부분들은 결코 무의미한 걸치레가 아니라는 시각 말이다. 처음 읽었을 때는 그렇게 보일지도 모르지만, 이 책 전체가 수많은 의미로 힘차게 공명하고 있다고 해도 과언이 아니다.

불손함에서는 둘째가라면 서러울 구르지예프도 만물의 총체를 이루는 지성을 의미하는 '우리 모두의 무극無極한 아버지'를 언급할 때는 결코 경의를 잃지 않았다. 이 지고의 존재는 헤로파스Heropass, 즉 '시간'에 의한 항구적인 에너지 손실이라는 중하에 시달리면서도 창조적인 대칭성을 유지하기 위해 고투하고 있기 때문이다. 우주의 창조 과정이 지속될 수 있는 것은 바로 이 총체적 신의 '의지'가 있기 때문이다. 만약 우리가 이 신의 '의지'의 지속을 돕기 위해 필요한 존재력의 몸들과 능력을 우선적으로 계발한다면, 특히 객관적 이성을 계발한다면, "우리는 '대의 중의 대의'인 우리의 '가장 성스럽고 성스러운 절대 태양'과 합일을 이루고, 우리의 '만물을 아우르는 무극'이 희구하는 '목적'의 달성에 착수할 수 있을지도 모른다…" 그리고 에너지의 의식적인 변용을 가능하게 하는 '워크'를 통해 우리는 그의 끝없는 고통을 줄일 수 있는 것이다.

위의 짧막한 인용문의 출처인 〈성스러운 행성 연옥〉이라는 제목의 장은 이 책의 형태를 빌린 위대한 생명체의 중심에서 면면히 맥박치는 심장이라고 해도 과언이 아니다. 오랫동안 영적 탐구의 길을 걸어오면서 관련 문헌을 깊고 넓게 섭렵한 오리지조차도 〈성스러운 행성 연옥〉을 그가 읽어본 영적 문헌들 중에서 가장 심오한 내용이라고 평했을 정도였다. 이 장은 원초적인 상태의 묘사로 시작해서,

시간의 도래가 어떻게 그 균형을 깨뜨렸고, 어떻게 하면 창조 과정을 통해 본래의 조화를 복원할 수 있는지를 가르치고 있다. 그런 다음에는 이 창조와 조화의 복원을 통괄하는 법칙들로 아래의 인간 층위를 묘사한다.

여러 의미에서 〈성스러운 행성 연옥〉은 플라톤과 플로티노스의 철학서나 《헤르메티카》 및 모종의 영지주의 문헌들을 읽은 독자들에게는 낯익은 분야를 다루고 있지만, 그런 문헌들은 묘사가 너무 일반적이라는 난점이 있다. 이 문헌들은 만물을 내포한 완전한 상태의 존재를 암시하고 있다. '플레로마'라고 불리는 이 이데아의 영역에서 발생하는 창조의 에너지는 우리를 향해 흘러내리며, 우리가 위에서 우리를 내리누르는 이 흐름에 대해 저항함으로써 성립하는 역동적인 투쟁은 우리가 고차의 존재에 다시 합류하는 것을 가능케 하는 상호작용이기도 하다. 그렇게 해서 존재의 순환이 완수되는 것이다. 그러나 구르지예프의 설명은 이보다 훨씬 더 상세해서, 하강과 상승의 층위를 단계별로 열거하며 '저차'의 상태에서 '고차'를 실현하기 위한 과정을 일일이 묘사하고 있다. 부호화된 탓에 난해하게 느껴질 수밖에 없는 태곳적 가르침을 명쾌하게 해독해주었다고나 할까. 신비주의자들과 영적 철학자들도 높은 곳에서 낮은 곳으로 흘러내리는 창조의 과정과, 이 과정 전체를 완수하기 위해 '고차'와 '저차' 사이에 존재하는 회로에 관해 언급하고 있지만, 구르지예프는 〈성스러운 행성 연옥〉을 통해 이런 '세계 창조' 과정의 핵심을 놀랄 정도로 명확하게 설명해주었던 것이다.

구르지예프의 설명은 거의 골치 아플 정도로 구체적일 때도 있다.

《비엘제붑이 손자에게 들려주는 이야기》에서 묘사된 '3의 법칙'(Law of Three)에 관한 대목이 좋은 예다.

> 하르넬미아즈넬Harnelmiaznel을 통해 앞서 발생한 것에서 새로이 발생하는 것의 과정은 다음과 같이 이루어진다. 중간 단계를 이루기 위해서 '고차'는 '저차'와 섞이고, 그 결과 그 전의 '저차'보다는 높거나, 그 후의 '고차'보다는 낮은 상태가 된다. 전에도 얘기했듯이 이 성스러운 트리아마지캄노Triamazikamno는 세 개의 독립된 힘으로 이루어진다…. 첫 번째는 '긍정하는 힘'이나 '미는 힘' 혹은 그냥 '더하는 힘'(Force-plus)이라고 불리고, 두 번째는 '부정하는 힘'이나 '반발하는 힘' 혹은 그냥 '빼는 힘'(Force-minus)이고, 세 번째는 '조화시키는 힘'이나 '균형을 유지하는 힘' 혹은 '중화시키는 힘'이라고 불린다.

구르지예프는 '존재의 양식(food)' 안에서 육체적인 요소와 우주적인 요소를 조합함으로써 '고차'의 몸을 창조하는 과정들에 상응하는 내면의 과정들에 관해서도 상당히 명확하게 묘사하고 있다.

구르지예프는 이 행성 간間 연옥을 묘사하면서 '창조의 빛살'(Ray of Creation), '3의 법칙', '7의 법칙'과 함께 '우주 만물의 상호적 급식'을 밝혀줄, 산문으로 쓰인 일종의 청사진을 제공했다. '행성 연옥'에서 영혼의 창조와 '의식적인 고통 감수'를 통해 '고차'에 봉사하는 인간의 내적 상태를 보여주는 우화적인 대목의 생생함도 특기할 만하다. 행성 자체는 완전무결한 낙원이지만, 그곳에 거주하는 '고차적-존재-육체'(higher-being-bodies)들은 의식적으로 고통을 감수함으로써 가장 높은 형태의 '워크'를 계속하는 쪽을 택했다. '무한함'인 신은 이런 그들을 위로하고, 격려하기 위해 일종의 살아 있는 광휘光輝처럼 스스로를 드러낸다. 그들이 있는 연옥 상태는 일종의 천국이라고 할 수 있음에도 그들은 의도적으로 물질성을 감수하고 있다. 이 책에 등장하는 이 존재들은 '고차'와 '저차' 중간 어딘가에 있는 장소에서 균형을 잡고 있는 영적 스승의 내적 상태를 상징하는 것처럼 보인다. 항구적으로 중간적인 이 상태는 절묘한 긴장을 유발하고, 자기 존재의 양면을 자각한다는 행위 — 불가사의한, 초월적인 고통 — 는 영적 성장을 위한 내적 조건을 만들어내는 것이다.

구르지예프가 솔리타 솔라노에게 말했듯이 말이다. "이제 자네는 두 세계 사이에서 고통을 감수하며 살아가야 하네. 인간의 두 세계에서 말이야. 그러기 위해서는 일단 첫 번째 세계에서 죽고, 두 번째 세계에서 부활해야 해. 그런 뒤에야 자네는 비로소 양쪽 세계에서 살아갈 수 있다네."

《비엘제붑이 손자에게 들려주는 이야기》의 많은 부분은 종교에 관한 인간의 추측을 부정하기 위해 만들어진 것처럼 보인다. 구르지예프는 종교 경전에 대한 종래의 해석 대부분이 부정확하다고 지적했다. 이를테면 예수를 배신한 제자인 유다는 성인이자 예수의 가장 소중한 제자였고, 유다는 예수의 '성스러운 긍정'에 대한 '성스러운 부정'의 단초를 의도적으로 제공했을 공산이 크다는 식이다.

그런 식의 부정적 기류는 〈성스러운 행성 연옥〉 후반부에서 구르지예프/비엘제붑이 신을 '긴 턱수염을 기른 늙은 유대인'처럼 의인화하는 관습을 개수작이나 다름없는 것으로 치부하는 대목에서도 찾아볼 수 있다.

그러나 전체적으로 보았을 때 〈성스러운 행성 연옥〉은 구르지예프의 혹독한 '성스러운 부정'을 비엘제붑의 희망에 찬 '성스러운 긍정'을 통해 균형을 잡는 과정을 글로 나타낸 것이며, 책 대부분을 점유한 기성 관념의 파괴적 해체와 균형을 이루는 창조적인 축적을 상징한다.

비엘제붑 이야기의 문장 구조에 깃든 노골적인 언어유희

《비엘제붑이 손자에게 들려주는 이야기》의 어떤 부분은 다른 부분에 비해 더 직설적이고 선형적이지만, 책 전체의 모티프라는 측면에서는 복잡하고 자기 지시적인 문장들에 거듭해서 의존하는 경향이 있다. 그리고 그런 문장들은 문장 구조의 형성 단계에서부터 모종의 비밀을 내포하고 있는 것처럼 보인다.

아래는 적당히 책갈피를 넘기다가 찾은 비교적 짧은 예인데, 〈아시아타 시마쉬의 체계〉라고 명명된 장의 문장이다.

당분간은 너의 내부에서 다음과 같은 과정을 내재화해야 한다. 상술한 특정한 정신적 속성인 '에고이즘'이 네가 선호하는 것들과 함께 있을 시에 완전히 형성된다면, 또 그런 다음 내가 이미 언급한 적이 있는 그 밖의 다양한 2차적 충동들 — 그 뒤를 이어 나타났고 지금도 여전히 그것으로부터 나타나고 있는 — 의 내부에서 형성된다면, 또 그에 더해 각성한 의식 내부에서 성스러

운 의식^{意識}의 충동이 완전히 결여된 결과로서 그런 일이 일어난
다면, '아시아타 시마쉬의 지극히 성인다운 활동'이 이루어지기
전, 그리고 그 후에도 행성 지구에서 발생해서 존재하는 이 세
개의 중심을 가진 존재들은 통상적인 존재의 과정이 이루어지는
동안 오로지 자기들만을 위해 스스로의 안녕을 확보하기 위해
언제나 노력해왔고, 지금도 그렇게 노력하고 있다고 할 수 있는
것이다.

구르지예프는 이런 장황한 문장을 늘어놓는 대신 그냥 "사람들은
언제나 이기적이었다"라고 쓸 수도 있었다. 그러나 같은 정황을 불
필요하게 되풀이한 것처럼 보이는 대목은 공명^{共鳴} 효과를 내기 위한
기발한 매체의 역할을 수행하고 있는 것인지도 모른다. 되풀이되는
각 문장이 대위법의 한 점과 다른 점에서 발생한 더 풍성한 차원을
포괄함으로써 '세 번째 힘'을 구조화한 일종의 상징체계 안에서 조
화를 이루는 식으로 말이다.
　독자들은 상술한 문장이 문맥을 무시하고 발췌되었다는 점을 유
념해야 한다. 일단 그 리듬에 익숙해지면, 놀랄 정도로 읽기 쉬운 책
이라는 사실을 깨닫게 될 것이다.

《비엘제붑이 손자에게 들려주는 이야기》에서 성인 아시아타 시마
쉬의 활동을 다룬 장은 이 책의 또 다른 의미적 중심에 해당하며, 메
아리치는 협곡들 사이를 지나가는 일종의 금맥^{金脈}을 연상케 한다.
우리의 삶에 날실과 씨실처럼 엮여서 인간의 진정한 '양심'을 구성

하는 각성의식을 억압하도록 만드는 불편함과 최면적인 암시에 대해서는 이미 언급했다. 그 결과 우리는 스스로의 '양심'을 잠에 빠뜨린다. 이 책은 '지성'과 '감정'과 '감각'이 조화를 이루는 공유 의식을 박살냄으로써 '양심'의 억압을 가능하게 하는 특정 기제에 관해서도 언급하고 있다. 이런 식의 분열은 우리가 어린아이들을 교육하는 방식에 유래한다. 어른들은 집단 최면이 제공하는 적당하게 편안한 심리적 영역을 교란하지 않도록, 불성실하고 부정직하게 행동하게끔 어린아이들을 훈련하기 때문이다. 어린아이가 그런 질문을 하면 "안돼! 네가 그러는 탓에 난 자꾸 잠에서 깬다고!" 하는 식이다.

아시아타는 우리가 '양심'을 복원하고 싶다면, "의식적인 노동과 의도적인 고통"을 감수해야 한다고 설파한다. 두려움을 모르는 '자기 관찰'과, '자기 감지'와, '자기 기억하기'와, 진정한 회한을 통해서 말이다. 아시아타가 언급한 '파르트크도이그-의무-되기(Being Partkdoig-duty)'는 이 모든 노력을 포괄하는 표현이다.

구르지예프는 존재의 의미와 목적을 찾는 탐구에 나섰고, 그가 그토록 애타게 찾던 것을 마침내 발견했다. 그는 이 발견을 이 책에서 장려하게 펼쳐 보이고 있다. 〈성스러운 행성 연옥〉의 장에서는 우주적인 규모로, 성인 아시아타 시마쉬의 〈객관적 윤리의 다섯 가지 분투奮鬪〉에서는 인간을 위한 조금 더 실제적인 교훈의 형태를 빌려서 말이다.

인간의 궁극적인 안내자이자 절대로 틀리지 않는 나침반이며 결코 꺼지지 않는 내면의 불빛인 진정한 '양심'을 만들어내기 위해서,

우리는 '존재-오블리골니안(being-obligolnian)의 분투'라고 불리는 것을 우리 내면에서 '성찬변화시킬' 필요가 있다.* 여기서 '오블리골니안'이란 특이한 용어가 의무를 의미하는 영어 단어(obligation)를 닮은 데는 그럴 만한 이유가 있다. 구르지예프는 우리가 이 세계에서 생을 얻었다는 사실에 대해 은혜를 갚을 의무가 있다고 가르쳤기 때문이다. 생명은 선물이지만, 그보다 더 큰 선물을 받기 위해 우리는 그 대가를 치르는 쪽을 택하는 것이다. '존재-오블리골니안의 분투'는 아래의 다섯 가지 목표로 요약된다.

첫 번째 분투는 행성체(planetary body)인 우리 몸에 정말로 필수적이며 만족스러운 모든 것을 우리의 통상적인 존재 내부에 구비하는 것이다.

행성체, 바꿔 말해서 우리의 물리적인 육체에 충분한 영양을 공급하고 건강한 상태를 유지함으로써 고차의 목적을 위한 수단이 될 수 있도록 하는 것이 이 분투의 목적이다. 이슬람교 수행자인 파키르처럼 육체를 정복하는 식의 극단적인 고행과 금욕은 바람직하지 않다. 행성체는 적절한 휴식과 즐거움을 향유할 필요가 있기 때문이다. 오리지의 표현을 빌리자면 수행자는 자신의 행성체가 일정한 '탄력성(elasticity)'도 유지할 수 있도록 유념해야 한다. 구르지예프가 무려 40종류에 달하는 기술을 익힌 것도 바로 그 때문이었다. 인간의 육체는 육체적인 지능을 가지고 있다. 어떤 의미에서는 육체의 자체적인 두뇌라고도 할 수 있는 이 지능은 힘든 육체노동을 통해 예민하

---

* transubstantiation. 최후의 만찬에서 빵과 포도주가 자신의 몸과 피라고 한 예수의 말에 의거해서 빵과 포도주를 축성하는 기독교의 성사聖事에 기인한 신학적 표현이다. 역주.

고 활력에 찬 상태를 유지할 필요가 있다. 최대한의 '자기 기억하기'를 동반한 공예(craft) 작업은 구르지예프의 '워크' 수행에서 활용되는 전통적인 수단이다. '무브먼트' 역시 이런 상태를 유지하는 데 도움이 된다.

이 분투에는 자신과 자신의 가족이 기거할 거처를 마련하는 것도 포함된다.

두 번째 분투는 존재의 맥락에서 완벽한 자아실현을 위한 항구적이고 흔들림 없는 희구 본능을 유지하는 것이다.

우리는 '존재-노력'(being-efforts), 즉 존재력을 증대시키려는 노력을 통해 진정한 본질을 성장시킬 수 있다. 우리는 우리에게 필요하고 좋은 영향을 끼치는 수행을 자발적으로 실행에 옮기지만, 평소에 우리를 움직이는 '그것'은 그러고 싶어하지 않는다. 수행자는 이런 식의 전형적인 타성을 극복하고 묵상과 '자기 기억하기'에 매진해야 한다. 본말이 전도될 정도로 극단적인 노력은 바람직하지 않으며, 일상생활을 영위하면서 의식적인 노력과 '의도적인 고통 감수'를 통해 꾸준하게 전진해야 하는 것이다. 시간의 흐름에 계속 그물을 던진다는 마음으로….

세 번째 분투는 '세계-창조'와 '세계-유지'의 법칙들에 관해 조금이라도 더 많이 알기 위해 의식적으로 노력하는 것이다.

이해를 가능케 하는 '존재력'을 축적함으로써 우주에서의 우리의 위치를 이해하는 데 최대한의 노력을 기울이고, 지식으로 손을 뻗어 이해의 형태로 결정화하는 것이 이 분투의 목적이다. 우리는 우리가 누구이고, 어디 있으며, 세계와 어떤 관계를 맺고 있는지를 끊임없이 자문해야 한다. 창조의 음계에서 우리가 점유하고 있는 위치를 알고, 그 광막함 앞에서 겸허해지고, 도전을 받아들이라. 우리의 질문에 대한 최종적인 해답이 무엇인지를 결코 알 수는 없으리라는 사실을 받아들이고, 그럼에도 질문하는 것을 멈추지 말라.

네 번째 분투는 존재하기 시작할 때부터 우리라는 존재의 발생과 개인성 획득의 대가를 최대한 빨리 치를 수 있도록 노력하는 것이다. 훗날 자유로워져서 '우리 모두의 아버지의 슬픔'을 최대한 경감할 수 있도록.

우리가 존재한다는 사실 자체가 하나의 의무이다. 삶의 여정 끝에는 죽음이 기다리고 있고, 우리가 그 여비를 마련하기 위해 노력할 시간은 많이 남아 있지 않다. 최근 과학 잡지에서 기생 생물의 수는 그 어떤 생명 형태보다 많다는 내용의 기사를 읽은 적이 있다. 모든 생물종은 어떤 식으로든 기생적이기 마련이다. 우리 인간도 소와 닭을 잡아먹고, 궁극적으로는 지구 자체를 갉아먹으면서 살아가고 있지 않은가. 다른 존재들에게 우리가 얼마나 많이 의존하고 있는지를 감안하면, 서로 먹고 먹히는 관계라고 해도 무방할 정도다.

그러나 다른 존재들의 고통을 목격할 때 그것이 경감될 수 있도록 도울 의무가 우리에게 있다는 사실을 자각한다면, 우리는 기생체 이상의 존재가 될 수 있다. 더 의식적으로 행동할 수 있도록 고투하고, '춤의 제자'가 되어 어떻게 하면 삶이라는 음악과 올바른 관계를 유지할 수 있는지를 배운다면 말이다.

다섯 번째 분투는 언제나 자신을 닮은 존재나 전혀 다른 형태를 가진 존재들이 최대한 빨리 완성될 수 있도록 도움으로써 성스러운 마르트포타이^{Martfotai}, 즉 '자기-개인성(self-individuality)'의 계제에 이를 수 있도록 하는 것이다.

이것은 제자들을 가르치고 서로의 '워크' 수행을 돕는 것을 의미한다. 그들을 배려하는 마음으로 정직하게 대하고, 필요하다면 구르지예프나 티베트 불교의 성자 밀라레파^{Milarepa}의 예에서 볼 수 있듯이 가혹하게 대하는 것이다. 그리고 이런 종류의 가혹함은 어리고 귀한 자식처럼 대우받고 싶다는 수행자의 무의식적인 욕구를 좌절시킨다. 따라서 다섯 번째 분투는 타인의 성장을 돕기 위해 서로 일정한 희생을 치르더라도 필요한 일을 하는 행위를 의미한다.

오리지는 이 다섯 가지 분투가 하나의 옥타브를 이룬다고 평했는데, 《비엘제붑이 손자에게 들려주는 이야기》를 읽는 행위가 '간극'을 넘는 행위에 해당한다는 점은 확실하다. 구르지예프는 수행자라면 이 책을 적어도 세 번 읽어야 하고, 그때마다 더 깊이 읽어야 한다고 말했다. 오리지는 이 책을 이해하는 과정을 상형문자를 터득하는 과정에 비유하기도 했다. 이 책을 연구하는 행위는 그 자체로서 하나의 수행에 해당하지만, 읽는 것 자체가 매우 보람 있는 일이기도 하다. 왜냐하면 구르지예프의 저작 시리즈인 《만물 일체》의 첫 번째 책 《비엘제붑이 손자에게 들려주는 이야기》는 유례를 볼 수 없을 정도로 특이하면서도 심오한 영감을 제공해주는, 천재의 창조물이기 때문이다.

최근에 어떤 평자는 이 책에 대해 이렇게 말한 적이 있다. "책 자체의 틀을 이루는 용어 및 언어 구사의 효율성과, 고정관념을 벗어던지고 작품 세계에 몰입하게 만드는 독서 체험의 비전형성과 참신함을 양서의 기준으로 본다면, 이 책이 지금까지 쓰인 가장 위대한 책들 중 하나라는 점에는 의심의 여지가 없다."

위대한 부조리 및 비엘제붑 직해주의에 관한 소고

구르지예프 직해주의자直解主義者라고 명명할 수 있는 기묘한 소수파가 발신하는 견해 중에는 이른바 '턱수염' 비엘제붑이 〈위대한 부조리〉(The Arch-Absurd)라는 제목의 장에서 "우리의 태양은 빛도 열도 발하지 않는다"라고 단언했을 때 구르지예프는 진실을 말하고 있다는 주장이 존재한다. 상술한 제목의 뉘앙스를 완전히 무시하고, 본문에 쓰여 있듯이 태양의 표면이 "아마 인간들이 '북극'이라고 부르는 장소보다 더 많은 얼음으로 뒤덮여 있다"고 주장하는 식이다.

뒤에 나오는 〈성스러운 행성 연옥〉 장에서 더 발전된 형태로 전개될 주제의 일종의 예고편이라 할 수 있는 〈위대한 부조리〉에서 비엘제붑은 손자인 하세인에게 태양이 차가운데도 어떻게 햇빛과 어둠과 열 따위가 생겨나는지를 설명해주겠다고 선언한다. 실제로는 간접적인 설명밖에는 해주지 않지만 말이다.

그 뒤로 이어지는 문단에서는 다음절多音節 용어들이 난무하는 일종의 음조시音調詩가 간헐적으로 이어진다. 그것들을 조금이라도 진정하게 이해하기 위해서는 《비엘제붑이 손자에게 들려주는 이야기》를 숙독할 필요가 있다.

구르지예프의 우주론에서 '절대'의 존재력은 헤로파스, 즉 '시간'에 의해 감쇠한다. 〈위대한 부조리〉에서 묘사된 바에 의하면, '절대'

가 '이라니라누만게^{Iraniranumange}' — '절대'가 스스로의 에너지를 개별
적 피조물에게 공급하고 나중에 그것을 다시 '절대'가 재활용할 수
있는 형태로 변용시키는 '상호 공급' 과정 — 를 통해 자신의 존재력
을 보충하는 시스템인 '트로고아우토에고크라트^{Trogoautoegocrat}'는, 에
너지들이 상승하고 하강하는 사다리인 '창조의 빛살'을 통해 시원^{始}
^{原}의 성분인 '테오메르트말로고스^{Theomertmalogos}'를 이용함으로써 '편
재하는 오키다노크'라고 불리는 신비로운 질료를 만들어낸다. '창조
의 빛살'이라는 사다리의 가로대에 해당하는 각 단계 내지 계제는
'7의 법칙' 또는 "우주의 법칙에 따라 끊임없이 방향을 바꾸다가 끝
에 가서는 다시 합류하는 힘들의 흐름이 만들어내는 선'을 의미하는
'헵타파라파르시노크'에 의해 배열되어 있고, 이것은 우주 전체에
널려 있는 창조의 점토^{粘土}인 '에테로크릴노^{Etherokrilno}'에 영향을 미친
다. 바로 여기서 '자르트클롬^{Djartklom}' 과정이 일어나면서 '트리아마
지캄노' 내지 '3의 법칙'은 (필자의 해석에 의하면) 이 저차 층위에서 행
성과 항성을 위시한 천체의 결정화(crystallization)를 유발한다. 에너지
의 바다가 품고 있는 이 결정화한 천체들은 상술한 법칙을 통해 에
너지의 바다와 상호작용하고, 이 상호작용이 우리 세계가 태양에서
온다고 착각하고 있는 열과 빛의 발출을 (비엘제붑은 이 발출^{發出}을 방출
^{放出}로 오인하지 말라고 충고했다)* 만들어내는 것이다.

물론 현실의 삶에서 우리가 경험하는 태양이 글자 그대로 '차갑

---

* 구르지예프의 가르침에서 방출(radiation)은 존재 자체에 기인하는 에너지의 수동적인 발산 양태를
가리키는 반면, 발출(emanation)은 '창조의 빛살'에서 볼 수 있듯 개인성과 더 높은 단계의 몸들을 규정
하는 에너지 질료의 지향적인 이동을 의미한다. 역주.

지' 않다는 것은 명백하다. 인류가 태양 가까이로 보낸 우주 탐사기들은 태양의 열과 방사선의 증가가 과학자들의 예상과 정확히 일치한다고 보고했기 때문이다.

구르지예프는 〈위대한 부조리〉 장과 다른 장들에서 부조리한 (그러나 상징적인) 이야기들의 주인공인 물라 나스레딘^{Mullah Nassr-Eddin}에 관해 수없이 언급하고 있다. 나스레딘이 일견 엉뚱한 (그러나 유의미한) 발언을 쏟아내는 우화의 주인공이라는 사실을 감안하면, 구르지예프는 〈위대한 부조리〉 자체가 일종의 나스레딘 이야기임을 독자에게 암시하고 있는 것처럼 보인다.

태양이 차갑다는 구르지예프의 주장이 본심이 아니었다면, 그는 무슨 얘기를 하고 싶었던 것일까? 추측하는 수밖에 없다. 우선 〈위대한 부조리〉라는 제목의 장이 독자들의 모든 관념을 뒤집어엎겠다는 구르지예프의 언급이 포함된 긴 서문에서 몇십 쪽 떨어지지 않은 책의 앞부분에 위치해 있다는 점에 주목하라. 구르지예프가 거기서 뜨거운 것을 차갑다고 했다면, 서문에서 약속했던 일을 금세 실천했다는 얘기가 된다. 그리고 이런 식의 전복^{顚覆}은 수행자가 요구받는 인식 변화의 상징일 수 있다. 진실을 직시하려면 수행자는 느닷없이 180도 돌아서 스스로의 모습을 바라볼 필요가 있기 때문이다. 평소의 정신 상태를 규정하는 허영과, 에고와의 '동일시'와, 스스로의 삶을 '통제하고' 있다는 착각에서 벗어나서, 기계적이고 자동적인 자신의 본 모습을 직시해야 한다는 뜻이다. 고로 구르지예프가 말하는 태양은 에고, 즉 가짜 자기^르이며, 그 주위를 도는 행성들은 '동일시'를 통해 인간의 가짜 자기를 형성하는 각양각색의 '나'들에 해당한다. 이에 비해 진정한 자기 — 빛과 열의 진정한 원천 — 는 더 높은 존재의 양태이며, '절대'가 발출하는 것이며, 우리 자신의 총체를 감지하고 체득한 뒤에야 비로소 도달할 수 있는 것이다.

또 다른 층위에 있는 고차의 존재들, 이를테면 천사적 존재와 '모든 태양들'의 계제에서도 살아갈 수 있는 몸을 만들어낸 희소한 인간들의 경우, 태양은 더 이상 '뜨겁지' 않다는 사실에 주목하라. 그런 층위에서 존재하는 몸은 극히 미세하고 활발한 에너지적 상태에서 진동한다. 따라서 태양적 단계에서 살아가는 것이 가능한 존재에게 우리가 아는 태양은 더 높은 단계의 태양들에 비하면 상당히 차갑게 느껴질 수도 있다는 뜻이다.

물론 상술한 두 해석은 필자의 추론에 입각한 것이고, 틀렸거나 불완전할 수도 있다는 점을 유념해주길 바란다.

구르지예프: 종결의 선율?

《비엘제붑이 손자에게 들려주는 이야기》는 구르지예프가 몇십 년 동안이나 심혈을 기울인 복잡한 저술 작업과 번역과 개정의 결정체다. 저명한 제자 중 한 명인 루이제 마르흐Louise March가 이 책을 독일어로 번역하겠다는 제안을 하자 구르지예프가 누구든 이 책을 번역하려는 사람은 열쇠가 되는 상당수의 개념을 미리 파악하고 있어야 하며, 그런 개념에는 과학 용어와 절차, 기도문과 종교 용어, 신화 관련 용어가 포함되어 있다고 대답했다는 점은 매우 흥미롭다. 이 책에서 구르지예프는 최대한 정확한 언어를 구사하기 위한 노력을 아끼지 않았고, 여러 용어를 재⁵정의함으로써 독자가 종래의 어휘적

의미를 초월하는 이해를 얻을 수 있도록 의도적으로 유도했기 때문이다.

그럼에도 처음 이 책을 읽었을 때 오리지는 도무지 이해할 수가 없었다고 한다. 그러나 그 상징들을 읽는 법을 익히자 점점 명확하게 그 의미를 파악할 수 있었다. 이 책은 어떤 강 기슭에 사는 사람들에게 일상적인 배경음으로 존재하는 물 흐르는 소리를 닮았다. 장기적으로 이 책의 저술은 '학교'와 더불어 자체적인 생명력을 가지고 계속 흘러갔기 때문이다. 이 책이 모양을 갖추는 동안에도 삶은 계속되었고, 뭔가 영속적인 것을 후세에 남기려는 구르지예프의 분투는 '학교'와 다른 곳에서도 줄곧 이어졌다.

구르지예프의 어머니는 1925년에 '르 프리외레'에서 사망했다. 한 달 뒤에 구르지예프는 토마스와 함께 신비적인 피아노곡들을 조금씩 작곡하기 시작했다. (이 피아노곡들은 현재 다양한 CD판을 통해 들을 수 있다.) 이 곡들은 구르지예프가 오지의 수도원에서 직접 들은 음악과 그 자신의 가르침의 음악적 표현을 융합한 듯한 인상을 준다. 이 음악은 클래식 음악을 틀 안에서 다양한 형태의 민속음악과 영적 음악을 취합함으로써 동경심, 비애, 초월의 감각을 표현한다. 그것을 듣고 별다른 감명을 받지 않는 사람도 있지만, 어떤 사람들은 완전히 다른 차원으로 간 듯한 느낌을 받는다. '워크'의 스승 중 한 명이 이 음악을 들으면서 내게 말했던 것을 기억한다. "이 음악은 내게 에너지를 준다네."

또 다른 삶의 이정표가 가까워지고 있었다. 구르지예프의 아내는 죽어가고 있었다. 《비엘제붑이 손자에게 들려주는 이야기》의 내용이 축적되는 동안 그녀는 암으로 인해 조금씩 쇠약해지고 있었다. 남편인 구르지예프가 아내를 구하기 위해 최선을 다했음에도 말이다. 그는 몇 시간 동안이나 침대에 누운 아내 곁에 앉아 있었다. 이따금 마치 미지의 치유력을 집어넣으려는 듯이 물이 든 유리잔을 양손으로 쥐고 있다가 아내에게 그것을 마시게 할 때도 있었다.

구르지예프는 이것과 그 밖의 다른 방법들을 통해 아내를 원래 수명보다 2년 더 살게 했다고 토로한 적이 있다. 그러나 그것만으로는 충분하지 않았고, 결국 그녀는 1926년 6월에 죽었다.

구르지예프는 '세 종류의 사랑'이 존재한다고 가르쳤다. 본능적이고 감각적인 사랑, 유형에 의존하며 그 자체로서는 자동적인 반응에 불과한 감정적 사랑, 그리고 '의식적 사랑'이 그것들이다. 의식적 사랑이야말로 정말로 유의미한 사랑이고, 이타적이고 의도적인 사랑이다. 구르지예프는 아내 율리아 오스트로프스키에게 통상적인 의미에서 '충실한' 남편은 아니었지만, 많은 방법을 동원해서 그녀를 치유하려고 노력함으로써 의식적인 사랑을 드러내 보였다. 그녀가 죽자 그는 자기 방으로 가서 이틀 동안 밖으로 나오지 않았다.

구르지예프의 '학교'는 기자, 피상적인 구도자와 진지한 구도자, 호기심에 사로잡힌 구경꾼들을 자석처럼 계속 끌어당겼고, 구경꾼 중에는 영국 신문들이 "세상에서 가장 사악한 사내"라고 즐겨 불렀던 알레이스터 크롤리Alesister Crowley까지 포함되어 있었다. (그런 별명을 고안한 사람은 집 밖에는 거의 안 나가봤던 성싶다.)

크롤리와 같은 부류의 오컬티스트들은 21세기 들어서도 그들이 구르지예프의 '워크'에서 감지한 강력한 에너지의 흐름에 '플러그를 꽂으려고' 줄기차게 시도하고 있다. 그러나 그들이 가진 플러그에는 꽂는 핀이 고작해야 두 개밖에는 없는데 비해, 구르지예프의 플러그는 세 개의 핀을 필요로 했다.

1926년 7월의 어느 주말 '르 프리외레'를 방문해서 관광객처럼 여기저기를 둘러보는 알레이스터 크롤리의 모습을 목격하고 당혹감을 느낀 사람은 한둘이 아니었다. 흑마법사를 자처한 것으로 악명이 높았던 크롤리는 몇몇 지인들과의 대화에서 구르지예프를 '위대한 도인(adept)'으로 인정했다고 한다. 제임스 무어가 쓴 구르지예프의 전기와 그 밖의 자료에 의하면, 크롤리는 '르 프리외레'에 살던 소년 중 한 명에게 자신이 자기 아들에게 '악마가 되는 법'을 가르치고 있다고 말했다. 이 얘기를 전해 들은 구르지예프는 소년을 불러내서 잠시 둘이서만 얘기를 나눴고, 그 이후 소년은 대놓고 크롤리를 무시했다고 한다. 크롤리가 파리로 가는 기차를 타려고 떠날 채비를 하자 구르지예프는 층계 위에서 차분하게 크롤리를 내려다보며 그가 떠난다는 사실을 재차 확인한 다음 (손님이 아니면 더 이상 정중하게 대접해줄 필요가 없기 때문이다) 느닷없이 벽력같은 호통을 쳤다. "너 속이 더러워! 꺼져! 다시는 돌아오지 마!"

크롤리는 새하얗게 질린 얼굴로 몸을 떨며 떠났다고 한다.

1927년에 구르지예프에게 위기가 닥쳐왔다. 악마와의 씨름이나 다름없는 《비엘제붑이 손자에게 들려주는 이야기》의 저술이 벽에 부딪혔기 때문이다. 아르마냑과 커피를 연료 삼아 며칠 밤을 새워가며 글을 쓰는 일도 잦았다. 아마 조그만 끌 하나를 가지고 단독으로 거대한 스핑크스 조각상을 깎아 만드는 기분이었을지도 모른다. 훗날 글을 통해 토로한 바에 의하면, 당시 그는 이 책을 영영 끝내지 못할 것 같은 예감에 시달렸고, 제자들에게서도 그의 가르침이 결실을 맺지 못했거나 설령 맺었다고 해도 그의 기대치에는 못 미친다는 느낌을 받고 있었다. 구르지예프는 실의에 빠지기 직전이었고, 아마 난생처음으로 나이를 먹었다는 느낌을 받았는지도 모른다. 앞으로 전진하지 못하고 강물 속에서 선헤엄을 치고 있는 듯한 기분이었다고나 할까. 그래서 그는 이 난관을 타파하고, 다른 방향으로 헤엄쳐 가려고 결심했다.

이 목적을 달성하기 위해서 구르지예프는 그의 삶을 '너무 안락하게' 해주는 모든 사람을 추방하리라 다짐했다. 역설적으로 들릴지도 모르지만, 그야말로 진정한 구르지예프적 논리였다. 그의 시도에 끈질기게 저항하는 이 '간극'을 넘기 위해, 그는 노력을 배가하고 자기 자신과의 투쟁에 백열한 에너지를 쏟아부어야 했다. 그러기 위해서는 그를 온화한 중용의 상태에 얽매놓고 있는 사람들을 제거할 필요가 있었던 것이다. 그래서 구르지예프는 그에게 애정을 쏟아붓고, 그를 위해 모든 잡무를 대신해주는 사람들에게 스스로의 길을 찾아 떠나라고 격려했다. 당시 우스펜스키 부인은 (아마 남편인 우스펜스키의 만류를 뿌리치고) '르 프리외레'에서 수행하고 있었는데, 구르지예프는 그런 그녀를 영국에 있는 남편에게 돌려보냈다. 살즈만 부부는 프랑크푸르트로 보냈고, 하트만 부부도 나중에 떠나보낼 수 있도록 사전

조율을 했다.

그러나 오리지는 여전히 곁에 둘 필요가 있었다. 오리지는 구르지예프가 자신의 형제이자 친구라고 불렀을 정도의 인물이었고, 그의 가르침을 정말로 이해한 몇 안 되는 제자들 중 한 명이었다. 그와 동시에 오리지는 가르침을 세상에 널리 펼칠 수 있도록 구르지예프와 '상류사회(bon ton)' 인사들 사이에 다리를 놓아서 재정지원을 받게 해준 공로자이기도 했다. 게다가 오리지는 말로 표현하는 것이 불가능해 보이는 가르침을 명확하게 표현하는 데 천부적 재능을 가지고 있었다.

그러나 이 두 사람 사이의 관계조차도 조금씩 와해되고 있었다. 오리지는 구르지예프로부터 '새로운 입문 의식'을 전수받기를 원했지만 결국은 성사되지 않았다. 오리지는 '학교'의 재정적인 운영 대부분을 도맡아 하고 있었다. 그는 주요한 자금 조달자였고, 미국에서 마치 콘도 사용권을 파는 것처럼 '르 프리외레' 방문권을 팔아서 운영 자금을 댔다. 본인은 거의 빈한한 상태로 살아가면서 말이다.

'학교'는 언제나 운영 자금에 쪼들렸고, 현금 수입은 툭하면 중단되는 경향이 있었다. (특히 세계 공황의 시발점이 된 주가 대폭락이 일어난 후 그런 경향은 더 심화되었다.) 구르지예프는 이 무렵에 오리지가 데려온 반려자를 싫어했다. 훗날 오리지와 결혼해서 제시 오리지Jessie Orage가 된 이 여인은 구르지예프를 미심쩍어했고, '워크'에도 본심으로 참여한 적이 없었다. 오리지가 훗날 루이즈 웰치에게 토로한 바에 의하면, 구르지예프는 자신과 오리지를 행성 지구를 방문 중인 외계인으로 간주하고 있었는데, 남세스럽게도 동료인 오리지가 현지인과 덜컥 결혼해버렸다는 사실에 망연해하는 기색이었다고 한다. 제시와 구르지예프 사이의 반목은 계속되었고, 아예 대놓고 충돌하는 경우도 종종 있었다. 구르지예프는 제시가 오만방자하고 지배적이라고 느꼈다. 그에게 지배적인 여성이란 20세기 특유의 비정상성이 빚어낸 유감스러운 결과물이었기 때문이다.

이 무렵 구르지예프는《비엘제붑이 손자에게 들려주는 이야기》를 탈고하고 두 번째 책에 해당하는《놀라운 사람들과의 만남》을 쓰기 시작했다.

1929년에 구르지예프는 하트만 부부를 점점 더 불편한 상황으로 몰아넣었다. 이 두 사람은 독립할 필요가 있었다. 구르지예프는 고의적으로 이들을 멀리했고, 그들이 둥지를 떠나 프랑스의 다른 지방으로 가서 살도록 했다.

1930년에 세 번째로 미국을 방문했을 때, 구르지예프는 지금도 여전히 추측의 대상이 되고 있는 불가해한 목적을 품고 마치 야만족처럼 문을 박차고 들어갔다. 그는 마치 모든 사람을 모욕할 작정인 것처럼 보였다고 한다. 불쾌한 태도로 돈을 요구하는가 하면, 아무렇지도 않게 그 돈을 타인에게 베풀곤 했다. 무의미하게 고함을 지를 때도 있었고, 시도 때도 없이 남의 '아픈 곳을 찌르는' 행동을 계속했다. 음흉한 웃음을 떠올리고, 말도 안 되는 요구를 했다. 일부 연구자들은 구르지예프의 불가해한 행동은 '고난의 길'(Way of Blame) 수행과 미국인 추종자들의 결의를 가늠하기 위한 일종의 시험을 결합한 결과라고 추측한다. 그는《비엘제붑이 손자에게 들려주는 이야기》의 영어판 출간을 추진한 크노프Knopf 출판사와의 계약을 고의로 파기했다. 마치 이 책을 신봉자들에게 그냥 유포할 것인지, 확실하게 출간할 것인지 확신하지 못하는 기색이었다. 그가 프랑스로 돌아가는 여객선에 몸을 실었을 때 환멸한 오리지는 미국에 남았다.

마거릿 앤더슨이 쓴 '워크'에 관한 회고록인 《불가지한 구르지예프》를 읽어보면 어느 정도 이 시기의 구르지예프를 이해할 수 있을지도 모르겠다. 이 책에 기록된 구르지예프의 말 중에는 이런 것이 있었다. "알력(friction)으로 점철된 삶을 살아가라. 스스로를 최대한 교란하고, 그와 동시에 관찰하라…. 알력이 없으면 성장도 없는 법이다." 만약 동요했을 때 잊지 않고 '자기 관찰'을 한다면, 평소보다 훨씬 더 쉽게 있는 그대로의 자기 모습을 직시할 수 있고, 그러한 '인상 획득'을 마음의 양식으로 삼을 수 있다고 그는 강조했다.

프리츠 피터스의 회고록을 보면 구르지예프가 라크밀리예비치Rachmilievitch라는 이름의 극히 짜증스러운 성격을 가진 러시아인에게 돈을 주고 '르 프리외레'에 계속 머물도록 했다는 기록이 있다. 라크밀리예비치 본인뿐만 아니라 다른 사람들 모두가 그가 떠나는 것을 고대하고 있었을 때 말이다. 구르지예프는 왜 그런 일을 했던 것일까? 피터스가 구르지예프에게 같은 질문을 하자, 라크밀리예비치가 모든 제자의 내적 '워크'가 필요로 하는 알력을 제공해주기를 원한다는 대답이 돌아왔다. 구르지예프는 언제나 불평불만으로 가득 차 있고, 공공연하게 불길한 얘기를 하고, 남을 비판하기 좋아하는 이 라크밀리예비치를 단지 짜증스럽다는 이유로 높게 평가했던 것이다!

미국에 도착한 구르지예프는 '워크'를 위해 한층 더 특별한 상황을 만들어내려고 작심한 것처럼 보였다. 몸소 '라크밀리예비치' 역할을 맡아 연기함으로써 의도적으로 자신을 위한 알력을 생성했던 것이다. 다시 강조하건대, 이것은 만인에게 추천할 만한 방법이 아니다. 어차피 그러고 싶어하는 사람은 소수겠지만 말이다.

구르지예프는 의도적인 고통 감수를 위한 특수한 조건을 함양하는 데 힘을 쏟았지만, '워크'의 입장에서 보면 향후 몇 년이 마냥 삭막하기만 했던 것은 아니었다. 저명한 시인이자 수필가인 르네 도말과 소설가 캐스린 흄도 이 시기에 두각을 나타낸 제자들이다. 구르지예프의 가르침이 담긴 경이로운 우화 소설《유추의 산》은 작가인 도말이 폐결핵으로 요절한 탓에 완결되지는 못했지만, 지금도 각양각색의 성향을 가진 구도자들에게 영감의 원천이 되어주고 있는 걸작이다. 흄의《발견되지 않은 나라》는 제2차 세계대전의 소용돌이 속에서 성인이 된 여성이 구르지예프와의 '워크'를 통해 영적으로 성장하는 감동적인 실화를 담고 있다.

그 후에도 구르지예프는 미국 방문을 계속했고, 방문할 때마다 미국 국내의 '워크' 상황은 (적어도 겉으로 보기에는) 한층 더 악화되었다. 그는 엄청나게 부패한 인물을 연기함으로써 진 투머와 소원해졌고, 그런 다음에는 오리지와 완전히 결별했다.

구르지예프는 오리지가 조직한 뉴욕의 '워크' 수행 그룹을 인수하기로 마음먹고 오리지의 제자들에게 오리지와 절연하겠다는 각서를 쓰게 했다. 이 사실을 통고받은 오리지는 주저 없이 그 자리에서 자기 자신과 절연하겠다는 각서에 서명했다. 구르지예프는 이 소식을 전해 듣고 흐느껴 울었다고 한다.

구르지예프는 캐스린 흄에게 말했다. "모두 장미, 장미뿐인 삶과 모두 가시, 가시뿐인 삶 중에서 자네는 어느 쪽을 택하겠나? 외면의 삶과 내면의 삶을 위해 하나씩 택해야 한다면? 만약 자네가 양쪽 모두 가시를 택한다면, 의도적인 '접촉'이 가능해질 걸세." 구르지예프는 양쪽 모두 가시, 가시뿐인 삶을 택했고 다른 사람들도 곧잘 그런 경험의 편린을 맛볼 수 있도록 했다. 당사자들이 그것을 원했든 원하지 않았든 간에 말이다.

삶은 가시밭길이다

1933년이 되자 '학교'로 오는 지속적인 재정 지원이 끊겼고, '르 프리외레'의 저택은 대출금을 갚지 못해서 차압당했다. 퐁텐블로의 '학교'는 완전히 폐쇄되었다. 결국 구르지예프는 파리의 아파트로 거처를 옮겨야 했다.

구르지예프는 또 하나의 상실을 겪어야 했다. 구르지예프의 수제자 중 한 명이자 혁신적인 예술가였던 알렉산더 드 살즈만이 폐결핵으로 사망했던 것이다. 이 사건은 구르지예프의 내면에 '회한의 감정'을 불러일으켰을지도 모른다. 구르지예프가 말년의 알렉산더를 묘하게 냉대하는 것처럼 보였다는 몇몇 제자들의 언급이 있기 때문이다.

이듬해에는 또 한 명의 중요한 인물의 죽음이 구르지예프를 강타했다. 오리지가 심장 질환으로 인해 사망했던 것이다. 훗날 구르지예프는 오리지가 죽자 수없이 많은 사람들이 그를 찾아와서 위선적이기 짝이 없는 태도로 저명한 제자의 죽음을 애도했다고 회상했다.

구르지예프의 관점에서 그런 태도는 잠든 인간의 자동적인 반응을 가감 없이 보여주는 예였기 때문이다. 끝없이 계속되는 가짜 느낌, 가짜 감정에 매몰된 기계적인 인간의 모습 말이다.

구르지예프는 오리지의 죽음에 크게 비통해했지만 겉으로는 전혀 내색하지 않았다. "이 사내는… 나의 형제다."[*]

구르지예프와는 완전히 결별했음에도 말년의 오리지는 구르지예프에게 "매일 감사한다"고 공언했다. 오리지의 묘비에는 에니어그램이 각인되어 있다.

1934년 6월, 구르지예프의 제자 올기바나 힌첸부르크는 세계적인 미국인 건축가인 프랭크 로이드 라이트와 결혼했다. 구르지예프는 다시 대서양을 건너 위스콘신 주 스프링그린Spring Green에 있는 라이트 부부의 저택을 방문했다. 방문 중에 구르지예프가 만든 기묘한 샐러드를 반강제적으로 라이트에게 먹이자, 라이트의 만성적인 담낭통이 사라졌다고 한다. 그러나 그런 일화보다 더 중요한 것은 라이트가 대가람과도 같은 구르지예프의 영적인 높이에 깊은 인상을 받았다는 사실이다. 라이트는 끝끝내 제자로 입문하지는 않았지만, 그의 아내인 올기바나는 구르지예프 밑에서 10년 가까이 '워크'를 배운 헌신적인 수행자였고, 라이트가 설립한 건축학교의 교육 스타일은 구르지예프와 그의 '학교'에서 영감을 받은 것이었다. 제임스 무어는 '손, 심장, 머리'를 중심으로 구성된 라이트의 교수법이 구르지예프의 동적, 감정적, 지적 '중심' 개념의 영향을 받은 것이라고

---

[*] 《구르지예프: 신화의 해부》

지적했다.

　다시 파리로 돌아온 구르지예프는 특별한 제자 그룹과 실험에 착수했다. 상부상조의 의미를 담아 '밧줄(The Rope)'이라고 명명된 이 여성 제자들은 거의 전원이 레즈비언이었다. 구르지예프는 동성애를 탐탁지 않게 여겼고 야유하기까지 했지만 이들의 성적 지향을 바꾸려는 시도는 하지 않았다. 도그마에 대한 '의식'의 승리라고나 할까.

　'로프'의 구성원은 솔리타 솔라노, 엘리자베스 고든Elizabeth Gordon, 캐스린 흄, 마거릿 앤더슨, 죠르제트 르블랑Georgette Leblanc, 제인 힙이었다. 훗날 이들 중 몇 명은 구르지예프와 '워크'에 관한 책을 썼다. 구르지예프는 그들에게 비전秘傳에 해당하는 훈련을 전수하면서 그 훈련에 관해서는 반드시 비밀을 지켜야 한다고 경고했다고 한다. 왜냐하면 특정 훈련이 외부에 노출되면 우주는 그 죄의 대가를 받아내는 것처럼 보이기 때문이다. 《밧줄의 여성들》에 의하면 구르지예프는 이 훈련에 관해 이렇게 설명했다고 한다. "이 훈련은 방에 신선한 공기를 불어넣고 악취를 몰아낸다네. 몇 년 동안이나 환기를 하지 않은 아파트 내부를 상상해보게. 거실을 화장실처럼 쓴 다음에 오물을 치우지도 않고, 그런 더러운 환경에서 잔치를 벌이고, 가구를 부순 탓에 엉망이 된 공간을 말이야. 게다가 다른 방들 역시 그런 식의 공간으로 가득하고, 그것들 모두가 악취를 풍긴다고 상상해보게." 여기서 구르지예프는 인간이라는 건물의 발달 상태가 전혀 조화롭지 못하고, 인류의 가능성이 '중심'들의 오용과 의식적인 관리의 부재로 인해 쇠퇴했다는 사실을 지적하고 있는 것처럼 보인다. 구르지예프가 사람들을 대놓고 '메르드merde'(프랑스어로 똥을 의미한다)라고 부르기를 즐긴 것은 그들이 그런 심한 욕설에 강하게 반응하기 때문인지도 모른다. 의도적으로 사람의 '아픈 곳을 찌르는' 전략의 일환이라고나 할까. 구르지예프는 솔리타에게 이렇게 말했다고 한다. "자네의 친구들은 모두 특별한 '메르드'야. 따라서 친구들의 메르드한 성질을 직시한다면 자네도 자신이 얼마나 메르드한지를 알 수 걸세." 그러나 그 직후 구르지예프는 자신의 이런 폭언 뒤에 숨겨진 의미를 설명했다. "인간에게는 두 가지의 정신 상태가 있는데, 내가 자네에게서 어느 쪽 상태를 원하는지는 자네도 잘 알 걸세. 자네의 내면에서는 이제야 겨우 '존재-정보(being-data)'가 결정화되기 시작한 참이야. 과거에는 아무리 기를 쓰고 노력해도 거위 등에 떨어진 물방울처럼 미끄러져 내렸던 것이 말이야. 그런 상황에서는 뭘 받아들여도 그대로 배출되기 마련이지…. 거리에 있는 저 행인들을 보게. 자네는 저들이 갖고 있지 않은 뭔가를 가지고 있어."

처음에는 구르지예프를 혼란스럽고 상스러운 인물이라고 생각한 솔리타 솔라노는 훗날 그의 헌신적인 비서가 되었고, 남편인 알렉산더를 잃었지만 '무브먼트'에 관한 탁월한 이해력을 바탕으로 결연하게 '자기 기억하기'에 정진했던 잔 드 살즈만은 구르지예프의 수제자이자 오른팔의 위치에 올랐다.

1936년에 구르지예프는 그의 마지막 근거지였던 콜로넬 르나르 Colonels Renard 가 6번지로 이사한다. 1937년에는 동생인 드미트리가 암으로 죽었다. 이듬해인 1938년에는 그의 헌신적인 친구이자 신봉자였던 레오니트 스튜른발도 죽었다. 이 무렵의 구르지예프는 더 이상 '워크'를 위한 장애물을 의도적으로 만들어낼 필요를 느끼지 않았는 지도 모른다. 죽음이 슬금슬금 그에게 다가오며, 사랑하는 가족과 제자들을 한 명씩 앗아가고 있었기 때문이다. 그가 세운 '학교' 중에 서 적어도 '르 프리외레'는 결실을 맺지 못하고 시들었다. 그러나 그 는 굴하지 않고 묵묵히 전진했고, 그 자신의 불가해한 옥타브에 있 는 다음 '간극'을 밀고 나아갔다.

간략한 전시의 행보

1939년에 새로운 집단 정신병이 발발했다. 제2차 세계대전이 일 어났던 것이다. 그를 좀더 안전한 곳으로 옮기려는 제자들의 노력에 도 구르지예프는 파리에 남기를 고집했다. 어차피 파리를 떠나지 못 하는 제자들도 있었으니 크게 걱정할 필요는 없었다. 프랑스와 미 국에 있는 제자들은 구르지예프가 전시하에서도 완전히 굶주리지 는 않을 것이라고 믿고 있었다. 그러나 파리를 점령한 나치 독일이 외부와의 통신을 차단한 뒤에는 프랑스 밖에서 그의 안부를 확인할 도리가 없었다. 그러나 구르지예프는 별 탈 없이 파리에서의 삶을 이어갔다. 전후에 '부역자'라는 근거 없는 비난을 받았을 정도로 말 이다.

구르지예프는 특유의 기지를 발휘해서 자기 아파트에 충분한 식 량과 생필품을 비축했다. 암시장에서는 교묘하지만 무해한 뒷거래 를 통해 필요한 물건을 사들였고, 인근 상인들에게는 전쟁이 끝나면 그가 소유한 '미국의 유전'에서 나올 돈을 주겠다고 약속하고 외상

거래를 텄다.

전시하의 겨울은 혹독하게 추웠다. 마치 홀로코스트를 자행한 나치의 얼음처럼 냉혹한 감정 상태가 그대로 기상에 반영된 듯한 느낌이었다. 난방용 연료를 구하는 것은 하늘에 별 따기였다. 구르지예프를 찾아오는 제자들은 이따금 작은 석탄 덩어리 하나를 선물로 가져오곤 했다. 전쟁이 몇 년째 계속되자 구르지예프는 도움이 필요하다고 그가 판단한 사람들에게 음식과 돈과 위안을 나눠주었다. 반유대주의자들에 대해서 구르지예프는 경멸감을 숨기려 하지도 않았고, 유대인 제자들이 지하에 잠복해서 동정적인 기독교도들의 보호를 받을 수 있도록 도왔다.

구르지예프는 전시에도 계속 제자들을 가르쳤다. 프랑스인 제자들 중에는 비시Vichy 괴뢰 정부와 레지스탕스 양쪽 진영의 구성원들이 포함되어 있었다고 주장하는 사람들도 있다. 서로 극렬하게 대립하던 이들이 같은 수행자 그룹에 속했다는 사실은 차치하고, 어떻게 같은 방에 함께 있을 수 있었을까? 그러나 구르지예프의 '학교'의 근본적인 조건이 초월적인 '비非동일시'의 정신이었다는 점을 감안하면 수긍이 가지 않는 것도 아니다.

이 무렵 구르지예프는 노년의 비만과 이런저런 통증에 시달리고 있었음에도 '무브먼트'를 가르치기까지 했다.

외부인의 눈에는 기이하게 보이는 '바보들(idiots)을 위한 건배' 의식 — 일견 변덕스럽고 불가해한 인간 유형의 분류에 입각해서 건배를 거듭하는 — 도 반쯤 제례적인 그의 만찬에 다시 등장했다. 구르지예프의 아담한 아파트의 마루는 잔뜩 몰려든 제자들의 무게 탓에 삐걱댔다. 글자 그대로 입추의 여지조차 없어서, 벽 가장자리에 밀착한 제자들은 왜가리처럼 한쪽 발을 들고 서 있어야 할 정도였다.

파리가 해방된 직후 구르지예프는 프랑스 경찰로부터 당국에 신고하지 않은 외화를 은닉하고 있다는 혐의를 받았고 결국 체포당했다. (구르지예프가 외화를 숨겨놓은 곳은 태평하게도 자기 침대 매트리스 밑이었다.) 경찰이 그를 신문하기 위해 경찰서로 데려가는 광경을 바라보는 잔 드 살즈만의 심중이 어땠는지는 상상하는 수밖에 없다. 훗날 구르지예프는 경찰서에서의 무용담에 관해 즐겨 언급하곤 했다. 그는 경찰들 앞에서 외화와 내화의 차이를 아예 이해 못 하는 선량하지만 아둔한 노인 역할을 완벽하게 연기했던 것이다. 이런 기만과, 나치 치하에서 그에게 은혜를 입은 지지자들의 호의적인 증언 덕에 그는 무사히 풀려날 수 있었다. '외적 고찰'(outer considering)을 이중의 의미에서 몸소 실행했다고나 할까.

다른 사람들은 구르지예프만큼 운이 좋지는 않았다. 몇천 명에 달하는 '부역자'들은 연행되어 강제로 삭발당한 다음에 즉결 처형되었다. 이들 중에는 죄가 있는 사람, 죄가 없는 사람이 섞여 있었다. 그러나 구르지예프는 유대인 제자들과 그 가족들을 몰래 도왔던 선행 덕에 부역 여부에 관해서는 아무런 의심도 받지 않았다.

얼마 후 구르지예프는 난민 캠프에서 헌신적으로 봉사하던 중에 시간을 내서 그를 찾아온 캐스린 흄과 그 밖의 방문자들을 통해 미국인 제자들과 다시 접촉했다. 구르지예프는 집 근처의 가게 주인들을 만나서 예의 '미국의 유전'에서 마침내 돈이 들어왔다는 말로 그들을 깜짝 놀라게 했고, 그들에게 진 외상 빚을 제자들, 특히 미국인 제자들에게 받은 수업료로 깨끗하게 갚았다. 미국인 제자들이야말로 그의 '미국 유전'이었던 것이다.

전후의 몇 년

미군 병사로 참전했다가 심신이 피폐한 상태로 제대한 후 구르지예프를 방문한 프리츠 피터스의 일화는 구르지예프가 말년에조차 엄청난 활력, 그리고 그 이상의 무엇인가를 가지고 있었다는 사실을 잘 보여준다. '르 프리외레'에서 어린 시절을 보냈던 피터스는 회고록인 《신비주의자와의 여정》의 제2권에서 이 방문을 묘사하고 있다.

젊은 피터스는 극도의 전쟁 피로증 — 지금은 외상후 스트레스 장애라고 불리는 — 에 시달리고 있었고, 절망한 나머지 구르지예프를 찾아갔다. 피터스는 쇠약하고 앙상해지고 '반쯤 미친' 상태였다. 피터스의 회상에 의하면 그와 함께 부엌에 앉아 있던 구르지예프는 갑자기 피터스에게 집중하는 듯하더니 불가사의한 에너지를 발산하는 것처럼 보였다고 한다. 구르지예프로부터 솟구친 이 '격렬하고 새파란 빛'이 내부로 들어오자 피터스는 새로운 활력이 솟구치는 것을 느꼈고, 갑자기 멀쩡한 상태로 돌아왔다. 기력과 희망이 용솟음치면서, 예전의 건강한 그로 거의 완전히 복구되었던 것이다. 그러나 구르지예프는 누가 보아도 쇠약해진 기색이 역력했다. 피터스는 이 경험으로 인해 구르지예프가 자신의 에너지를 허공을 가로질러 타인에게 보낼 수 있다고 확신했다. 게다가 그는 이동 중인 에너지를 눈으로 흘끗 보기까지 했다. 그러나 이런 노력이 늙은 구르지예프에게 큰 부담이 되었다는 사실은 명백했다. 그러리라는 것을 뻔히 알면서도 주저 없이 피터스를 도운 구르지예프의 행동은 '의식적인 사랑'의 완벽한 예다.

미셸 콩주도 구르지예프에게서 다른 종류의 에너지 전이를 경험했다. 그는 구르지예프에게 어떤 가족 구성원에 관한 힘들고 고통스러운 질문을 한 적이 있었다. 콩주의 말에 귀를 기울이면서 구르지예프는 마치 '조금 위쪽의 먼 곳을 똑바로 응시하는' 것처럼 보였다고 한다. 그러나 구르지예프는 말로 콩주에게 대답하지 않았다. "그는 시선을 내려 나를 응시했고, 그러자마자 나는 이해했다. 그때 나는 눈에 보이지 않는 것과 접촉하고 있었고, 모든 것이 명확해져 있었다. 그러나 그가 갑작스레 발한 강렬한 빛이 야기한 내면의 충격이 너무 컸던 탓에 나는 흐느껴 울기 시작했다."

우스펜스키의 말년의 삶이 전혀 결실을 맺지 못한 것은 아니었다. 그가 구르지예프의 영향을 받은 가르침을 바탕으로 했던 일련의 강의는 《인간의 잠재적 진화의 심리학》이라는 책에서 읽을 수 있다. 그러나 그는 조락한 말년의 너무 많은 시간을 보드카와 고국인 러시아에 대한 향수에 잠긴 채로 흘려보냈고, 각성한 스승들의 비밀 서클을 찾는다는 헛된 노력을 거듭하다가 좌절했고, 자기 제자들에게는 아리송하고 신랄한 말을 내뱉곤 했다.

사망하기 몇 주 전부터 우스펜스키는 운전사가 운전하는 차에 몸을 싣고 여기저기를 돌아다녔다. 과거에 그가 방문해서 익숙해진 장소들을 뇌리에 각인함으로써 사후에 다시 같은 상황을 경험했을 때 기억할 수 있는 토대로 삼으려는 것이 이 행동의 목적이었다. 우주는 영원히 순환하므로 자신은 환생하는 것이 아니라 우스펜스키로서의 삶을 반복하며 살아갈 것이며, 그렇게 새로운 삶을 거듭할 때마다 각성과 자유를 획득할 새로운 기회가 주어진다고 확신하고 있었기 때문이다. 우스펜스키 부인은 구르지예프에 대한 경의를 단 한 번도 잃지 않았는데, 1947년에 남편이 죽자 그녀는 런던 근교에 있는 라인Lyne 마을의 저택에서 수행 중이던 그의 제자들에게 이제 구르지예프에게 가라고 지시했다. 우스펜스키가 죽었다는 소식을 들은 구르지예프도 전보를 보내서 우스펜스키의 제자들을 불러들였다. "자네들은 이제 목자가 없는 양 떼나 마찬가지야." 다수가 소환에 응했고, 그중에는 존 베넷과 (아마 그들 중에서는 가장 중요한 인물이었다고 할 수 있는) 훗날 미국에서의 '워크'에 심대한 영향을 끼치게 될 존 펜틀랜드도 포함되어 있었다. 영국 귀족이었던 펜틀랜드는 '워크'를 이해하는 타고난 능력을 가지고 있는 것처럼 보였고, 구르지예프도 그 사실을 인지했다는 점은 확실하다. 그는 펜틀랜드를 자신의 저작물 관리자의 한 명으로 지정했을 뿐만 아니라, 미국의 구르지예프 '워크' 조직 책임자로 임명했기 때문이다. (미국의 '워크' 조직이 초기에는 기민한 미국인들이 아니라 오리지와 펜틀랜드같은 묵직한 성격의 영국인들에게 맡겨졌다는 점은 흥미롭다.) 구르지예프는 그의 작은 아파트에 입추의 여지가 없이 몰려드는 제자들과, 그의 환상적이며 제례적인 만찬 식탁 주위로 모여드는 제자들을 상대로 계속 가르침을 전수했다.

의사인 윌리엄 웰치의 회고록인 《그 사이에 일어난 일》에는 그런 만찬 중 하나가 묘사되어 있다. 구르지예프는 그의 고향인 아르메니아의 '전통 요리 달인'이었고, 주방에서는 '전제군주처럼 모든 것을 까다롭게' 감독했다고 한다. 그는 좁은 아파트로 무려 100명을 넘는 손님들을 불러들여 비좁은 주방에서 그들이 먹을 음식을 마련했다. (뉴욕에서 호텔에 머물 때조차도, 아무런 주방 시설도 갖추고 있지 않은 방 안에서 엄청난 양의 요리를 만들곤 했다.) 만찬에 초대된 손님들은 '무릎과 무릎, 팔꿈치와 팔꿈치를 맞대고' 앉았고, 앉지 못한 일부는 벽에 붙어 서거나 창턱에 앉은 채로 음식이 가득한 접시와 술잔을 들고 최선을 다하는 수밖에 없었다. 만찬이 제공되는 방들은 너무 좁고 더운 경우가 많았고, 너무 독한 술이 너무 많이 제공되었다.

그럼에도 구르지예프는 만찬 중에 건배를 수없이 되풀이할 것을 고집했는데, 가장 많이 쓰인 건배 문구는 그가 설파한 '바보들을 위한 건배'였다. 여러 번 도수가 높은 술로 건배하면서도 일정한 냉정함을 유지하는 것은 만찬에 참가한 제자들에게 부과된 과업 중 하나였다. 모든 참석자는 '바보의 과학'에 의거, 특정한 종류의 '바보'로 지목되어 유쾌한 건배의 대상이 된다. 구르지예프는 이런 의식이 얼마나 우스꽝스러운지를 완벽하게 자각하고 있었고, 그것을 한껏 즐기기까지 했다. '바보'라는 표현에는 물론 조롱이 섞여 있었지만, 제임스 무어가 지적했듯이 구르지예프는 ('독자적으로 일한다'는 뜻의 그리스어 어원에서 파생된) '개인(individuality)'의 의미를 이 단어 안에 다시 불어넣었다. 제자들은 자기 자신의 '어리석음'의 계제에 준한 바보를 선택하도록 요구받았는데, 그 계제에는 일반 바보, 초^超 바

보, 각진 바보, 둥근 바보, 지그재그 바보, 각성한 바보, 의심하는 바
보, 뻐기는 바보 등이 포함되어 있었다. 각각의 건배는 이런 식으로
사악하거나 선량한 특성을 갖춘 다양한 '바보'를 대상으로 이루어졌
고, 구르지예프 본인은 '왕바보(arch idiot)'였다. 이 건배 의식은 구르
지예프 특유의 유머 감각에 기댄 것이었고 그것을 완전히 이해하는
사람도 그뿐이었으므로 그의 죽음과 함께 자연 소멸했지만, 건배에
참가한 사람들에게 자기 회의懷疑의 필요성을 일깨웠고, 이 변덕스러
운 유형론에 깃든 묘한 객관성을 통해 스스로를 바라볼 수 있게 해
주었다.

　구르지예프의 만찬은 수없이 많은 코스 메뉴로 이루어져 있었는
데, 후덥지근한 실내에서 알딸딸하게 취한 손님들 대다수에게는 버
겁게 느껴질 정도였다. 어떤 요리는 중동 요리의 방식에 따라 한입
에 먹을 수 있는 소량이었고, 또 어떤 요리는 매운 커리처럼 서양인
에게는 먹기가 쉽지 않은 것이었다. 통째로 삶은 송아지 머리조차
나왔는데, 특히 그 눈알은 아주 귀한 부위로 간주되었다. 식탁에 앉
은 구르지예프 주위에는 아보카도, 양파, 사철쑥 포기, 딜, 스위트
바질, 사워크림으로 만든 특별 요리와 다량의 토마토소스, 가지, 포
도 잎 따위가 잔뜩 놓여 있었다. 그러나 구르지예프는 그것들을 집
어 들고 먹는 대신 그것들을 재료로 써서 몸소 소량의 요리를 만들
었고, '악어'나 '낙타' 등의 (상당히 의미심장한) 별명을 일일이 호명하
며 제자들에게 그 요리를 건넸고, 그 요리를 받은 제자는 싫든 좋든
그것을 먹는 식이었다. 그러면서 구르지예프는 해당 제자와 눈을 맞
추고 한두 마디 말을 건네는 식으로 그 순간을 공유함으로써 강렬한

인상을 남겼다고 한다.

1948년에 구르지예프는 차를 운전하던 중에 또 심각한 사고를 당했다. 이번에는 자기 발로 걸어서 집에 돌아왔고 의식도 또렷했지만, 심한 타박상을 입고 전신이 퉁퉁 부어 있는 상태였다. 사고를 당한 후 얼마 지나지도 않아 제자들과의 만찬이 열렸는데, 그는 식탁의 상좌에 있는 자기 자리로 절뚝거리며 가서 앉았고, 몇 가지 음식을 조금 먹은 후에 고통으로 기절하기 직전의 상태였음에도 술잔을 들어 올려 건배를 했다. 이 행위는 순전한 '의지'의 발로였고, '의도적인 고통 감수'를 글자 그대로 체화한 것이었다. 그가 아닌 다른 사람이었다면 만찬을 취소하거나 "자네들끼리 먹게"라고 말하고 병원에 가거나 침대에 누운 다음에… 모르핀을 달라고 했을 것이다. 그러나 구르지예프는 제자들을 위해서, 부상을 입은 직후에도 자기 몸의 안위를 위해 그가 할 수 있었던 모든 일들을 희생했던 것이다. 어떤 의미에서는 또 차 사고를 일으켰다는 당혹스러운 사실을 극적인 가르침의 도구로 승화시켰다고나 할까.

이 사고의 경우 그의 회복은 빨랐다. 아니, 그럴까? 그가 1년 후 사망했다는 사실은 이 사고로 인해 얻은 깊은 내상과 노쇠가 겹친 결과일 가능성도 있다. 당시 구르지예프는 80대를 바라보는 나이였기 때문이다.

우스펜스키 부인은 구르지예프에게 남편이 몇 년 동안이나 붙들고 있었던 《기적적인 것을 찾아서》의 초고를 넘겼다. 이것은 구르지예프를 위한 그녀의 선물이었다. 상술했듯이 구르지예프는 이 책의 기술이 정확함을 인정했다. 전에는 우스펜스키를 증오한다고 말하기까지 했던 그가 이제는….

"이제는 그를 사랑하게 됐네." 구르지예프는 이렇게 말하고 이 책의 출간을 허락했다.[*]

구르지예프 말년의 '워크'는 콜로넬 르나르 가의 아파트를 중심으로 진행되었고, 집단 훈련과 제자들과의 흔치 않은 단독 면담, 주로 잔 드 살즈만이 감독했지만 구르지예프도 참여하는 '무브먼트' 수행, 그리고 《비엘제붑이 손자에게 들려주는 이야기》의 강독회로 이루어져 있었다. 만찬과 건배도 계속 이어졌고, 구르지예프는 여흥으로 콘서티나concertina(버튼식 아코디언의 일종)를 들고 애절한 즉흥 연주를 피력하곤 했다. 이따금 시트로엥을 몰고 짧은 여행에 나서기도 했지만, 이제는 직접 운전대를 잡는 것을 버겁게 느끼기 시작하고 있었다.

어느 날 아침 스테이블리를 위시한 몇몇 제자들은 "그 무렵에는 이미 익숙해진, 두려움과 거의 가슴을 쑤시는 듯한 기대감을 느끼며" 구르지예프의 아파트에 도착했다. 스테이블리의 《구르지예프의 추억》에 의하면, 일행은 모임이 열릴 예정이었던 방의 문이 잠겨 있다는 사실을 깨달았다. 그들은 불안한 얼굴로 방문 주위에서 서성거렸고, "각자가 자기 대신 누군가가 솔선해서 행동해주기를 바라고 있었다. 그러자 구르지예프 씨가 왔고… 그의 강렬한 눈길이 우리를 향한 것을 느낄 수 있었다…. 그리고 그의 눈길에는 그 무엇도 놓치

---

[*] 《구르지예프: 신화의 해부》

지 않는 가차 없는 자애로움이 담겨 있었다. 그는 콧수염을 쓰다듬더니 곤혹스러운 어조로 외쳤다. '이런 말도 안 되는 결례를! 이렇게 중요한 사람들을 기다리게 하다니!'" 구르지예프는 어딘가로 가더니 '터무니없이 큰 나사돌리개와 아주 조그만 압정 망치'를 들고 되돌아왔다. 그는 그것들을 가지고 문의 경첩들을 떼어내는 시늉을 하기 시작했다. 우스꽝스러운 팬터마임의 광대를 연상시키는 과장된 몸짓으로, 말도 안 되는 결례를 저질렀다고 중얼거리면서 말이다. 물론 그는 이런 상황에서 조그만 망치와 거대한 나사돌리개는 아무 쓸모도 없다는 사실을 잘 알고 있었다. '중요한' 사람들을 기다리게 했다는 구르지예프의 책망을 듣고 나서야 열쇠가 보관된 자리를 알고 있던 여성은 그 사실을 기억해냈고, 문틀 바로 위에 놓여 있던 열쇠를 집어 들고 자물쇠를 열었다. "그녀가 말없이 문을 열자 우리는 겸연쩍은 얼굴로 말없이 방 안으로 들어갔다…."

구르지예프는 그의 학교를 위한 새로운 저택을 구입하기 위해 잠정적인 계획을 짰고, 마침내 《비엘제붑이 손자에게 들려주는 이야기》의 출간 준비를 시작했다. 겨울이 되자 그는 '학교'의 운영 자금을 조달하고 제자들과 다시 접촉하기 위해 여객선을 타고 뉴욕으로 갔다.

미국 여행을 마치고 프랑스로 돌아온 구르지예프는 육체적으로 피폐한 상태였다. 그럼에도 그는 곧 그의 인생에서 마지막이 될 여행에 나섰다. 구르지예프는 제자들과 함께 차를 몰고 프랑스 국내와 스위스에서 곧잘 단기 여행을 하곤 했는데, 겉보기에는 휴가처럼 보여도 실제로는 제자들을 가르치기 위한 행사였다. 라스코^{Lascaux} 동굴 벽화를 보러 가기 위한 이 여행은 엄숙하고 거의 제례적인 목적을 가지고 있었다는 느낌을 준다. 구르지예프의 건강은 이미 크게 악화되어 있었다. 때로는 걷는 것조차 힘들어했고, 라스코 동굴에서도 제자들의 도움을 받으며 절뚝거리며 올라가야 했다. 그는 크로마뇽 혈거인들이 그렸다고 보기에 너무나도 세련되고 우아하게 원시 시대의 자연을 묘사한 라스코 동굴 벽화가 사라진 아틀란티스 대륙에서 온 방문자들에 의한 것일 수 있음을 지적했다.

누가 보아도 병색이 짙었지만 구르지예프는 스스로에 대한 '워크'를 강행했다. 1949년 9월, '무브먼트' 강습 시간에 '39번 안무'를 지도하던 중에 그는 쓰러졌다. 미국 서부에서 쓰는 표현을 빌리자면, 그는 마지막 순간까지도 '부츠를 신은 채로' 일하고 있었다.

죽기 1주쯤 전에 구르지예프는 《비엘제붑이 손자에게 들려주는 이야기》의 교정쇄를 건네받았다. 그는 자신의 최고 걸작으로 간주될 책을 마침내 완성시킨 데서 오는 종결의 감각을 깊이 느끼고, 죽을 때가 되었다는 사실을 알고 있었을 것이다.

쓰러진 후 그의 병세는 한층 더 악화되었고, 폐수종 증세와 지독한 기침이 찾아왔다. 마침내 의사들은 반강제적으로 그를 입원시켰다. 파리에 거주하는 제자들 다수가 달려와서 구르지예프의 들것이 간병인들에 의해 구급차로 운반되는 광경을 지켜보았다. 한 손에 불을 붙인 담배를 쥐고 상체를 일으킨 채로 들것 위에 앉아 있는 광경이 그들이 본 스승의 생전 마지막 모습이었다. 평소 애용하는 빨간 페즈Fez 모자를 멋들어진 각도로 머리에 쓴 구르지예프는 살짝 손을 흔들며 이렇게 말했다고 한다. "다시 만날 때까지, 전 세계여!"(Au revoir, tout le monde!)

경쾌한 고별사였다. '동일시' 따위와는 거리가 먼.

왜냐하면 그는 죽음이 임박한 것을 알고 있었기 때문이다. 솔리타 솔라노에 의하면 구르지예프는 암에 걸린 상태였다. (워낙 골초였다.) 그녀는 지기들에게 보낸 공개 편지에 이렇게 썼다. "종양뿐만 아니라 심장이 팽창해 있었고 폐는 기침 발작과 30년 동안 앓은 기관지염 탓에 엄청나게 피폐해진 상태였습니다. 그가 그런 고통에 관해 스스로 털어놓은 사람은 가보Gabo(러시아인 측근)뿐이었습니다. 어느 날은 가보를 가까이 불러 다른 사람들에게 들리지 않도록 허리를 굽히라고 하더니 러시아어로 '아주, 아주(Ochen, ochen) 아파'라고 말했습니다."*

병원 의사들은 구르지예프의 수종액을 뽑아내기로 했다. 그는 국소마취만을 허용했고, 의사들이 폐에 바늘을 꽂아 12리터의 수종액을 뽑아내는 동안에도 침대 위에서 담배를 피우며 커피를 마셨다. 머리에 빨간 페즈 모자를 멋들어진 각도로 얹은 채로 말이다.

하트만 부부는 몇 년 동안이나 구르지예프를 만나지 못했지만, 여전히 그에게 깊이 감사하고 있었다. 토마스 자신도 심장병 탓에 건강이 안 좋았음에도 부부는 구르지예프가 위독하다는 소식을 듣고 병원으로 급히 달려왔다. 그러나 임종하지는 못했다.

---

* 《솔리타 솔라노의 편지》. 1949년 10월 29일. 미 의회 도서관 소장.

구르지예프의 저명한 제자 중 한 명이자 의사였던 웰치는 그때까지 많은 사람의 죽음을 보아왔지만 구르지예프는 "인용부호가 필요 없는, 완전한 인간다운" 죽음을 맞이했다고 술회했다. 나중에는 이렇게 말하기도 했다. "나는 많은 사람의 죽음을 보아왔다. 그는 왕처럼 위풍당당하게 죽었다."

죽음이 임박하자 한동안 경련이 계속되더니 곧 죽음이 찾아왔다. 웰치의 기록에는 구르지예프가 죽은 뒤에도 그의 머리와 목이 몇 시간 동안이나 비정상적일 정도로 따뜻했다는 대목이 있다.

처음에는 마치 산고를 겪는 여성처럼 온몸이 경련하다가, 몸의 일부에서 말이 안 될 정도로 오랫동안 기묘한 따뜻함이 지속되었던 것이다. 동방의 신비주의적 교의 중에는 인간의 영혼은 머리를 통해 몸을 떠난다는 말이 있다. 혹시 웰치는 케스잔 몸(Body Kesdjan, 아스트랄체의 일종)의 탄생을 입증하는 간접적인 증거를 목격한 것일까?

구르지예프의 장례가 진행된 정교회 성당은 수백 명의 참례자들로 가득 찼다. 장례 미사를 집전한 신부는 고요하며 경건한 분위기에 놀라움을 금치 못했고, 장의사는 구르지예프와는 '일면식도 없었음에도 불구하고' 그의 주검을 보자마자 왈칵 눈물을 쏟았다고 한다.

구르지예프의 무덤 양 끝에는 고대의 기념비를 본떠 만든, 수직 거석툰을 연상시키는 두 개의 비석이 서 있다. 이 두 비석은 '성스러운 긍정'과 '성스러운 부정'을 상징하는 것일까? 방문자들을 위한 안내문에는 이곳에 잠들어 있는 사람은 '춤의 스승'이라고 쓰여 있다.

이제 구르지예프의 생애를 다룬 이 소묘를 그가 마지막으로 남긴 말로 끝맺기로 하자. 구르지예프는 임종하기 전에 그가 '워크'의 후계자로 임명한 잔 드 살즈만에게 힘겹게 말했다고 한다. "필수적인 일, 가장 중요한 일은 장래에 '워크'가 요구받을 임무에 부응할 수 있는 핵심적인 인재들을 갖추는 일이네…. 책임을 질 핵심이 존재하지 않는다면, 수행은 특정 역치를 넘을 수가 없어. 그러려면 시간이 걸릴 거야…. 아주 긴 시간이 걸릴 수도 있어."[*]

잔 드 살즈만

《구르지예프 인터내셔널 리뷰》는 잔 드 살즈만의 삶을 다음처럼 요약했다. "향후 40년을 넘는 세월에 걸쳐 그녀는 그의 가르침을 전하고 '무브먼트'의 내적인 내용과 의미를 보존하기 위해 지치지 않고 일했다."[**]

구르지예프에 의하면, 그녀는 오랜 '워크' 수행을 통해 뭔가 '진정한' 것을 만들어낸 극소수의 제자들 중 한 명이었다. 뭔가 영속적인 것을 말이다. 구르지예프의 가르침을 그의 죽음에 의해 생겨난 '간극'을 가로질러 후세에 전하기 위한 '충격'을 제공한 사람도 다름 아닌 잔 드 살즈만이었다. 그녀는 지금은 고인이 된 미셸 드 살즈만 — 그 자신이 구르지예프 '워크'의 중요한 인물인 — 의 어머니이기도 했다.

구르지예프의 '워크' 수행을 한 수많은 사람들도 잔 드 살즈만을

---

[*] 《삶이란 오직 '내가 나'일 때만 진정한 것이 된다》
[**] 제5권 제1호, 2002년 봄호.

잘 알고 있었다. 그녀는 1990년까지도 적극적인 삶을 살아갔기 때문이다. 생전의 그녀를 알던 사람들은 조용한 외경심이라고 할 만한 감정이 담긴 목소리로 그녀를 회고한다. 구르지예프의 '무브먼트' 다수를 기록한 영화인《성스러운 춤》(Sacred Dances)을 본 사람이라면 이런 외경심을 이해할 수 있을 것이다. 이 영화에 몸소 출연해서 내레이션을 하고, 설명하는 잔 드 살즈만을 본다면 그 즉시 그녀가 지극히 비범한 인물이라는 사실을 알 수 있을 것이다. '현재 순간'을 향해 그녀가 쏟는 주의력이 일종의 확대경처럼 작용하면서, 우리는 그녀 주위에서 일어나는 모든 일들을 깜짝 놀랄 정도로 명료하게 볼 수 있기 때문이다. 허세나 우쭐함 따위에 전혀 기대지 않고도, 그녀가 각성한 존재라는 사실을 지극히 자연스럽게 우리의 마음에 각인한다고나 할까.

　잔 드 살즈만의 제자들이 전하는 그녀의 가르침 일부를 인용해보기로 하겠다. (상술한《구르지예프 인터내셔널 리뷰》2002년 봄호에 실린〈가시적인 무브먼트의 이면: 그녀의 제자들이 전하는 가르침〉에서 발췌했다.) 잔 드 살즈만은 '무브먼트'의 중요성을 강조했고, 아래의 인용구들 역시 대부분 '무브먼트' — 궁극적으로는 '워크'로 이어지는 — 에 관련된 것이다.

　　눈에 보이는 '무브먼트' 뒤에는 눈에 보이지 않는 또 다른 '무브먼트'가 존재합니다. 이것은 매우 강력하며, 외부의 '무브먼트'는 이것에 의존하고 있습니다. 만약 이 내면의 '무브먼트'가 그리 강하지 않다면, 눈에 보이는 외부의 '무브먼트'는 그 어떤 행동으로도 이어지지 않습니다.

수행자는 자기 자신과 자신의 '무브먼트'뿐만 아니라 그보다 더 고차의 것에 대해서도 끊임없이 주의력을 할당해야 합니다. 사람은 언제든 어느 한쪽에만 정신이 팔리는 경향이 있기 때문입니다. 그런 노력을 멈추는 순간 수행자는 '무브먼트'와 스스로를 '동일시하게' 된다는 점을 명심하십시오.

수행자는 이 '무브먼트'들을 하나의 조건으로 간주하고, '워크'를 통해 자신의 주의력을 연마하기 위한 특별한 기회로 여겨야 합니다.

주의력을 자기 자신과 고차의 것으로 분산시킴으로써 수행자는 자신이 채울 수 있는 장소를 채우게 됩니다. 언젠가는 그보다 더 큰 일을 할 수 있겠지만, 오늘은 이곳이 당신이 있을 장소입니다.

내면의 사고思考는 스스로의 무게 중심을 가지고 있어야 합니다. 그냥 여기저기를 돌아다니는 대신, 수행자 스스로 그런 중심을 찾아내야 하는 것입니다. 육체의 경우도 마찬가지입니다. 육체가 중심을 잡지 못한다면, '무브먼트'는 불가능합니다. 감정의 경우도 마찬가지입니다.

수행자는 '무브먼트'에 관해 생각하기 마련이지만, '무브먼트'는 단지 생각한다고 이루어지는 성질의 것이 아닙니다. 우선 '무브먼트'에 관한 사고를 유지하고 있다가, 그것을 할 순간이 되었을 때 사고를 버린다면, '무브먼트'는 수행자 없이도 어떻게든 실행에 옮겨지기 마련입니다.

여러분은 주의력이야말로 여러분에게 주어진 유일한 기회라는 점을 충분히 자각하고 있지 않습니다. 주의력 없이는 아무 일도 할 수 없는데도 말입니다.

제8장

"나, 구르지예프는, 안 죽노라!"

구르지예프의 말년에 제자 한 명이 그에게 오더니, 상상조차도 하기 싫지만 스승인 그가 죽으면 자기들은 어떻게 해야 하느냐고 물었던 적이 있다고 한다. 그러자 구르지예프는 제자에게 벌컥 화를 내더니 "나, 구르지예프는 '안' 죽어!"라고 날카롭게 쏘아붙였다고 한다.

이것은 구르지예프가 육체적인 의미에서 영원히 살아간다는 뜻은 물론 아니었다. 육체의 죽음을 맞은 뒤에도 그는 고차의 영역에서 살아갈 것이다. 생전에 그가 만들어낸 무엇인가를 통해 독립된 존재로서, 그런 동시에 신에게 봉사하는 존재로서 말이다.

물론 그의 '워크'도 우리와 함께 계속 살아갈 것이다. '워크'가 여태껏 활력을 잃지 않은 것은 구르지예프와 그의 제자들이 그의 가르침을 후세에 오롯이 전달하기 위해 고심에 고심을 거듭한 결과라고 해도 과언이 아니다.

구르지예프는 실망이 그의 '워크'로 진입하기 위한 전前 단계라고 말한 적이 있다. 사람들은 자기 삶과 종교와 과학에 실망하고, 자신과 자신의 능력에 실망하고, 지금까지 자신이 시도해본 모든 것에 실망한다. 그렇게 완전한 실망을 겪은 뒤에야 뭔가 정말로 힘들고, 진정하게 경이로운 일에 도전할 수 있는 용기를 얻는 것이다.

어떤 사람들은 구르지예프의 가르침이 너무 부정적이라고 느끼곤 한다. 너무 엄격하다고 말이다. 구르지예프의 가차 없는 지적들을 상기해보라. 인류는 잠들어 있지만 자신이 깨어 있다고 착각하면서 스스로를 기만한다. 우리는 어떤 경우에도 기계에 불과하다. 우리는 주체적으로 어떤 일도 '하지(do)' 못한다. 설령 제국을 건설했다고 해도 주체적으로 그랬던 것이 아니라, 외부 자극에 복잡하게 반응했던 것에 불과하다. 우리는 감정을 느끼지만, 그것은 고차의 진정하고 정직한 사랑과 자애로움과 희망과 믿음과는 보통 단절되어 있다. 우리는 사랑의 감정을 경험한다. 그러나 보통 사람이 고차의 사랑, 오로지 높은 단계의 의식을 획득함으로써 느낄 수 있는 능동적인 사랑을 경험하는 경우는 거의 없다. 우리는 내면의 통일성, '진정한 나'에 도달하지 못했기 때문이다. 대다수의 기독교인들이 정말로 기독교인이 되지 못하는 것은 그럴 능력이 없기 때문이다. 그리고 진정한 기독교는 그리스도가 세상에 강림하기 전에 이미 시작되었다…. 우리는 결코 진실을 말하지 않는다. 스스로 진실을 말하고 있다고 확신하고 있을 때조차도.

이런 터무니없는 견해들을 어떻게 받아들이란 말인가! 그러나 인류의 현 상황에 관해 생각해보라. 사람들은 폭력은 문제를 해결해주지 못하는 어리석은 수단이라는 사실을 인류가 좀처럼 학습하지 못한다는 당혹감을 느끼는 것처럼 보인다. 우리는 지금도 전쟁이 계속 일어난다는 사실에 의아해한다. 우리는 굶주린 사람들을 먹일 방법이 있는데도 그러지 않는다는 사실에 당혹해하고, 지구를 오염시키지 않고도 물품을 생산할 수 있으면서도 그러지 않는다는 사실에 당혹해하고, 이런저런 것들에 중독되지 않고도 충분히 살아갈 수 있으면서도 그러지 않는다는 사실에 당혹해하고, 타인에 대한 친절과 그 유익함에 관해서도 잘 알고 있으면서도 실제로는 거의 실행에 옮기지 않는다는 사실에 당혹해한다.

인간은 스스로의 약점들을 자각하고 있다. 우리의 문학과 영화는 우리가 어떻게 살아야 하는지를 알리는 도덕률들로 가득 차 있다. 책임감을 가지고, 타인을 배려하고, 이기심을 버리고, 인내심을 가지고, 비폭력적으로 행동해야 한다는 식으로 말이다. 우리는 소설과 시와 예술과 철학을 통해 거듭해서 이 점을 강조한다. 그러나 우리 대다수는 변하지 않는다. 적어도 유의미하게는 말이다. 그 이유가 뭘까?

도대체 무엇이 이런 악순환에, 딜레마에 우리를 가두고 있는 것일까? 일종의 맹목적인 기제가 원인일 것이다. 우리 내부에 있는 어떤 것 — 자기애, 허영심, 방어 기제 — 이 악순환 속에 우리를 가둬두고 있는 것의 정체를 못 보도록 강제하고 있다. 그리고 우리가 못 보고 있는 것이 구르지예프가 설파한 (그토록 터무니없게 느껴졌던) 가혹하고 쓰디쓴 진실과 정확하기 일치한다면?

우리의 삶을 관조해보면 가열ᵃ然하다는 인상을 피할 수 없다. 인간의 삶은 고통스러운 탄생의 순간을 지나 살기 위해 일하다가 노년과 죽음이라는 가혹한 현실로 끝을 맺기 때문이다. 인간이 처한 이런 조건들은 부인할 길이 없는 진실이다. 같은 맥락에서, 영적인 진화를 둘러싼 가감 없는 진실이 상술한 우리의 삶과 똑같이 냉혹하고, 똑같이 가혹하다는 사실은 타당하게 느껴진다. 그런 연유로, 뉴에이지적 영성이나 세속화한 종교가 제공하는 심리적 안락함 따위에는 전혀 관심을 보이지 않는 구르지예프의 가차 없는 엄격함은 오히려 나를 안심시킨다. 그의 가르침에는 진실성이 담겨 있다는 증거이기 때문이다. 기실 진리가 아닌 것에 무슨 쓸모가 있단 말인가? 우리가 진리와 정말로 연결되었다는 느낌조차도 받지 못한다면, 영적인 가르침이 주는 위안이 도대체 무슨 의미가 있단 말인가? 진짜 희망과 진짜 신앙이 아닌 희망과 신앙에 도대체 어떤 쓸모가 있단 말인가?

영적인 자기 계발을 하려는 목적으로 관련 수업을 들으려고 하는 사람들 대다수는 정말로 알맹이가 있는 내용을 가르치는 진짜 학교를 경험하면 크게 낙담하기 마련이다. "자칭 구도자는 매분 한 명씩 생겨난다"는 농담을 들은 적이 있는가? 무늬만 구도자인 사람들은 진리를 찾고 있는 것이 아니라 위안을 찾는 사람들이다.

아마 그런 사람들은 책, 이를테면 《선禪의 닭고기 수프》 유의 제목을 가진 책을 읽고 감명을 받은 나머지 본격적인 선원禪院의 수행 과정에 등록할지도 모른다. 거기서 그들은 이런 통고를 받는다. 수행자는 '늦잠을 허용하는' 해당 종파의 전통에 따라 새벽 4시까지나 잘 수 있지만, 그때부터 간소한 데다가 터무니없이 양이 적은 아침 식사를 하기 전까지는 거의 무한처럼 느껴지는 긴 시간 동안 고통스러운 좌선 자세를 틀고 있어야 한다. 그다음에는 종일 의식적으로 육체노동에 종사해야 한다. 상당수의 선원에서는 좌선을 하는 수행자가 올바른 자세로 앉아 있지 않는다면 스승이 그 어깨에 작대기로 상당히 아픈 일격을 가하는 관습을 유지하고 있다. 그렇게 해서 언제쯤 깨달음을 얻게 될까? 몇십 년은 수행을 해야 할 것이다. 그러니까, 실제로 깨달음을 얻기라도 한다면 말이다.

이런 현실을 마주한 수행 희망자는 아픈 어머니를 문병하러 가야 한다는 사실을 갑자기 떠올리고 그 선원에서 나와 근처의 아이홉 IHOP* 식당으로 직행한다. 나중에 그는 대천사 가브리엘과 소통한다고 주장하는 채널러를 찾아가고, 그 이름을 영창하며 해변에서 태닝을 하라는 조언을 듣고 솔깃한다.

보통 구르지예프의 '워크'는 본격적인 선원과 (여기서 자꾸 '본격적'이라는 표현을 쓰는 이유는 관람객을 위한 '엉터리' 수행을 제공하는 곳도 적지 않기 때문이다) 동일한 수준의 엄격한 규율을 강요하지는 않지만, 수행자가 진지하게 자기 자신을 단련할 것을 요구한다. 내면의 '워크'에 이르러서는 선 수행과 동일하거나 그 이상의 노력을 요구할지도 모른다. 아주 뛰어난 '워크'의 스승이 최근에 토로한 바에 의하면, 그가 처음에 구르지예프의 가르침에 끌린 이유는 타협하지 않는 데다가, 전반적으로 '성숙하다는' 인상을 받았기 때문이었다.

설령 내가 영적 몸들의 창조라든지, 나 자신이 정말로 그런 것을 만들어낼 수 있을 정도로 혹독한 수행을 할 수 있는지의 여부에 관해 의문을 느낀다 해도, 구르지예프 '워크'가 주는 실제 혜택은 만만

---

* The International House of Pancakes의 약자로 미국식 아침 식사를 제공하는 프랜차이즈 식당이다. 역주.

치 않다. '워크'를 통해 자기 수행을 하는 사람이 라스베이거스에서 도박으로 집을 날린다든지, 충동적으로 놈팡이와 결혼할 가능성은 작다. 아예 잘못을 저지르지 않는다는 뜻은 아니지만, 진심으로 '워크'에 매진하고 있다면 '정말로' 어리석은 짓을 할 확률은 극히 낮다. 그보다 더 중요한 것은 삶이 더 자유로워진다는 점이다. 위기 상황에 빠지는 경우에도 '워크'는 소년 시절 포 사격장에서 구르지예프가 경험한 것처럼 더 넓고 객관적인 시야를 유지할 수 있게 해주며, 그런 상황에 종종 수반되는 노골적인 모욕이나 감정적인 동요와 자기 자신을 쉽게 '동일시하지' 않도록 도와준다. 스스로에 대해 객관적인 사람들은 타인을 향해서도 더 자애로울 수 있고, 그 결과 모든 사람이 혜택을 받는다. '현재 순간'을 살 수 있으면 삶은 더 선명하고, 더 유의미해진다. 또 구르지예프가 그의 저술 시리즈인 《만물일체》에서 시사했듯이 '자기 기억하기'를 통해 스스로의 경험을 보존하는 사람들은 육체적으로도 장수할 공산이 크다. (구르지예프가 인간의 수명에는 유전적 요인을 포함한 더 많은 요인들이 영향을 끼친다는 점을 지적하긴 했지만 말이다.) 이 모든 것들은 구르지예프의 가르침을 따르거나, 그와 비슷한 계열의 위파사나 불교, 수피즘, 토머스 키팅Thomas Keating 신부의 기독교적 방법론, '본격적인' 선 수행 등의 명상적인 전통에 입각해서 수행할 만한 충분한 이유가 되어준다.

구르지예프는 그 밖의 몇몇 '길'들의 전체적 가치에 대해서는 회의적이었고 기성 종교의 한계를 지적하기도 했지만 다른 수행법들의 효용을 인정하는 데는 결코 인색하지 않았다.

구도적인 사람은 언제 어디서든 존재한다. 그런 사람은 마음의 진실을 알 것을 희구하고, 그것을 찾아 헤매고, 삶의 난제들을 해결하기 위해 분투하며, 만물의 본질을 꿰뚫어 보고 자기 자신을 꿰뚫어 보려고 시도한다. 만약 그런 사람이 견실하게 추론하고, 사고한다면, 상술한 난제들을 해결하기 위해 어떤 '길'을 따르든 간에 필연적으로 자기 자신의 본질에 도달하게 되고, 자신이 어떤 존재이며 주위 세계에서 자신의 위치가 무엇인지를 탐구하는 일에 착수하게 되기 마련이다. 소크라테스의 "너 자신을 알라"라는 경구는 진정한 지식과 존재를 탐구하는 모든 사람에게도 들어맞는 말이다.[*]

우리가 스스로를 직시함으로써 우리가 직면한 문제의 원인을 직시하기 전에는 변화할 가망이 없다는 지적은 일리가 있다. 그러나 우리가 인간의 실제 양태를 부인하고, 맹목성 — 이것은 구르지예프가 '완충제'라고 부른 것에 굴복함으로써 초래된 것이다 — 의 함정에 빠져 자신은 잠에 빠져 있지도 않고, 기계도 아니며, 스스로에게 정직할 수 있고, '완전하게' 사랑하는 법을 알고 있다고 우긴다면 변화할 가망은 전무하다. 그리고 우리는 반드시 변화해야 한다. 구르지예프는 인류는 일정 수의 영적으로 진화하고 각성한 사람들을 필요로 한다고 경고했다. 만약 그런 사람들의 수가 충분하지 않다면 세계는 그 기능을 다할 수 없고, 우주적 진화라는 위대한 의도에 오

---

[*] 《진정한 세계로부터의 조망》

히려 장애물이 되어버린다. 그럴 경우 인류에게는 자기 파괴의 길밖에는 남지 않는다.

그러나 구르지예프가 남긴 것은 진정한 희망의 메시지이기도 하다. 그 메시지가 진실하게 우리의 마음과 공명하는 것은, 부분적으로는 그것을 보낸 인물이 진정하며 의식적인 희망을 느끼는 것이 가능한 사람이었기 때문이다. 그 희망은 불안감에 대한 인간의 자동적인 반응에 기인한 일상적인 희망이 아니라 '각성한 의식'의 희망이다. 그런 의식이야말로 우리의 유일한 희망임을 명심하라.

부록 1

더 높은 옥타브로: 추천 도서 목록

구르지예프가 직접 저술한 책은 한 손으로 꼽을 정도밖에는 되지 않는다.《비엘제붑이 손자에게 들려주는 이야기》하나만으로도 장엄한 문학적 성취를 이루고 있지만 말이다. 구르지예프와 그의 가르침에 관해 쓰인 책들은 많다. 필자는 구르지예프 관련 서적을 낱낱이 읽었다고 주장할 생각은 없지만, 그런 책들의 경우 옥석이 섞여 있다고 해도 과히 틀린 지적은 아닐 것이다.

나는 구르지예프의 견해들을 숙지한 전문가로서가 아니라 관련 서적을 읽고 그에 관한 글을 쓰는 학생의 입장에서 이 조촐한 책을 썼다. 이 책은 구르지예프를 소개하는 입문서에 불과하므로, 그의 가르침에 관심을 가진 독자들은 아래에 나열된 추천 도서들을 가급적 많이 읽어볼 것을 추천한다. 수행을 시야에 두고 있는 경우는 사이비가 아닌 신뢰할 만한 본격적인 수행 그룹을 찾는 것이 가장 중요하다는 점을 명심하길 바란다.

종합적인 문헌 안내를 위해서는《구르지예프: 주석판 서지목록》

(Gurdjieff: An Annotated Bibliography)을 참조하기 바란다. 이 책은 J.
월터 드리스콜Walter Driscoll과 캘리포니아 구르지예프 재단에 의해
편찬되었고, 잔 드 살즈만의 아들인 미셸 드 살즈만의 머리말이
딸려 있다. 필자가 가진 판은 갈랜드Garland 출판사에서 나온
것이며, 중고책을 온라인이나 다른 곳에서 쉽게 구할 수 있다. 정보
갱신도 이루어지고 있다. 드리스콜은 1999년에 잠정적인 서지
목록인《구르지예프: 독서 안내》(Gurdjieff: A Reading Guide)를 냈고,
《주석판 서지목록》의 철저한 개정판을 준비 중이다. 드리스콜은
구르지예프와 그의 견해에 관한 최상의 정기 간행물인《구르지예프
인터내셔널 리뷰Gurdjieff International Review》의 공동 편집자이기도 하다.
이 간행물에 관한 정보를 얻고 싶은 독자는 www.gurdjieff.org를
참조하기 바란다.

한편, 필자의 추천 도서 목록은 다음과 같다. 세부적인 서지 사항은
내가 참조한 판들에 준거하고 있다.

《만물 일체: 비엘제붑이 손자에게 들려주는 이야기》(All and
Everything: Beelzebub's Tales to His Grandson). G. I. 구르지예프
지음(Dutton, 1964). 구판은 여전히 입수 가능하며, A. L.
스테이블리가 설립한 투 리버스 프레스Two Rivers Press에서도 1993년에
훌륭한 신판을 출간했다.

《놀라운 사람들과의 만남》(Meetings with Remarkable Man). G. I.
구르지예프 지음(Arkana, 1985). 다소는 자전적이고, 다소는 우화적인

책이며, 때로는 모험 이야기처럼 읽힌다.

《기적적인 것을 찾아서: 미지의 가르침의 단편들》(In Search of the Miraculous: Fragments of an Unknown Teaching). P. D. 우스펜스키 지음(Hartcourt, Brace and World, 1949). 필수적인 책이며, 구르지예프도 "이건 바로 내가 한 말이야!"라며 이 책을 승인했다. 독자를 불안하게 만들고, 매료하고, 희망을 주는 책이다.

《인간의 잠재적 진화의 심리학》(The Psychology of Man's Possible Evolution). P. D. 우스펜스키 지음(Knopf, 1954). 구르지예프의 핵심적인 심리학적 견해를 요약한 강연들을 모은 책이다. 간결하고 정확할 뿐만 아니라 지극히 강렬하다.

《구르지예프와 그의 가르침에 관한 에세이와 고찰》(Gurdjieff: Essays and Reflections on the Man and His Teaching). 제이컵 니들먼과 조지 베이커 편집(Continuum, 1996). 다양한 관점에서 통찰력 있는 개관을 제공한다. 영국의 극작가 J. B. 프리스틀리Priestley는 구르지예프의 세계에서 "독자는 지적으로 빈민가 관광에 해당하는 일을 할 필요가 없다"라고 썼다. 이 책은 그의 말을 실증해준다.

《진정한 세계로부터의 조망》(Views from the Real world). 구르지예프 어록(Viking Arkana, 1984). 이 책에서 독자는 구르지예프의 날것 그대로의 목소리를 들을 수 있다. 너무나도 직설적이며 가차 없는 탓에 견디기 힘들 정도로 신선한 인상을 준다.

《G. I. 구르지예프의 '만물 일체'를 위한 A. R. 오리지의 주석》(A. R.
Orage's Commentaries on G. I. Gurdjieff's All and Everything). C. S. 노트
편집(Two Rivers Press, 1985). 위대한 책을 명확하게 조명한다.

《삶이란 오직 '내가 나'일 때만 진정한 것이 된다》(Life is Real Only
Then, When "I Am") G. I. 구르지예프 지음(Viking Arkana, 1991). 저자가
사망한 탓에 미완으로 끝난 짧은 책이다. 조금 혼란에 빠진 어떤
해설자는 그것이야말로 "구르지예프의 의도였다"라고 주장했지만
말이다. 다른 관련 서적들을 충분히 읽고 파악한 뒤에 읽을 것을
추천한다. 그럼에도 매우 흥미로운 책이고, 제목 자체가 하나의
교훈을 준다.

추가적인 독서를 위한 양서들

《구르지예프 씨와 함께한 우리의 삶》(Our Life with Mr. Gurdjieff).
토마스 드 하트만과 올가 드 하트만 지음(Penguin Arkana, 1972).
평탄하고 꾸밈없는 산문으로 쓰였지만 이따금 독자를 깜짝 놀라게
한다. 진정한 서사의 힘을 내포하고 있으며, 그 일부는 하트만
부부의 겸허함에서 온다. 한 인간으로서의 구르지예프에 대한
그들의 애정이 드러난 책이다.

《내면의 대화》(Exchanges Within). 펜틀랜드 경 지음(Continuum, 1997).

구르지예프 재단의 가장 뛰어난 스승들 중 한 명이었던 저자가
'제4의 길' 수행 그룹들을 상대로 진행했던 강의의 사본이다.
내부자의 관점에서 '워크'의 한 측면을 일별할 수 있는 책이며, 위에
열거된 책들을 모두 읽은 뒤에 읽는 것이 바람직하다. 엄청나게
가치 있는 책이다.

《구르지예프: 신화의 해부》(Gurdjieff: Anatomy of a Myth: A Biography).
제임스 무어 지음(HarperCollins, 1993). 때로는 장황하고, 때로는
재미있는 소설처럼 읽히며, 환영할 만한 세련된 유머를 포함하고
있고, 진실미가 있다. 한 권짜리 전기로서는 최고의 책이다.

《미국인의 영혼》(The American Soul). 제이컵 니들먼 지음(Tarcher/
Penguin, 2002). 니들먼 교수는 미국 역사에 활력을 불어넣은 영성과
양심의 숨겨진 측면을 밝혀준다. 미국 헌법 제정자들의 역할이 크게
강조되어 있으며 진정한, 살아 있는 희망의 메시지를 전해준다.

《시간과 영혼》(Time and the Soul). 제이컵 니들먼 지음(Berrett-Koehler,
2003). 니들먼이 쓴 대부분의 (혹은 모든) 책은 구르지예프의 영향을
받은 영성과 철학을 다루고 있으며, 예외 없이 깊은 의미를 담고
있다. 니들먼은 항존주의恒存主義와 위대한 철학자들의 연구를 평생의
연구 과제로 삼았으며, 그의 관심사는 구르지예프뿐만 아니라 모든
철학 스펙트럼을 망라한다. 그런 맥락에서 특히 인상적인 책이며,
항존주의의 용어를 써서 선명하고 활기차고 구르지예프의 철학

일부를 요약한 짧은 책이다. 니들먼의《돈과 삶의 의미》(Money and the Meaning of Life)도 함께 읽을 것을 추천한다.

《잊혀진 기독교》(Lost Christianity). 제이컵 니들먼 지음(Tarcher/Penguin, 2003). (미묘하게) '제4의 길'적인 관점에서 기독교 신비주의를 조명한 고전적인 영성 서적의 신판이다.

《내적 기독교》(Inner Christianity). 리처드 스몰리Richard Smoley 지음(Shambhla, 2002). 신비주의적 기독교를 명료하게 설명한 이 책은 그것이 구르지예프의 가르침을 위시한 다른 형태의 서구 신비주의와 어떻게 관련을 맺고 있는지를 보여준다. 명징하기 쉽지 않은 분야에서 담대하고 빼어난 명징함이 돋보이는 책이며, 필자가 읽어본 기독교 신비주의 서적 중에서는 가장 유용했다.

《숨 쉬는 대성당》(The Breathing Cathedral). 마사 헤인먼Martha Heynemann 지음(Sierra Club, 1993). 저자는 구르지예프와 단테와 스티븐 호킹과 그녀 자신의 경험을 비교 분석하고, 이 모든 것을 매끄럽고 시적으로 엮어냈다. 강렬한 인상을 남기는 책이다.

《발견되지 않은 땅》(Undiscovered Country). 캐스린 흄 지음(Little, Brown, 1972). 저자의 삶과 구르지예프와의 만남을 다룬 박진적이며 감동적인 책.

《오프닝Opening》. 윌리엄 시걸 지음(Continuum, 1998). 시걸은
구르지예프의 신봉자이자 선의 연구자인 동시에 '워크'의 위대한
스승이었다. 도발적인 책이다.

《불가지한 구르지예프》(The Unknowable Gurdjieff). 마거릿 앤더슨
지음(Penguin Arkana, 1991). 구르지예프와 오랜 시간을 함께 보낸
앤더슨은 그가 얼마나 이해하기 힘든 인물이었는지를 잘 알고
있었다. 회고록과 메모의 형태를 취한 이 책은 매우 흥미롭고
간결하며 명료하게 구르지예프의 인물상을 보여준다.

《각성을 향해: 구르지예프가 남긴 가르침에 대한 한 접근법》(Toward
Awakening: An Approach to the Teaching Left by Gurdjieff). 장 베스
지음(Harper and Row, 1979). 조금 건조한 인상을 주지만 매우
흥미롭고 정확한 책이다. 구르지예프의 가르침의 특정 부분만을
다룬다는 점을 유념할 것.

《신비주의자와의 여정》(My Journey with a Mystic). 프리츠 피터스
지음(Tale Weaver, 1986).《구르지예프와의 소년 시절》(Boyhood with
Gurdjieff)과《구르지예프를 추억하다》(Gurdjieff Remembered)의 합본에
헨리 밀러가 서문을 썼다. 피터스는 구르지예프 곁에서 성장했고
그가 죽기 직전까지 교류했다. 유머와 구르지예프의 인간적 측면을
들여다볼 수 있는 재미있는 책이다.

《구르지예프의 가르침: 한 제자의 일기》(Teachings of Gurdjieff: The Journal of a pupil). C. S. 노트 지음(Routledge and Kegan Paul, 1961). 구르지예프 밑에서 수행하며 습득한 교훈에 관한 책.

《구르지예프의 추억》(Memories of Gurdjieff). A. L. 스테이블리 지음(Two Rivers Press, 1978). 상당히 얇긴 하지만 감동적이고, 유의미하며, 종종 매력적으로 다가온다.

《구르지예프와 우스펜스키의 가르침에 관한 심리학적 주석》(Psychological Commentaries on the Teaching of Gurdjieff & Ouspensky). 모리스 니콜 지음(Weiser, 1977). 매우 실용적이고 통찰적인, 상세한 일련의 문서들을 모았다. 니콜은 영국에서 '워크'의 중요한 스승이 되었다.

《살아 있는 시간》(Living Time) 모리스 니콜 지음(Watkins, 1952). 수많은 사람들을 개안하게 해준 역사적 명저. 직설적이고 지적이며 간결한 니콜의 글을 읽으면 시간에 관한 통념이 근본적으로 바뀌고, 그 결과 새로운 희망이 솟는 것을 느낄 수 있을 것이다. 지금도 입수할 수 있다.

《유추의 산: 진짜 이야기》(Mount Analogue: An Authentic Narrative). 르네 도말 지음. 로저 섀턱Roger Shattuck 영역. 섀턱의 소개글과 베라 도말의 후기 포함(Vincent Stuart, 1959). 초판 출간 이후 '상징적으로

진실인 비＃유클리드적 모험 등산'이라든지 '무삭제판' 같은
다양한 부제를 단 판들이 나왔다. 필자는 독자가 이 우화적 소설을
읽을 것을 강력하게 추천한다. J. 월터 드리스콜은 "도말이 이
소설에서 만들어낸 마법의 산의 은유와 상징적 등반의 묘사는 그가
구르지예프가 가르친 수행을 하며 받은 강한 영감에서 유래한다"고
평했다.

《어둠 속의 목소리: 나치스 점령하 파리에서의 오컬트 및 세속의
목소리들, 1940-44》(Voices in the Dark: Esoteric, Occult & Secular
Voices in Nazi-Occupied Paris, 1940-44). (Arete Communications, 2001).
구르지예프가 전시에 가졌던 모임 중 서른 한 번을 기록한 사본들을
모았다. 사본들은 미 의회 도서관에 보존되어 있었으며, 매혹적이며
때로는 섬뜩하기까지 한 읽을거리를 제공한다. 전시의 파리에 관한
일반적인 묘사가 많이 포함되어 있다.

아래는 J. 월터 드리스콜이 추천하고 설명을 단 추가적인 추천
도서들이다. 인용된 설명문은 드리스콜이 작성한 잠정적 서지
목록인 《구르지예프: 독서 안내》(1999)에서 발췌했고, 그의 허가를
받고 이 부록에 포함시켰다.

《주의력에 관해: G. I. 구르지예프의 견해에 입각한 강연, 에세이
및 서간 모음》(On Attention: Talks, Essays and Letters Based on the Ideas
of G. I. Gurdjieff) 크리스토퍼 프리맨틀Christopher Freemantle 지음. 릴리언

파이어스톤 볼Lillian Firestone Boal 편집(Indications Press, 1993). "지금도 인터넷에서 입수 가능하다. 프리맨틀은 우스펜스키의 제자였고, 나중에 구르지예프에게 가서 가르침을 받고 수행 그룹의 상급 리더로서 오랫동안 일했다. 이 유고집은 주의력과의 내재적인 투쟁에 천착한 관조적 에세이 열 편, 그리고 그가 제자들에게 보낸 편지에서 발췌한 98쪽의 글을 포함하고 있다."

《지구를 위한 질문: 영적/생태학적 위기의 자각》(Asking for the Earth: Waking up to the Spiritual/Ecological Crisis) 제임스 조지James George 지음(Element, 1995). "저자는 구르지예프의 우주론적 견해들과 제임스 러브록James Lovelock의 가이아 가설의 결합을 시도하면서 인간이 야기한 환경 오염으로 인한 위기적 상황을 기록했고, 그 원인을 인류가 영적인 감각과 양심으로부터 멀어진 데서 찾고 있다."

《존재하고픈 욕구》(A Wish to Be) 세실 루이스Cecil Lewis 지음(Element, 1994). "BBC 월드 서비스에서 방송된 일련의 강의를 기록한 스물아홉 편의 짧은 글로 이루어졌다. 각 강의는 구르지예프 경구警句의 인용으로 시작된다. 루이스는 자기 발견, 인간의 본성, 우리 내부의 잠재력 따위의 주제를 다룸으로써 구르지예프의 경구와 가르침을 일상의 삶에 적용하려고 분투할 때 겪는 고충을 간결하고 진지하게 묘사한다."

《구르지예프: 그의 견해들에 대한 한 접근법》(Gurdjieff: An Approach to His Ideas). 미셸 월드버그Michel Waldberg 지음. 프랑스어 원서를 스티브 콕스Steve Cox가 편역(Routledge and Kegan Paul, 1981). "1966년의 강연을 바탕으로 한 이 책은 구르지예프의 견해에 관한 정확하고 호의적인 입문서다. 월드버그는《비엘제붑이 손자에게 들려주는 이야기》의 형식과 내용 및 우스펜스키의《기적적인 것을 찾아서》에서 제시된 구르지예프의 심리학적 견해들에 대해 특별히 많은 주의를 기울이고 있다."

《철학적 모험》(Venture with Ideas). 케네스 워커Kenneth Walker 지음(Luzac Oriental, 1995). "수행 모임에서 습득한 그 어떤 내용도 공개하거나 출판하지 않는다는 우스펜스키와의 서약에 30년 가까이 묶여 있던 저자는 우스펜스키와 구르지예프 두 스승의 죽음과,《비엘제붑이 손자에게 들려주는 이야기》와《기적적인 것을 찾아서》의 출간에 의해 그 서약으로부터 해방되었다고 한다. 워커는 이 책에서 구르지예프의 수행 체계가 의사로서 '정통적인 과학 교육'을 받은 그에게 준 충격을 묘사하고 있다. 그는 자전적인 이야기뿐만 아니라 핵심이 되는 개념과 수행법에 관해 설명하고, 구르지예프와의 짧은 만남들이 그에게 끼친 강렬한 영향에 관해서도 자세히 묘사하고 있다."

《므슈 구르지예프, 당신은 누구인가요?》(Who Are You Monsieur Gurdjieff?) 르네 쥐베르René Zuber 지음. 제니 코럴렉Jenny Koralek 옮김. P.

L. 트레버스Travers의 서문을 포함(Routledge and Kegan Paul, 1980/Penguin Arkana, 1990). "쥐베르의 간결한 회고록은 구르지예프의 가르침의 기독교적인 측면을 끌어내고, 그의 가르침의 영향력을 숙고하며, 1943년과 1949년 사이의 구르지예프에 관한 풍성한 일화를 제공한다. 쥐베르는 이렇게 강조하고 있다. '생전의 구르지예프는 순전히 대화를 통해서만 제자들을 가르쳤고, 그 가르침은 당시 상황이나 제자들과의 대화에서 자연스럽게 튀어나온 것들이었다. 나는 그가 강연하는 것을 한 번도 본 적이 없다. 그런 광경은 상상조차 할 수 없다고나 할까.'"

이 주제에 관해서는 이 밖에도 가치 있는 책들이 많다. 더 읽고 싶은 독자들에게는 J. 월터 드리스콜의 《서지목록》과 《독서 안내》를 추천한다.

본서에서 언급된 기타 참고 서적

《우주적 방아쇠》(Cosmic Trigger). 로버트 앤톤 윌슨 지음(And/Or Books, 1977).

《밧줄의 여성들: 구르지예프의 센 강 좌안左岸의 특별한 여성 수행 그룹》(Ladies of the Rope: Gurdjieff's Special Left Bank Women's Group). W. P. 패터슨 지음(Arete Communications, 1998).

《말의 힘》(Powers of the World). 르네 도말 지음. 마크 폴리조티Mark

Polizzotti 편역(City Lights, 1991).

《철학 이야기》(The Story of Philosophy). 윌 듀랜트Will Durant 지음(Time Incorporated, 1962).

《마법사들의 투쟁》(The Struggle of the Magicians). G. I. 구르지예프 지음(The Stourton Press, 1957).

《종교적 경험의 다양성》(The Varieties of Religious Experience). 윌리엄 제임스 지음(Penguin Classics, 1982).

《헤르메스의 길: 코르푸스 헤르메티쿰 및 헤르메스 트리스메기스투스가 아스클레피오스에게 보내는 경구 신역新譯》(The Way of Hermes: New Translations of the Corpus Hermeticum and the Definitions of Hermes Trismegistus to Asclepius). 클레멘트 샐러먼Clement Salaman, 도린 반 오옌Dorine van Oyen, W. D. 워튼Wharton, 장-피에르 마에Jean-Pierre Mahé 옮김(Inner Traditions/Bear and Company, 2000).

《그 사이에 일어난 일: 어느 의사의 이야기》(What Happened in Between: A Doctor's Story). 윌리엄 J. 웰치 지음(Braziller, 1972).

《목격자: 어떤 탐색의 기록》(Witness: The Story of a Search). J. G. 베넷 지음(Bennett Books, 1997).

부록 2

우리는 정말로 '달의 양식'일까?

구르지예프의 '워크 서적'들을 읽다가 위의 개념과 마주치고
좌절하는 사람들이 종종 있다. 인류 전체가 '달의 양식', 즉 '달을
위한 먹잇감'이라는 구르지예프의 발언은 보통 우스펜스키의
책을 통해 접하게 되는 경우가 많은데, 저명한 '워크' 스승 중 한
명이 필자에게 단언한 바에 의하면 구르지예프는 '1917년 이후로'
제자들에게 이 견해를 단 한 번도 설파한 적이 없으며 기본적으로
파기했다고 한다. (구르지예프는 사람들이 자기 말을 너무 글자 그대로
받아들이는 것을 보고 방치가 답이라고 판단했던 것인지도 모른다.) 인류는
단지 달에 의해 소비되는 에너지를 만들어내기 위해 존재할
뿐이며, 이 에너지는 장래에 달이 물리적으로 '지구와 같은' 상태로
진화하는 것을 촉진하기 위해 쓰인다는 것이 이 주장의 요지다. 이
견해는 부조리하고 황당무계하게 들릴지도 모른다. 구르지예프가
말한 달이 현실의 물리적인 달을 의미한다고 해석한다면 말이다.
그러나 이 가르침에서 언급된 달은 우주에서 생명이 결여된

비활성적인 부분을 상징한다는 것이 나의 개인적인 해석 — 다시
한 번 강조하는데, 개인적인 해석 — 이다. 이럴 경우 달은 '저차'의
모든 우주들을 가리킨다고 할 수 있다. 달은 우리가 '워크'를 통해
스스로를 정제하지 않을 경우 사후에 우리의 생명 에너지가 멈춰설
'에너지 싱크energy sink'의 첫 번째 정류장에 해당한다. 그곳에서
우리의 조잡한 생명 에너지는 우주에 흡수당해서 생명을 북돋는
목적을 위해 쓰이고, 달은 이런 에너지들이 유효적절하게 쓰일 수
있는 '저차' 행성의 가장 가까운 예다. 달이 지구 수준까지 생명을
꽃피울 가능성은 0에 가깝지만, 우주 어딘가에 있을 저차의 행성
양태 '일부'는 우리의 생명 에너지를 위시한 다양한 에너지를
받아들임으로써 아마 어떤 양자적 층위에서 여기勵起당하고,
진화할지도 모른다….

이 우주에서는 '죽은' 물질 안에서 거의 자발적으로 생명이
발생함으로써 생물, 특히 인류가 발생할 수 있는 환경을 조장하려는
경향 — 물리학계 일각에서는 '인간 중심 원리'(anthropic principle)라고
불리는 — 이 있는 것처럼 보인다. 물질은 처음부터 생명 발생을
전제로 존재하는 것처럼 보이는 것이다. 인류와 그 밖의 모든
곳에 있는 존재들로부터 수확한 에너지들은 바로 이 '전제'를
가능하게 하는 원천이자 진화라는 펌프의 마중물에 해당하는
것인지도 모른다. 물론 구르지예프의 가르침에 대한 이런 해석은
추론의 범위를 벗어날 수 없고, 바로 그런 이유에서 이렇게 부록에
포함시켰다.

부록 3

옥타브와 창조의 빛살 그리고 이론물리학

헤르메스파의 오래된 격언이 지적하듯이, "위에서 그러한 것은
아래에서도 그러한" 법이다. 우주의 법칙적 패턴은 대우주를
거울처럼 반영하는 소우주인 인간에게서도 그대로 재현되므로,
우리는 인간을 통해 그런 패턴을 연구할 수 있다.

'창조의 빛살'을 따라 구조화된 각 저차 세계는 인접한 고차 세계에
내재한다. 큰 상자 안에 그보다 작은 상자들이 층을 이루며 들어
있는 중국의 투합套盒처럼, 내재한 세계 하나하나가 그보다 한 단계
큰 세계 안에 딱 맞는 형태로 들어 있는 것이다. 따라서 모든 우주는
한데 존재하지만, 어떤 면에서 고차의 우주는 역설적으로 우리의
손이 닿지 않는 곳에 있다. 태양체, 아스트랄체, 조체粗體를 망라하는
모든 유형의 물질은 인간에게서도 찾아볼 수 있지만, 그중 일부는
너무나도 미세하고 정치한 파장에서 진동하고 있는 탓에 통상적인
상태의 인간은 그것에 접촉할 수 없다. 그러나 이렇게 고도로
정제된 고차의 단계로부터 도움을 받을 수 있는 경우도 전혀 없지는

않다.

에너지들은 '창조의 빛살'을 오르내리며 이동한다. '절대'의
영향력은 에너지 교환의 연쇄를 통해 바닥 행성들에까지 미친다.
'절대의 의지'는 이 영향력이 장애물인 첫 번째 '간극'을 통과할 수
있도록 돕는다. 통과 후 '절대의 의지'는 사실상 계속 희석되므로,
지구상에 생명이 존재하지 않았다면 '모든 행성들'의 계제를 통과한
에너지는 '모든 행성들'과 '지구' 사이에 있는 두 번째 '간극'을
가로지르지 못했을 것이다. 일종의 생물적 기질基質에 해당하는
지구상의 생명체들은 에너지의 '축적소'인 동시에 송신소로
기능하고, 그 에너지를 '부팅해서' 간극의 '심연'을 넘게 해준다….
'레' 음 및 그 이하의 단계에 있는 존재들은 특정한 질의 발출
에너지들을 필요로 하고, 행성과 태양과 그 이상의 존재들이
진화하기 위해서는 그와는 다른 종류의 에너지들이 필요해진다.
구르지예프는 지구에서 일어나는 중요 사건들은 우주가 특정
에너지들을 요구한다는 사실의 영향을 받는다고 단언했다. 특정한
종류의 에너지들이 필요해질 경우, 행성 전체가 받는 영향력은
모종의 유기적인 사건 — 인류에게 심각한 영향을 끼치는 경우가
많고, 때로는 세계대전의 형태로 나타날 가능성조차 있다 — 들을
유발한다. 그 결과 지구의 감각 기관이자 송신 기관인 생명체들은
'간극'들을 통과하기 위한 파장의 에너지들을 만들어낸다.

이 또한 구르지예프 특유의 냉혹하고 가차 없는 견해의 일환으로
보아야 할까? 이런 효과들은 우주의 구조에 내재한 본유적인
메커니즘에 의해 엄밀한 법칙을 따라 발생한다. 이런 관점에서

대자연은 언제나 엄격했고, 무정했고, 비인격적이었다. 비근한 예로 자연도태라든지, 젊은 개체들에 의한 늙은 개체들의 가차 없는 세대교체 등을 들 수 있다.

그러나 신은 우주의 균형 유지를 위한 규칙과 필요성이 허락하는 한도 안에서 인간을 위해 할 수 있는 일을 해주었다. 주의력과, '워크'를 통해 대가를 치를 용의가 있는 사람들에게는 언제나 위대한 가능성들이 열려 있기 때문이다.

구르지예프는 이 단순한 계단을 바탕으로 '옥타브의 법칙'을 계산적으로 완벽하게 구현한 정교한 모델을 구축하기에 이른다. 그 이상의 설명은 이 책의 범위를 벗어나 있으므로, 그가 제작한 경이로운 우주의 구도에 접하고 싶은 독자들은 《기적적인 것을 찾아서》를 읽어보길 바란다.

우스펜스키에 의해 기록된 구르지예프의 '옥타브'에 관한 가르침이 양자역학의 불가사의한 관찰 일부와 일맥상통하는 것처럼 보일 때도 있다. 프랑스 국립 과학원의 이론물리학자인 바사라브 니콜레스쿠Basarab Nicolescu는 구르지예프의 가르침을 양자론의 창시자인 막스 플랑크Max Planck의 이론과 연관 지은 적이 있다.[*] 플랑크는 우주의 기본 상수(constant)인 플랑크 상수를 발견하는 동시에 하나의 변수(inconstant), 즉 에너지의 전체적 구조에서 되풀이되는 불연속성을 발견했다. 구르지예프는 《비엘제붑이 손자에게 들려주는 이야기》에서 이것을 "한 전체의 부단한 흐름의

---

[*] 독실한 루터과 기독교도였던 플랑크 본인도 인격신을 인정하지 않고 우주 법칙의 보편성과 자기 완결성을 주장하는 이신론理神論적인 경향이 강했다. 역주.

필연적인 간극적 측면"이라고 불렀다. 니콜레스쿠가 언급했듯이
이 불연속성이야말로 "다양성 안에 통일성이 존재하고, 통일성
안에 다양성이 존재할 수 있도록 해주는 원인"인 것이다.[**]
구르지예프는 에너지의 진동 스펙트럼에서 일곱 계의 계제를
가진 우주적 사다리의 존재를 감지했다. 진동의 불연속한 양태를
나타내는 각 계제는 '창조의 빛살'을 형성하며, 그 연장선상에서
우리의 영적인 노력을 규정한다. 구르지예프가 플랑크에 관해 잘
알고 있었는지는 확인할 길이 없지만, 그가 다른 곳에서 동일한
진리를 찾아내었다고 해도 과히 틀린 말은 아닐 것이다.

> 내가 내게서 떠나갈 수 있다면
> 거기서 나는 무엇을 보게 될까?

— 루 리드Lou Reed

[**] 《구르지예프와 그의 가르침에 관한 에세이와 고찰》

옮긴이의 말

구르지예프의 시간

인간의 가장 큰 문제는 현재에 속박되어 있다는 점이다.
왜냐하면 우리는 기계이고, 우리의 자유의지는 있는지 없는지도
모를 정도로 미미하기 때문이다…. 바꿔 말해서, 우리에게는
진정한 자유의지가 거의 없다.

— 콜린 윌슨, 《정신기생체》

나의 내부에 제1원인 따위는 존재하지 않고, 결정 과정이
시작되는 장소도 없다. 존재하는 것은 단지 내부를 통과하는
인과因果의 흐름에 의해 움직이는 날개와 터빈으로 이루어진
광대한 기계 — 육화肉化한 말들, 육화한 이미지, 육화한 개념들로
만들어진 기계에 불과한 것이다.

— 그렉 이건Greg Egan, 〈결단하는 자〉

《인간이라는 기계에 관하여 — 구르지예프 평전》은 미국 작가

존 셜리가 쓴《Gurdjieff: An Introduction to His Life and Ideas》(2004)의 한국어판 완역본이며, 일반 독자 입장에서는 워낙 방대하고 정치한 탓에 난해하게 느끼기 쉬운 G. I. 구르지예프의 철학을 최대한 간결하고 명료하게 풀어낸 논픽션이다. 본서는 21세기 들어서도 꾸준히 출간되고 있는 구르지예프 연구서 중에서도 이례적으로 높은 평가를 받고 있는데, 이것은 전기 작가도 수행자도 아닌 '학생'의 입장에서 구르지예프의 구도행을 논리적으로 관조하고 이해하려는 저자의 겸허한 자세와도 무관하지 않다. 일반 독자들에게 종종 환상소설을 뛰어넘는 수준의 불신의 유예를 요구하곤 하는 은비학隱秘學 서적의 진입 장벽을 대폭 낮춰주고, 그것이 내포한 '가르침'의 핍진성을 강화해준다고나 할까. 특히 인류의 절대다수는 글자 그대로 깊은 잠에 빠져 있으며, "몽유병에 걸린 상태에서 무자비한 집단 폭력을 행사하는" 자동기계나 다름없는 존재임을 통감하는 대목에 이르러서는, 단순한 경고나 시의적절함을 넘어선 일종의 계시적인 절박함을 감지하는 독자들도 적지 않으리라.

게오르기 이바노비치 구르지예프(1866-1949)는 소小캅카스 산맥과 맞닿은 제정 러시아령 아르메니아의 국경 도시 알렉산드로폴(현재는 규므리)에서 태어난 신비주의 철학자, 작곡가, 안무가이며, 러시아 혁명으로 제정 러시아가 붕괴한 후에는 서유럽으로 망명해서 프랑스와 미국을 중심으로 20여 년 동안 활발한 교육 및 저술 활동을 펼쳤다. 구르지예프는 아시아나 인도가 아닌 기독교권

출신의 인물로서 20세기 서양, 특히 영국과 미국의 식자층에 가장
깊고 영속적인 영향을 끼친 군계일학 격의 신비가로 간주된다.
중동과 오스만 제국을 포함한 서아시아와 러시아와 동유럽의
교차로에 위치한 캅카스 지방은 유사 이래 무려 50개를 넘는
민족이 할거하는 문화와 종교와 정치의 용광로이자 제국들의
각축장이었으며, 그리스인 목축업자인 아버지와 아르메니아인
어머니 사이에서 태어나 러시아 제국의 신민으로서 교육받은
구르지예프의 청년 시절 역시 이런 역동적인 환경의 절대적인
영향하에 놓여 있었다. 그러니까, 삶과 죽음의 비밀을 알아내려는
근원적인 열망에 사로잡힌 그가, 세속적 정치과 종교의 굴레를
벗어던지고 마치 제임스 힐턴James Hilton의 소설《잃어버린
지평선》(1933)의 주인공을 방불케 하는 파란만장한 구도의 길에
나서기 전에는 말이다.

20여 년에 걸친 구도행을 일단락하고 러시아 국내에 정착한
구르지예프가 P. D. 우스펜스키를 비롯한 러시아계 제자들에게
전수한 은비학적 수행법은 표면적으로는 이슬람의 수피즘과
원시 기독교의 영지주의적 요소를 짙게 함유하고 있었다. 그러나
훗날 '제4의 길'이라고 불리게 될 이 가르침의 실천적 수단이자
목적이기도 한 '워크Work'와 '성스러운 체조' 또는 '신성무神聖舞'로
불리기도 하는 '무브먼트Movement'가, '사르멍 교단'이라는 키워드로
상징되는 태곳적 전통의 토대 위에 구르지예프 본인과 후계자들의
'연구' 성과를 쌓아 올린 변증법적 결과물이라는 점에 이견을

제기하는 사람은 거의 없다.

이 책의 저자인 셜리를 위시한 후대의 연구자들이 거듭 지적했듯이,
구르지예프의 견해는 귀납적이고 회의주의적이라는 점에서
20세기 이래 이른바 '영적 스승'의 자리에 등극한 절대다수의
수행자들의 가르침과는 결을 달리하고 있다. 특히 존재론 내지
우주론의 영역에서는 아브라함 계열의 기성 종교에서 파생된
자기 완결적 도그마나 뉴에이지적인 '영성' 따위와는 거리가 먼,
거의 실존주의를 방불케 하는 유물론적인 태도를 견지하고 있는
것이 특징이다. (극언하자면 구르지예프의 오리지널 사상에서 세속적인
맥락의 '영성'이 성립할 여지는 없다.) 그리고 이런 경향은 구르지예프의
정신역동적 심리 이론과 가차 없는 생사관*과 어우러져 신비주의
사상사에서도 유례를 보기 힘들 정도로 비‡교조적인 '학술' 체계를
구성하고 있다고 해도 과언이 아니다.

기실 "가차 없다"는 말은 구르지예프의 사상을 논할 때 가장 많이
쓰이는 표현 중 하나이며, 그가 제자들과 함께 프랑스에 정착한
후 파리 교외의 퐁텐블로에 설립한 구르지예프 '학교(Institute)'인
'르 프리외레' 역시 어폐를 무릅쓰고 말하자면 고즈넉한
아쉬람이라기보다는 무술 도장(또는 안무 교습소)을 방불케 하는
치열한 수련의 장에 가까웠다. '르 프리외레'의 대외적인 측면,
이를테면 운영자금 획득을 목적으로 하는 지식층의 살롱이라든지

---

* "인간은 사후에도 존속할 가능성이 있지만, (수행을 통해) 그것을 달성할지의 여부는 실제 존속 가능
성과는 전혀 별개의 문제다." —《기적적인 것을 찾아서》

포교소로서의 역할을 평가절하할 필요는 없지만, 구르지예프와
그의 충실한 추종자들이 최우선시했던 것은 본인들에 의한
'워크'의 지속적인 수행이었다. 특히 맨땅에 힘들게 도랑을 파
놓고 부조리하게도 다시 메우는 (그러는 동안에도 줄곧 자신의 행동을
'의식'해야 하는) 식의 '워크'는 (종종 작업 요법과의 피상적인 유사성을
지적받기는 하지만) 수행자가 겪는 육체적, 심리적인 '위화감'이
최대치에 달하도록 의도적으로 '설계'된 것이었다. 그리고
'무브먼트'를 위시한 이런 심신적(psychosomatic) 수행법이 20세기
초반까지도 여전히 큰 영향력을 행사하던 신지학과 장미십자회
계열의 요란한 비밀주의에 익숙했던 당대 식자층의 눈에 기이하게
비쳤다는 점에는 의심의 여지가 없다. 구르지예프가 지향한
'워크'는 어떤 의미에서는 빅토리아 시대 특유의 위선적 베일을
벗어던지고 '안을 밖으로 내어 보인' 실천적, 현대적인 은비학
체계였고, '워크'의 수행자가 어떤 층위의 은비학적인 지식을
정말로 '이해(understand)'함으로써 자기 것으로 만들기 위해서는
단순한 지식 습득을 넘은 특정 에너지 ― '존재력'(real Being) ― 의
축적이 반드시 선행되어야 하기 때문이다. 이런 맥락을 염두에 두고
이 책에서 언급되는 일화들을 부감할 경우, 100년이 지난 지금도
회자되는 구르지예프와 알레이스터 크롤리의 대결 역시 단순한
해프닝 이상의 의미를 획득한다.*

---

* 영국 오컬트 르네상스의 중심점이었던 '황금의 여명회'의 초기 구성원이었던 크롤리의 위악적인
쇼맨십은 도버 해협 너머의 프랑스에서도 악명이 높았지만, 당시 스스로 창시한 텔레마Thelema 교의의
확충에 고심하던 크롤리가 굳이 시간을 내서 그가 '도인'이라고 부른 구르지예프의 거처를 '정찰'했다
는 사실에 주목하라.

지금까지 국내 독자들은《놀라운 사람들과의 만남》이나
우스펜스키의 역작《기적적인 것을 찾아서》의 번역 출간을 통해
부분적이나마 구르지예프의 어록에 접할 수 있었지만, 구르지예프
사상의 정수를 집약한 캐넌(典範)이자 가장 중요한 1차 자료로
간주되는《만물 일체: 비엘제붑이 손자에게 들려주는 이야기》는
여전히 번역되지 않았고, 가르침의 한 축을 이루는 '무브먼트'
역시 신성무를 매개 삼아 간헐적으로 소개되는 수준에 머물고
있다. 구르지예프가 '제4의 길'의 가르침을 효율적으로 교수하기
위해 채택한 상징 내지는 표상인 에니어그램enneagram에 이르러서는
혈액형이나 MBTI를 이용한 유사 성격판단처럼 본래의 맥락과는
동떨어진 업계(?)의 도구로 변질되어버린 감이 있는데, 이 부분에
관해서는 본서의 5장 말미에 있는〈애니어그램과 인류 내부의
상징들〉에 이런 식의 불가항력적인 '타락(corruption)' 내지는 변질에
대한 구르지예프 본인의 '가차 없는' 경고가 인용되어 있으므로
식자들은 참고하길 바란다.

본서의 성격상 구르지예프의 우주론에 관한 셜리의 설명은
개론 수준에 머물고 있지만, 그 근간을 이루는 '창조의 빛살'이
에너지/질료質料의 흐름에 관한 교의를 도식화한 발출론發出論의
한 예라는 것은 주지의 사실이다. 에너지의 수동적인 방출을
의미하는 방사(radiation)와 대비되는, 지향적인 에너지의
흐름으로서의 발출(emanation)은 피타고라스파의 테트락티스tetraktys와
신플라톤주의의 발출의 동심원과 카발리즘의 세피로트Sefirot를

관통하는, 진보하지만 여전히 혼란스러운 관념 체계의 중심을
이루는 개념이다. 그러나 셜리가 부록에서 (아마 의도적으로)
짤막하게 언급한 '달의 양식' 논란이 보여주듯이 그 논리적
연장선상에 있는 포식적 우주(predatory universe)의 개념 — 인류를
위시한 우주의 모든 생명체는 우주 에너지의 일부이자 우주의
진화를 위한 도구이므로, 유기체/개체로서의 죽음을 맞이한
뒤에는 다시 우주로 흡수되어 '재활용'될 운명에 있다는 주장 — 을
자체적인 우주론의 일부로 명시하는 경우는 구르지예프와 카를로스
카스타네다Carlos Castaneda[*]의 예를 제외하면 매우 드물다는 점을
첨언해둔다.

이 책의 저자인 존 셜리는 다양한 분야에서 80권을 넘는 책을
출간한 미국의 저명한 과학소설(SF) 작가이자 시인, 평론가, 작곡가,
작사가, 각본가, 펑크 로커이며, 1953년에 텍사스 주 휴스턴에서
태어나서 오리건 주 포틀랜드에서 자랐다. 어린 시절부터 SF를
위시한 다양한 분야의 책을 탐독하는 내성적인 소년이었고,
10세 무렵 아버지의 죽음에 큰 충격을 받고 삶과 죽음의 의미를
되돌아보게 되었다고 한다.
20대 중반부터 뉴욕 시와 파리 등지를 왕래하며 '새도-네이션Sado-
Nation'을 위시한 여러 펑크록 그룹의 리드싱어로 활동하는 한편
저명한 SF 작가 양성 코스인 '클라리온Clarion 워크숍'에서 대선배인

---

[*] 《돈 후앙의 가르침》(1968)

할란 엘리슨^{Harlan Ellison} 등에게 사사하며 본격적으로 SF 창작을 시작했다. 장편《트랜스매니아콘^{Transmaniacon}》(1979)으로 SF계에 데뷔한 후 사이버펑크 소설의 효시로 간주되는 장편《도시가 걸어온다》(City Come A-Walkin', 1980)와 〈젊음이라는 이름의 노래〉 3부작(A Song Called Youth, 1985-1990)을 잇달아 발표함으로써 윌리엄 깁슨^{William Gibson}과 브루스 스털링^{Bruce Sterling}과 함께 80년대의 SF 문단을 뒤흔든 사이버펑크 운동의 중심인물로 떠올랐고, 논쟁을 마다않는 날카로운 평론으로 일세를 풍미했다.

신비주의와 오컬트에 관한 오랜 독서와 통찰을 바탕으로 집필한 본서는 2023년 현재 셜리가 낸 유일한 논픽션이며, 출간 시에는 "SF계의 전설적인 반항아가 쓴 신비주의 서적"으로 출판계에서도 큰 화제가 되었다. 현재 그는 아내와 함께 태평양 연안의 워싱턴 주 밴쿠버에 거주하며 저술 활동에 매진하고 있고, 밴드 '더 스크리밍 기저스^{The Screaming Geezers}'의 리드싱어로도 활약 중이다.